国家"985工程"四川大学宗教、哲学与社会研究创新基地项目
教育部人文社科重点研究基地四川大学道教与宗教文化研究所项目
四川大学"211工程"重点建设学科项目
国家社科基金重点项目（09AZJ002）

四川大学道教与宗教文化研究所

宗教、哲学与社会研究丛书

山东道教史（上卷）

希泰题

赵芃 著

中国社会科学出版社

图书在版编目（CIP）数据

山东道教史：全2册/赵芃著. —北京：中国社会科学出版社，2015.12

ISBN 978-7-5161-7056-4

Ⅰ.①山… Ⅱ.①赵… Ⅲ.①道教史—山东省 Ⅳ.①B959.2

中国版本图书馆CIP数据核字（2015）第268397号

出 版 人	赵剑英
责任编辑	王 琪
责任校对	王桂芳
责任印制	王 超

出　　版	中国社会科学出版社
社　　址	北京鼓楼西大街甲158号
邮　　编	100720
网　　址	http://www.csspw.cn
发 行 部	010-84083685
门 市 部	010-84029450
经　　销	新华书店及其他书店
印　　刷	北京君升印刷有限公司
装　　订	廊坊市广阳区广增装订厂
版　　次	2015年12月第1版
印　　次	2015年12月第1次印刷
开　　本	710×1000 1/16
印　　张	52
字　　数	880千字
定　　价	188.00元（上、下卷）

凡购买中国社会科学出版社图书，如有质量问题请与本社营销中心联系调换
电话：010-84083683
版权所有　侵权必究

山东道教史

学术委员会

名誉主席：蜂屋邦夫（日本）
主　　席：卿希泰
委　　员（按姓氏笔画排列）：

　　　　王　卡　　任远（加拿大）　朱越利　　李　刚
　　　　余孝恒　　张松辉　　　　张泽洪　　陈建明
　　　　陈耀庭　　柏夷（美国）　唐大潮　　卿希泰
　　　　郭　武　　盖建民　　　　黎志添（中国香港）
　　　　詹石窗　　蜂屋邦夫（日本）潘显一

编辑委员会

主　　编：卿希泰
副 主 编：盖建民　李　刚　詹石窗　潘显一
委　　员（按姓氏笔画排列）：

　　　　李　刚　　陈建明　　周　冶　　唐大潮　　卿希泰
　　　　郭　武　　盖建民　　詹石窗　　潘显一

国家"985工程"四川大学

宗教、哲学与社会研究创新基地学术丛书

总　序

卿希泰

1998年5月4日,江泽民同志在庆祝北京大学建校100周年大会上的讲话中提出:"为了实现现代化,我国要有若干所具有世界先进水平的一流大学。"在这个讲话精神的指导下,国家"985工程"开始启动,北京大学、清华大学等几所名校率先获得国家较大力度的支持;紧接着,教育部又与有关部委、省市签订协议,对部分基础好、水平高的高等学校进行共建,予以重点支持。这个"工程"的实施,是党中央在世纪之交,立足于中华民族的伟大复兴、落实科教兴国战略、迎接知识经济挑战而采取的重大决策,是从根本上提高我国高等学校办学水平的重大举措。经过几年的建设,"985工程"取得了明显的效果,不但有力地推动了高等学校的学科建设和队伍建设,大大提高了社会服务工作水平,而且缩小了我国高等学校与世界一流大学的差距。

当然,世界一流大学的建设不可能在很短的时间内完成,它需要较长时间坚持不懈的努力。并且,世界一流大学的建设,不仅需要有长期形成的优良学风和深厚的文化积淀,而且需要有强大的经费投入作为支持。有鉴于此,国家于2004年6月又开始启动了"985工程"二期的建设工作。

"985工程"二期的建设，是国家在经费有限的情况下，运用创新思路寻求高校持续性、跨越式发展的重大举措，其基本思路是：集中资源，突出重点，体现特色，发挥优势，重点建设一批高水平的科技创新平台和哲学社会科学创新基地，促进一批世界一流学科的形成，使之成为攀登世界科技高峰、解决重大理论和实践问题、带动相应学科领域发展的重要基地，使高等学校成为国家创新体系的重要力量；同时，引进和造就一批具有世界一流水平的学术带头人和创新团队，加快建设一支具有世界一流大学水平的教师队伍、管理队伍和技术支撑队伍。在这个思路的指导下，国家教育部、财政部决定集中经费对一些高校的名牌学科进行重点扶持，使之成为汇聚人才、持续创新的"平台"或"基地"，以加快这些学科的成长步伐。

在"985工程"的建设工作中，国家尤其重视哲学社会科学的繁荣发展。早在2003年教育部就颁发了《关于进一步发展繁荣高校哲学社会科学的若干意见》，2004年中共中央又颁发了《关于进一步繁荣发展哲学社会科学的意见》，与此同时，胡锦涛总书记在中共中央政治局第十三次集体学习时强调：一定要从党和国家事业发展的战略高度，把繁荣发展哲学社会科学作为一项重大而紧迫的战略任务切实抓紧抓好。2004年6月，教育部部长周济同志在"985工程"建设工作会议上的讲话中指出：我们一定要紧紧抓住当前繁荣和发展哲学社会科学的历史性机遇，全面推进哲学社会科学的知识创新、理论创新和方法创新，全面推进哲学社会科学的学科建设，使其在中国特色社会主义现代化建设中发挥"思想库""人才库"的作用。同时，周济同志还指出：我们应当推动人文社会科学与自然科学、工程技术等的交叉、渗透与融合，孕育和催生新的学科研究领域和研究方法，形成一批能够解决具有全局性、战略性、前瞻性的重大理论及现实问题，为党和政府决策咨询服务，为社会主义现代化建设服务、为建设社会主义物质文明、政治文明和精神文明服务的国家级哲学社会科学基地。"985工程"的哲学社会科学创新基地，就是在这样一种思想指导下设立的，其特点在于跨学科并具有开放性，能够围绕国家、区域社会发展、经济建设中的重大问题而组织主攻方向并进行联合攻关。

在"985工程"哲学社会科学创新基地的建设中，国家提出建立"宗教与社会研究创新基地"。经过评审，四川大学宗教研究所有幸成为承担"宗教与社会研究创新基地"建设任务的主干机构。在此基础上，还整合了四川大学中国俗文化研究所和藏学研究所两个"教育部人文社会科学重点研究基地"以及专门史、中国古典文献学两个"国家级重点学科"中与宗教学有关的科研力量，并向海内外公开招聘高级研究人员来参加建设，共同开展研究工作，以达到集合海内外本专业的学术精英和优势科研资源，突破个人分散研究的有限视野，将个人的学术专长进行整合，从而形成一个具有综合创新能力的研究集体，故这个基地实际上是一个国际性的学术研究平台。

在建设"宗教与社会研究创新基地"时，我们从中国是一个多民族、多宗教国家这一国情出发，结合我国宗教学学科建设的要求，初步确定了宗教学理论比较研究、中国宗教与中国社会研究、西方宗教与当代世界研究、宗教信仰与民俗研究、中国少数民族地区宗教与社会问题研究五个方向；考虑到基地的学术力量和国家需要等实际情况，拟定以四大课题为主要研究内容：一是中国宗教与中国社会发展研究，二是中国道教思想发展与道教和社会主义社会相适应问题研究，三是中国西部少数民族地区宗教与社会问题研究，四是中外宗教的对话与交流研究。其中，中国宗教与中国社会发展研究这个课题，主要是对中国各种宗教及其与中国社会的相互关系进行研究，其目的不仅在于通过深入研究中国历史上的各种宗教现象，来对有关宗教学的理论进行补充和发展，而且在于通过系统考察中国各种宗教与中国社会的相互关系，来对我们国家今天构建和谐社会服务。中国道教思想发展与道教和社会主义社会相适应问题研究这个课题，主要着眼于道教作为中国本土宗教的思想和行为的发展变迁，其对于中国社会发展的影响，以及在当今中国社会里的作用，挖掘其有利于中国社会发展进步的积极因素，为中华民族的伟大复兴贡献力量。中国西部少数民族地区宗教与社会问题研究这个课题，主要研究中国西部少数民族地区各种宗教的历史和现状及与之相关的社会问题，重点在于对中国西部少数民族地区现存的各种宗教进行调查研究，希望这项工作能为祖国大家庭各民族的文化建设服务，并为维护国家安定团结、促进西部大开发服务。中外宗教的对话与交流研究这个课题，目前主要是对国内外宗教研究中有代表性的优秀学术成果进行翻译，以图加强中外的学术交流并为我国宗教学学科的发展提供更多的借鉴；与此同时，并逐步开展西方宗教思想同中国传统文化的交流与对话和基督教思想与中国传统文化的交流与对话等方面的研究，以适应人类文化全球多元性现代化发展的需要。

到 2009 年"985 工程"二期建设结束的时候,"宗教与社会研究创新基地"以良好的成效顺利通过验收,并在教育部、财政部的指导下转入"985 工程"三期的建设工作。为了在二期建设成果的基础上进一步拓展与深化,同时也出于学科建设的需要,基地在三期更名为"宗教、哲学与社会研究创新基地",并设定了七个研究方向,分别是:宗教学理论与当代宗教问题、道教学与道教史、中国宗教与中国哲学、世界宗教与外国哲学、宗教与美学、道教与古代科学技术、西南少数民族宗教与社会。

我们一直希望依靠创新基地的集体力量,在上述各个方面都能够取得一些重大的标志性成果;同时,也希望在创造这些成果的过程中能够锻炼出一支优秀的学术创新团队。

当然,除了二期、三期的各个研究方向以外,我们并不排斥创新基地的成员从事其他方面的研究,所以,我们又决定出版一套以基地名称命名的学术丛书。这套"丛书",不仅将囊括以上各个方面的研究成果,而且还可包括其他有关宗教、哲学研究的优秀学术著作。不仅出版本基地成员有关宗教、哲学研究的优秀学术著作,而且,非常欢迎本基地以外的海内外学者向本"丛书"编委会申请,经过编委会评审通过之后,即可将其宗教、哲学研究的优秀学术著作列入本丛书出版。这样,或可在建设期内取得更多更好的学术成果,更大力度地促进我国宗教学、哲学学科的发展。

总之,"985 工程"的建设时间虽然是有限的,但我们的学术探索却是无止境的。我们希望,"宗教、哲学与社会研究创新基地"能够为今后的科研机构提供一种新的管理模式,其学术研究能够为宗教学学科的发展贡献一些具有标志性的成果,而其所培养的创新团队中也有一些人能够成为学术界未来的领军人物。同时,也希望这个"基地"能架起一座沟通国际的桥梁,为我国建设世界一流学科和高水平研究型大学作出应有的贡献。

2005 年 11 月 12 日于四川大学芙蓉楼
2013 年 7 月 10 日改于四川大学农林村

(作者卿希泰,现任国家"985 工程"四川大学宗教、哲学与社会研究创新基地首席科学家)

序

丁原明

我作为山东学界的同仁，首先对赵芃教授及其研究团队所撰写的《山东道教史》书稿，被中国社会科学出版社接受而将梓行，致以真诚的祝贺。该书稿的前身是国家社科基金重点项目（编号：09AZJ002）的研究成果，分上、中、下三卷。成果评审通过后，赵芃教授带领其团队继续对其加以删繁就简，修凿订正，雕章镂句，以坚忍不拔的毅力，将原稿百余万字的评审成果打造成现在这个分上、下两卷的书稿。内中所付出的艰辛可想而知，很值得赞叹。

开展山东道教史的研究，对我来说，既是一个感兴趣的课题，又是一种有缘分的研究。21世纪初，我曾获准教育部申报项目《山东道教研究》（01JA720037）。但由于当时资助的经费很少，无法开展山东道教的实际考察，加之受其他物质技术的困扰，于是便放弃了这个研究项目，经过申请改为山东早期全真道教哲学思想研究的课题，并由齐鲁书社出版了《早期全真道教哲学思想论纲》一书。但是，我并未由此泯灭探究山东道教史的热情，并相信山东作为中国道教的重要发源地之一，总会有学者站出来研究和撰写山东道教史，而今天站出来的这个学者就是齐鲁工业大学的赵芃教授。五、六年前，赵芃教授从四川大学获得道教博士学位回到齐鲁工业大学前身的山东轻工业学院后，与我商讨他要想以"山东道教史"为题申报国家社科基金的打算，我觉得无论从学识水平、资料累积抑或从考察手段等要件来说，他都具备了该课题申请国家社科基金项目的条件，所以我非常支持他的课题申报，并接受了他要我参加其项目第一梯队的要求。该课题项目申报获批后，赵芃带领其课题组同仁在广泛考察山东道教的宫观、碑文、遗迹及搜集各种相关文献资料的基础上，开始了撰写《山东道教史》的过程。鉴于自己年龄和身体状况，在此期间我没有参加撰写，只是从中提出了一些参考意见，参加了一些章节的调整和内容的删修工作，目的是早日把该成果打造成一部《山东道教史》的书稿，以实现我们的共同梦想。我写上面这些话的用意，旨在说明我对赵芃教授这部书稿的来龙去脉是清楚的，此亦是赵芃教授要求我为其书稿作序的重要原因。

《山东道教史》书稿上下两卷，凡九章。时间上纵贯先秦至明、清的各个历史时期，内容上囊括了道教派别、教义、教理、教规、教制、道功法术、宫观遗迹、经书典籍等。并根据各个历史时期的山东道教的存在情况，以"渊源与胚胎"、"初创与形成"、"分化与演变"、"发展与繁荣"、"兴盛与辉煌"、"活跃与衰落"的字眼，标识山东道教各个阶段的发展演化过程。认为山东道教的主要特点是文化源远流长，思想底蕴深厚，兼容并包而富有革新精神；道教人才辈出，历代道业均有建树等。令人读后，觉得此书稿应是一部写的不俗的地方性道教通史，其中不乏已见新意。这里，拟就三个问题谈些自己的感受。

（一）研究与出版的学术意义

我认为《山东道教史》研究和出版的学术意义，一是在于它初步填补了山东没有本地域道教通史的空白，二是在于它使山东道教具备了同其他地域道教通史交流对话的条件。

仅就改革开放后的山东道教研究来说，其相对于其他省的道教研究，起步是比较晚的，大致始于20世纪90年代中后期。当时，山东大学中国哲学博士点和历史文化学院博士点分别开始招收道教（含道家与魏晋玄学）方向的博士生；21纪初，山东师范大学齐鲁文化研究中心设立全真道教研究所。原山东轻工业学院赵芃博士回归该校后，亦开始招罗人才研究道教。除之外，山东省志和各地市地方志，在改革开放后也陆续刊载全省和各地方的道教情况。山东道教研究虽然起步较晚，但其研究活动和研究成果发展较快，并逐步走向了全国道教的研究舞台。21世纪伊始，山东大学哲学与社会发展学院同台湾、山东栖霞市联合举办了全国第一次丘处机暨全真道教学术研讨会，拉开了山东多次研讨全真道教学术会的序幕，山东大学历史文化学院也多次举办了国际性道教与科学的学术研讨会。继而，山东师范大学齐鲁文化研究中心也先后在栖霞、文登、济南等地举办国际性全真道教的研讨会。山东道教研究的初始成果，可以山大周立升教授组织白如祥、赵卫东两位博士辑校的四册王重阳和全真七子集（齐鲁书社2005年版）和牟钟鉴教授等著《全真七子与齐鲁文化》（齐鲁书社2005年版）为代表。迄今为止，山东道教研究已出版的论著可谓蔚为大观、琳琅满目形成了以中青年为骨干的研究队伍。

然而，目前山东的道教研究也有缺憾或短板。仅就山东道教自身内容的研究来说，我们主要是围绕着早期全真道教而展开的；从已经发表和出版的论著来说，内容多着眼于山东道教的某个专题、某段历史或某些碑石文字的搜集整理等，而缺少一部扫描整个山东道教发展演化的通史。当然，山东道教通史从狭义的文化分类上说，其亦可以称为一种专门史，此与广义上的山东通史不能相提并论。但倘若我省没有一部道教通史，只能说明我们的山东道教研究尚缺乏系统性，尚未建立起整个山东道教研究的系统工程。从这些缺憾或短板来说，赵芃教授及其团队撰写的《山东道教史》是具有学术价值和出版意义的，它至少为山东道教研究增添了一个亮点。

（二）资料内容的新开掘

该书稿的资料内容除了运用正史、《道藏》、《续道藏》、《藏外道书》的相关部分外，还检索了各种道教金石文字，省内外的各种地方史志，以及近代以来的各类研究成果等。尤其注重了本省的道教遗迹的考察，从中搜罗了大量的碑文、石刻、文献资料，甚至搜到了意想不到的碑文、石刻等，充实了山东各个历史时期的道教内容。例如，在撰写明、清道教时，对山东平阴县云翠山吕祖天仙派道士墓群通过田野考察就进行了新开掘和新解读。对于吕祖天仙派，陈垣《道家金石略》和近年出版的《藏外道书》及其他相关文献等早有记载，但这些文献资料记载对于天仙派道士墓群却语焉不详，甚至连平阴县云翠山的当地人亦对这个墓群漫不经心，熟视无睹。赵芃教授与其团队通过九次田野考察，弄清楚了吕祖天仙派的传承与谱系，特别是将云翠山"全真宗派图谱"与陈垣《道家金石略》收录的"全真宗派图"相比较，发现了两种"图谱"之间有诸多差异，从而弥补了陈垣《道家金石略》中的疏漏，也激活了云翠山道士墓群这个沉睡的古化石之资料价值。

类似的新开掘，在明清蒙山道教、章丘锦屏山道教、济南长清大峰山峰云观道教，山东即墨的马山道教等研究和撰写中皆有披露，其对山东道教音乐的梳理亦有新发掘。

（三）研究方法上的启示

《山东道教史》作为对地方道教的综合研究，它需要采用多种研究方法予以扫描，方可呈现其本真面貌。该书稿运用的研究方法有田野调查法、史论结合法、分析与综合法、个别与一般相比较的方法，以及历史与逻辑相统一的方法等等。其中对我启发最大的是个别与一般相比较的研究方法。

山东道教史与全国道教史是个别与一般、殊相与共相、部分与整体之间的关系，它们两者之间既有区别又有联系。从两者的区别来说，地域道教作为全国道教的横断面，它有其殊相特征，地域文化习俗影响等；从两者的联系来说，地域道教的这个横断面又展现了全国道教的历时性演化。也就是说，地域道教这个部分、殊相、个别是同一时期的全国道教演化的缩影，而同一时期的全国道教则标明历史发展到哪里，地方道教也就发展哪里；它们两者二而为一，共同体现着中国道教发展的共性、规律。因此，《山东道教史》书稿的撰写并非去孤立地研究山东道教自身的内容，也不是去孤立地叠加山东道教的各种元素，而是要始终把《山东道教史》书稿的撰写投置在全国道教史这个大背景的观照下加以把握，去较好地运用个别与一般、殊相与共相、部分与整体相比较的研究方法。例如，对明清时期道教的评估，老辈学者曾认为从明末至清代的道教"颇呈现逐渐衰落的景象"（李养正语），而改革开放后的新派学者则对此说持质疑态度。《山东道教史》书稿则通过这个时期的山东道教与明至清代的全国道教之比较，认为明末至清代是山东道教"活跃与衰落"的历史阶段。该书所说的"活跃"系指明末至清代，山东道教的教徒、信众和宫观数量都比以前大大增多，受到朝廷、官衙的赐封和支持也达到了空前之未有，并且此时的道教活动在民间愈益频繁等等。该书所说的"衰落"是就这个时期的道教教义、教理没有创新、著名高道大德之师数量较少等情况来说的。故而，《山东道教史》以"活跃与衰落"的字眼加以概括，既反映了明末清初道教的真实存在状况，又折中了目前学界中老两派的意见分歧，不失为一次巧妙用笔。因为道教作为中国的一个古老的教派，它的教理、教义等的成熟定型，早在明清以前就格致了，它的生命力则在于以后怎样走向民间，走向生活。从这个意义上说，认为明清时代的道教没有沦为衰落，亦是可以自圆其说的。

总之，我对《山东道教史》书稿即将梓行是热烈祝贺的。作为首部系统研究山东地区道教历史的学术专著，可能有这样那样的不足，欢迎学界同仁赐教，以期改进。但我更欢迎该书能抛砖引玉，期待下一部或下几部《山东道教史》问世，一起参与和活跃山东道教的学术争鸣。

乙未年春　写于如意苑陋室

总 目 录

（上卷）

绪论 ·· （1）
第一章　山东道教的文化渊源 ······························ （19）
第二章　秦汉时期的山东道教 ······························ （60）
第三章　魏晋南北朝时期的山东道教 ···················· （163）
第四章　隋唐五代时期的山东道教 ······················· （247）

（下卷）

第五章　北宋时期的山东道教 ······························ （1）
第六章　金代山东道教 ·· （45）
第七章　蒙元时期山东道教 ·································· （119）
第八章　明代山东道教 ·· （199）
第九章　清代山东道教 ·· （288）

目 录

（上卷）

绪论 …………………………………………………………………（1）

第一章　山东道教的文化渊源 ……………………………………（19）
 第一节　山东地域的自然崇拜 ………………………………（19）
  一　太阳崇拜 ……………………………………………（19）
  二　泰山崇拜 ……………………………………………（24）
  三　海河崇拜 ……………………………………………（30）
 第二节　山东地域的图腾崇拜 ………………………………（33）
  一　凤鸟图腾 ……………………………………………（33）
  二　龙牛图腾 ……………………………………………（38）
  三　虎羊崇拜 ……………………………………………（39）
 第三节　山东地域的神灵崇拜 ………………………………（41）
  一　灵魂崇拜 ……………………………………………（41）
  二　西王母、东王公崇拜 ………………………………（44）
  三　八神崇拜 ……………………………………………（46）
 第四节　山东地域的巫文化与巫术 …………………………（47）
  一　考古发现的山东巫文化 ……………………………（47）
  二　两周时期的山东巫文化 ……………………………（49）
 第五节　山东地域的阴阳五行与邹衍学说 …………………（54）
  一　阴阳五行思想的提出 ………………………………（54）
  二　邹衍及其思想学说 …………………………………（56）

第二章　秦汉时期的山东道教 …………………………………… (60)

第一节　神仙思想 ………………………………………………… (60)
一　神仙思想的提出 ………………………………………… (60)
二　山东滨海神仙思想的形成 ……………………………… (62)

第二节　山东地域的方仙道 ……………………………………… (65)
一　方仙道形成的条件 ……………………………………… (65)
二　方仙道的演变及其发展阶段 …………………………… (67)
三　方仙道的方士和派系 …………………………………… (68)
四　方仙道的神仙方术 ……………………………………… (72)

第三节　秦汉时期山东的神仙方士 ……………………………… (76)
一　秦始皇东巡海上求仙 …………………………………… (76)
二　秦朝齐地方士徐市 ……………………………………… (79)
三　西汉时期的山东方士 …………………………………… (86)
四　东汉时期的山东方士 …………………………………… (96)

第四节　山东地域的黄老道 ……………………………………… (107)
一　黄老道学概说 …………………………………………… (107)
二　山东黄老学培植于齐国 ………………………………… (110)
三　汉初黄老学兴起于齐国 ………………………………… (114)
四　从西汉初黄老学到黄老道 ……………………………… (116)

第五节　谶纬神学与山东道教 …………………………………… (119)
一　谶纬神学 ………………………………………………… (120)
二　谶纬与齐鲁文化 ………………………………………… (121)
三　《太平经》与谶纬神学 ………………………………… (123)

第六节　《太平经》与山东道教 ………………………………… (125)
一　《太平经》与山东地域 ………………………………… (126)
二　《太平经》与山东方士 ………………………………… (129)
三　《太平经》与齐鲁文化 ………………………………… (130)

第七节　山东道教与《周易参同契》 …………………………… (140)
一　《周易参同契》与黄老道 ……………………………… (141)
二　《周易参同契》与青州徐从事 ………………………… (142)
三　《周易参同契》与齐鲁文化 …………………………… (146)

第八节　太平道、黄巾起义与山东道教 …………………… (147)
　　一　太平道与山东地域 ……………………………………… (148)
　　二　黄巾起义与山东地域 …………………………………… (152)
　　三　太平道与五斗米道的异同比较 ………………………… (156)

第三章　魏晋南北朝时期的山东道教 ……………………… (163)
第一节　魏晋南北朝时期山东道教的演化概况 …………… (164)
　　一　太平道与曹操 …………………………………………… (164)
　　二　山东地域道教与五斗米道的关系 ……………………… (165)
　　三　山东的天师道世家及其南迁以后的道教活动 ………… (170)
第二节　魏晋南北朝时期山东道教及其与佛、儒、玄的
　　　　　互动关系 ……………………………………………… (185)
　　一　山东道教与魏晋玄学 …………………………………… (186)
　　二　道教与佛教、儒教在全国范围内的互动 ……………… (190)
　　三　儒、道、释三教在山东的发展情况和相互影响 ……… (192)
第三节　山东道教影响下的贵族动乱与群众起义 ………… (210)
　　一　山东道教影响下的贵族动乱 …………………………… (211)
　　二　山东道教影响下的群众起义 …………………………… (213)
第四节　魏晋南北朝时期的山东籍高道名人 ……………… (219)
　　一　任城籍女冠魏华存 ……………………………………… (219)
　　二　葛氏道传承中的重要人物及其与山东文化的渊源 …… (224)
　　三　山东境内道士与名士 …………………………………… (233)
第五节　魏晋南北朝时期的山东道教名山 ………………… (236)
　　一　泰山 ……………………………………………………… (236)
　　二　大基山 …………………………………………………… (238)
　　三　峄山 ……………………………………………………… (240)
　　四　崂山 ……………………………………………………… (242)

第四章　隋唐五代时期的山东道教 ………………………… (247)
第一节　隋唐时期的道教政策 ……………………………… (247)
　　一　隋文帝、炀帝信奉道教，重用道士 …………………… (248)
　　二　唐高祖、太宗推崇道教，抑制佛教 …………………… (250)

三　唐睿宗至哀帝大兴道教、斋醮祈禳 …………………………（251）
第二节　隋唐时期道教政策对山东道教的影响 …………………（254）
　　一　斋醮祭祀及宫观建设 …………………………………（254）
　　二　道士修炼与道教典籍 …………………………………（258）
第三节　隋唐五代时期山东道教同儒、释的冲突与融合 …………（259）
　　一　隋唐五代时期山东儒、道、释之争 …………………（260）
　　二　隋唐五代时期山东儒、道、释三教的融合 …………（260）
第四节　隋唐五代时期的山东道教名山 ……………………………（262）
　　一　泰山 ……………………………………………………（262）
　　二　崂山 ……………………………………………………（275）
　　三　沂山 ……………………………………………………（281）
　　四　蒙山 ……………………………………………………（284）
　　五　其他道教名山 …………………………………………（285）
第五节　隋唐五代时期的山东道教名流 ……………………………（289）
　　一　王远知等名道的道教活动、思想与影响 ……………（289）
　　二　李白等的道教情缘及在山东的寻道活动 ……………（296）
　　三　吕洞宾及其性命双修思想 ……………………………（305）
第六节　隋唐五代时期的山东道教庙宇、碑刻、造像 ……………（315）
　　一　宫观庙宇 ………………………………………………（316）
　　二　摩崖石刻、碑刻及石窟造像 …………………………（320）
第七节　隋唐五代时期山东道教的斋醮与道术 ……………………（330）
　　一　山东道教的斋醮仪式 …………………………………（330）
　　二　山东道教的道术 ………………………………………（332）
第八节　山东道教对民间信仰和文学艺术等的影响 ………………（341）
　　一　道教与山东民间信仰 …………………………………（341）
　　二　道教与山东诗文 ………………………………………（347）
　　三　道教与山东传统节日 …………………………………（355）

山东道教大事记（上） ………………………………………………（362）

山东道教人物表（上） ………………………………………………（372）

绪　论

　　山东是中国道教发源地之一。先秦时期，齐国等地盛行的鬼神巫术、神仙方术和黄老思想，为中国早期道教两大派别之一的太平道的产生提供了文化基因。汉代道教实际上是燕齐方术与黄老道家思想相结合的产物。西汉成帝时齐（今山东淄博）人甘忠可造作中国道教史上首部宗教经书——《天官历·包元太平经》。东汉末问世的《太平经》《周易参同契》等道教经典，皆与山东有密切关联。北魏道士寇谦之创立的新天师道（又称北天师道）在山东传行较广。魏晋南北朝时期，山东已始开儒道释三教合一之风气。隋唐宋金元是山东道教发展的高峰期。唐朝实行了一系列崇道政策，促进了道教在山东的发展。宋代是山东道教大发展的时期，形成了"东崂山、西沂山"以及泰山、昆嵛山、蒙山等道教中心，产生了许多著名高道。金元时期北方创建的三大道教派别，即萧抱珍创立的太一道、刘德仁创立的大道教、王重阳创立的全真道，成为后期中国道教发展史上最重要的道派。其中，全真道、大道教（真大道教）都是在山东创立并发展起来的，特别是全真道在与正一道二分天下后，它几乎主导了后期中国道教史的发展方向。明代山东道教在向世俗化发展的过程中，一度出现了局部繁荣的现象，从而使道教思想和文化不断得到传承和弘扬。明太祖洪武三年（1370）曾诏封"东镇沂山之神"①。清康乾时期，山东道教随着清代经济的恢复而逐渐得到发展。但至乾隆末年，由于道教宗教组织以及各种民间秘密宗教受到了清朝的打压，道教活动逐渐向山东

---

　　① 《明太祖诏定岳镇海渎神号碑》，现存于山东省临朐县沂山镇沂山东镇庙，明洪武三年（1370）立。

偏远地域转移，并在局部地区获得了一定的发展。

一　山东道教的历史发展

山东历史文化源远流长，道教资源丰富。从西汉到明清，山东道教的发展承前启后，连绵不绝，产生了许多颇有影响的道教经典、派别和高道。道教宫观、碑文石刻及各种遗迹等实物性存在也遍布全省各地，从而对中国道教之发展做出了不可磨灭的贡献。纵观山东道教的历史发展，可以划分为以下六个时期。

（一）渊源与胚胎时期

山东道教的形成有着深厚而悠久的文化历史，诸如远古时期东夷族的自然崇拜、图腾崇拜、神灵崇拜，齐鲁文化中的"八神"崇拜、泰山崇拜、海河神崇拜，以及原始巫术、阴阳五行、筮卜占星、谶纬神学等，均是构成山东道教的文化元素和思想渊源。

自战国至秦汉，燕齐一带出现了许多以追求成仙不死为目的的海上方士。他们宣扬肉体成仙、自由飞升，并认为服食仙药即可长生不死，这恰好迎合了帝王们希图长生不死、永保富贵的心理需求。其中尤以秦始皇与汉武帝为最。二位帝王对神仙长生之术狂热追求，痴迷终生，多次来山东半岛寻求神仙及不死之药，他们身为帝王，却成为迷恋神仙的宗教符号和象征。秦始皇、汉武帝组织的入海求仙活动，在朕即天下、国家的专制时代，具有无限影响力，极大地刺激了山东滨海地域方士集团的扩大。这帮方士集团的鼓动，不仅促进了山东滨海地域神仙学说的发展，为方仙道的形成奠定了思想文化基础，而且还为方仙道成员造就和储备了人才，一旦条件成熟，这些方仙道人士就可跃为道职人员，因而为两汉黄老道和太平道教的产生准备了胚胎。

（二）初创与形成时期

两汉是山东道教初创与形成的时期，其特点：一是战国至秦汉间的方仙道在西汉"罢黜百家，独尊儒术"的文化政策挤压下，逐渐转入民间进行"施术治病""劾鬼消祸"的医治活动。这既使方仙道成员得以生存下来，又对以后道教的产生起着推波助澜的作用。二是黄老道的流行。西汉初，鉴于秦始皇"焚书坑儒"的教训，中央政府用"黄老之术"治国理政。由原始道家演化而来的"黄老之学"本是以治国为主、养生为次，但在遭到了汉中央政府"罢黜百家，独尊儒术"政策的排斥后，黄老之学便退出了政治舞台而转入了民间活动，其思想主旨也由以治国之术为主转向了以养生保身为主，于是被学界称为"黄老道"，一直存在于东汉末年。三是《太平经》和太平道的诞生。《太平经》是东汉末年产生的与山东地域有密切因缘的首部道教经典，可视作山东道教形成的标志。太平道上接黄老图谶之道术，下启张角、张陵之鬼教。故从方仙道到黄老道再到太平道应是山东道教形成的三座里程碑。方仙道、黄老道、太平道等宗教组织，以及它们相对系统的思想理论对山东地域道教的形成起到了重要作用，并为中国道教的形成和发展奠定了理论和组织基础。另外，与山东道教有缘的《周易参同契》则从文献、教义等层面彰显了山东道教的初创与形成。

（三）分化与演变时期

无论是从道教发展的历史进程，还是从道教典籍的整理、道教教理教义的丰富程度，以及其组织制度的改革等方面来说，魏晋南北朝时期的山东道教都改变了早期道教的原始、无序和混沌状态，并为隋唐以后山东道教的兴盛打下了基础，其在山东道教史中起着承前启后的重要作用。山东道教在魏晋南北朝时期进入一个分化与演变时期，并基本符合全国道教发展的总趋势。具体表现在：从存在情况来看，集中体现为信奉太平道的黄巾军在山东地区的活动和寇谦之的新天师道改革；从祖籍山东或深受山东文化影响的人物方面来看，主要体现为流寓江南的许多山东籍天师道世家的活动、山东籍人物利用道教发起的贵族动乱和群众起义，以及一些道教名人如隐逸派张忠、上清派祖师魏华存等的布道、行道及其对山东道教形成和发展的影响；从各种宗教和学说的文化交流来看，主要体现为与山东地区根深蒂固的儒家文化和外来佛教文化的交锋、沟通和融合。五斗米道教徒的北迁与山东人口的迁移，则促进了五斗米道在山东及全国的传播。大批士族开始以整个家族代代相传的形式成为道教的忠实信徒，出现了一些著名的天师道（五斗米道）世家。山东琅琊王氏、孙氏、徐氏，高平郗氏，清河崔氏，曲阜孔氏，泰山羊氏，东海鲍氏等，都是信奉天师道的名门望族。

山东是儒家思想的重要发源地之一，道家思想也源远流长，儒道在山东境内很早就已经展开了互动交流。而佛教自两汉之际传入中国后，与山东儒道两教的互动性也日益加强，儒道释三教的融合态势已经基本形成，道教与佛教、儒学、魏晋玄学相互影响、相互作用，使山东道教的演化条件已趋具备。随着社会政治、经济和文化的演进，山东地区儒学仍然存在，佛教得到了较快的发展，道教也扩展了活动空间，于是形成了儒道释三足鼎立之势。北魏时期新天师道、楼观道的崛起与山东道教有着密切的关系。北魏太武帝之后至北齐、北周时期道教与佛、儒二教的相互斗争和相互发展，孕育出了一批思想杂糅三教或两教的学者，从而使这一时期兼容并蓄的山东籍学者增多，他们在三教互动互融中扮演着重要的角色，从而使山东道教呈现出鲜明的时代特征，成为山东道教分化与演变的重要时期。

（四）发展与繁荣时期

隋唐五代时期道教得到了空前发展，许多著名的道教人士，或来山东传教，或在山东建教，如对泰山道教的形成和发展产生重要影响的张炼师、王希夷、吕洞宾等。这个时期崂山道教、沂山道教、蒙山道教基本形成，并涌现出河南籍道士李哲玄，琅琊籍道士王远知、张子仲，齐鲁籍道士王栖霞，蒙山玉虚观住持贾文、灵显庙道士周守先、沂阳人刘彦仁等一大批对道教发展做出重要贡献的践行者与活动家。

由于该时期大多数执政者推行崇道政策，重用道士，故道教在唐代的发展进入了一个繁荣的时期。这主要表现为道教仪式已初具规模，其科仪、经戒法箓传授已趋于规范，道教教派也由以前的分立逐渐走向统一，道教文学艺术、道籍整理等方面亦得到较快发展，从而成为道教史上空前未有的繁荣时期。仅就道教音乐来说，这一时期出现了大量同曲异名的乐曲，对后世佛、道音乐的发展做了良好的铺垫。该时期道教还在以前孕育孵化的基础上，进一步对泰山、崂山、沂山、蒙山、昆嵛山、峄山等道教名山进行了培护、铸造；修扩了岱庙、王母池、崂山太清宫、崂山通真宫、丹崖山蓬莱阁、东明庄子观等道教宫观；并存留下泰山双束碑、太一真武二像碑、祀封禅颂碑、神宝寺碑、峄县马君碑、泰山摩崖石刻、崂山石刻等摩崖石刻、碑刻及其他大量石窟造像。

隋唐五代时期，帝王曾多次在各地举行斋醮祭祀，并屡有诏封。泰安、临沂、烟台、济宁、兖州等地都有他们举办斋醮祭祀的史料记载。这个时期在全国范围内，虽然某些地区还存在三教鼎立、三教冲突的现象，但由于执政者对儒道佛采取了三教并用的政策，故总的态势是三教融合。在这种态势下，道教的发展呈现出与儒释融合的特色。

（五）兴盛与辉煌时期

宋金元道教处于兴盛与辉煌时期。宋朝由于太祖赵匡胤，以及太宗赵光义、真宗赵恒和徽宗赵佶采取尊道政策，乃使北宋山东成为北方道教的中心。道教的兴盛不仅表现为泰山道教的崛起，泰山宫观、崂山宫观的建设，大量道教石刻产生、崂山道教派系的形成，以及崂山道教音乐的发展和兴盛等方面；而且还表现为沂山道教、蒙山道教也得到了较大发展。皇帝对沂山的赐封，沂山宫观建设、沂山道教碑刻的形成，以及昆嵛山道教的兴起等，都使山东成为北宋时期中国道教兴盛的重要地域。在思想和文化的传承方面，比较有代表性的是陈抟内丹学在山东的传播，士大夫学说与道教思想的相互交流融合，以及儒学士大夫的崇道活动等，使道教发展进入一个繁荣与辉煌时期。

北宋几位皇帝的尊道政策，集中表现在他们的实际行动方面。如宋太祖赵匡胤曾任命崂山道士刘若拙掌管全国道教事务，修建了崂山著名的三宫——太平宫、太清宫和上清宫，以及沂山东镇庙等道场，形成了"东崂山、西沂山"两大道教活动中心。宋真宗举行了东封泰山、西祀汾阴、尊崇圣祖、广建道观等一系列以尊崇道教为主要内容的"东封西祀"活动。宋真宗大中祥符元年（1008）的泰山封禅活动，不仅修建了大量的宫观庙宇，而且还加封泰山神为"仁圣天齐王"和"东岳天齐仁圣帝"，使泰山神成为名副其实的神君，催生了泰山碧霞元君崇拜，出现了北宋崇道、崇泰山的高潮。宋徽宗较之上述三帝对道教的尊崇，可谓有过之而无不及，他不仅设置道官、道职、道学等，还授予道官诸多特权，以致出现道士强行改寺为观之行动。

金代山东道教在中国道教发展史上具有特殊的历史地位。虽然崇道曾被人们认为是北宋灭亡的一个重要原因，但是金代统治下的人们并未因此而对道教进行排斥；与其相反，他们反倒在不安定的环境下依然寻求道教的庇护。特别是一些未能南迁或不愿南迁的汉族儒士在对现实绝望的情态下，开始隐身修道，对道教进行了一系列改革，创建了新的教派，使道教在金朝的发展呈现出新的气象,①并在北方涌现出了太一道、真大道教、全真道等新的道教派别,它们与在南宋理学影响下而出现的净明道遥相呼应,使整个中国道教呈现出繁荣与兴盛的态势。更值得关注的是,金代皇室对道教的政策也发生了新的变化,它们对道教的管制开始由严变松,由抑变扬,从而为道教的生存提供了较为宽松的环境,使得山东道教在金代获得了异乎寻常的发展。

全真道教的创立和传承是金代山东道教发展的顶峰,使道教进入一个鼎盛与辉煌的时期。其重要标志则是王重阳传道山东和全真教派的创立,尤其是全真七子对该教派的形成、传承和发展做出了重要贡献,使山东道教在中国道教发展史上留下了辉煌的一页,并影响了蒙元以及明清中国道教发展的方向。

蒙元时期,大道教(真大道教)、太一道继续在山东进行传道活动,它们不仅是山东道教的一个重要内容,而且也是中国道教发展的两个支派,在中国道教史上留下了不可抹掉的光彩。大道教派的分合与传承,太一道的传承与皇室封赐,及道教宫观的建设、道教碑刻的产生等,都从侧面反映了这个时期道教的发展演变情况。大道教在蒙元时期所分化出的灵虚宫派和天宝宫派都在山东传道,其中郦希成正式执掌大道教之前一直传道于泰山区域,其掌教传道山东后对道教的发展更起到了重要作用。张清志率弟子"入东海大珠牢山,结茅而居"②,修建道宇,"遍游山东诸州,传教济人,祈福祛病"③,并与峄山白云宫住持王志顺来往密切,促进了峄山道教的发展。

(六) 活跃与衰落时期

明清时期中国道教整体上处于衰落阶段,但山东道教却呈现出局部繁荣与活跃的情况。崂山出现了三个新兴全真道龙门支派,即奉徐复阳为祖师的鹤山派、奉齐本守为祖师的金辉派和奉孙元清为祖师的金山派。其中,金山派对后来影响最大,现崂山明霞洞即为金山派的祖庭,在明霞洞

---

① 王德朋:《金代道教述论》,《中华文化论坛》2004年第3期。

② (清)王昶:《金石萃编》(第五册),卷三,《元天宝宫张真人道行碑》,中国书店1985年版。

③ 韩理洲:《华山志》,三秦出版社2005年版,第334页。

的巨石上留有关于孙元清的刻字记事。这几个支派是丘处机龙门派在明代的主要支派。三位创始人均活跃于明嘉靖、万历年间，死后均得到皇帝的册封。这三位所开之宗派为崂山道教赢得了"全真道教天下第二丛林"的称号。明代山东道乐获得较快发展，如崂山古琴乐、泰山民间道乐、云翠山天仙派道乐等。明代山东道教还产生了一批道教名人，可称之为新生代道士，他们对道教的发展同样做出了重要贡献。该时期儒道释融合程度进一步得到加强，主要表现为泰山儒道释的融合、崂山儒道释之间既冲突又融合，以及三教堂的兴建、邹城儒道释融合与融合儒道释三教于一体的民间宗教派别的产生等。

清代，由于统治者的需要与扶持，以及民间对泰山神祇的信奉，在泰山、崂山、蒙山、云翠山、锦屏山、博山等地出现局部传道布道的情况。特别是在早期全真道经过长期沉寂之后，丘处机所开创的全真龙门派再度兴起，清末涌现出诸如祖籍山东任城的道教人士高仁峒等，其对中国近代道教的发展有一定影响。

清代泰山以碧霞元君信仰为代表的民间神祇信仰曾一度活跃，以东岳庙，或泰山庙、岱庙为代表的泰山庙宇的各种祭祀活动亦比较频繁。清代统治者倡导泰山祭拜活动也激活了民间对泰山碧霞元君的崇奉，使祭祀泰山神的活动逐渐向民间普及，因而使对碧霞元君的崇拜逐渐取代了对东岳大帝的崇拜。此时，泰山道教庙宇、道士人数也增多，道教宫观得到了大量修建或重修。在道教碑刻方面，特大碑体碑刻的数量增加，碑文内容丰富而独具特色。此时的泰山道教音乐比较繁荣，韵味独特而富有魅力，特别是岱庙藏谱很多，曲谱珍贵而典型，音韵厚重而彰显地域特色。这些便使清代泰山道教在全国道教整体衰落的情况下，呈现出较为活跃的局面。

崂山道教在清代进入发展的特殊时期，主要表现为六个方面：一是道派多。清代崂山全真教总共有10个派别，即原有的著名全真七大派别：遇仙派、南无派、随山派、龙门派、嵛山派、华山派、清静派；以及从龙门派中分化出来的鹤山、金山和金辉三派。二是宫观多。崂山全真教道派林立，道观遍布，其10个派别，都有自己的宫观，号称"九宫八观七十二庵"。三是清代崂山成为山东乃至全国道教的中心。当时的崂山是人们修道养生所向往的圣地，汇聚和产生了一批道教名家，他们或聚徒讲学，或弘道修真，或琴床眠吟，或募化修庙等，为崂山道教的发展做出了重要贡献。四是清代崂山道乐影响久远。从清康熙年间开始，经历光绪、宣统至民国，崂山是山东乃至全国古琴乐的中心，并形成著名的诸城琴派，金山派道教音乐"崂山韵"也被广泛传播，从而使崂山成为胶东、辽东等地的道教中心。五是碑文石刻丰富。在崂山太清宫、棋盘石、仰口、北九水、华楼宫、神清宫、太平宫、百福庵、童真宫等地，留有大量碑文、碑刻。六是崂山道教文学内容丰富。特别是崂山游记、崂山道诗等，代表了山东道教文学发展的一个新阶段。

清代山东道教局部传行、活跃的另一标志是重修或扩建了一批造型各异、规模不等并在民间具有一定影响力的道教宫观，如烟台蓬莱阁、栖霞太虚宫、烟台毓璜顶、济南华阳宫、济南北极阁、沂源织女洞、博山玉皇宫等。这些宫观既表现出特有的地域建筑造型、美术工艺、结构布局及宗教观念、文化思想，同时，又表现出中国道教宫观建筑艺术的共性特征。伴随着清代宫观建设而产生的以碑刻为载体的大量诗歌、散文等文学艺术作品，既蕴含着浓郁的仙道意境，又渗润着清代文人墨客对神灵崇拜的奇思妙想和深沉无比的道家情怀，是清代山东道教文学发展和活跃的一个确证。

二　山东道教的主要特点

山东道教作为中国道教的重要组成部分，它与全国道教既有着共时性和共同点，又有其历时性和个性特点。就后一个方面来说，我们认为，它主要有四个特点。

（一）文化源远流长，底蕴深厚

山东不仅是儒家文化的发源地，而且也是道家、道教文化的滥觞之一。就后者来说，齐文化很早就孕育了战国秦汉之际的黄老道家，而自东夷族以来的巫术传统与秦汉之际的术士活动，则成为汉代道教起源的最直接酵母。山东道教所以能延绵不断，很重要的一个原因就是它接受了儒家"中和"思想的影响，始终坚持兼容并蓄，具有很强的包容性。汉代道教实际上是燕齐方术与黄老道家思想相结合的产物。《太平经》的出现既标志着山东道教的形成，又吸收了齐鲁文化中的诸多元素，同时又内含着山东地域特有的宗教文化因子及当时社会民众的精神需求。《太平经》对山东地域的古代文化结构，包括东夷文化、儒家文化、墨家文化、黄老之学，以及各种古史传说等皆吸而纳之，融为一体，其所融汇的神仙思想、天文历法、星占谶纬、数术方技等内容，堪称燕、齐海上方士方术经典之大成。不仅如此，传统齐学中的精气说、阴阳五行说等构成了秦汉时期山东道教及整个中国道教的理论骨架和文化因子。另一部与山东道教有关的道教经典《周易参同契》，从形成到完善，也得益于山东地区的黄老道和方仙道，并最终使其成为中国历史上第一部炼丹经典。

（二）全真道教鼎新，引领全国道教

伴随着全国道教由秦汉时期的方仙道、太平道、黄老道，魏晋南北朝时期的五斗米道，隋唐五代时期的李家道、楼观道，以及北宋时期陈抟内丹学派等的演进，道教在继承以前道教优秀教风的基础上，到金元之际，新产生的全真道教以革故鼎新的姿态活跃在当时思想文化的舞台上，并引领了蒙元和明清时期道教的发展。全真教与产生稍早一些的真大道教、太一道被称为金代初期的三大新道派，它虽然出现晚，但传播最快，势头最大，成为后期道教史上地位最高的教派。全真教派的创立、修道和传行脉络都以山东地域为主，后传播至全国。

全真教进入蒙元后传播更快，范围更广。丘处机际遇成吉思汗是全真道获得发展的重要契机，经过丘祖艰苦卓绝的西行与奋斗，不仅把全真道推向北方各地，而且还锻铸了以尹志平为代表的十八宗师等一批全真道士，从而进一步提升了全真道教的地位和影响力。

到明初，由于执政者实行扬"正一"而抑"全真"的宗教政策，故早期的七真道派在此时濒临衰落。唯独龙门派的一些宗师和弟子，遁迹山中，进行潜修。但到明末清初及清代中叶，龙门派则遍布全国各地，势头已超过正一道派，有所谓"龙门、临济半天下"[①]之说。而就全真道来说，昆嵛山作为全真道教的发祥地，它在清代虽然显得冷落，但其在道教文学、道教宫观修建与扩建等方面却取得了一些进展，并留存下部分重要道教碑刻、石刻。这些碑刻、石刻一方面记载了道教在昆嵛山一带的活动和传承，以及宫观建设的重修情况；另一方面也显示了在清代道教整体衰落的情况下，昆嵛山地域仍然有全真道的影响。

另外，博山道教在明清时期获得了局部的发展，主要表现为道教庙宇

---

① 李一氓编：《藏外道书》（第31册），巴蜀书社1994年版，第113页。

的修复和扩建，以及主持道人的弘道法事活动。如明正德八年（1513）、明嘉靖二十二年（1543）、明万历二十六年（1598）重修凤凰山玉皇宫，明成化十九年（1483）重修岳阳山玉皇庙，清康熙四十六年（1707）重修岳阳山玉皇庙、后土殿，明万历三十年（1602）新建凤凰阿泰山行宫，明万历三十二年（1604）创修青龙山三官庙，明嘉靖三年（1524）重修云行山玉皇行祠等，其主持道人有全真道华山派郭教聪、张教明、李演存、李演禄、赵演忠等。山东章丘锦屏山全真龙门派的活动也表现出曾受早期全真道的影响。雍正十三年（1735）龙门派道人韩阳成即入住章丘锦屏山传道，至民国末年，该派在锦屏山传十四世，延续214年，载入碑刻的道士共七十余人，此表明全真道龙门派在锦屏山曾有过辉煌的历史。长清大峰山道教在清代也有过局部活跃与兴盛的时期，特别是龙门派道教的传承演变，以及宫观建设和重修情况在《重修大峰山碑记》等碑文中均有记载。峄山全真道曾先后有六个派别，到清代活跃在峄山的道派主要有华山派、龙门派、仙天道等。上述龙门派诸派的活动，应是早期全真道教对山东及全国道教继续产生影响的一个缩影。

（三）高标三教合一，践行包容发展

各种形态的文化元素由最初的彼此间互相冲突而最终走向彼此间的包容、协调发展，几乎是文化演变发展的基本规律。就中国古代文化的发展演变规律而言，在春秋时期表现为诸子百家的争鸣与对立，而到战国时期则表现为诸子百家学说的初步融合，而到西汉时期则出现了以儒学为引领的诸子百家思想的大融合。

从宗教文化形态上说，中国古代堪称儒道释三教分领天下的格局，它们之间既互相对立又互相吸纳，到南北朝时期则呈现出三教一家、三教合一的发展大势。山东道教作为全国道教的一个重要组成部分，其对儒佛二教的态度是与整个道教的发展演进同步的，它在处理同儒佛二教的关系上，也实现了高标三教合一，践行包容发展的文化格局。

从西汉中期到西晋，从总体上说山东地区的思想文化占主导地位的还是儒学。道教虽然很早已有萌动，但其仍在形成发展中。佛教因传入较晚，尚未形成气候，在山东影响不大。随着社会政治、经济和文化的发展，至南北朝时期，山东地区的文化格局逐渐发生了改变，佛教得到了传播与发展。此时的道教也有所发展，因而已初步出现了儒道释三教并存的

文化状况，并直到隋唐二朝也大致如此。

北宋时期，山东儒道之间的互动交流有了发展，二者的关系日益密切。这一方面得益于山东深厚的道教文化传统，另一方面更与全国三教合一的时代潮流推动有密切关系，此时的山东道教主动吸收、融合了儒学士大夫的思想，使儒学与道学的关系相对于其与佛教的关系而言更为密切。

金代初期，道教内部产生了革新要求。王重阳在山东创立全真道后，就高标儒道释"三教合一"。虽然如此，但王重阳认为三教中"太上为祖，释迦为宗，夫子为科牌"，三教"随意演化众生，皆不离于道也"[①]。由此可以看出，三教之中王重阳更重视"道"的本体地位与作用。但这并没有淡化全真教关于"三教合一"的主张。丘处机对于儒道释三教的关系，则力挺"三教平等""三教合一"，并提倡兼学三教经书，广泛借鉴儒家诗文和佛学禅理，切实在教义教理上达到纳儒入道、援佛入道。

明代，山东儒道释融合程度又不断加强。这主要表现为泰山儒道释的融合、崂山儒道释间的冲突与融合、三教堂的兴建、邹城儒道释的融合及融合儒道释三教于一体的民间宗教派别的诞生等。清代，儒道释在各地的融合继续加强，如泰山、崂山等"三教合流"的发展，邹城三教融合的加强，单县八卦教的产生和演变等。山东儒道释融合的过程也是三教世俗化的进程，最突出的表现就是民间宗教——八卦教的产生。八卦教同时受到宋明理学和道教的影响，其中，儒家思想是其宗教道德的基础，道教内丹思想则是其教理、教义的核心。[②] 此标明三教合一思想已深入社会生活的各个方面。

（四）道教人士辈出，历代均有建树

山东地域道教人士可谓层出不穷，他们对历代道业均有建树。见于正史、道籍的山东早期道教人士主要有：徐市、李少君、甘忠可、夏贺良、干吉（于吉）、魏伯阳、徐从事等，他们在各个历史阶段或对道教的产生做了铺垫，或对道教的形成做出了贡献。举其要者：

徐市，亦名徐福，字君房，秦时齐地方士。在秦始皇祀神求仙的过程中，他起着重要作用，是当时著名的方士之一。最早并详细记述徐市东渡

[①] 《道藏》（第25册），文物出版社、上海书店、天津古籍出版社1988年版，第803页。
[②] 马西沙：《中国民间宗教史》，中国社会科学出版社2004年版，第356页。

的历史文献是司马迁《史记·秦始皇本纪》，其中载有秦始皇"遣徐市发童男女数千人，入海求仙人"等语。

甘忠可、夏贺良，西汉齐（今山东淄博）人。甘忠可于汉成帝在位时，曾造作中国道书《天官历·包元太平经》，将黄老道与谶纬学说相结合，既追求长生成仙，又讲欲治天下太平的兴国之术。《包元太平经》虽然已经失传了，但经过他的弟子夏贺良等人的传播，诸如推阴阳、灾异、论道德、谈天谶等内容，却被保留在东汉顺帝时于吉所得神书《太平清领书》（即《太平经》）中。夏贺良作为甘忠可的弟子，既深得《包元太平经》之旨，又是该书的主要传承者，同时对于《太平经》的形成和发展也起到了重要作用。

徐从事、淳于叔通、娄敬均为齐人，其对魏伯阳《周易参同契》的形成和内容完善亦做出了重要贡献。现代学者孟乃昌曾采萧梁陶弘景《真诰》注、唐代阴序和唐代容字号本解题序言之说，吸收俞琰和杜一诚观点中的合理内核，参以其他文献资料，并从历史背景进行分析，详细考辨了《周易参同契》的作者。孟氏认为青州徐从事对《周易参同契》的创作贡献最大，甚至认为《周易参同契》的作者顺序应为徐从事—淳于叔通—魏伯阳。

魏晋南北朝时期，由于中国北方陷入了五代十六国的内乱，故使当时的山东道教显得疲软分散，未能形成大的教派活动。但值得重视的是，随着北方世家大族的南迁，一些士人在江南一带信奉道教，他们或成为著名的天师道（五斗米道）世家，如山东琅琊王氏、孙氏、徐氏，高平郗氏，清河崔氏，曲阜孔氏，泰山羊氏，东海鲍氏等；或成为上清派的开山人物，如魏华存被尊奉为道教上清派第一代宗师，世称"南岳夫人"，其无论在中国道教史上，还是在山东道教史上都是重要的代表人物之一。

随着道教在隋唐时期的繁荣，崂山地区的道教出现了空前兴盛的局面，汇聚了许多著名道士。如姜抚、孙昙、王旻、李哲玄、常修安、吴筠、王远知、潘师正、由吾道荣、徐则、王希夷、徐钧、钱朗、谭紫霄、王轨、田虚应、刘道合、张炼师、张李二公、萧静之、司马承祯、吕才等。甚至唐代诗人李白与山东道教也有着深厚的情缘。吕岩是唐末五代至宋初的著名道士，亦称吕洞宾，号纯阳子，被道教全真派奉为北五祖之一，尊曰吕祖，世传"八仙"之一，在山东民间广为传颂，更影响了中国道教的发展。

北宋初期，崂山一度成为当时中国道教传播的中心，因道士刘若拙受到宋太祖的赏识，于是四方道众便纷纷来投。当时崂山各道教庙宇统归刘若拙新创的华盖派管理，呈现出一山独秀的局面。刘若拙仙逝后，徒弟甄栖真主持太平宫的庙事。祥符中，甄栖真为晋州紫极宫主。北宋崂山其他主要道士还有乔绪然、魏一翁、徐问真、皇甫坦、张咏、田告、刘概、李之才等人。

全真教在金元时期，无疑是北方诸道派的扛鼎者，像祖师王重阳和丘处机、谭处端、马钰、王处一、郝大通、孙不二、刘处玄"全真七子"，以及尹志平、李志常、夏志诚、孟志源、于志可、宋德方、潘德冲、綦志清、赵道坚、张志素、宋道安、孙志坚、鞠志圆、张志远、何志清、杨志静、王志明、郑志修等十八宗全真道士，皆是创建全真道和在全国各地传道阐玄的中坚人物，他们无论是在山东道教史上还是在全国道教史上都留有不可泯灭的功德，都对推动中国道教的发展演进产生了不可估量的影响。比全真教产生稍早一些的真大道教刘德仁、陈师正、张信真、毛希琮四代，也是影响道教发展的重要人物，他们经常云游和隐居山东，把山东作为传道布教的重要场所。而且，在蒙元时期，大道教掌教仍然传道于山东，他们的传教活动多由山东与河北交界之处，经泰安、益都传至胶东地区，可谓横贯东西，遍布南北。①

明清时期，山东又涌现出了许多道教名人。如明代崂山耿真人、徐祖、齐道人、崔道人、李阳兴、齐本守、孙玄清等。清代崂山道教的名家有于一泰、边永清、杨绍慎、蒋清山、刘信常、褚守持、刘精一、张然江、王裕恒、韩谦让、周旅学、刘永福、李旅震、赵善初、邹全阳、匡常修等。而祖籍山东任城的道教人士、清代白云观第二十代住持高仁峒，也对全真教的发展起到了一定的推动作用。

三　山东道教研究的方法和意义

山东道教研究以正史、野史、道籍书文，全省各地古今地方志中的资料、文物，以及崂山、泰山、沂山、昆嵛山、蒙山、五峰山、博山、大峰山、云翠山、峄山等名山、仙境、宫观、石刻、碑刻为研究对象，试图厘

---

① 白如祥：《山东大道教考》，《中国道教》2008年第4期。

清山东道教人物的活动、著述、思想，勾勒出山东道教的产生、形成、演变与发展，力求从历史的纵向与横向上揭示其真实的存在，以及呈现地域道教存在与中国整体道教存在的互动关系，并从中凸显该课题研究的理论与实践意义。然而，要完成上述研究目标和任务是很不容易的，它需要创新研究方法，确立科学的研究门径。倘若研究门径和研究方法错了，那就很难实现我们的意图，所谓该课题研究的理论与实践意义也就会踏空。故我们在这里就山东道教研究的方法和意义谨作以下交代。

（一）山东道教研究的主要方法

对中国道教的研究可以采取多种方法进行，本课题主要采用了历史学、人类学和田野调查的方法，即坚持一切从史料出发，不妄自猜测、解释、增益，对原典、宫观、造物和原始碑刻资料等进行客观、细致、科学的解读、考证。坚持历史与逻辑的辩证统一，从纵横两方面多视角考察山东道教的产生、形成、发展与演变，认真梳理出各教派、人物、经典之间的关系，以及山东各地道教宫观的建设与发展。我们不仅研究和考察山东道教各派别自身发展的内在联系，而且还考察它们与齐文化、鲁文化以及全国道教的关系，特别是对秦汉以后的山东道教更加注意将其放到三教互动关系中来定位、比较，以便梳理出山东道教史内在的逻辑，得出科学的结论和评价。具体来说，我们采用的研究方法可分为如下四个方面：

1. 一般与个别相结合

如果说整个中国道教史是一般性存在，那么山东道教史作为中国地域性道教史就属于个别性存在。个别体现一般，一般依赖于个别，两者是不可分割的。运用这种方法研究山东道教，就必须既要把山东道教史作为中国道教史的一部分，不能脱离中国道教的大背景去孤立地研究山东道教；又要把山东道教史研究视为中国道教研究的深化与补充，抓住山东道教的产生、形成、发展、演变及个性特点与规律、人物思想、宫观建设等具体问题与具体内容，进行深入考察、研究和梳理，揭示山东道教发展的特殊规律与中国道教发展的一般规律之间的关系，进而正确把握山东道教史对于中国道教史的价值和意义。

在运用一般与个别相结合方法时，不能不涉及怎样处理山东道教发展与山东籍道士、非山东籍道士关系的问题。始终在山东进行传教活动的山东籍道士，无疑是我们重点研究的对象。而对于山东籍道士，如魏华存去南方传教布道，以及陈抟、吕洞宾、张三丰等外籍道士在山东传教布道，应该怎样撰写呢？我们按照兼顾一般与个别的原则，既论证他们对全国道教史发展的贡献，又论证他们对山东道教史的贡献。指出他们或作为全国道教的"一般"而影响了地域性道教之"个别"的发展，或作为地域性道教的"个别"而支撑、补充了全国性道教之"一般"的发展，这实际是显示了中国道教诸派之间包容性、协同性发展的优势和特点。

2. 纸上材料与实物材料相结合

道教研究主要靠材料说话。20 世纪初，王国维先生提出的"二重证据法"中把材料分为"地下之新材料"与"纸上之材料"两类，认为这两类材料互证是进行学术研究的根本方法。王先生的这个"二重证据法"同样也适用于道教研究，并得到今天道教研究学者的普遍采用。我们遵照先哲前贤的实践，也运用了纸上材料与实物材料相结合的研究方法。所谓纸上材料即如前所列史籍、经籍、书文等著述，所谓实物材料则指存留至今的道观圣地文物、碑文、石刻等。而我们对实物资料尤为关注，因为地域性道教之新材料的发现往往出于这个部分。由此，我们全力搜集碑文、石刻，尽量做到搜集全面、完整、系统，然后进行认真解读筛选，觅出富有特色、典型的实物专门加以攻读，从而弥补了纸上材料之不足。此外，我们还借鉴吸收了近年来国内外专家学者有关山东道教的研究成果，系统全面地开展项目研究工作。在运用实物材料和纸上材料的过程中，既注意研究各个时期的道教人物的传承谱系、思想，又注意从史学、文学、艺术等方面深入开掘各个时期山东道教发展中的文化特色、思想内涵和艺术瑰宝，力求全面、丰富地反映山东道教发展的客观规律以及与史学、文学艺术、人物思想、经典著作之间的内在联系。

3. 田野调查与研讨相结合

开展田野调查，系统收集石刻、碑文等第一手资料是本项目研究的必然要求。我们围绕着"石文化"（山东汉画像石、石碑石刻）、"山文化"（泰山、崂山、沂山、蒙山、昆嵛山、大基山、峄山、博山）、"海文化"（东海海神、海神信仰、海神庙、蓬莱、长岛海上仙山）、"河文化"（黄河、运河、沂河、东平湖、微山湖）、"人文化"（齐、鲁、墨文化等）等文化载体与表现形态，在民间通过拍摄、拓片、访问、购买、实地考察等活动获得了山东道教史的大量实物材料，在收集文献资料的基础上，经过艰难辛苦的整理后，又与全省各地文物管理部门合作，开展了山东道教相关资料的分析和调研。特别是通过寻访民间艺人，收集到部分珍贵的道教资料，并充实到研究成果之中。对于有争议的问题，召开现场会、学术研讨会等，集思广益，广泛吸收和采纳专家学者的意见和建议，为山东道教史的完成奠定了扎实的基础。

4. 力求继承与创新相结合

任何研究大都要以前人的研究为出发点。目前，完整而系统的《山东道教史》虽然还没有问世，但该项目所讨论的内容与问题，却在道教研究中已被不少学者所注意，并在某些领域取得了重要成果。同时，自20世纪80年代以来，道教研究成果可谓琳琅满目，读不胜读。这便为撰写《山东道教史》提供了铺垫与借鉴，很值得我们去学习和继承。但是，《山东道教史》作为我们梦寐以求的研究课题，我们每个写作者都怀有创新的冲动，故在继承学界既有研究成果的基础上，力求站在当前道教研究的学术前沿，使之内容丰富，结构体系合理，富有新意。为此，该项目关注学术界的研究成果，更关注山东道教史比较重要而又有争议的一些问题，如蓬莱神话、泰山信仰的形成与内涵、徐福故里与出海地点、方仙道的来源，以及李白在山东的活动等，在占有新材料的基础上大胆提出了自己的一些看法或观点。另对吕洞宾的出生年代、生平、事迹，以及他在隋唐五代时期在山东的活动和性命双修思想都做了比较深入论述，成为本项目的一个研究特点。对清代白云观第二十代主持高仁峒的评价能一分为二，既肯定其在道教史上的贡献，又本着对历史负责的态度，对其负面影响也做了一定的解析与评价。

（二）山东道教研究的重要意义

当前学术界对山东道教的研究，与其丰富内容和历史影响等还不相称。从山东道教研究的现状来说，多数集中在全真道的研究上，且专题研究多，对道教其他派别的研究星星点点，内容不够集中，而对通史研究则呈现空白，缺少清晰勾画山东道教产生、形成、演变等的通史成果。因此，开展山东道教的通史研究，对梳理山东道教派别、思想与著作，以及历史脉络、道教宫观建设等，是非常必要的。对深化中国道教研究，探究道教的发展规律，以及开掘山东道教的文化精粹、拓展道教的研究途径等，都具有重要意义。具体来说：

1. 有利于深化中国道教研究的内容

深化中国道教史的研究，需要借助区域道教研究的相关成果。山东道教作为区域道教研究的重要内容之一，可以为中国道教史的研究提供宽广的视野和资料支持。如山东道教中泰山道教、崂山道教、昆嵛山道教、蒙山道教、沂山道教等，不但是山东区域道教研究的内容，而且也是中国道教发展史中不可或缺的重要组成部分。故从中国道教发展和演变的视界研究这些地域道教，既能推动包括山东道教在内的地域道教的研究发展，又能丰富整个中国道教的研究内容。况且，地域道教的一些代表人物，既是地域的，又是全国的，这更能体现中国道教文化的一体化特征。同样，山东道教中的代表人物、思想著作、宫观建设等方面的内容，既是山东道教的研究内容，也是中国道教史研究的重要内容。深入研究山东道教的产生、发展和演变，可以使中国道教史研究的内容更为丰富、更具有生命力。

2. 有利于把握道教发展变化的规律

研究山东地域性道教，可以帮助我们更好地把握道教发展变化的规律。根据我们对山东道教各种资料的研究分析，它的确经历了一个产生与发展、繁荣与衰落的历史过程，而且在不同的历史阶段，它的传道布道活动也有高潮与低潮之分，呈现出发展变化的曲折性和复杂性。山东道教在其发展变化中之所以呈现出这样的状况，原因十分复杂，我们认为：

（1）与齐鲁文化的浸润及其影响有关。像泰山、崂山、昆嵛山、沂山、峄山等道教名山圣地都处于齐鲁文化圈，来此处的修道传道者大都有深厚的儒家、道家文化素养，容易历练成道教名师，并将所在地域的山东道教引向高潮。倘若道师的齐鲁文化素养不高，那么，即使其修炼地段有"山神""海神""河神"的仙道背景，也只能落个不知大"道"的小庙，必然失掉信徒。

（2）与执政者的宗教政策有关。山东道教获得发展的时期，多与当时朝廷对道教的支持、利用有关；而其落入低潮，也与朝廷实行压抑、紧缩的政策有关涉。若统治者支持、利用道教，不仅能提升道教的地位，获得经济援助，而且还能使信教人数呈现较快增长，容易出现信道高潮；反之，倘若统治者对道教冷落、压抑、限制，道教就必然落入低潮。

（3）与人们的精神需求有关。道教作为实现人之终极关怀的文化形态，它无论在动乱或太平时期都可以获得发展的空间，这是因为人们的宗教意识或追求长生幸福的心理需求是永恒不灭的。在盛唐时期，道教的发展可谓达到繁荣；而在金元动乱时期，全真道则崛起鼎盛；在明清封建社会稳固时期，道教却开始走向衰落。所以，道教存在与否、发展或者迟滞，不完全与经济的繁荣程度有关系，也不完全与社会的治乱兴衰有关涉，而是与人们的精神需求有关涉。

3. 有利于弘扬山东和全国道教的文化精粹

研究山东道教，可以挖掘山东道教文化中的优秀文化遗产，并借以补充、拓展全国道教的文化精粹。山东道教的优秀文化遗产，大多数是与全国道教优秀文化遗产相通的，例如它们从道家思想继承下来的淡泊名利、清静无为、清心寡欲、积善成德、性命双修、济世利人、扶贫济苦等，都属于中华民族的优秀传统文化，它们可以古为今用，激发人们去培养良好的行为模式和道德情操。但是，较之全国道教，山东道教文化中还有众多有价值的神仙传说、经典故事、文学艺术，以及养生方技、药膳食材等，它们能为现代社会文化艺术的发展，以及人们的养生健康提供有益的资源和帮助。山东道教的文化精粹不仅是山东地域性的，而且具有全国意义，像蓬莱仙话与古代文学、崂山和泰山的道教音乐与现代艺术，崂山、泰山的道教养生与现代医药科学，以及崂山、泰山的武术与现代体育等课题，都有待于当代人们去认真探讨研究，进而为社会主义事业服务。

第一章

山东道教的文化渊源

山东地处中国东部沿海，是中国古代文明的发祥地之一，它历史悠久，古为齐鲁之国，素有"齐鲁之邦，礼仪之乡"的美誉。山东是中国道教重要的发源地之一，其道教思想的形成和发展经历了一个漫长而复杂的历史过程。山东道教的文化渊源可以上溯到远古东夷族时代的自然崇拜、图腾崇拜、神灵崇拜、原始巫术，以及殷商以来的谶纬迷信、阴阳五行、神仙思想等。

第一节 山东地域的自然崇拜

在古老的山东大地上，距今四五十万年出现了山东最早的先民。在漫长的采集、渔猎、畜牧和耕作的生产过程中，先民的智慧也在不断地萌动、发展和进步，先民们不仅完全感知到大自然的万事万物，而且渐渐认识到大自然与人类生活、生产息息相关。它既能给人类带来丰收和繁荣，也能给人类降下灾难和疾病。大自然的喜怒无常、变化莫测使尚处在原始思维状态下的人们认为有超自然的、神秘的力量存在。先民们以无比恐惧、敬畏的心情匍匐在大自然面前，形成了太阳崇拜、泰山崇拜、海河崇拜等自然崇拜。

一 太阳崇拜

原始社会的先民对这个充满光和热的宇宙天体无限的崇敬和畏惧。太阳崇拜构成了自然崇拜的主要内容，太阳神是原始宗教信仰中的重要神灵。在《山海经》《淮南子》《楚辞》《国语》中都有关于太阳神话的记载。

山东先民东夷人崇拜太阳。早在大汶口文化时期，原始耕锄就已经成为东夷地区经济生活的主要形态。东夷族之所以崇拜太阳，首先是因为太阳与农业生产密切相关，它所散发的光明和温暖，是世间人和万物生命存在的本源。其次，太阳的升落直接产生着昼夜交替与四季变化的现象，山东先民最易感受到太阳的伟大与神秘。再次，东夷族主要活动于东部沿海地区，而东方是太阳升起的地方，所以太阳自然成为山东先民崇拜的对象。

（一）东夷族的太阳崇拜

东夷人把部落首领太昊和少昊看作太阳神的化身。这一点古今学者的研究结论基本相同。在《帝王世纪》中，太昊被形容为"象日之明"。①"昊"在古代文献中还写作"暭"。《说文》云："暭，皓旰也，从日皋声。"段玉裁注："皓旰谓洁白光明之貌。"《说文》又云："皓，日出皃，从日告声"；"旰，晚也，从日干声。"② 由此可以看出，"暭"一方面具有光明的特性，同时又表征着太阳的升落。可知太昊、少昊被山东先民视为太阳神的化身。

羿射十日神话。羿，又称"后羿""夷羿"，善于射箭，是东夷族的首领。羿射十日是中国古代四大神话之一，反映了东夷人的自然神信仰内容。关于"羿射十日"的神话比较完整的记载是在《淮南子·本经训》中：

> 逮至尧之时，十日并出，焦禾稼，杀草木，而民无所食。猰貐、凿齿、九婴、大风、封豨、修蛇皆为民害。尧乃使羿诛凿齿于畴华之野，杀九婴于凶水之上，缴大风于青邱之泽，上射十日而下杀猰貐，断修蛇于洞庭、擒封豨于桑林，万民皆喜，置尧以为天子。③

关于"十日"的传说，在古代典籍中有很多记载。《山海经·大荒南经》曰："东海之外，甘水之间，有羲和之国。有女子名曰羲和，方日浴于甘渊。羲和者，帝俊之妻，生十日。"④ 东海之外，正是山东先民东夷

---

① （晋）皇甫谧：《帝王世纪》，中华书局 1985 年版，第 2 页。
② （汉）许慎撰，（清）段玉裁注：《说文解字注》，上海古籍出版社 1951 年版，第 304 页。
③ 何宁：《淮南子集释》，中华书局 1998 年版，第 574—577 页。
④ 袁珂：《山海经校注》，上海古籍出版社 1980 年版，第 381 页。

族的活动地区。在《山海经·大荒东经》中有明确记载："东海之外大壑，少昊之国，少昊孺帝颛顼于此。"① 在东夷部族的太阳神话中，旸谷、扶桑是日月所升之地。《淮南子·天文训》载："日出于旸谷，浴于咸池，拂于扶桑，是谓晨明。登于扶桑，爰始将行，是为朏明。"②《山海经·海外东经》载："汤谷上有扶桑，十日所浴，在黑齿北。居水中，有大木，九日居下枝，一日居上枝。"③《山海经·大荒东经》曰："汤谷上有扶木，一日方至，一日方出，皆载于乌。"④《论衡·说日》又载："东方有汤谷，上有扶桑，十日浴沐水中，有大木。"⑤ 诸则材料中的"汤谷""旸谷"均指太阳升起之地，是东夷文明的摇篮，也是东夷人祭祀太阳神的圣地。

羿兼并了多个以日为图腾的部落方国，组成了"十日国"。关于十日国的地望，考古学界大多认为是日照市的尧王城遗址。《尚书·尧典》记载："乃命羲和，钦若昊天，历象日月星辰，敬授人时。分命羲仲，宅嵎夷，曰旸谷。"⑥ "嵎夷"最早见于《尚书·禹贡》："嵎夷既略。"⑦ 嵎夷是东夷族的一支，居住在旸谷这个地方。有学者根据《四库全书》中的禹贡九州图分析，古代的嵎夷就在今日照地区。⑧《山海经》记载："大荒之中，有山曰天台高山，海水入焉。"⑨ 汤谷在日照的天台山上，是东夷人祭祀太阳神的地方。山上仍留有人们祭祀的太阳神石、太阳神陵日晷等许多太阳崇拜的遗迹，显示出浓重的太阳崇拜文化。在天台山上还有大羿陵，传说羿和他的妻子嫦娥就葬在此地。

从东夷族的墓葬习俗来看，也体现出日崇拜的宗教信仰。考古资料显示，东夷族自北辛文化开始，至大汶口文化、山东龙山文化、岳石文化各阶段，墓葬中的墓主头向始终都以东向为主。东方是太阳初升的地方，也

---

① 袁珂：《山海经校注》，上海古籍出版社1980年版，第338页。
② 何宁：《淮南子集释》，中华书局1998年版，第233—234页。
③ 袁珂：《山海经校注》，上海古籍出版社1980年版，第260页。
④ 同上书，第354页。
⑤ 黄晖：《论衡校释》，中华书局1990年版，第508页。
⑥ （清）孙星衍：《尚书今古文注疏》，陈抗、盛冬铃点校，中华书局1986年版，第10—13页。
⑦ 同上书，第151页。
⑧ 范海钧：《〈山海经〉中的日照》，《国学》2012年第11期。
⑨ 袁珂：《山海经校注》，上海古籍出版社1980年版，第380页。

被古人认为是万物交替、初春发生之地。东夷人的这种墓葬习俗是太阳崇拜的反映。

从考古发掘出土文物，以及有关宗教祀典等也印证了东夷人崇拜、祭祀太阳的宗教习俗。在莒县陵阳河、大朱村遗址出土了带有刻画日月纹"☉"和日月山纹"☉"符号的陶尊。① 刻画符号上方的一个圆圈象征太阳，是东夷人崇拜太阳的证明。陶尊是东夷人用来祭天的礼器，远古时代祭天主要是祭祀太阳，祈求太阳神保佑农业丰收。随葬陶尊的墓大都随葬品丰富，都是大墓，在小墓、贫墓中一般不见陶尊，而陶尊在墓中多与猪头这样用于祭祀的物品放在一起，而不与一般生活器皿为伍。因此，陶尊不是一般生活用具，而与死者生前的地位有关，与祭祀有关，是一种礼器，并用于祭天。可知东夷人对太阳十分崇拜，对它进行隆重的宗教祭祀。

（二）炎帝族的太阳崇拜

炎帝，姜姓。炎帝族的发祥地并非古山东地区，而是仰韶文化区的大地湾，但是炎帝族不断向东方迁徙至于鲁地。《帝王世纪》载："炎帝初都陈，又徙鲁。"②《史记·封禅书》也载有炎帝封泰山的事迹。炎帝被认为是太阳神的化身。《左传·昭公十七年》曰："炎帝氏以火纪，故为火师而火名。"③《淮南子·天文训》曰："南方火也，其帝炎帝。"④ 火即太阳。《风俗通义·三皇》云："遂人以火纪。火，太阳也。"⑤《白虎通·五行》曰："炎帝者，太阳也。"⑥ 仰韶文化区大地湾是中国彩陶艺术发轫最早的地区，出土的彩陶有许多太阳纹和火焰纹，也有力地说明了炎帝族盛行对太阳、火的崇拜。炎帝族迁徙到山东，太阳崇拜的原始宗教信仰也被带到山东，对山东先民的太阳崇拜自然会产生影响。

（三）三代至春秋时期的太阳崇拜

夏、商、周三代至春秋战国时期，山东先民仍保留着东夷和炎帝族崇拜太阳的习俗观念，但由于此时随着理性精神和人文思潮的萌动，特别是

---

① 刘德增：《神秘的大汶口文化刻划符号破译》，《文史知识》1995年第8期。
② （晋）皇甫谧：《帝王世纪》，中华书局1985年版，第3页。
③ 杨伯峻：《春秋左传注》，中华书局1981年版，第1386页。
④ 何宁：《淮南子集释》，中华书局1998年版，第186页。
⑤ （东汉）应劭撰，吴树平校释：《风俗通义校释》，天津人民出版社1980年版，第11页。
⑥ （汉）班固：《白虎通》，中华书局1985年版，第87页。

到春秋战国时期，人们的自然崇拜观念在形式上发生了变化，他们不再像古史传说时代那样盲目自发，而对太阳的崇拜有了某种自觉性，出现了一些敬仰太阳的仪式活动。例如，《史记·封禅书》所记载齐地"八神"祭祀中就有祭"日主"的仪式活动，说："日主祠成山。成山斗入海，最居齐东北隅，以迎日出云。"齐人在成山设祭欢迎日出。不仅如此，当时人们还对日食现象进行祭祀，举行"救日"仪式，如鲁国即有"伐鼓救日"仪式。《左传·昭公十七年》记载："夏六月甲戌朔，日有食之。祝史请所用币。昭子曰：日有食之，天子不举，伐鼓于社，诸侯用币于社，伐鼓于朝，礼也。"① 这种"伐鼓救日"仪式是古代重要的传统礼制，到春秋时期已成为常见的祭日仪式。

更值得注意的是，日光纹是战国后道家创造的八卦太极图的雏形，商代"螺旋式日纹与日中有鸟的传说相结合，衍生出一种很有美感的图案。到战国以后，道家以此作为太极图的蓝本，又将日月阴阳揉成一体，创造出八卦太极图"②。以日为太明之神，称为日宫太丹炎光郁明太阳帝君，或称日宫太阳帝君孝道仙王。对此，道教《太上洞真五星秘授经》记载：

  日者，太阳之精，人君之象。日中帝君、仙官、神吏万众，皆修郁仪奔日之道。日为洞阳之宫，自然化生空青翠玉之林，天官采食花实身生金光。日之精炁，化生金乌，栖其林，朝出旸谷，夕没崦嵫，一年一周天。日宫太阳帝君，上管周天二十八宿星君、天曹，注禄寿之司，常以三元万灵天官皆诣日宫，检校世人罪福之目，进呈上帝，谓之阳官生籍，日魂吐九芒之炁，光莹万国，日名郁仪。③

东夷族的太阳崇拜发展到夏、商、周及春秋战国时期，已由一般的信仰习惯转化为特定的仪式活动，以至于同相关祭祀活动相结合，从而透视出山东先民的太阳崇拜对早期宗教所产生的影响。

---

 ① 杨伯峻：《春秋左传注》，中华书局1981年版，第1384页。
 ② 詹鄞鑫：《神灵与祭祀》，江苏古籍出版社1992年版，第30页。
 ③ 《道藏》（第23册），文物出版社、上海书店、天津古籍出版社1988年版，第848页。

二 泰山崇拜

泰山坐落在山东省中部，气势雄伟磅礴，被誉为"五岳"之首、"天下第一山"，有深厚的文化积淀与内涵，是中华民族的精神象征。对于"泰"，《周易·泰卦》云："天地交而万物通也。"① "泰山"一词最早见于《诗经·鲁颂》："泰山岩岩，鲁邦所詹。"② 在中国古典文献中，泰山常被称为"岱"。《风俗通义》曰："泰山，山之尊者，一曰岱宗。岱者，始也；宗者，长也。万物之始，阴阳交代，云触石而出，肤寸而合，不崇朝而徧雨天下，其惟泰山乎。故为五岳之长。"③

仙，在古代写作"仚"。《说文解字》云："仚，人在山上貌。从人山。"④ 又《释名·释长幼》云："仙，迁也，迁入山也。故其制字，人旁作山也。"⑤ 可知在山上居住和生活的人称为仙，在山上修道的人是"仙"。因此，古人欲得道成仙必然选择在山中修炼，如《淮南子·人间训》记载春秋际鲁人单豹隐居山中，"不衣丝麻，不食五谷，行年七十，犹有童子之颜色"⑥。《礼记·王制》曰："天子祭天下名山大川，五岳视三公，四渎视诸侯。"⑦

山东先民的山岳崇拜很早就已出现，尤为突出的表现为泰山崇拜。泰山地区自古是原始先民繁衍生息的重要聚居区，从先民朦胧意识中产生的对泰山的敬畏与崇拜，到传说中先秦72君王的泰山祭祀，再到秦以降封建帝王的泰山封禅拜祭大典，泰山被赋予了丰富多彩的文化内涵。

（一）山岳崇拜

随着西周宗法关系的确立，山岳崇拜逐渐形成了一种制度化的宗教仪式，山岳祭祀呈现出等级化的倾向，形成了严格的祭礼。在大汶口文化的山东莒县陵阳河遗址中出土的陶尊上，有"🝫"符号，这一陶文引起学

---

① 徐子宏：《周易全译》，贵州人民出版社2009年版，第55页。
② 程俊英、蒋见元：《诗经注析》，中华书局1991年版，第1019页。
③ （东汉）应劭撰，吴树平校释：《风俗通义校释》，天津人民出版社1980年版，第366页。
④ （汉）许慎撰，（清）段玉裁注：《说文解字注》，上海古籍出版社1981年版，第383页。
⑤ 王先谦：《释名疏证补》，上海古籍出版社1984年版，第150页。
⑥ 何宁：《淮南子集释》，中华书局1998年版，第1298页。
⑦ （清）孙希旦：《礼记集解》，沈啸寰、王星贤点校，中华书局1989年版，第347页。

者的广泛关注。有关陶文的含义于省吾先生释为"旦"①，认为上代表太阳，中间代表云，下部代表山。唐兰先生释为"炅"②，认为上是太阳，中间是火，下部是山。无论这个符号是"日、云、山"的合体，还是"日、火、山"的合体，所反映的均是山东先民的自然崇拜观念，下部图案解释为"山"，正是山东先民山岳崇拜的最好证明。关于"☒"符号释译如下：

"山"，当为山形。古火与山极易混淆。火"山"，底为弧平状，像火焰升腾状；山"山"，底为平直状，山脚方，像山峰峻峭状；此山形底平直，山脚方，故当为山而非火。……穷桑东有泰山，泰山日出当作此状，日为阳鸟负载，少昊既为穷桑帝，当在泰山兴封禅。③

泰山优越的地理位置和适宜的自然环境，为先民的繁衍生息提供了良好的生存条件。1981年在沂源县骑子鞍山发现了距今四五十万年的猿人头盖骨化石。1982年又发现猿人牙齿两颗，与著名的"北京人"同期。被认为是山东最早的人类，考古学界将其称为"沂源人"，属于猿人或直立人晚期阶段。山东地区旧石器时代文化主要分布于沂河、沭河流域。这些遗址和地点均在泰沂山系南侧。进入新石器时代，泰山周围先后经历了后李文化—北辛文化—大汶口文化—龙山文化—岳石文化。后李文化是目前山东地区发现最早的新石器时代文化，其主要分布于泰沂山系北侧的山前丘陵或山前冲积平原上。北辛文化因山东滕县（今滕州市）北辛遗址得名，北辛文化的范围大致以泰山为中心，分布在汶河、泗水流域一带。其中最具影响的大汶口文化遗址就在泰山南麓。泰山周围孕育的原始文化在中华文明形成中具有重要作用。

（二）泰山信仰

泰山信仰具有悠久的历史。泰山信仰早在东夷部族已经发生。道经《洞渊集》卷二云："太昊为青帝，治东岱，主万物发生。"④ 后随着夷夏

---

① 于省吾：《关于古文字研究的若干问题》，《文物》1973年第2期。
② 唐兰：《关于江西吴城文化遗址与文字的初步探讨》，《文物》1975年第7期。
③ 王大有：《龙凤文化源流》，北京工艺美术出版社1988年版，第44页。
④ 《道藏》（第23册），文物出版社、上海书店、天津古籍出版社1988年版，第839页。

民族的融合，泰山信仰逐渐扩展到中原地带，并逐渐被王朝纳入山岳祀典，《礼记·王制》说：天子"岁二月，东巡守，至于岱宗，柴而望祀山川，觐诸侯，问百年者就见之"①。在历史上，人们对泰山的信仰包括官方和民间。泰山信仰也经历了一个从地方到全国的发展过程。如《管子·封禅篇》记载了齐桓公成就霸业后欲封禅泰山而被管仲劝阻的故事。②官方泰山信仰大都有较强的政治目的，而民间泰山信仰的政治目的就较弱。而泰山祀典被王朝纳入，有助于推动泰山信仰成为全国性的宗教信仰。

泰山信仰的形成与泰山悠久的历史文化和特殊地位有关。德国唯物主义哲学家费尔巴哈曾指出："自然是宗教的最初原始对象，这一点是一切宗教和一切民族的历史所充分证明的。"③"大汶口文化""龙山文化"见证了泰山是中国古文化的发源地之一。从殷商王朝开始，到西周，再到春秋战国时期，这里一直处于东方政治、经济、文化的中心地带，为泰山神仙思想的形成奠定了基本的物质基础。同时，泰山信仰的形成与频繁的泰山祭祀有关。帝王频繁到泰山祭祀，必然推动民众的泰山信仰，从而为民间泰山信仰的兴起与繁荣打下基础。皇帝对泰山的加封和推崇，也必然加快泰山信仰在地域上的扩展和人们对泰山崇祀的加强。民间自主泰山祭祀的频繁，民间自觉宣传泰山神威，更有利于促进人们对泰山的尊崇世代相传，形成全国性的泰山信仰并保持经久不衰。泰山信仰的形成还与帝王举行泰山封禅密切相关。帝王到泰山封禅，对泰山的顶礼膜拜，有利于增强泰山在人们心中的神秘感和威严。他们也仿效帝王拜祭泰山神灵，长此以往就容易在民间形成泰山神的崇拜和信奉。

碧霞元君信仰是泰山信仰的重要组成部分。相传碧霞元君乃上古时代之女神，黄帝封岱，遣七女云冠羽衣，迎昆仑真人，元君其一也。碧霞元君信仰体系的核心是主生思想，五岳之中泰山为"东岳"，东方是太阳初升的地方，按五行属木，四时为春，五常为仁，八卦属震，二十八宿为苍龙。"东"字从"木"，"日"在其中，甲骨文中"木"与"桑"通，故

---

① （梁）孙希旦：《礼记集解》，中华书局1989年版，第327页。
② 戴望：《管子校正》，中华书局1954年版，第273页。
③ 费尔巴哈：《宗教的本质》，王太庆译，陈镇南校，人民出版社1953年版，第2页。

有日出扶桑之说。"东方者春，春之为言蠢也，产万物者圣也"①；"仁"乃天地大德；"震"与"苍龙"则是帝王出生腾飞之地。于是，东方主生的思想就具体到泰山。碧霞元君出于泰山，很自然地就继承了东方主生的思想。② 据《岱览》载："考李斯从始皇发封，出玉女于岱宗之巅。因祀之，称为神州姥。"③ 神仙思想的兴起、女神形象的出现为碧霞元君神的形成奠定了基础。后来，随着"五行学说""阴阳学说""五德终始论"等思想在民间广泛深入地传播，泰山"主生思想"更加完善，日益深入人心。"主生思想"与泰山神仙信仰相结合，最终形成了道教碧霞元君信仰。④

（三）泰山封禅与巡狩

封禅作为一种祭祀仪式，是中国古代帝王在五岳中的嵩山和泰山上举行的祭祀天地神灵的一种宗教活动，其中以在泰山举行封禅仪式的次数最多、影响最大。帝王封禅一开始便与神仙方术相结合，也成为道教产生的基本因素之一。泰山封禅是一种规模盛大的祭祀礼仪，其隆重的程度甚至超过了历代帝王的登基仪式。每位皇帝即位都要举行登基典礼，但在泰山举行封禅大礼却不是每位皇帝都能做到。因为帝王封禅泰山需要具备一定的条件，一定要有政绩，并且政绩要在客观上得到认可："每世之隆，则封禅答焉，及衰而息。"⑤

早在部落时期，泰山就是部落联盟首领进行封禅的地方。《史记·封禅书》说：

> 古者封泰山禅梁父者七十二家，而夷吾所记者十有二焉。昔无怀氏封泰山，禅云云；伏羲封泰山，禅云云；神农封泰山，禅云云；炎帝封泰山，禅云云；黄帝封泰山，禅亭亭；颛顼封泰山，禅云云；帝喾封泰山，禅云云；尧封泰山，禅云云；舜封泰山，禅云云；禹封泰山，禅会稽；汤封泰山，禅云云；周成王封泰山，禅社首：皆受命然

---

① （梁）孙希旦：《礼记集解》，中华书局1989年版，第1434页。
② 范恩君：《论碧霞元君信仰》，《中国道教》1995年第2期。
③ 汤贵仁、刘慧：《泰山文献集成》（第3卷），泰山出版社2005年版，第216页。
④ 范恩君：《论碧霞元君信仰》，《中国道教》1995年第2期。
⑤ （汉）司马迁：《史记》，中华书局1982年版，第1355页。

后得封禅。①

此是管仲劝阻齐桓公称霸时欲到泰山进行封禅所说的话，管氏所说到泰山封禅的部落首领和帝王有十二位，即无怀氏、伏羲氏、神农氏、炎帝、黄帝、颛顼、帝喾、尧、舜、禹、汤、周成王。

其实，到泰山进行封禅的部落首领和帝王不止这十二位，其开始更为悠远，故《史记·封禅书》又说："厥旷远者千有余载，近者数百载，故其仪阙然堙灭，其详不可得而记闻云。"② 在泰山玉皇顶有一块石碑，上面刻有"古登封台"，相传就是古代72帝王举行祭天仪式的封祀台。

三代之前，泰山崇拜主要表现为部落联盟首领的巡狩活动。《说文解字》对"巡"的解释："视行者，有所省视之行也。天子适诸侯曰巡狩。"③《孟子·梁惠王下》云："天子适诸侯曰巡狩。巡狩者，巡所守也。"④

据《竹书纪年》记载，最早进行巡狩的圣王大概是尧："帝尧五年，初巡狩四岳。"《尚书·尧典下》则记载了舜摄行天子之政后，对山川五岳巡狩的情形：

> 岁二月，东巡狩，至于岱宗，柴。望秩于山川，肆觐东后，协时月正日，同律度量衡。修五礼、五玉、三帛、二生、一死贽。如五器，卒乃复。五月南巡狩，至于南岳，如岱礼。八月，西巡狩，至于西岳，如初。十有一月，朔巡狩，至于北岳，如西礼。归，格于艺祖，用特。⑤

《史记·五帝本纪》对舜继承帝位后进行巡狩的事迹更有翔实记载：

> 于是帝尧老，命舜摄行天子之政，以观天命。舜乃在璇玑玉衡，

---

① （汉）司马迁：《史记》，中华书局1982年版，第1361页。
② 同上书，第1355页。
③ （汉）许慎撰，（清）段玉裁注：《说文解字注》，上海古籍出版社1981年版，第70页。
④ 焦循：《孟子正义》（全2册），沈文倬点校，中华书局1987年版，第122页。
⑤ （清）孙星衍：《尚书今古文注疏》，陈抗、盛冬铃点校，中华书局1986年版，第42—49页。

以齐七政。遂类于上帝，禋于六宗，望于山川，辩于群神。揖五瑞，择吉月日，见四岳诸牧，班瑞。岁二月，东巡狩，至于岱宗，柴，望秩于山川。遂见东方君长，合时月正日，同律度量衡，脩五礼五玉三帛二生一死为挚，如五器，卒乃复。五月，南巡狩；八月，西巡狩；十一月，北巡狩：皆如初。归，至于祖祢庙，用特牛礼。五岁一巡狩，群后四朝。①

舜巡狩时最先祭祀岱宗，即泰山，在他在位时已形成五年一巡狩的制度。

夏、商、周三代，帝王延续了尧舜时期的巡狩制度。《竹书纪年》记载："夏帝启十年，帝巡狩，舞《九韶》于大穆之野。"② 周代巡狩制度在《礼记·王制》中有具体的记述：

天子五年一巡守。岁二月，东巡守，至于岱宗，柴而望祀山川，觐诸侯，问百年者就见之。命大师陈诗，以观民风；命市纳贾，以观民之所好恶，志淫好辟；命典礼考时、月，定日，同律、礼、乐、制度、衣服，正之。山川神祇有不举者为不敬，不敬者君削以地；宗庙有不顺者为不孝，不孝者君绌以爵；变礼易乐者为不从，不从者君流；革制度衣服者为畔，畔者君讨；有功德于民者，加地进律。五月，南巡守，至于南岳，如东巡守之礼。八月，西巡守，至于西岳，如南巡守之礼。十有一月，北巡守，至于北岳，如西巡守之礼。归假于祖、祢，用特。③

周代的巡狩制度是十二年一巡狩。《周礼·大行人》云：

王之所以抚邦国诸侯者，岁遍存；三岁遍頫；五岁遍省；七岁属象胥，谕言语，协辞命；九岁属瞽史，谕书名，听声音；十有一岁达

---

① （汉）司马迁：《史记》，中华书局1982年版，第24页。
② 袁珂：《山海经校注》，上海古籍出版社1980年版，第209页。
③ （清）孙希旦：《礼记集解》，沈啸寰、王星贤点校，中华书局1989年版，第326—329页。

瑞节，同度量，成牢礼，同数器，脩法则；十有二岁王巡守殷国。①

泰山本是一座以古老的自然地理风貌而存在的山岳，但由于无论部落联盟首领们或夏商周帝王都把它作为封禅和巡狩的地方，这便给这座秀丽幽深的山岳，既赋予了人文景观的特色，又给它披上了隐秘而神奇的面纱，从而为后来道教准备了修仙之地。

（四）泰山祭祀与祈雨

殷商是一个神本主义的时代，殷民对神灵的信仰弥坚。《史记·封禅书》云："天子祭天下名山大川，五岳视三公，四渎视诸侯，诸侯祭疆内名山大川。"②《说苑》则曰："汤之时大旱七年，雒坼川竭，煎沙烂石，于是使人持三足鼎，祝山川，教之祝曰：'政不节邪？使人疾邪？苞苴行邪？谗夫昌邪？宫室营邪？女谒盛邪？何不雨之极也！'盖言未已而天大雨。"③ 此时，泰山崇拜更多地表现为频繁的祭祀活动。从一般意义上来讲祭祀的目的，依然是基于泰山司生死、云雨、年成的原始的自然职能。这种自然职能的异化，既使泰山成了人们祈雨的场所，又赋予了泰山能兴云作雨的神性而成了古人的祭祀对象。《公羊传·僖公三十一年》云：

夏四月，四卜郊不从，乃免牲，犹三望。……三望者何？望祭也。然则曷祭？祭泰山河海。曷为祭泰山河海？山川有能润于百里者，天子秩而祭之。触石而出，肤寸而合，不崇朝而遍雨乎天下者，唯泰山尔。④

三 海河崇拜

河川祭祀在原始氏族时代已经萌生。《尚书》记载：舜"肆类于上

---

① 《十三经注疏》整理委员会：《周礼注疏（上、下）》，北京大学出版社 1999 年版，第 1005—1006 页。
② （汉）司马迁：《史记》，中华书局 1982 年版，第 1357 页。
③ （汉）刘向：《说苑》，向宗鲁校证，中华书局 1987 年版，第 20 页。
④ 《十三经注疏》整理委员会：《春秋公羊传注疏》，北京大学出版社 1999 年版，第 268 页。

帝，禋于六宗，望于山川，遍于群神"①。这里的"类""禋""望"皆指的是祭祀方法。"六宗"分别指的是"天宗""地宗"。"天宗"为日、月、星，"地宗"为河、海、岱。舜时就有了河、海崇拜及在此基础上的祭祀活动。祭祀主要是望祭。望祭，遥望而祭。祭祀的河流是四渎，即江河淮济。《礼记·王制》载："天子祭天下名山大川，五岳视三公，四渎视诸侯。"② 周代河川祭祀已形成制度，并将原始崇拜与宗法等级、政治权力相结合，以彰显帝王的权威。

（一）先民的海洋崇拜

山东东部沿海是人类生息繁衍的最早地域之一，考古界在蓬莱县（今蓬莱市）、长岛县曾发现旧石器时代晚期的打制石器，说明这时的山东沿海一带已经有了人类活动。在山东沿海地区的古遗址中，出土文物最多的是石镞、陶网坠和海生贝壳等，陶网坠是渔猎工具，大量的海生贝壳出土，说明当时海生贝壳类动物是人类经常性的食物，反映出山东沿海居民渔猎生活的社会特征，表明山东远古先民早已开始从事海洋捕捞活动。海上作业具有很大的危险性，加之科学技术、生产水平落后，人们对于风浪潮汐等自然现象不能给出科学合理的解释，极易产生恐慌、畏惧的心理，祈求神灵佑护成为沿海居民寻求安全的唯一途径。因此，海神崇拜在山东沿海地区产生较早，并成为普遍的信仰。沿海居民希望通过祭祀神灵来祈求佑护，以保证渔业生产的顺利进行和渔民的生命安全。

按照山东先民的传说，北海之中有一位名叫"忽"的海神，他控制着整个渤海区域。《庄子·应帝王》记述了北海之帝"忽"与南海之帝"倏"为中央之帝混沌凿窍的故事。③《庄子·秋水》记载了北海之帝"若"。④ 在古代，人们把"若"视为海神的总称。《初学记》卷六《海》云："海神曰海若。"⑤ 在山东先民的传说中，海神人面鸟身，是黄帝的后代。《山海经·大荒东经》有云："东海之渚中，有神，人面鸟身，珥两黄蛇，践两黄蛇，名曰禺虢。黄帝生禺虢，禺虢生禺京。禺京处北海，禺

---

① （清）孙星衍：《尚书今古文注疏》，陈抗、盛冬铃点校，中华书局1986年版，第38—41页。
② （梁）孙希旦：《礼记集解》，中华书局1989年版，第347页。
③ 王先谦：《庄子集解》，中华书局1954年版，第52页。
④ 同上书，第100页。
⑤ （唐）徐坚：《初学记》（全3册），中华书局1962年版，第115页。

虢处东海，是惟海神。"① 又《山海经·海外北经》云："北方禺彊，人面鸟身，珥两青蛇，践两青蛇。"郭璞注："禺彊，一曰禺京。"② 先民眼中的海神形象，明显带有图腾意味，这与山东先民较早的鸟图腾崇拜有关系。禺虢、禺京等海神都曾被图腾化并成为山东先民崇拜的对象。由于山东靠海，山东先民对海的接触更多，因而他们对海神也就有着特殊的敬畏和尊重。《庄子·秋水》中的一段话描述了海神的威力："秋水时至，百川灌河。泾流之大，两涘渚崖之间，不辨牛马。于是焉河伯欣然自喜，以天下之美为尽在己。顺流而东行，至于北海，东面而视，不见水端。于是焉河伯始旋其面目，望洋向若而叹。"③ 海神的威力之大，使先民对海神充满了崇拜和敬畏。

（二）春秋战国的河海崇拜

河神崇拜在殷商甲骨文卜辞中已有记载，但山东的河神崇拜最早见于春秋战国时期的资料。鲁国十分重视对山川海渎的祭祀。《公羊传·僖公三十一年》云："三望者何？望祭也。然则曷祭？祭泰山、河、海。曷为祭泰山、河、海？山川有能润于百里者，天子秩而祭之。"④ 望祭，遥望而祭。春秋战国时期山东地区的河神开始被人格化，将河神称为"河伯"。这个时期的文献，除了上引《庄子》书有河海神话记载外，主要见于《山海经》。

《山海经》中的东海相当于今天的山东半岛沿海。⑤《山海经》中的海神兼具人和动物的特征，东海之神禺虢，"人面鸟身，珥两黄蛇，践两黄蛇"；北海之神禺京，"人面鸟身，珥两青蛇，践两赤蛇"；西海之神弇兹，"人面鸟身，珥两青蛇，践两青蛇"；南海之神不廷胡余，"人面，珥两青蛇，践两青蛇"。《山海经》中形成了东、南、西、北"四海之神"的观念，并详细记述了四海之神的神名和海神的形象，其中即包含了山东的河海崇拜。

---

① 袁珂：《山海经校注》，上海古籍出版社1980年版，第350页。
② 同上书，第248页。
③ 王先谦：《庄子集解》，中华书局1954年版，第90页。
④ 《十三经注疏》整理委员会：《春秋公羊传注疏》，北京大学出版社1999年版，第268页。
⑤ 郭泮溪：《中国海神信仰发生演变过程及其人化影响》，《民俗研究》2009年第4期。

第二节　山东地域的图腾崇拜

图腾是指原始社会的人们把与其生活关系非常密切的某种动物、植物或某一自然现象视为氏族或部落的亲属、祖先或守护神。图腾崇拜是最原始的宗教信仰，是人类历史上非常古老的一种文化现象。人类在漫长的进化过程中，逐渐产生了灵魂观念和万物有灵观念，并以各种图腾崇拜的形式表现出来，这是最初的宗教形式。山东历史悠久，上古大汶口文化、龙山文化时期有着丰富而古老的图腾崇拜，以及相应的各种巫术和祭祀活动等，为山东道教的产生提供了丰厚的文化土壤。

一　凤鸟图腾

动物崇拜是任何宗教崇拜的必然阶段，是宗教崇拜中最原始、最纯朴的崇拜表达形式。而作为上古大汶口文化时期山东土著居民东夷族[①]动物崇拜中的凤鸟图腾，则具有独特的风俗且影响深远。

考古发掘的文物反映出山东先民的鸟图腾崇拜。在大汶口文化和山东龙山文化时期的陶器、玉器上经常出现鸟的形象。如鼎，山东先民自北辛文化时期就开始用鼎作为炊具。到龙山文化时期，鼎的种类已很多，鼎足也形态各异。在阳谷景阳冈78号灰坑中出土的鼎，其鼎足是鸟首形，形象逼真生动。

陶鬶是东夷人的炊煮器具。鬶起源于大汶口文化中期，被称为东方文化中的标准化石（见图1—1）。《说文·鬲部》释鬶："三足釜也，有柄喙，读若妫。"[②] 喙，即鸟嘴。陶鬶三袋状足，整体形状模拟鸟的形象。这种外形似鸟的器具，生动体现了东夷族人的鸟图腾信仰。[③]

[①] 东夷族是中国最古老的民族之一，有着古老的历史，其支系繁多庞杂。

[②] （汉）许慎撰，（清）段玉裁注：《说文解字注》，上海古籍出版社1981年版，第111页。

[③] 在沂水出土的春秋时期的瓦纹罍，体现了东夷人的尚鸟习俗。瓦纹罍是大型容器，侈口，束颈，广肩，折腹，其下渐收为小平底，肩两侧有兽首衔环耳，器盖通体饰瓦纹。口上有一短尾、敛翅、挺颈而静卧水鸟为盖钮。

图1—1　陶鬶

(一) 太昊部族鸟图腾

据考古资料研究，传说中的太昊部是东夷最早的部族。太昊，又称太皞，风姓。自秦汉以降的文献中，太昊和伏羲被认为是一人。晋皇甫谧《帝王世纪》云："太昊帝庖牺氏，母曰华胥……有娠，生伏羲。"① 太昊即伏羲。伏羲又名宓牺、庖牺，是上古帝王传说中的三皇之首，我国古籍记载中最早的王。

从文献记载来看，太昊部的活动范围主要在山东。《左传·僖公二十一年》记载："任、宿、须句、颛臾，风姓也，实司大皞与有济之祀，以服事诸夏。"② 任、宿、须句、颛臾这四个国家是春秋时期山东地区的小国，属风姓，是太皞的后裔，主管对太皞和济水的祭祀。任，在今山东济宁市；宿，在今山东东平县；须句，在今山东东平县；颛臾，在今山东平邑县，这些地方都在今山东鲁南一带。"伏羲发源祖地，证以现存地名、山泽名，殆即今之泗水一带。"③《左传·昭公十七年》记载："陈，大皞之虚也。"④ 太昊部落主要生活在山东汶泗流域和沂蒙山区，后沿汶泗水

---

① （晋）皇甫谧：《帝王世纪》，中华书局1985年版，第2页。
② 杨伯峻：《春秋左传注》，中华书局1981年版，第391—392页。
③ 王献唐：《炎黄氏族文化考》，齐鲁书社1985年版，第472页。
④ 杨伯峻：《春秋左传注》，中华书局1981年版，第1391页。

挺进中原，都于陈（今河南淮阳）。

太昊部族主要以鸟为图腾。太昊，风姓。"风"在甲骨文中与"凤"是一字，二者同音同义。凤是一种神鸟，《说文·鸟部》云："凤，神鸟也。……出于东方君子之国，翱翔四海之外，过昆仑，饮砥柱，濯羽弱水，暮宿风穴。"徐中舒考证"凤"："像头上有丛毛冠之鸟，殷人以为知时之神鸟……卜辞多借为风字。"①

（二）少昊部族鸟图腾

少昊，又称少皞，嬴姓，名挚。挚通鸷，即鸷鸟。少昊部族主要分布在今山东曲阜。《左传·定公四年》杜预注云："少皞虚，曲阜也，在鲁城内。"②鲁北地区也是少昊部族的活动范围。《左传·昭公二十九年》："少皞……世不失职，遂济穷桑。"杜预注云："穷桑，少皞之号也，地在鲁北。"③再如，《左传·昭公二十年》记载："齐侯至自田，晏子侍于遄台。……公曰：'古而无死，其乐若何？'晏子对曰：'古而无死，则古之乐也，君何得焉！昔爽鸠氏始居此地，季荝因之，有逢伯陵因之，蒲姑氏因之，而后太公因之。'"④据晏子所说，爽鸠氏居于遄台。杜预注："爽鸠氏，少昊之司寇也。"据考证，遄台在今淄博市临淄区。少昊部族应主要活动于山东地区。⑤

少昊部族由"五鸟""五鸠""五雉""九扈"等24个氏族组成，以鸟为图腾。部族以鸟来命名文武官员。《左传·昭公十七年》记载郯子到鲁国朝见，昭子问他少皞氏用鸟名作为官名是什么缘故。郯子回答说："我高祖少皞挚之立也，凤鸟适至，故纪于鸟，为鸟师而鸟名。凤鸟氏，历正也。玄鸟氏，司分者也。伯赵氏，司至者也。青鸟氏，司启者也。丹鸟氏，司闭者也。祝鸠氏，司徒也。鴡鸠氏，司马也。鸤鸠氏，司空也。爽鸠氏，司寇也。鹘鸠氏，司事也。五鸠，鸠民事也。五雉为五工正，利器用，正度量，夷民者也。九扈为九农正，扈民无淫者也。"⑥从这段史

---

① 徐中舒：《甲骨文字典》，四川辞书出版社1989年版，第428页。
② 杨伯峻：《春秋左传注》，中华书局1981年版，第1537页。
③ 陈戍国：《春秋左传校注》，岳麓书社2006年版，第1109页。
④ 杨伯峻：《春秋左传注》，中华书局1981年版，第1419—1421页。
⑤ 现曲阜市城东四公里旧县村有"少昊陵"一座，乃为北宋所修建。《曲阜地名志》记载，少昊陵"南北231米，东西90米，周有墙垣。陵前有陵道，长203米，宽12米"。
⑥ 杨伯峻：《春秋左传注》，中华书局1981年版，第1387—1388页。

料可看出，少昊部族的组织机构分工明确，各司其职，"五鸟"为历法官，"五鸠"为执政官，"五雉"为手工业官，"九扈"为主管农事的官。鲁地都城曲阜在上古时期是"少皞之墟"，而少皞氏族以鸟为图腾，鸟崇拜的图腾信仰到春秋时期还有依稀存留。

（三）舜部族鸟图腾

据古文献和考古资料证明，舜部族的活动年代大约在龙山文化中晚期，舜部族主要在山东地区，以凤凰为图腾。《尚书》记载舜之韶乐九成，"凤凰来仪"①。《孝子传》云："舜父夜卧，梦见一凤凰，自名为鸡，口衔米以食己。言鸡为子孙，视之乃凤凰。以黄帝梦书占之：此子孙当有贵者。舜占犹之。"②《孟子·离娄下》记载："舜生于诸冯，迁于负夏，卒于鸣条，东夷之人也。"注曰："诸冯、负夏、鸣条，皆地名，负海也。在东方夷服之地，故曰东夷之人也。"③诸冯，今山东诸城；负夏，今山东泗水县。《史记·五帝本纪》记载："舜耕历山，渔雷泽，陶河滨，作什器于寿丘，就时于负夏。"④历山，山名，在山东济南市东南。雷泽，水名，在今山东菏泽东北。河滨，指泗水之滨；寿丘，今山东曲阜市东北。在济南还有两处舜井，至今济南还流传着舜井锁蛟的神话传说。

（四）殷商族鸟图腾

殷商之都虽然屡迁，但殷商族早期却居于山东地区，殷人原本是东夷族的一支。殷商时代是我国古代信史的开端，《尚书·多士》云："惟殷先人有册有典。"⑤殷商族最早活动于渤海沿岸，殷的始祖契建都于蕃（今山东滕州）。《诗经·商颂·长发》曰："相土烈烈，海外有截。"相土是由契到汤十四世中的第三代商王，也就是契之孙。在相土治理殷商族时，殷商族部落的势力范围延伸到渤海一带。

古典文献中有玄鸟生商的传说。《大戴礼记·五帝德》曰："东长夷

---

① （清）孙星衍：《尚书今古文注疏》，陈抗、盛冬铃点校，中华书局1986年版，第130页。
② （西汉）茆泮林：《古孝子传》，中华书局1985年版，第1页。
③ 焦循：《孟子正义》，沈文倬点校，中华书局1987年版，第537页。
④ （汉）司马迁：《史记》，中华书局1982年版，第32页。
⑤ （清）孙星衍：《尚书今古文注疏》，陈抗、盛冬铃点校，中华书局1986年版，第429页。

鸟夷羽民。"①《诗经·商颂·玄鸟》中说："天命玄鸟，降而生商。"②《长发》又称："有娀方将，帝立子生商。"契由玄鸟所生，所以契又被称为玄王。《国语·周语下》："玄王勤商，十有四世而兴。"③《荀子·成相》中说："契玄王，生昭明。"④ 至秦汉的文献中，对玄鸟生商的传说描述得更加生动、详细，这固然有汉人的推演，但亦表明山东先民是以鸟为图腾崇拜对象的。

在殷墟卜辞中记载着与鸟有关的重要内容，体现了商人鸟图腾的宗教观念。如连劭名先生曾对有关卜辞进行整理，以此说明鸟图腾在商人生活中的影响和地位：

乎取生刍鸟。勿取生刍鸟。（《合》116）
庚申卜，扶，令小臣取丁羊鸟。（《合》20354）
之日夕有鸣隼（《合》17366 反）
庚申亦有设，有鸣隼（《合》522 反）⑤

山东先民的鸟图腾为神仙思想中的自由飞升观念的产生提供了形象素材。古人看到鸟在无际的天空中自由翱翔时，幻想人类也能像鸟一样身生羽毛、长有羽翼。先民们奇思妙想构造的形象被称为羽人。关于羽人、羽民，在古典文献中多有记载。羽人的出现源于先民对鸟的崇拜，《楚辞·远游》："仍羽人于丹兮，留不死之旧乡。"⑥ 洪兴祖补注："羽人，飞仙也，千岁不死。""飞仙"显然具有了仙的本质和特征，"古之得仙者，或身生羽翼，变化飞行，失人之本，更受异形"⑦。羽人是仙人的雏形，汉代墓室壁画上存有大量羽人图像，反映了汉代人渴望升天成仙的观念。以长生不死、自由飞升为主要特征的神仙思想在战国之际产生，其将肉体不灭与精神超脱联系在一起，成为当时神仙思想的核心价值。

---

① 戴德：《大戴礼记》，卢辩注，中华书局1985年版，第117页。
② 程俊英、蒋见元：《诗经注析》，中华书局1991年版，第1030页。
③ 上海师范大学古籍整理组：《国语》，上海古籍出版社1978年版，第145页。
④ 王先谦：《荀子集解》，沈啸寰、王星贤点校，中华书局1988年版，第464页。
⑤ 连劭名：《殷墟卜辞中的鸟》，《考古》2011年第2期。
⑥ 漳平：《楚辞》，中州古籍出版社2005年版，第180页。
⑦ 王明：《抱朴子内篇校释》，中华书局1980年版，第46页。

二 龙牛图腾

太昊部族除以鸟为图腾之外，还把龙作为部族的图腾。鸟图腾表达了人类向往鸟一样的自由飞翔，而龙图腾则表达了人们希望像龙一样具有腾云驾雾、呼风唤雨、翻搅四海云水、威力无边的巨大能量。

《左传·昭公十七年》："大皞氏以龙纪，故为龙师而龙名。"① 其实，伏羲的出生与龙也有着密切的关系，太昊伏羲氏多以"人首蛇身"的形象出现。《帝王世纪》云："太昊帝庖犧氏，风姓也……蛇身人首。"②《列子·黄帝》云："庖犧氏……蛇身人面。"③ 在汉代石刻和画砖中，伏羲是以"人身蛇尾"的形象出现的。山东嘉祥县武氏祠汉画像石中，就有伏羲女娲人首蛇身、尾交其下的画像，说明太昊部族以龙为图腾崇拜。山东先民自古认为"龙"具有神性，是一种神异的动物。《管子·水地》篇把"龙"当作神，"龙生于水，被五色而游，故神。欲小则化如蚕蠋，欲大则藏于天下，欲上则凌于云气，欲下则入于深泉。变化无日，上下无时，谓之神鬼与龙"④。在古人的观念中，龙能够上天入海，具有腾云驾雾之本领。《山海经·海外西经》："东方勾芒，鸟身人面，乘两龙。"⑤ 古人"乘龙飞升"的幻想是后世神仙思想中自由飞升的早期体现。

活动于黄河中下游的蚩尤族既以牛为图腾，又以蛇为图腾。"蚩"在《说文》虫部，与"它"为一字，专指"蛇"。蚩是蛇部族的总称。《楚帛书》有牛首之神，以"牛首人身"的神农氏（炎帝）其实是蚩尤神的化身。神农、蚩尤或祝融都曾附会于炎帝，被擅于农耕的黎族（耕作犁）、苗族（禾苗）及其后代祀为"兵主"及农神。所以，蚩尤族应是早期龙牛崇拜的部族。山东汶泗流域大汶口文化前后都崇拜牛，饰"牛"。今山东南部许多地方，仍称牛为"尤"，称黄牛为"黄尤"，称水牛为"水尤"。⑥

---

① 杨伯峻：《春秋左传注》，中华书局1981年版，第1386页。
② （晋）皇甫谧：《帝王世纪》，中华书局1985年版，第2页。
③ 杨伯峻：《列子集释》，中华书局1979年版，第83—84页。
④ 戴望：《管子校正》，中华书局1954年版，第237页。
⑤ 袁珂：《山海经校注》，上海古籍出版社1980年版，第265页。
⑥ 王树明、常兴照、张光明：《蚩尤辩证》，《中原文物》1993年第1期。

三 虎羊崇拜

山东先民古代图腾如虎羊崇拜，虽然没有更为直接和有力的史料加以证明，但是我们可以从山东地域已发现的汉画像石中窥见山东先民的虎羊崇拜的相关内容。沂南北寨墓群一号墓系大型画像石墓的立柱刻有盘古、伏羲、女娲、东王公、西王母、蹶张、翼虎、白虎和捣药的玉兔等。① 第五十一石左方刻人面鸟、有翼虎、九头兽、羽人。羽人左手握着九头人面兽的后足。右方刻比翼鸟、比肩兽、有翼虎、有翼兽。② 嘉祥武梁祠祥瑞图两石中有刻画一卧虎，右上二行题榜"白虎，王者不暴虐，则白虎至仁，不害人"③。在泰山岱庙画像石中有《虎猪相斗图画像石》《龙虎车骑图画像石》《虎雀双龙图画像石》《斗虎凤鸟图画像石》《正面虎图画像石》《虎羊座百戏图画像石》等。

图 1—2　《正面虎图画像石》

《正面虎图画像石》（见图1—2）画面中为一正面虎像。虎双目圆睁，圆耳上耸，口中垂舌，二爪扑地，作欲跃状。在其右侧有一车，四维，左行，上坐二人，前为御手，后一人戴斜顶冠。车前有一导引，戴圆顶冠，着袍服，肩扛一棍，右手持管，作竖吹状。在虎的左边有一棚车，左行，上坐一人，前有一导骑。在棚车与虎之间有一兽一鱼，兽似猿，作行走状，鱼在猿下。鱼、猿均面向虎，整个画面主题突出虎的中心地位，

---

① 王献唐、张静斋、曾昭燏、蒋宝庚、黎忠义：《沂南古画像石墓发掘报告》，文化部文物事业管理局1956年版，第12页。

② 王献唐、张静斋、曾昭燏、蒋宝庚、黎忠义：《沂南古画像石墓发掘报告》图版十四，文化部文物事业管理局1956年版，第43页。

③ 骆承烈、朱锡禄：《武氏墓群石刻》，曲阜师范学院历史系中国古代史研究室编，1979年，第102页。

使虎在社会生活中具有君主之权威。① 《龙虎车骑图画像石》② 是山东汉代画像石中具有特殊地位的少数几幅龙虎崇拜的画像之一。《虎雀双龙图画像石》左为虎雀图，右为龙壁图，中为铺首衔环图。左图白虎在上，朱雀在下，白虎昂首垂尾，作行走状。朱雀相对啄食，做戏耍状；右图双龙盘环于壁外，龙首对视于上，交尾于下。③ 《虎猪相斗图画像石》中刻有一虎一猪。为了表达对虎的崇拜，画像石图案中虎处于猪的右上方，居高临下，张口瞪目，背有翅翼，一爪扬起，飞扑而来。猪面虎而起，昂首伸爪作抵挡状。画像石通过虎的凶猛、高傲，给人一种泰山压顶之势，将虎所具有的兽中之王、百兽之神的气魄淋漓尽致、生动形象地表达了出来。

图1—3　《羊头吉祥图画像石》（画像石1）

羊崇拜在汉代画像石中较为常见，比较有代表性的则为羊头图，其构图大多以羊头为中心，突出羊所具有的权威和核心地位。泰安岱庙所存《羊头吉祥图画像石》共有四块。④ 四块画像石在表达对羊崇拜的内容和形式上都有一定差别。画像石1中刻羊头，羊角卷曲成环，环中各立一鸟。紧贴羊嘴两侧，各刻一朱雀。左侧有双鸟在啄一鱼，右侧双鸟左飞，表达对羊之崇敬和拥戴之情⑤（见图1—3）。画像石2中刻羊头，在其左侧刻凤鸟、独角兽、龙；右侧刻朱雀、羊、虎。虎有翅翼，独角兽衔三枚

---

① 刘慧、张玉胜：《岱庙汉画像石》，山东画报出版社1998年版，第46页。
② 同上书，第22页。
③ 同上书，第36—37页。
④ 同上书，第39页。
⑤ 同上书，第40页。

方孔圆钱。① 羊角两侧及上部装饰有双菱纹、连弧纹、水波纹。羊在此图中象征着吉祥如意。画像石 3 中刻羊头，两侧各有一朱雀。左侧朱雀之后有一龙；右侧朱雀之后有一虎。② 画像石 4 中刻羊头，两边各刻一啄食鸟，③ 显示了对羊所具有的畏惧、服从和崇敬之情。

第三节　山东地域的神灵崇拜

人类在经历了漫长的自然崇拜和图腾崇拜的历史阶段后，从万物有灵和灵魂不死观念中产生出神灵崇拜观念，神灵崇拜源于人类早期的灵魂崇拜和祖先崇拜，是人类认识发展史上一个质的飞跃。神灵崇拜在山东先民中具体表现为灵魂崇拜，西王母、东王公崇拜，八神崇拜等，成为山东地域原始宗教崇拜的重要文化渊源之一。

一　灵魂崇拜

中国古人的灵魂观念或祖先崇拜的意识最早产生于旧石器时代晚期。丧葬习俗源于人类对灵魂的感知。根据考古发掘的成果，中国最早的墓葬是北京山顶洞人的墓葬。山顶洞人将死者葬于山洞下，头颅均朝一个方向，其周围放有随葬装饰品，并撒有赤铁矿粉末。这种现象表明，在北京山顶洞人的思维意识中已产生灵魂观念，认为人死后会到另一个世界继续生活，所以有必要随葬生活用品。

山东先民灵魂崇拜观念的产生可追溯到后李文化时期（距今 7700—8400 年）。考古资料显示，山东先民的灵魂崇拜产生很早，自后李文化时期，就已出现墓葬，对死去的人进行有意识的埋葬，并在墓中放置不同类别和用途的陪葬品。在已发掘的后李文化遗址中，有两处遗址发现墓地，在墓中还有少量随葬品。

北辛文化距今约 6100—7300 年。在山东境内已发现北辛文化遗址近百处，在具有代表性的十处遗址中五处遗址有墓地，分别是：北辛遗址、大汶口遗址、东贾柏遗址、后李遗址、白石村遗址。在这五处遗址的墓葬

---

① 刘慧、张玉胜：《岱庙汉画像石》，山东画报出版社 1998 年版，第 40 页。
② 同上。
③ 同上。

中，"多数墓中无随葬品，即使有，多1—3件。墓中随葬品因性别不同而有所区别：男性常随葬骨镞、矛等武器，女性主要随葬日常生活用品如碗、壶类陶器和骨笄、锥、针等饰品"①。

大汶口文化距今约4600—6100年。在山东境内发现大汶口文化遗址550多处，大多都有墓地。大汶口文化早期阶段，墓葬中多数没有随葬品。从中期以后，墓地中多有随葬品，而且墓地的大小、随葬品的多寡开始出现差别。大汶口文化的后期阶段，出现厚葬现象。这反映出当时居民灵魂崇拜观念十分强烈。"当时人们显然相信死后有灵魂存在，因此在墓中绝大多数都放置有数量不等的随葬品。其中既有大量的陶制生活器皿，又有石、骨、角、牙、蚌等不同质料的生产工具、生活用具和装饰品以及祭食等。"②

在大汶口文化时期，猪和獐牙勾形器都是常见的随葬品。"大汶口墓地的四件陶尊出自四座墓，都是典型的大墓，随葬了贵重精美的象牙筒。这种稀世瑰宝显然不属于常人所有，这四座墓有一共同之点，就是统统随葬猪头。陶尊多不与一般陶器为伍，往往与猪头一起另置一处。"③ 猪可能是人们饲养的主要家畜，随葬品中盛行随葬猪头或猪下颌骨，其目的是供死者在冥世中继续飨用。獐牙勾形器应是一种器具，有的认为是收割谷物的工具。大汶口文化时期的另一处墓地，其随葬品多达五十三件，其中有精美的八角星纹彩陶盆、獐牙勾形器、两副龟甲、穿孔石斧、穿孔石铲，还随葬有狗。④ 这种在墓葬中随葬生活用品和生产工具的现象，反映了大汶口人事死如生的灵魂观念的存在。

在山东滕州前掌大遗址墓葬中发现有随葬朱砂的现象。朱砂，化学名称 HgS，大红色。中国民间传统观念认为，朱砂具有辟邪作用，是人们公认的辟邪灵物，现代很多人将朱砂做成香包随身携带，用来辟邪护身。在

---

① 山东省文物考古研究所：《山东20世纪的考古发现和研究》，科学出版社2005年版，第96页。
② 山东省文物管理处、济南市博物馆：《大汶口——新石器时代墓葬发掘报告》，文物出版社1974年版，第8页。
③ 邵望平：《远古文明的火花——陶尊上的文字》，《文物》1978年第9期。
④ 同上。

滕州前掌大遗址的墓地中，棺内大多都撒有朱砂。① 朱砂的巫术意义对后世道教有着深远的影响。道教产生后，遂将朱砂作为其炼丹制药、书写灵符的主要原料。

灵魂崇拜与道教具有密切的关系。灵魂崇拜包括祖先崇拜、英雄贤人崇拜和阴曹地府崇拜等。关于祖先崇拜，《礼记·祭法》曾有详细记载，从中看出，像神农、黄帝、颛顼、尧、舜、禹等，本是上古、夏、商、周时期有功于人民的历史人物，后来却被作为祖神供奉。随着中华文明的交流和融合，一部分祖神成为整个中华民族的祖神，如黄帝、盘古、稷等，至今道教仍定期或不定期的祭祀这些祖神。人们把古代传说中的圣贤英雄神化并予以祭祀，即形成对英雄贤人的崇拜。秦以前，这种崇拜往往与祖先崇拜交织在一起。如对伏羲、女娲、神农氏的崇拜等。秦以后，这两种崇拜就分得比较清楚了。②

有关阴曹地府崇拜，起源很早。泰山为中国最早的阴曹地府。《孝经援神契》云："泰山天帝孙，主召人魂魄。东方万物始，故主人生命之长短。"③ 顾炎武《日知录》卷三十对泰山被视为阴曹地府的时间进行了考证：

  尝考泰山之故，仙论起于周末，鬼论起于汉末，《左氏》、《国语》未有封禅之文，是三代以上无仙论也。《史记》、《汉书》未有考鬼之说，是元、成以上无鬼论也……《博物志》所云泰山一曰天孙……知生命之长短者，其见于史者，则《后汉书·方术传》许峻自云："尝笃病三年不愈，乃谒泰山请命。"《乌桓传》"死者神灵归赤山。赤山在辽东西北数千里，如中国人死者魂神归泰山也。"《三国志·管辂传》谓"其弟辰曰，但恐至泰山治鬼，不得治生人，如何？"……然则鬼论之兴，其在东京之世乎？④

---

① 山东省文物考古研究所：《山东20世纪的考古发现和研究》，科学出版社2005年版，第236—240页。
② 朱越利：《道教答问》，华夏出版社1993年版，第24页。
③ 安居香山、中村璋八：《纬书集成》（全3册），河北人民出版社1994年版，第961页。
④ （清）顾炎武：《日知录集释》（下），黄汝成集释，栾保群、吕宗力校点，上海古籍出版社2014年版，第678页。

顾炎武认为，泰山地府观念产生于东汉时期。直到今天，道教还把泰山视为泰山府君并进行祭祀。所以，祖先、圣贤英雄和阴曹地府几乎都成了道教所崇奉的鬼神，而道教也以这三种形式的崇拜不断编造着新的鬼神传说。

二　西王母、东王公崇拜

西王母与东王公共为道教尊神，西王母、东王公是汉代流传最广的神话人物。西王母、东王公画像在山东汉代画像石中多次出现，并成为祖先崇拜和神灵崇拜的重要内容。

西王母神话的流传及在汉画上的刻画，当源于原始社会母系氏族时期的图腾崇拜和各地区各民族的迁徙、交流及相互融合。西王母是西方母系氏族社会重要的部落首领之一，关于西王母的神话传说，最早记载于殷墟卜辞，称之"西母"。汉代已逐渐把西王母附会成能致人不死的女神仙，其形象也不是"其状如人，豹尾虎齿而善啸，蓬发戴胜"的半人半兽之状了，而成为端庄美貌的妇人。东汉画像石中的西王母画像很多，而就其头饰来说，有戴胜杖的，也有高挽发髻的。微山县两城山出土的一块有榜题为"西王母"的画像，就是高绾发环的妇女形象。①嘉祥武梁祠多次出现西王母的画面。武梁祠画像第一石，画面自上而下分为五层，第一层山墙锐顶部分。中部西王母端坐，发绾三环高髻，髻两侧露笄，双肩有翼，座两侧昂出二龙首。左边，左起一人首鸟身者，二飞奔状羽人，一翼龙，二有翼侍女，其中一女手持珠果，皆面向西王母。右边，右起一鸟，一蟾蜍，二玉兔捣药，二有翼仙女侍奉西王母。西王母左上方一鸟头残，一榜无题，亦残。②山东地域汉代画像石中多次出现西王母的画面，成为汉代先民祖先和神灵崇拜的重要物证之一。

1978年秋，在距山东嘉祥武氏祠十多公里宋山的斜坡上发现了一座古墓，墓顶盖六块长条石，两侧壁各竖砌方形画像石四块。汉画像石中关于西王母有五个类似的画面，东王公有三个类似的画面③（见图1—4）。

---

① 蒋英矩、吴文祺：《汉代武氏墓群石刻研究》，山东美术出版社1995年版，第82页。
② 同上书，第52页。
③ 朱锡禄：《山东嘉祥宋山发现汉画像石》，《文物》1979年第9期。

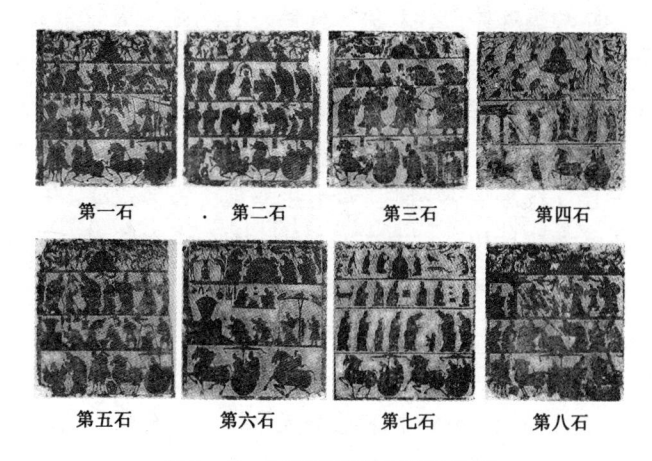

图 1—4　山东嘉祥宋山汉画像石

第一石画像分四层。第一层，分上下两部分，正中坐者为东王公，他的两侧各有一组肩有双翅的羽人。左侧一人面鸟身像，从下石西王母之左有蟾蜍、玉兔之像的对应关系来看，似为日中之鸟。第二石画像亦分四层。第一层正中西王母，左边有一羽人，双手捧杯，长跪进浆，右边的一羽人手持三珠树。画面的左侧是一个蟾蜍、一个玉兔各手持一杵，正在捣药。药臼旁地面上，长着像麦穗状的仙草。捣药玉兔后面，有另一玉兔蹲着，前左肢举一仙草。第三石画像第一层，中间是头戴华胜的西王母，左方亦如第一石，是一人面鸟像；此外，上面的云气纹皆做成鸟头状或狗头状。西王母右边是三个带翼仙人，前面一人手举珠树，中间一人捧杯进玉浆，最后一人双手各持一戟。① 第四石画像只有三层。上层，西王母头戴华胜，凭几而坐，神座下象征昆仑山峰。右方一裸体羽人，手举曲柄伞盖，西王母左右又有五个手持朱草的羽人，下方还有玉兔拿杵捣臼、蟾蜍捧盒、鸡首羽人持杯进玉浆等图像。② 第五石画像分四层。第一层类似第一石的同层画面，东王公左侧羽人手持三株树。右侧一人面鸟身者，手持一针状物，似为一长发人作针灸状，或为扁鹊针治一事。第六石画像分三层。第一层中间东王公，双肩立两只鸟。在其两侧，各有一马首和鸟首带

---

① 朱锡禄：《山东嘉祥宋山发现汉画像石》，《文物》1979 年第 9 期。
② 同上。

翼神人相侍。左端蟾蜍捧臼、双兔执杵像，右端是一犬首带翼神人。① 第七石画像分四层。第一层，正中西王母坐几前，左方一个马头神人捧杯进浆，后面又有一持朱草的神人和一狗身神人。西王母右方是一双手分持三珠树的仙人，又用绳分牵一鸟一狐。鸟、狐之后，又有一犬持管而吹。第八石画像分四层。第一层中为西王母肩生双翼，头部残缺。右方二仙女相侍，前面一人亦持三珠树。左方亦有二仙人相侍。在其左端是两个玉兔捣药，玉兔后有一羽人持仙草。

三　八神崇拜

齐地八神崇拜是山东地区特有的神灵崇拜，具有明显的地域特色，表现出齐地丰富多样的神灵崇拜内容。齐地独特而丰富的原始八神崇拜是山东道教产生的重要神学渊源。《史记·封禅书》云：

> 八神将自古而有之，或曰太公以来作之。齐所以为齐，以天齐也。其祀绝莫知起时。八神：一曰天主，祠天齐。天齐渊水，居临淄南郊山下者。二曰地主，祠泰山梁父。三曰兵主，祠蚩尤，蚩尤在东平陆监乡，齐之西境也。四曰阴主，祠三山。五曰阳主，祠之罘。六曰月主，祠之莱山。皆在齐北，并渤海。七曰日主，祠成山，成山斗入海，最居齐东北隅，以迎日出云。八曰四时主，祠琅邪，琅邪在齐东方，盖岁之所始。皆各用一牢具祠，而巫祝所损益。珪币杂异焉。②

据上文可以知道，齐人所信奉的神祇主要有天主、地主、兵主、阴主、阳主、月主、日主、四时主等。从而构成了山东特有的神灵崇拜的文化内涵。

八神崇拜的鲜明特色，为山东道教的产生提供了重要的宗教文化因素。在八神神名中，天地、阴阳、日月都是相互对立、互相统一的关系，其中也包含了阴阳五行思想中最原始的含义，这种原始的宗教观念为阴阳五行理论最终走向神秘化提供了意识支撑。八神也蕴含"仙"的原始意

---

① 朱锡禄：《山东嘉祥宋山发现汉画像石》，《文物》1979年第9期。
② （汉）司马迁：《史记》，中华书局1982年版，第1367—1368页。

境,"八主基本都蕴涵'永恒'、'不死'的意象……诸如日出日落,月亏月圆,阴阳消长,寒暑交替,以及春夏秋冬四时循环往返,这些'终而复始'、'死而复生'的现象都极易诱发古人长生不老的热望……在夷人那里,'仙'的观念想必很早就出现了"①。

八神崇拜作为齐文化中所包含的原始宗教观念,对阴阳五行学说、燕齐的方士文化、神仙思想产生了一定影响,对燕齐方仙道的形成起到了推动作用。

第四节 山东地域的巫文化与巫术

巫文化是人类早期的文化现象,近代人类学家大都认为人类文化源于巫文化。巫文化在中国源远流长,夏商周三代巫风浓郁,巫师集团享有崇高的政治和社会地位。巫术体现为处在蒙昧时期的人类幻想以超自然的力量和手段来改变世界的一种神权信仰意识,它是人类自身趋利避害、祈福求佑,企图改变生存环境和状态,以迫使各种力量受制或服从于人的意志的一种文化现象。

一 考古发现的山东巫文化

中国自原始时代,巫术就与神灵和宗教紧密结合,有着浓厚的神秘色彩。道教与原始宗教有着一脉相承的体系,它的方术、占卜、斋醮、符箓、禁咒等,都有明显的巫术特征。从某种意义上说,方士、道士所宣扬的学说无非是对原始巫术的改良和再造。巫术"就是道教的'正宗'、'嫡系'"②。先秦时期山东地域巫文化是山东道教产生、发展的重要文化渊源。

(一)某些随葬品的巫术意义

1. 龟甲器

龟,在中国古代被看作四灵之一。这主要是因为龟自身的某些自然生理特征在古人看来非常神奇,如龟具有顽强、坚韧的生命力,即使不进食也能存活很长时间,而且其寿命很长。因此在图腾信仰阶段,龟就成为许多氏族所崇拜的对象物。相传始祖黄帝族就曾经以龟作为圣物而尊奉,使

---

① 张华松:《行者文丛——齐文化与齐长城》,中国戏剧出版社2000年版,第104页。
② 葛兆光:《道教与中国文化》,上海人民出版社1987年版,第203页。

龟图腾打上了宗教的神秘烙印。

　　根据考古发现，墓葬中出土龟甲器最早在山东。龟甲器见于大汶口文化早期，王因、大汶口、野店、尚庄、前埠下等大汶口文化墓葬中均有发现（见图1—5）。① 龟甲器在出土时，多装有骨锥、骨针和小石子，数量不一。有学者将这种龟甲器称为"龟铃"。

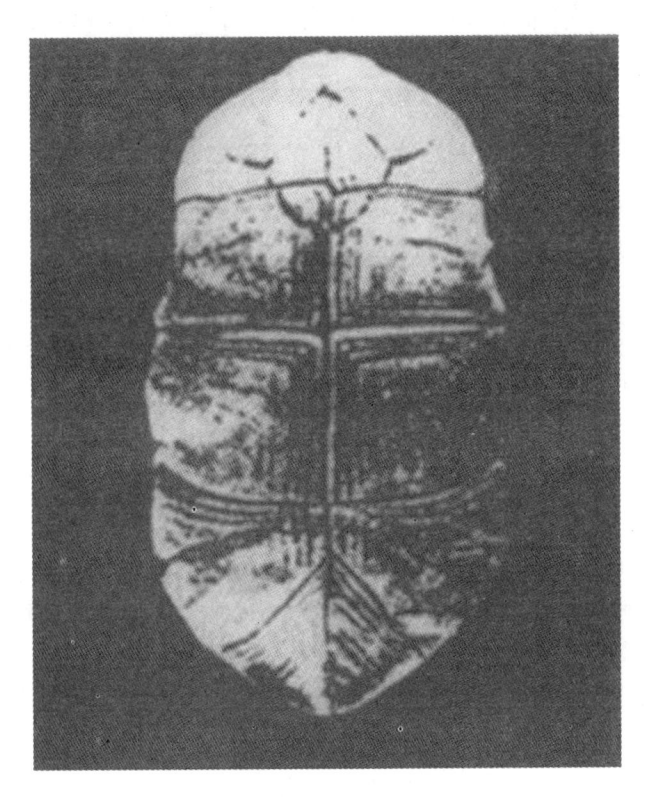

图1—5　龟甲器

　　关于随葬龟甲器的意义和用途，大多数学者都认为与"巫"有关。《说文解字》曰："巫，祝也。女能事无形……舞降神者也。"② 乐舞是巫师通神的重要方式。在宗教活动中，巫师舞蹈应有乐器伴奏，这种装有小石子的"龟甲器"摇动起来会发出声响，因此极有可能是巫师歌舞娱神

---

① 《山东兖州王因新石器时代遗址发掘报告》，《考古》1979年第1期。
② （汉）许慎撰，（清）段玉裁注：《说文解字注》，上海古籍出版社1981年版，第201页。

时使用的宗教仪式用具，这为后来道教医学的产生埋下了伏笔。

2. 玉器

中国自古有尚玉习俗，古人赋予玉多种含义。原始宗教产生后，玉器成为巫通神的器具，后发展为王权的标志，它不仅寄托了古人虔诚的宗教信仰，同时也是身份、地位和权力的象征。

根据考古发掘来看，山东古代墓葬中有随葬玉器的现象，其作用主要体现在两个方面：一是玉器在墓葬中一般置于死者的背、胸、腹和头脚处，起到厌胜辟邪的巫术用途；另一方面，玉器一般是部族首领或巫觋的专用器具，因此随葬玉器的墓主身份很可能就是巫师。这两方面均表明早期山东玉器巫文化的存在。

（二）葬式葬制的巫术意义

丧葬习俗源于灵魂不死观念。在人类早期阶段，并没有葬俗，《孟子·滕文公》记载："盖上世尝有不葬其亲者，其亲死，则举而委之于壑。"① 最初，人类对同伴尸体的处理简单、随意。随着人类思维的发展、进步，人开始思考自身存在和周围的一切，逐渐产生了灵魂不死观念，并由此逐渐形成了葬制。山东地区最早出现的墓葬是在后李文化时期。自后李文化出现墓葬开始，其葬式普遍以仰身直肢葬为主。除此，还有俯身葬、侧身葬、屈肢葬等。这些特殊的葬式，都有其特定的意义。关于俯身葬，考古学界存在两种意见：一种认为是对凶死者，即非正常死亡的人的特殊埋葬方式；另一种意见认为是低贱者，尤其是奴隶的一种葬式。

从葬制来看，主要是单人葬、合葬、二次葬、迁出葬几种形式。关于二次葬，从文献记载来看，反映的是一种巫术控制的目的。《梁书·顾宪之传》记载："山民有病，辄云先人为祸，皆开冢剖棺，水洗枯骨，名为除祟。"② 由此推测，二次葬是为了达到通过巫术镇压和控制死者鬼魂作祟之目的。

二 两周时期的山东巫文化

《国语·楚语下》有"观射父论绝地通天"的记载，观射父先讲了

---

① 焦循：《孟子正义》，沈文倬点校，中华书局1987年版，第404页。
② （唐）姚思廉：《梁书》，中华书局1973年版，第759页。

古者"民神不杂",然后讲少昊之衰、九黎乱德之时,"民神杂糅","家为巫史","民神同位",最后讲颛顼之时,命南正重司天以属神,命火正黎司地以属民,"绝地通天",也就是"民神不杂",亦即神与民分治,神达神,民是民。杨向奎先生说:"'绝地通天'的意义是巫的职责专业化。"① 大概是受东夷族的这种宗教改革的影响,西周初巫风仍存,但随着王朝的发展变化,特别是到春秋战国之际,山东的巫文化开始衰退。周初统治者在对夏、商二代成败兴亡的历史进行深入剖析的基础上,深刻领悟到天不可信。他们虽仍依靠"天""神"来庇佑王权,但"天"的地位已明显弱化。"周人尊礼尚施,事鬼敬神而远之。"② 因此,周代巫风开始趋弱,巫官的地位也大大降低,只相当于中士。然而,西周巫文化、巫官并没有立即消灭,即使在西周末年以后,当人们开始习惯于用理性的人文精神来评判个人命运、国家兴衰之时,巫术仍具有强大的生命力,诸如占卜术、数术、星占术仍在流行,并对社会政治文化有着深刻影响。

(一)两周时期的山东占卜术

周初统治者十分重视占卜,将占卜作为自己行事的依据和基础。占卜包括龟占、筮占、星占多种形式,其占卜内容非常广泛。《周礼·大卜》载:

> 以邦事作龟之八命,一曰征;二曰象;三曰与;四曰谋;五曰果;六曰至;七曰雨;八曰瘳。
> 凡国大贞,卜立君,卜大封,则眡高作龟。大祭祀,则眡高命龟。③

综合两则材料,西周占卜的内容有立君、分封诸侯、祭祀、征伐、气象、赏赐、谋议、事情、来往、下雨、病愈等项。周初,无论大小事情,统治者都习惯先占卜。如《史记·齐太公世家》记载周武王伐纣之前先

---

① 杨向奎:《中国古代社会与古代思想研究》(上),上海人民出版社1962年版,第163页。
② 张维青、高毅清:《中国文化史》,山东人民出版社2002年版,第131页。
③ 《十三经注疏》整理委员会:《周礼注疏(上、下)》,北京大学出版社1999年版,第639、641、643页。

占卜预测吉凶:"武王将伐纣,卜龟兆不吉,风雨暴至,群公尽惧,唯太公彊之劝武王,武王于是遂行。"① 由于卜兆不吉,"群公尽惧",后太公姜尚力劝武王,才使武王出兵伐纣,否则历史可能将是另一番景象。而周文王在进行田猎这等日常之事前也要进行占卜。《史记·齐太公世家》载:"西伯将出猎,卜之,曰:'所获非龙非彲,非虎非罴,所获霸王之辅'。"② 周人对占卜十分信服,对占卜的作用自然就十分重视。受这种占卜之风的影响,齐鲁地域亦盛行占卜。在《左传》《尚书》《史记》等文献中对齐鲁两国使用龟卜的情况,以及巫师的职能和活动范围均有记载。③ 齐鲁两国巫官的地位虽不高,但却也常常受到诸侯的召见和任用,为君主解梦、预言、医病、拔禳灾祸、祈雨等。《晏子春秋·内篇杂下》载:齐"景公为路寝之台,成而不踊焉……吾恶之甚……臣请禳而去"④。春秋战国时齐鲁两地依然保留商代焚巫、曝巫的祈雨巫术。《左传·僖公二十一年》记载:

> 夏,大旱,公欲焚巫、尪。臧文仲曰:非旱备也。修城郭、贬食、省用、务穑、劝分,此其务也。巫、尪何为?天欲杀之,则如勿生,若能为旱,焚之滋甚。公从之。是岁也,饥而不害。⑤

《晏子春秋·内篇谏上第一》载:

> 齐大旱逾时,景公召群臣问曰:"天不雨久矣,民且有饥色。吾使人卜,云祟在高山广水,寡人欲少赋敛以祠灵山,可乎?"群臣莫对,晏子进曰:"不可祠此无益也。"……景公曰:"今为之奈何?"晏子曰:"君诚避宫殿暴露,与灵山河伯共忧,其幸而雨乎!"于是景公出,野暴露。三日,天果大雨,民尽得种时。⑥

---

① (汉)司马迁:《史记》,中华书局1982年版,第1479—1480页。
② 同上书,第1477—1478页。
③ 刘玉建:《中国古代龟卜文化》,广西师范大学出版社1992年版,第358—369页。
④ 《晏子春秋》,陈涛译注,中华书局2007年版,第288页。
⑤ 杨伯峻:《春秋左传注》,中华书局1981年版,第390—391页。
⑥ 《晏子春秋》,陈涛译注,中华书局2007年版,第34—35页。

当时的人们通常观天象来领会神的指示，灾异说十分流行，反映的是"天人感应"的思想。如日月食现象被古人视作天灾人祸的征兆。每当出现日月食时，古人要举行巫术或祭祀仪式来救日月。《左传·庄公二十五年》记载鲁庄公二十五年出现日食现象，鲁国进行了一次祈禳活动："夏六月辛未，朔，日有食之。鼓，用牲于社，非常也。唯正月之朔，慝未作，日有食之，于是乎用币于社，伐鼓于朝。"① 击鼓，是我国古代一种专门救日月的巫术。

（二）两周时期的山东龟占与筮卜

春秋战国时期，龟卜与筮卜非常流行。龟卜是古人通过灼烧龟甲，令其出现兆象（裂纹），从而预测吉凶祸福。筮占是以蓍草等为道具，经过一定程序得到卦象，进而预测吉凶的一种方式。

对于两周时期齐鲁地域的卜筮星占活动，《左传》等文献都有记载。据刘玉建研究，春秋时期，齐鲁两国龟卜活动差距很大。鲁国享有天子之礼，龟卜最为发达，《左传》中记载鲁国使用龟卜的卜例有19条。② 例如，鲁桓公卜生成季，《左传·闵公二年》记载：

> 成季之将生也，桓公使卜楚丘之父卜之，曰："男也。其名曰友，在公之右，间于两社，为公室辅。季氏亡，则鲁不昌。"又筮之，……及生，有文在其手曰"友"，遂以命之。③

成季即季友。季友将要降生，父亲桓公请鲁国的掌卜大夫楚丘的父亲用龟卜之，结果是："必是男孩，名叫友，在您之右（在右言用事），处于两社之间（周社与亳社之间，乃朝廷执政之所在），作为公室的辅佐。如果季友死了，那么鲁国将走向没落。等到儿子出生之后，其掌纹很像"友"字，于是命名为"友"。

（三）两周时期山东占星术的发展

在齐国，由于姜太公不喜欢卜筮，龟卜受到冷落。同龟卜一样，文献记载筮占活动也是鲁国多、齐国少。方技数术亦属于巫术范畴，春秋战国

---

① 杨伯峻：《春秋左传注》，中华书局1981年版，第231—232页。
② 刘玉建：《中国古代龟卜文化》，广西师范大学出版社1992年版，第358页。
③ 杨伯峻：《春秋左传注》，中华书局1990年版，第263—264页。

时代是数术发展的重要时期。李零《战国秦汉方士流派考》将数术概括为五部分：天文历算和占星候气；式法选择和风角五音；龟卜筮占；占梦、厌劾、祠禳等术；相术。① 《汉书·艺文志》将天下书分为六类：六艺，诸子，诗赋，兵书，数术，方技。数术家在春秋战国时期的代表人物很多，其中以梓慎、甘公（即甘德）、石申最为著名。

梓慎（前570—540），春秋时期鲁国大夫。数术家，精于天文占候之术。生活在鲁襄公、昭公时期，与齐人甘公、魏人石申并列。梓慎精于星象、望氛之术。对于星占，多见于《左传·襄公二十八年》记载鲁国大夫梓慎的活动：

> 二十八年春，无冰。梓慎曰："今兹宋、郑其饥乎？岁在星纪，而淫于玄枵，以有时菑，阴不堪阳。蛇乘龙。龙，宋、郑之星也，宋、郑必饥。玄枵，虚中也。枵，耗也。土虚而民耗，不饥何为？"②

鲁襄公二十八年初，天气反常，无冰，鲁国大夫梓慎预测说：今年郑宋两国要发生饥荒，因为岁星（木星）应当在十二次中的星纪，可是实际观测到的岁星却在玄枵。十二次的次序是：降娄、大梁、实沈、鹑首、鹑火、鹑尾、寿星、大火、析木、星纪、玄枵、娵訾。岁星超过其应在星纪位置，到达玄枵，因此为不正常。从星象分野上说，宋、郑与龙相配，龙指岁星，故岁星不正常，应在宋、郑。现在岁星在玄枵，枵即虚耗，故推论宋郑必受饥荒之灾。③ 梓慎概括天象的变化，预言宋、卫、陈、郑将有大灾，因偶然巧合，借此宣传其术。梓慎还善于望氛之术。《左传·昭公十五年》记载：春季要对武公举行大的祭祀，告诫百官准备并斋戒。梓慎通过望氛预测道："禘之日其有咎乎。吾见赤黑之祲，非祭祥也，丧氛也。其在莅事乎！"④ 二月十五日举行祭祀时，主持祭祀的大夫叔弓果然死去。

甘公，名甘德，齐国人，一说楚国人。约在齐桓公十五年（前360），

---

① 李零：《战国秦汉方士流派考》，《传统文化与现代化》1995年第2期。
② 杨伯峻：《春秋左传注》，中华书局1990年版，第1140—1141页。
③ 陈来：《古代思想文化的世界——春秋时代的宗教、伦理与社会思想》，生活·读书·新知三联书店2002年版，第47页。
④ 杨伯峻：《春秋左传注》，中华书局1981年版，第1369页。

战国时期著名天文学家，著有《天文星占》八卷，已佚。甘德与同时代的魏国天文学家石申各自写了一部天文学著作，合称为《甘石星经》，是世界上最早的天文学著作，但传世《甘石星经》已非他与石申的原著，一般多认为该书为唐宋时人所辑。但星占对于道教符咒、斋醮、科仪的形成同样起到重要作用。

第五节　山东地域的阴阳五行与邹衍学说

阴阳、五行是中国古代哲学中两个非常重要的范畴，阴阳五行学说在中国数千年来的思想、文化史中占有重要的地位。"五行学说，恰好先盛行于燕齐沿海一带。"① 战国时期齐人邹衍对传统的五行思想进行了改造，提出了五德终始说和大九州学说，为燕齐沿海一带的神仙方术奠定了理论基础，促进了神仙方术的发展。

一　阴阳五行思想的提出

《说文解字》曰："阴，暗也。水之南，山之北也……侌声。阳，高明也……昜声。"② 阴阳的最初含义是很朴素的，起初只是简单的表示阳光的向背，即太阳照射到的为阳，太阳照射不到的为阴。后来，又用来说明地理位置，即山之南、水之北为"阳"，水之南、山之北为"阴"。此时的阴阳只是对自然现象的一种概括和表征，并不含有其他任何深刻的意义。

五行观念的提出，最早见于《尚书·洪范》，所谓：

> 五行：一曰水，二曰火，三曰木，四曰金，五曰土。水曰润下，火曰炎上，木曰曲直，金曰从革，土爰稼穑。润下作咸，炎上作苦，曲直作酸，从革作辛，稼穑作甘。③

---

① 杨向奎：《中国古代社会与古代思想研究》（上册），上海人民出版社 1962 年版，第 340 页。

② （汉）许慎撰，（清）段玉裁注：《说文解字注》，上海古籍出版社 1981 年版，第 731 页。

③ （清）孙星衍：《尚书今古文注疏》，陈抗、盛冬铃点校，中华书局 1986 年版，第 296—297 页。

"五行"原指天上的五星，后来人们以常用的水、金、火、木、土的五材来代替或称谓辰星、太白、荧惑、岁星、填星的五星。并有了水星、金星、火星、木星、土星之称，又把地下的"金、木、水、火、土"五种材料，与其配应，即有了"金、木、水、火、土"五行的统称。①《说苑·辨物》说："玄象著明……察变之动，莫著于五星。天之五星，运气于五行……其初犹发于阴阳。"② 人们把天上的"五星"与地上的"水、金、火、木、土"五行相互配应，便使"五行"之说在天文历法与古代占星术等领域获得了广泛的诠释空间。

齐地对五行的阐述具有代表性的是《管子》的《四时》《五行》。其曰："昔黄帝以其缓急作五声，以政五钟，令其五钟，一曰青钟大音，二曰赤钟重心，三曰黄钟洒光，四曰景钟昧其明，五曰黑钟隐其常。五声既调，然后作立五行，以正天时，五官以正人位。人与天调，然后天地之美生。"③

五行相生思想在《管子·四时》中用四时配五行，以四时的更替说明五行出现的先后次序。

> 东方曰星，其时曰春，其气曰风，风生木与骨……南方曰日，其时曰夏，其气曰阳，阳生火与气……中央曰土，土德实辅四时入出，以风雨节土益力……西方曰辰，其时曰秋，其气曰阴，阴生金与甲……北方曰月，其时曰冬，其气曰寒，寒生水与血。④

《管子》不但认为木、火、土、金、水是构成世间万物的最基本的物质元素，而且提出了"立五行以正天时"，"五官以正人位"天人观，强调遵循"五行"可以起到"人与天调""天地之美生"之效果，因而成为古代五行观发展的一个重要转折。《管子》与《尚书·洪范》中的五行说相比较，有两个明显变化：第一，五行之序有所改变，"木"被提到首位；第二，提出了木、火、土、金、水各自在事物发展中所起的作用。这

---

① 刘起釪：《释〈尚书·甘誓〉的五行与三正》，《文史》第17辑。
② （汉）刘向：《说苑》，向宗鲁校正，中华书局1987年版，第443页。
③ 戴望：《管子校正》，中华书局1954年版，第242页。
④ 同上书，第238—240页。

意味着五行不但相互合杂能够生成新的物质，而且对生命产生与运动的奥妙也有所揭示。

二 邹衍及其思想学说

对于《管子》的《四时》《五行》两篇，一般认为它们反映了春秋时期阴阳五行思想范畴，而邹衍的五行思想则是春秋早期阴阳五行思想的继承与拓展，它们都产生于齐国。

邹衍，战国时齐人。《汉书》颜师古注引应劭曰："衍，齐人也。著书所言皆天事，故齐人曰'谈天衍'。游诸侯，所言则以为迂阔远于事情，然终不屈。尝仕于齐，位至卿。"① 邹衍是战国末期著名的阴阳五行家。在《史记》中，司马迁每论及稷下学者，都首称邹衍。《史记·田敬仲完世家》记载："宣王喜文学游说之士，自如驺衍、淳于髡、田骈、接予、慎到、环渊之徒七十六人，皆赐列第，为上大夫，不治而议论。"② 邹衍曾游历魏、赵、燕诸国，受到各国君主的高度礼遇。《盐铁论·论儒篇》云："邹子以儒术干世主，不用，即以变化始终之论，卒以显名。"③《论衡·别通》篇亦云："周世通览之人，邹衍之徒，孙卿之辈，受时王之宠，尊显于世。"④ 足见邹衍是名噪一时的稷下学者。

邹衍著述丰富，但皆亡佚，不得传世。其中《吕氏春秋·应同篇》被多数学者认为是邹衍遗文。《史记·孟子荀卿列传》载："邹衍睹有国者益淫侈，不能尚德，若《大雅》整之于身，施及黎庶矣。乃深观阴阳消息而作怪迂之变，《终始》、《大圣》之篇十余万言。"⑤《汉书·艺文志》著录《邹子》四十九篇，《邹子始终》五十六篇，凡一百零五篇。邹衍的思想学说主要有"五德终始说"与"大九州学说"。其中，"五德终始说"是邹衍思想的核心。

（一）五德终始说

邹衍认为，自"天地剖判以来"，历史发展都是按"五德转移"周而复始的循环，即按照五德所规定的规律图式去运行。五德循环，每一个朝

---

① （汉）班固：《汉书》，中华书局1962年版，第3568页。
② （汉）司马迁：《史记》，中华书局1982年版，第1895页。
③ 王利器：《盐铁论校注》，中华书局1992年版，第150页。
④ 黄晖：《论衡校释》，中华书局1990年版，第604页。
⑤ （汉）司马迁：《史记》，中华书局1982年版，第2343页。

代都有与其相应的德。为了配合五德终始的运转,必然会出现一些特殊的自然现象做符应。《文选·左太冲魏都赋》注引《七略》云:"邹子有终始五德,从所不胜,木德继之,金德次之,火德次之,水德次之。"①《文选·齐故安陆昭王碑文》注引《邹子》云:"五德从所不胜:虞土、夏木、殷金、周火。"②

邹衍用早期的阴阳五行说附会社会、人事,解释历史现象,这成为战国时期神仙思想的滥觞。战国中后期,神仙思想在山东沿海已形成确立,并受到君主的追捧,方士们为使其宣扬的迷信思想能够登上大雅之堂,以博得功名利禄、荣华富贵,急需学说弥补自身理论缺陷,因而,便吸收了流行于燕齐两地的邹衍的五德终始说。由于从战国直至秦汉,齐地方士一直活跃在统治集团的上层,燕齐海上方士虽然不能理解其学说真谛,完全"依于鬼神之事",但却意外地使自己的学说趋于意识化、神秘化,并被汉代统治者所沿用,从而使依据于阴阳五行学说的神仙方术呈现出蓬勃发展的趋势。

燕齐海上方士在利用邹氏五德终始说的同时,反过来又将邹衍神化,将其塑造成神通广大的方士形象,因而邹衍成为人们崇拜和敬奉的偶像。《论衡·感虚》云:"《传》书言:'邹衍无罪,见拘于燕。当夏五月,仰天而叹,天为陨霜'。"③《论衡·寒温》篇云:"燕有寒谷,不生五谷。邹衍吹律,寒谷可种。燕人种黍其中,号曰'黍谷'。"④尽管这些荒诞不经之语是燕齐海上方士的杜撰,但却为方士所兜售的方术增添了一层神秘色彩,为筮卜、占星术的流行奠定了基础。

如果说邹衍阴阳五行思想的创造性在于将五行相胜的理论运用于历史领域,用"五行相胜"的理论来解说王朝的代兴,说明人类社会的发展、王朝的更替,是按照五行相胜的规律循环往复的。那么,邹衍的"五德终始"循环论则是神秘化了的历史观。在《吕氏春秋·应同篇》中对此进行了系统的阐述:

---

① (梁)萧统:《文选》,(唐)李善注,上海古籍出版社1986年版,第287页。
② 同上书,第2561页。
③ 黄晖:《论衡校释》,中华书局1990年版,第238页。
④ 同上书,第629页。

> 凡帝王之将兴也，天必先见祥乎下民。黄帝之时，天先见大螾大蝼。黄帝曰"土气胜"。土气胜，故其色尚黄，其事则土。及禹之时，天先见草木秋冬不杀。禹曰"木气胜"。木气胜，故其色尚青，其事则木。及汤之时，天先见金刃生于水。汤曰"金气胜"。金气胜，故其色尚白，其事则金。及文王之时，天先见火赤乌衔丹书，集于周社。文王曰"火气胜"。火气胜，故其色尚赤，其事则火。代火者，必将水，天且先见水气胜。水气胜，故其色尚黑，其事则水。水气至而不知，数备将徙于土。①

这段文字是五德终始用以说明人类社会历史变迁的比较完整的论述。邹衍以自然界的某种特殊现象的出现作为上天意志的体现，并认为朝代更替之时，自然界会出现某种先兆现象，以此来沟通天人关系，这既为邹衍五德终始说的历史观披上了神学宗教的外衣，又为山东早期方士活动和方仙道的形成提供了某种理论支持。

（二）大九州学说

邹衍的另一个重要学说是大九州学说。在邹衍之前，我国古人对世界的广阔并没有深刻认识，邹衍的大九州学说打破了人们头脑中固有的世界只有一个中国的封闭概念，激发了人们对海外世界的遐想。

邹衍大九州学说的产生与齐地发达的海陆交通有着密切的关系。在战国时期，齐地海上交通已经很发达，不但扩展了人们的眼界，而且开阔了人们的思路。因邹衍是齐国人，受齐地沿海开发较早及有着悠久航海历史的影响，邹衍产生了关于海外世界的想象。邹衍的大九州说向世人展现的是一个无限广阔的世界。《史记·孟子荀卿列传》记载：

> 以为儒者所谓中国者，于天下乃八十一分居其一分耳。中国名曰赤县神州。赤县神州内自有九州。禹之序九州是也，不得为州数。中国外如赤县神州者九，乃所谓九州也。于是有裨海环之，人民禽兽莫能相通者，如一区中者，乃为一州。如此者九，乃有大瀛海环其外，天地之际焉。②

---

① 许维遹：《吕氏春秋集释》，梁运华整理，中华书局2009年版，第284页。
② （汉）司马迁：《史记》，中华书局1982年版，第2344页。

邹衍的大九州学说在很大程度上突破了人们狭隘的地理观念，深化了我国古人对世界在空间上的认识。使人们产生了中国之外还有辽阔海外世界的遐想。加之蓬莱沿海时常出现虚无缥缈的海市蜃楼，激发了人们寻找人间仙境的欲望。由于邹衍的大九州学说在当时非常流行，战国时期的方士们利用邹衍的大九州学说，宣扬海外有神山，山上有仙人和仙药，迷惑了无数帝王将相及其庶民百姓，人们苦苦寻求海外仙山，以求长生不老或有朝一日羽化登天。秦始皇受邹衍大九州学说的影响，坚信海外还有天下，从而产生了海外求仙和海外探索地理的幻想，于是派遣徐市等方士出海进行探索活动，连秦始皇本人也三次巡游山东半岛，汉武帝本人九次巡行山东沿海，这在客观上既促进了山东地域方仙道的发展，又开拓了当时人们的地理视野。

第二章

秦汉时期的山东道教

秦汉时期山东地域的方仙道、黄老道和太平道的出现，是山东道教产生和形成的重要前提。方仙道的形成应该追溯于春秋战国时期，因燕齐地区盛传仙人和不死之药，燕齐海滨一带的方士信奉海中有蓬莱、方丈、瀛洲三神山及仙人和不死之药。方仙道在齐威王、齐宣王时期，不但有燕人宋毋忌、正伯侨、充尚、羡门高等方士，而且发展演变为具有代表性的方术。方仙道在燕、齐、赵、魏等地曾经产生过很大影响，并成为秦汉时期重要的原始宗教组织。在两汉之交，受"罢黜百家，独尊儒术"的影响，方仙道逐渐流传于民间，基层群众多有施术治病、劾鬼消祸的身心需求，并由方士们发展演化为一系列养形炼性、追求长生的不死之术。尊崇黄帝，阐释《老子》，成为汉代燕齐地域重要的政治和宗教活动之一，并最终由黄老思想发展演变为具有宗教内涵的黄老道。太平道则上接黄老、图谶之道术，下启张角、张陵之鬼教，从而形成了以方仙道、黄老道、太平道等为早期道教模式，以《太平经》和《周易参同契》等经典为理论内容的山东道教。

第一节 神仙思想

春秋战国时期，山东滨海地域神仙思想的确立标志着神仙信仰的形成。秦始皇、汉武帝频繁巡行山东沿海地区，觅寻海上仙山和不死之药，推动了神仙思想逐渐成熟，从而形成山东地域早期道教的核心内容——神仙信仰。

一 神仙思想的提出

最初，在中国古人的观念中，"神"和"仙"并没有联系，两者是分开来用的。"神"在先民们的思维观念中产生较早,"仙"出现的较晚,其核心内涵体现的是长生不老的思想。《说文解字》曰:"仙,长生仙去。"①《释名疏证补·释长幼》曰:"老而不死曰仙。"② 可见,"仙"是形容人的肉体不死,是生命突破、超越了自然的极限而达到永恒的现象。把"神""仙"合二为一最早见于《汉书·艺文志》:"神仙者,所以保性命之真,而游求于其外者也。"③

(一) 神仙思想产生的社会基础

春秋战国时期,王室衰微,诸侯争霸,连年无休止的残酷战争,造成社会动荡不安,民不聊生,百姓生活在水深火热、痛苦不堪的境地中。当时的文献对此都有所反映,如《墨子》云:"饥者不得食,寒者不得衣,劳者不得息。"④《孟子》云:诸侯之间"争地以战,杀人盈野;争城以战,杀人盈城"⑤,"民有饥色,野有饿莩"⑥,反映出战争的空前惨烈。《左传》一书记录的战争就有492次。在这样的现实世界中,人们时常会看到血流成河、尸横遍野的景象,承受着随时可能会发生的亲人死亡或家破人亡、妻离子散的人间痛苦,人们对死亡的极度恐惧更加激发了对生存的热切渴望。在人们对现实世界无能为力、充满绝望之时,只能希望逃避现实、远离尘世,追求精神的解放和自由,这是神仙思想产生的社会基础。

(二) 神仙思想产生的理论来源

在先秦,《庄子》描写神仙观念和神仙世界最多,并为神仙思想的产生孕育提供了思想基础。《庄子》描写的"神人""至人""真人",应视为道教仙人的早期雏形。

对于"神人",《庄子·逍遥游》描写藐姑射山神人时云:"藐姑射之山,有神人居焉,肌肤若冰雪,绰约若处子。不食五谷,吸风饮露。乘云

---

① (汉)许慎撰,(清)段玉裁注:《说文解字注》,上海古籍出版社1981年版,第383页。
② (清)王先谦:《释名疏证补》,上海古籍出版社1984年版,第150页。
③ (汉)班固:《汉书》,中华书局1962年版,第1780页。
④ 吴毓江:《墨子校注》,孙启治点校,中华书局1993年版,第380页。
⑤ 万丽华、蓝旭译注:《孟子》,中华书局2010年版,第116页。
⑥ 万丽华、蓝旭译注:《孟子》,中华书局2010年版,第6页。

气,御飞龙,而游乎四海之外。"① 庄子所描写的神人,"乘云气,御飞龙,而游乎四海之外",凸显了神仙思想中突破空间界限自由飞升的观念。

对于"至人",《庄子·齐物论》云:"至人神矣!大泽焚而不能热,河汉冱而不能寒,疾雷破山,风振海而不能惊。若然者,乘云气,骑日月,而游乎四海之外。死生无变于己,而况利害之端乎。"②

对于"真人",《庄子·大宗师》云:

> 古之真人,不逆寡,不雄成,不谟士。若然者,过而弗悔,当而不自得也;若然者,登高不慄,入水不濡,入火不热。是知之能登假于道也若此。古之真人,其寝不梦,其觉无忧,其食不甘,其息深深。真人之息以踵,众人之息以喉。屈服者,其嗌言若哇。其耆欲深者,其天机浅。古之真人,不知说生,不知恶死;其出不䜣,其入不距;翛然而往,翛然而来而已矣。不忘其所始,不求其所终;受而喜之,忘而复之,是之谓不以心捐道,不以人助天。是之谓真人。若然者,其心忘,其容寂,其颡頯;凄然似秋,煖然似春,喜怒通四时,与物有宜,而莫知其极。③

《庄子》中"神人""至人""真人"的描述,是对神仙形象最初的生动概括,反映了先秦时期神仙思想的萌芽,深刻地说明了道家与道教之间不可分割的深层次内在联系,为道教仙道思想提供了丰富的思想文化资源。

二 山东滨海神仙思想的形成

山东滨海神仙思想的形成约发生在战国时期。神仙思想的形成需要一定的社会背景和文化环境,其与山东地域自然条件和人文环境一起,为神仙思想的产生提供了条件。

(一) 山东沿海神仙思想的缘起

齐地是我国古代最早出现神仙传说的地域,在《韩诗外传》中记载

---

① 王先谦:《庄子集解》,中华书局1954年版,第4页。
② 同上书,第23页。
③ 同上书,第55—56页。

了齐侯对"古而无死"的神仙传说的无限渴望与憧憬:

> 齐侯(齐景公)至自田,晏子侍于遄台,子犹驰而造焉……饮酒乐。公曰:"古而无死,其乐若何!"晏子对曰:"古而无死,则古之乐也,君何得焉?"①
>
> 齐景公游于牛山之上,而北望齐,曰:"美哉国乎!郁郁蓁蓁。使古而无死者,则寡人将去此而何之!"俯而泣下沾襟。②

齐景公作为春秋末期的齐国君主,已有渴望长生不死的意识。在他看来,长生不死是人生一大快事,但生命的永恒存在所彰显的幸福和美妙并不是现世人能够感知和体验到的,因此齐侯对此十分向往。

(二)蓬莱仙话

蓬莱古称登州,位于胶东半岛东北端,濒临渤海、黄海。蓬莱历史悠久,早在新石器时代就有人类在此繁衍生息,自古被誉为人间仙境,产生了许多神话传说。仙话是以道教长生不死、快乐自由为旨归的传说,大概产生于战国之际,其中,蓬莱仙话在道教仙话体系中占据重要的地位。

自战国齐威王、齐宣王到秦始皇、汉武帝,都曾不惜耗费大量人力、物力、财力来蓬莱寻找海上仙山和长生之药。《史记·封禅书》曾这样描写"三神山":

> 自威、宣、燕昭使人入海求蓬莱、方丈、瀛洲。此三神山者,其传在渤海中,去人不远;患且至,则船风引而去。盖尝有至者,诸仙人及不死之药皆在焉。其物禽兽尽白,而黄金银为宫阙。未至,望之如云;及到,三神山反居水下。临之,风辄引去,终莫能至云。世主莫不甘心焉。③

足见所谓"三神山"在齐威王、齐宣王时已广为流传,并由他们二人掀起了中国历史上的第一次求仙热潮,使得蓬莱仙话扬名天下。那么蓬

---

① 杨伯峻:《春秋左传注》,中华书局1981年版,第1419—1421页。
② 韩婴撰,许维遹校释:《韩诗外传集释》,中华书局1980年版,第350页。
③ (汉)司马迁:《史记》,中华书局1982年版,第1367—1370页。

莱仙话为什么会出现在山东滨海地区的蓬莱呢？分析起来有以下几点：

第一，受山东悠久文化的影响。有学者指出："蓬莱仙山的传说之所以始构于渤海之滨，是因为这片陆海是我国古代率先开发的区域，早期文明的积淀引发了山东先民对海洋的幻觉，也就顺理成章地产生了自然神力与美好追求相结合的仙山憧憬。"①

第二，受后来《山海经》等著作的影响。《山海经》云："蓬莱山在海中。"② 郭璞注："上有仙人宫室，皆以金玉为之，鸟兽尽白，望之如云，在渤海中。"③《列子·汤问》对海外仙山也有描述，说："渤海之东不知几亿万里有大壑焉，实惟无底之谷，其下无底，名曰归墟。八紘九野之水，天汉之流，莫不注之，而无增无减焉。其中有五山焉：一曰岱舆，二曰员峤，三曰方壶，四曰瀛洲，五曰蓬莱。"④ 该书认为蓬莱仙山在"渤海中"，这就为紧靠渤海的"蓬莱仙话"发生在山东沿海提供了可能。

第三，战国时期，燕齐之地神仙方术的盛行，帝王热衷求仙，为蓬莱仙话在山东滨海的发生提供了历史基础。除战国齐威王、齐宣王到蓬莱求仙外，秦始皇和汉武帝亦曾多次在齐地进行求仙活动，这不但扩大了神仙思想的影响范围，而且也使神仙信仰达到了一个前所未有的程度。秦皇汉武对神仙方士的信任、宠爱，又刺激了方士队伍的发展壮大，不但为山东地域方仙道的诞生提供了思想文化基础，而且还作了人员队伍上的准备。

第四，与古代山东居民广泛存在的灵魂崇拜有关。东夷人把鸟图腾视为祖先进行崇拜，有祖先灵魂不死之意，这为山东滨海蓬莱仙话的形成提供了思想上的前提。

正是由于上述原因，许多典籍对有关蓬莱山的描述都被注入了仙话成分，使其成为精美绚丽、令人神往的仙境。如《十洲记》载："蓬丘，蓬莱山是也，对东海之东北岸，周回五千里，外别有圆海绕山。圆海水正黑，而谓之冥海也，无风而洪波百丈，不可得往来。上有九丈老人，九天真王宫，盖太上真人所居，唯飞仙有能到其处耳。"⑤

---

① 王赛时：《山东海疆文化研究》，齐鲁书社2006年版，第51页。
② 袁珂：《山海经校注》，上海古籍出版社1980年版，第324页。
③ 同上书，第325页。
④ 杨伯峻：《列子集释》，中华书局1979年版，第151—152页。
⑤ 王根林、黄益元、曹光甫校点：《汉魏六朝笔记小说大观》，上海古籍出版社1999年版，第69页。

春秋战国时期对蓬莱山的奇异幻想，到秦汉一旦与帝王求仙活动相结合，不仅提升了蓬莱神仙的宗教地位，而且也大大推动了蓬莱仙话的传播，从而为早期方仙道的诞生提供了各种便利条件。

第二节　山东地域的方仙道

伴随着山东沿海地域神仙思想的确立，在春秋战国时期形成的一类专门从事方术、方技等道术的人，时称方士，又称神仙家。在燕齐一带，出现了众多旨在宣扬长生不死、肉体成仙的方士集团，史称"方仙道"。山东神仙方士，入海求仙、寻献奇药是其主要标志。方仙、方士集团，以齐地最盛，在秦皇汉武矢志不渝地追求长生成仙的历史背景下，方士发展达到鼎盛时期，对秦汉的社会、政治、思想文化均产生了深远的影响。

一　方仙道形成的条件

目前，学术界对方仙道的起源存在争议，韩国学者认为起源于韩国。如韩国近代学者李能和认为，韩国正是神仙本土，图谶、占星等方术，是卢生在韩国学成后传入中国。① 但中国学术界普遍认为，方仙道于战国末期形成于燕齐一带，不但宣扬长生不死、肉体成仙升天的思想和观念，而且形成了多种神仙方术以及众多从事方术活动的方士群体。方仙道的"方"，主要指"服食方术"，"仙"主要指"肉身成仙"。据《史记·封禅书》载，最早的方士是周灵王（前571—前545）时候的苌弘，他会阴阳之学，明鬼神之事。方仙道利用邹衍的五德终始说和五行阴阳学说来解释他们的方术，宣称能够有办法使灵魂离开肉体与鬼神交通，认为人通过修炼可以长生不死，可以制作不死之药，也可以制造黄金（炼丹术）。方仙道尊奉黄帝，还宣称行气、辟谷等方术。

"方仙道"一名最早见于《史记·封禅书》，云：

> 自齐威、宣之时，邹子之徒论著终始五德之运，及秦帝而齐人奏之，故始皇采用之。而宋毋忌、正伯侨、充尚、羡门高最后皆燕人，

---

① ［日］福井康顺：《道教》（第3卷），朱越利等译，上海古籍出版社1992年版，第48页。

为方仙道，形解销化，依于鬼神之事。邹衍以阴阳主运显于诸侯，而燕齐海上之方士传其术不能通，然则怪迂阿谀苟合之徒自此兴，不可胜数也。①

上文记载了方仙道的几个主要问题：一是方仙道形成的时间和地点，方仙道形成于春秋战国，地点在燕齐一带，故可称其为海外仙人派。其思想内容与五德之运、阴阳之说有着密切的关系。二是方仙道之方术主要是"形解销化""依于鬼神之事"。三是方仙道的主要代表人物有宋毋忌、正伯侨、充尚、羡门高等。

《中华道教大辞典》有关方仙道的解释如下："早在春秋战国时期，已有神仙家出现。《汉书·艺文志》云：'神仙者，所以保性命之真而游求于其外者也，聊以荡意平心，同死生之域，而无怵惕于胸中。'这些追求长生不死的神仙家，战国时逐步同阴阳家、方技家、术数家合流，组成专门修习各种仙术的方士集团，史称方仙道。……方仙道专以传习各类神仙方术为业，师徒传承，是道教的最初形式。"② 其特点是宣扬肉身不死成仙升天。其目的是"服食不死之方药、追求肉身成仙"，其所从事的是"鬼神之事"。

从战国末至秦汉时期，方仙道产生和流行主要集中在燕齐地区，这与该地域的地理环境、自然条件、航海技术，以及燕齐统治者招贤纳士的政策和追求长生修仙的目的密切相关。方仙道产生的原因主要有四个方面：

一是自然地理原因。燕齐地区环渤海湾有着漫长的海岸线，而且该地区有由于大气折射而产生的奇特自然景观——海市蜃楼，在特殊的天气条件下，陆地上的景物、海中的岛屿等被折射到海上空中，在短时间内，空中会出现一些奇幻景象。如山峦楼台时时变幻、人流车马穿梭往来等。人们把这一奇怪景象想象为海上仙人居住的地方，并与传说中的种种与仙人有关的故事紧密联系在一起。海市蜃楼的出现给人们众多的想象和寻求海上仙人居住地方的机会和理由，各色各样的海上神仙传说，使燕齐地区成为大批方士活动的地区，也使方士活动的内容、方式不断变化和发展。到战国后期，海上神山的传说和海上仙人的刻画到了炉火纯青的地步，人们

---

① （汉）司马迁：《史记》，中华书局1982年版，第1368—1369页。
② 胡孚琛：《中华道教大辞典》，中国社会科学出版社1995年版，第44页。

崇敬海神、海仙，信奉海神所具有的神秘力量，并将自己希望长生不死的内心愿望寄托于海上仙山之上，战国时期的国君们纷纷施展各自的能量，在方士们各种游说、劝说和鼓励下，利用燕齐交通和地利之便，开始向海外派遣方士的求仙活动。

二是燕齐发达的航海技术。处于渤海地域的燕齐造船历史悠久，其造船技术及航海技术都非常先进，其造船的规模和水平都达到了空前的程度。春秋战国时期，齐景公曾乘船在海上游乐，兴之所起，六月不归。发达的航海技术使齐国成为当时的海上强国。

三是稷下学宫创办。战国中后期齐国和燕国先后创办了稷下学宫和武阳会馆作为招贤纳士的人才集中地，为方士们开展各种活动、相互交流思想和观点创造了良好的文化氛围，为政神合一的神仙体制和信仰创造了条件。

四是统治者们对于方仙道的迷恋。方仙道在两百多年间出现了三次兴盛。第一次是在威宣燕昭王时期，第二次是在秦始皇时期，第三次是汉武帝刘彻时期。刘彻初封为胶东王，即帝位尤敬鬼神之祀。在位五十余年，汉武帝亲自到处封禅礼祠，"令言海中三神山者数千人入海求蓬莱仙人"，希望仙人降临，求得长生不老之药。但是大量的方士危害了汉代统治者利益，寻仙无踪，仙药无果，浪费了大量的财富，汉武帝因此得出"天下岂有仙人？尽妖妄耳"的结论。

二 方仙道的演变及其发展阶段

方仙道的形成与发展有其具体历程。依据《清经解》卷三《礼说》和《史记》相关记载，方仙道的演变过程分为三个阶段：一是初创阶段：战国时，方仙道在燕齐初创，其传播者主要是一些方士怪民。方仙道的方术主要是"形解销化""依托鬼神之事"，但不被世人所认可，世人多以为其"犹为之惑，后觉其诈"，而导致"卒被诛夷"之结果。二是兴盛阶段：汉武帝时期，方仙道的方术、方技等传播和流行开来，并使其所实施的各种学说和方术"其怪益甚矣"，成为当时社会主要流行的占卜术类。不但从事方仙道的方士如李少君、少翁、栾大等大量涌现，而且"汉武好方士，故其术大行"，方仙道所实施的方术方技还得到了上至帝王、下至百姓的认可和崇信，出现了"阴阳陶丞变化，万端狐狸魍魉，凭陵作愿其后"。三是衰败阶段：汉武帝后期，"怪民入宫其为祸"，帝王对于其所谓的长生成仙之术也不再相信，方仙道的方术方技不再受到统治者的吹捧和信宠，方仙道被作为一种怪异之术，其活动也从宫廷转向民间。清代阮元《清经解》即《皇清经解》有详细分析：

> 凡民为怪，皆皇极道失下或谋上，此灾异也。谁能禁之愚谓怪民，执左道者汉之方士周之怪民也。战国时燕人为方仙道，形解销化，依托鬼神，名为方士，汾阴出宝鼎阙下献玉杯，汉文贤明，犹为之惑，后觉其诈，卒被诛夷，然则新垣平非所谓怪欤，及武帝时李少君、少翁、栾大之属其怪益甚矣。东晋元帝时，暨阳人任谷有羽衣人与之交而有娠，产一蛇，遂成宦者，诣阙上书，自云：有道术帝留之，宫中郭璞上疏乞遣谷出，以为周礼怪民不入宫。谷之妖，乃怪民之尤者，阴阳陶丞变化，万端狐狸魍魉，凭陵作慝其后，元帝崩谷亡，云：此皆所谓怪也。子不语怪者，盖以此，若夫幻人，吐火水，人弄蛇易貌分形，奇幻倏忽。汉朝元会作之于庭，近乎怪矣。然黄金四目驱疫，有狂夫何怪之有，一说巫蛊为怪民愚，谓巫属春官非怪也，后世失官方士窃之，以神其术。汉武好方士，故其术大行，于是，埋蛊东宫，戾园遂败，喋血京师，然则怪民入宫其为祸也，烈矣。不徒曰怪民而兼曰奇服。盖怪民未有不服奇服者，江充之召见犬台宫也，衣纱縠禅衣冠步摇冠曳，燕尾之裾，垂飞翮之缨，此所谓奇服说者，以为服妖巫蛊之祸胎于此，故曰奇服怪民不入宫。武帝望见充而异之目，为奇士而信用焉。然则奇士与怪民相类也。何以别之，曰：服先王之法，服道先王之法，言为奇士不服先王之法，服不道先王之法，言为怪民。①

三　方仙道的方士和派系

方仙道在发展过程中不但形成了众多的方士集团，而且根据其方技的不同，又分为不同的派别。方士从事的方术形式包括导引、吐纳、房中、服食，使方仙道成为我国气功养生史上最早的派别。通常把方仙道分归为服食派系、山岳神仙派、图谶巫克派三派。以安期生、羡门高为偶像，追求服药成仙，故有的论者称其为"服食派"。而对于研习黄老之道、修身

---

① （清）阮元：《清经解》（第2册），上海书店1988年版，第39页。

炼性、企冀飞升登仙的齐人公孙卿（汉武帝时人）等方士，称为"山岳神人派"。对于善造谶言、诅咒、解克等怪异之术的齐人甘忠可（汉成帝时人）等，则称为"图谶巫克派"。① 这些派别炼养修持的手段虽然有所不同，但都以长生不老为追求的目标，希望得道成仙。

（一）服食派系

秦汉时期以安期生为首的服食一派盛行于燕齐沿海一带，方士每言入海寻求仙药，总以安期生相托，这是燕齐服食一派。安期生是秦始皇时期著名的齐地方士，《列仙传》记载，安期生为琅琊阜乡人，卖药于东海，时人称其千岁翁。秦始皇东游请见，与语三日三夜。"赐以金帛，皆置之而去。"《高士传·安期生》云：

> 安期生者，琅琊人也。受学河上丈人，卖药海边老而不仕时，人谓之千岁公。秦始皇东游，请与语三日三夜，赐金璧直数千万，出置阜乡亭而去，留赤玉舄为报，留书与始皇，曰后数十年求我于蓬莱山下，及秦败，安期生与其友蒯通交往，项羽欲封之卒，不肯受。②

在今泰山东麓莱芜境内，有座山叫仙人山，山顶有仙人堂，是供奉仙人安期生的地方，原有石墙庙三间，现石墙犹存。仙人堂原有唐宋碑记，均已佚，现存元大德五年（1301）《重修安期真人祠碑》记载：

> 凤凰之山，有古仙人堂。父老相传，以为真人安期生也。得非秦始皇东游求诸海上者邪？俗又谓八百伏先生，竟莫详厥由。……唐人有碑识其事，碑漫漶残裂。可辨者间数字尔，读者每以为恨……③

嘉靖《莱芜县志》也载有元至正二年（1342）《重修安期真人观记》，其中有云："及观断碑，有汉唐篆文，略载安期真人之事，灭裂剥落，往复读之，每以为叹。"④ 安期生在仙人山和凤凰山一带隐居修炼，

---

① 刘福田、施友义主编：《孔子与齐鲁文化》，海风出版社1994年版，第213—218页。
② （晋）皇浦谧：《高士传》，中华书局1985年版，第61页。
③ 张同浈：《莱芜矿冶》，齐鲁书社2006年版，第89页。
④ 明嘉靖二十七年（1548）《莱芜县志》卷七《文章志·碑刻》。

得道后才赴东海边卖药，遇见了东游的秦始皇，并引发了秦始皇大规模的海上求仙之举。后来秦始皇因为寻他而不得，曾为他立祠十数处。

除安期生外，服食派的代表人物还有宋毋忌、正伯侨、充尚、羡门高等。以宋毋忌、正伯侨为代表的燕齐服食派"后世人主求仙之始"，依于鬼神之事，形解销化，为人们求得延寿成仙。燕齐服食派活动的范围非常广泛，人数众多，"燕齐海上之方士"，"自此兴不可胜数也"。① 自齐威、宣、燕昭开始了入海求仙活动，都有不达目的决不罢休的决心。

（二）山岳神人派

山岳神人派主张效法黄帝封禅泰山，与神人交通，而后可仙登天。主要代表人物有河上丈人盖公、申公、公孙卿、公玉带、丁公等，其主要思想表现在以下几个方面：

一是对三神山的追捧及对"芝草"等不死药和海上仙人的崇拜。目的是寻找长生不死之药，以实现长生不死、修道成仙。《史记·秦始皇本纪》说："三十二年，始皇之碣石，使燕人卢生求羡门、高誓。"② "因使韩终、侯公、石生求仙人不死之药。"③ 但因无结果，"卢生说始皇曰：'臣等求芝奇药仙者常弗遇，类物有害之者'"④。显示了西汉时期养生术特别是炼丹术得到迅速发展。

二是通过泰山崇拜结成山岳神人派。李少君曾学道于泰山，遇仙人安期生而师之。汉武帝元光年间，少君"以祠灶、谷道、却老方见上，上尊之"⑤，并向汉武帝进言："祠灶则致物，致物而丹砂可化为黄金。黄金成以为饮食器则益寿，益寿而海中蓬莱仙者乃可见，见之以封禅则不死，黄帝是也。"⑥ 这种将东海不死药与丹砂联系起来，将黄帝封禅与不死成仙结合起来是以李少君为代表的山岳神人派的思想内容和炼丹术的重要体现之一。

山岳神人派称泰山、太室山等神山上有通天、上天进而成神之路，亦可不老不死。著名方士安期生、盖公、申公、公孙卿、公玉带、丁公、刘

---

① （清）胡凤丹：《金华丛书》，广陵古籍刻印社1982年版，第18—19页。
② （汉）司马迁：《史记》，中华书局1982年版，第251页。
③ 同上书，第252页。
④ 同上书，第257页。
⑤ 同上书，第1385页。
⑥ 同上。

安、伍被和苏飞,以及曼都、苏乐等积极宣扬黄帝登山上天成神,故能长生不死,继而宣扬白日飞升,上天成神。① 其思想和观点在汉代政治中发挥了重要的作用。

(三) 图谶巫克派

符应谶言在春秋时已具萌芽状态,方士们借助神秘的方术来神化自己的学说,以取得世人和君王的奉承,故而产生了一派擅长图谶巫术的方士,即"图谶巫克派"。②《左传》中有不少预言应现的记述,方士们在此基础上加以发展,形成了谶言术。邹子之书中,已多论图录谶言,秦亡前和王莽兴亡前后,方士们都曾制造过大量的谶言。战国时期,吴越荆楚一带盛行巫术,随着中华各地域文化逐渐交融,各地巫术亦渐渐流传到齐鲁故地,与齐人原有的祝祷术结合起来。《史记·秦始皇本纪》曰:"三十六年,荧惑守心。有坠星下东郡,至地为石,黔首或刻其石曰'始皇帝死而地分'。……秋,使者从关东夜过华阴平舒道,有人持璧遮使者曰:'为吾遗滈池君。'因言曰:'今年祖龙死。'使者问其故,因忽不见,置其璧去。"③ 这是方士因秦始皇坑儒生而借谶语以抒发怨恨。《汉书·眭两夏侯京翼李传赞》也记载"汉兴,推阴阳言灾异者"包括董仲舒、夏侯始昌、眭孟、夏侯胜等著名者,"察其所言,仿佛一端。假经设谊,依托象类,或不免乎亿则屡中"④。《隋书·经籍志》曰:"汉时,又诏东平王苍,正五经章句,皆命从谶。俗儒趋时,益为其学,篇卷第目,转加增广。言五经者,皆凭谶为说。唯孔安国、毛公、王璜、贾逵之徒独非之,相承以为妖妄,乱中庸之典。"⑤ 齐末萧衍起兵代齐,"售引图谶,数处皆成梁字,令弟子进云",⑥ 萧衍果然定国号为梁。汉代的方士和自东汉迄南北朝的某些道士都参与过图谶的制作,用图谶预言政治变乱。⑦ 谶说符命对于早期道教符图的制作产生了重要影响。

---

① 张世响:《燕齐方仙道与道教的出现》,《齐鲁学刊》2004 年第 3 期。
② 郭墨兰主编:《齐鲁文化》,华艺出版社 1997 年版,第 329 页。
③ (汉) 司马迁:《史记》,中华书局 1982 年版,第 259 页。
④ (汉) 班固:《汉书》,中华书局 1962 年版,第 3194—3195 页。
⑤ (唐) 魏征:《隋书》(全 6 册),中华书局 1973 年版,第 941 页。
⑥ 《二十五史精华》(全四册),岳麓书社 2010 年版,第 1048 页。
⑦ 东汉张角黄巾起义以"苍天当死,黄天当立。岁在甲子,天下大吉"为口号,就是谶语的一种表达方式。

方仙道具有三个基本特征。一是具有了自己的宗教信仰，即相信人们可以通过寻求长生不老药和修道成仙活动实现长生不死的愿望和目标。二是具有自己的宗教思想和理论，特别是邹衍的阴阳五行说对方仙道的宗教思想理论的形成起到了重要作用。三是有了自己崇拜的宗教祖师——黄帝。战国中期，诸子争相崇拜黄帝时，道家和神仙家最突出，并把黄帝作为自己的祖师，从而形成了黄帝崇拜。方仙道作为道教的雏形，在修炼上形成了一系列的方术，并产生了李少君等一大批方士。虽然"不管对战国末至秦汉间的方仙道派别怎样进行划分，都标明方仙道对道教形成的功用主要在'术'上，亦即他们把鬼道、神道、仙道之术与神仙信仰初步结合在一起，而对老庄之'道'并没有作出有分量的诠释与转换"[1]，但方仙道作为山东道教重要的原始宗教之一，为山东道教的形成和发展奠定了坚实的理论和思想基础。

四 方仙道的神仙方术

春秋战国时期，由于社会的急剧变化，我国原始巫术信仰也不断发生变化。本以卜巫神异为主，兼及医学、天文学各方面的巫教信仰和内容的神仙方术，逐渐向不同领域分化。某些神仙方术为了满足人们企求健康长寿的愿望，遂偏重于医药和炼养，慢慢从巫术、巫教中分化出来，形成了以养生为目标的独特的修炼方法，并逐渐形成了具有宗教性质的教团组织或称方士集团——方仙道，对山东地域早期道教的产生起到了重要作用。

方仙道的修炼方术，最早见于《庄子》的有行气、吐纳、辟谷等，到汉武帝时，方术有所增多，如李少君行辟谷、灶祠、炼丹，化丹砂为黄金。而汉武帝叔父淮南王刘安，集古代和西汉神仙方术之大成，"招致宾客方术之士数千人，作为《内书》二十一篇，《外书》甚众，又有《中篇》八卷，言神仙黄白之术，亦二十余万言"[2]。《汉书·艺文志》术数略载："凡数术百九十家，二千五百二十八卷。"[3] 并将术数家分为天文家、历谱家、五行家、蓍龟家、杂占家、形法家六大派。

---

[1] 丁原明、白如祥、李延仓：《早期全真道教哲学思想论纲》，齐鲁书社 2011 年版，第 40 页。

[2] （汉）班固：《汉书》，中华书局 1962 年版，第 2145 页。

[3] 同上书，第 1775 页。

术数是一套广为流行且具有实际功效的技术，兼有科学知识与迷信法术，融合古代宗教信仰和自然崇拜。数术家对古代的思想文化和社会生活产生过很大影响，后来数术家与阴阳家及方技家逐渐合流，并被燕齐地域的方仙道所吸收，成为早期道教方术的重要内容之一。

关于"方技"，《汉书·艺文志》记载"凡方技三十六家，八百六十八卷。方技者，皆生生之具，王官之一守也。太古有岐伯、俞拊，中世有扁鹊、秦和，盖论病以及国，原诊以知政。汉兴有仓公。今其技术晻昧，故论其书，以序方技为四种"①，即"医经""经方""房中""神仙"。"医经七家，二百一十六卷。"②"经方十一家，二百七十四卷。"③"房中八家，百八十六卷。"④"神仙十家，二百五卷。"⑤《中国方术大辞典》把方术归结为三类，即"预测术""长生术"和"杂术"。⑥ 当时人们认为通过服食长生不老药或掌握一定的修炼方法就可以实现长生不死并成仙。不少方士因自称能够找到长生不老药、懂得修炼之术而被称为神仙家。方仙道的修炼手段主要包括行气、导引、房中、服食等并着重于形体的修持和调养。学界将方仙道方术归类为三类十四种：一类为不死方，其内容又分为却老术、不死药、祠灶炼丹术、辟谷术、尸解术五种；二类为鬼神方，其内容主要包括使物见鬼术、见侧人术、解克术、神异术、祭祀方五种；三类则是政治方，主要有封禅术、谶言术、五德说、大九州说四种，⑦ 此类亦即方仙道向帝王献策的"治术"。另外，学界还把方仙道的方术分为两类：第一类是长生却老方，有服食药物与服气吐纳两种。方士们为了"延年度世"而"服食药物，轻身延气"。服此二物，炼人身体，故能令人不老不死。就服气吐纳而言，道教徒们发展出守一气术、食气炼神术、胎息内视术、存思内脏术等。第二类是神秘奇异方术，有解克术、神异术、使物见鬼术。⑧ 我们认为，燕齐地域神仙方术主要有：

---

① （汉）班固：《汉书》：中华书局1962年版，第1780页。
② 同上书，第1776页。
③ 同上书，第1777—1778页。
④ 同上书，第1779页。
⑤ 同上书，第1779—1780页。
⑥ 古健青、张桂光、张解民、陈永正：《中国方术大辞典》，中山大学出版社1991年版，第7页。
⑦ 郑杰文：《方仙道的方术——论方仙道之二》，《中国道教》1991年第1期。
⑧ 张世响：《燕齐方仙道与道教的出现》，《齐鲁学刊》2004年第3期。

（一）长生术

《史记·封禅书》载有李少君"却老方"："李少君亦以祠灶、穀道、却老方见上，上尊之。"①《新论·辩惑》中记有曲阳侯王根曾从方士西门君惠"学养性却老之术"②。

（二）炼丹术

《新论·辩惑》记载："金成可以作延年药。"③ 方士栾大曾向汉武帝进言"臣之师曰：黄金可成……不死之药可得"，被封为五利将军。④

（三）鬼仙术及祭祀方

方仙道中有许多鬼仙术，对于道教方术的形成起到了比较重要的作用。《汉书·郊祀志》云：汉武帝时方士们曾奏"事鬼使物"术。《汉书·郊祀志》记载：

> （秦始皇）即帝位三年，东巡狩郡县，祠邹峄山，颂功业。于是从齐鲁之儒生博士七十人，至于泰山下。……始皇之上泰山，中阪遇暴风雨，休于大树下，诸儒既黜，不得与封禅。闻始皇遇暴雨，即议之。于是始皇遂东游海上，行礼祠名山川及八神。求仙人羡门之属，八神将自古而有之；或曰太公以来作之。齐所以为齐，天齐也。⑤

《史记·封禅书》曰："公孙卿曰：'仙人可见，而上往常遽，以故不见，今殿下可为观，如缑城，置脯枣，神人宜可致也。且仙人好楼居'。于是上令长安则作蜚廉桂观，甘泉则作益延寿观，使卿持节设具而侯神人。乃作通天衍台，置祠具其下，将招来仙神人之属。于是甘泉更置前殿，始广诸宫室。夏，有芝生殿房内中。天子为塞河，兴通天台，若见有光云，乃下诏曰：'甘泉房生芝九茎，赦天下，毋有复作。'"⑥ 又曰："于是天子又刻玉印曰'天道将军'，使使衣羽衣，夜立白茅上。五利将军亦衣羽衣，夜立白茅上受印，以示不臣也。而佩'天道'者，且为天

---

① （汉）司马迁：《史记》，中华书局 1982 年版，第 1385 页。
② （汉）桓谭：《新论》，上海人民出版社 1977 年版，第 53 页。
③ 同上书，第 55 页。
④ （汉）司马迁：《史记》，中华书局 1982 年版，第 462—463 页。
⑤ （汉）班固：《汉书》，中华书局 1962 年版，第 1201—1202 页。
⑥ （汉）司马迁：《史记》，中华书局 1982 年版，第 1400 页。

子道天神也。"① 《史记·封禅书》载栾大在家祭神而"百鬼集矣",栾大言:"臣往来海中,见安期生、羡门之属。"② 在祭祀方上,秦始皇和汉武帝大兴神仙之事,方士们将各地域、各部落的神灵名称及祭祀仪程奉献给皇上,皇上设祠以去灾求福、拜神祈寿。

《史记·封禅书》记载:

> 二世元年,东巡碣石并海南,历泰山至会稽,皆礼祠之。③

方士们的这些方术,随着秦皇汉武对方仙道术的信奉,进入宫廷,流传全国,并对道教诸多道术的形成起到了重要作用。

《抱朴子内篇·论仙》记载:

> 《神仙集》中有召神劾鬼之法,又有使人见鬼之术。俗人闻,之皆谓虚文。或云天下无鬼神,或云有之,亦不可劾召。或云见鬼者,在男为觋,在女为巫。当须自然,非可学而得。按《汉书》及《太史公记》皆云:齐人少翁,武帝以为文成将军。武帝所幸李夫人死,少翁能令武帝见之,如生人状。又令武帝见灵神。此史籍之明文也。夫方术既令鬼见其形,又令本不见鬼者见鬼。推此而言,其余亦何所不有也。④

从上述记载可以看出当时神仙方术的流行和在人们心目中的影响及效应。但"既理之所无有,必假鬼道以求之。始则修炼,其次祠堂,其极封禅。大兴土木,空杼轴,竭膏血,弊生民之力命而后已"⑤。实施方术的主要目的是养生,但这种养生之术由于方士们的"彼为神仙之说者,故道之以长生飞升之事,惑之以神怪迂诞之术"⑥,而最终走向事物的反面。原始于老庄之养生,却由于人们的恣意妄为,遂导致与当初的愿望相

---

① (汉)司马迁:《史记》,中华书局1982年版,第1391页。
② 同上书,第462页。
③ 同上书,第1370页。
④ 《道藏》(第28册),文物出版社、上海书店、天津古籍出版社1988年版,第176页。
⑤ 赫经:《续后汉书》,齐鲁书社2000年版,第1386页。
⑥ 同上书,第1386页。

悖，"学术之差，可不戒哉"①。

总之，方仙道虽然不能和后来的道教相提并论，但由方仙道到道教的发展，我们也可以看出方仙道在我国古代思想发展史上的特殊贡献，即在传统的重群体、重国家观念的周代大文化思想传统中，加入了重个人、重人生的"修炼""养生"思想内容。它已经具备许多宗教所共同具有的特征，方仙道作为道教的雏形和地方宗教派别，其思想和法术对于道教的形成和发展起到了一定作用，并对丰富山东道教思想和文化产生了重要影响。

第三节　秦汉时期山东的神仙方士

自战国至秦汉，燕齐一带方仙道的活动涌现出大量以追求神仙不死为目的的方士。他们鼓吹肉体成仙、自由飞升，恰好迎合了帝王们希图长生不死、永保富贵的心理。秦汉时期方士们的各种方术（又称方技），不仅促进了山东滨海地域神仙学说的发展和完善，而且还为山东道教的形成奠定了思想文化基础。

一　秦始皇东巡海上求仙

公元前221年，秦始皇兼并六国，结束了诸侯割据、连年混战的局面，建立了中国历史上第一个统一的封建王朝。秦始皇为了歌功颂德、镇抚四方，先后五次出巡，其中四次东巡海疆、三次来到山东沿海。

（一）秦始皇第一次山东之行

秦始皇二十八年（前219），秦始皇第二次出巡，目的地就是山东沿海。"东行郡县"，到达邹峄山（今山东半岛东南部），丞相李斯在此刻石撰文，歌功颂德。

今天我们所见的刻石后部分是秦二世诏书，于秦二世胡亥即位第一年（前209）刻制，共78字，现仅存10个残字，即"斯臣去疾昧死臣请矣臣"（见图2—1）。

---

① 赫经：《续后汉书》，齐鲁书社2000年版，第1386页。

图2—1　岱庙秦刻石

秦始皇此行还有一个重要目的,即在泰山举行封禅大典。秦始皇泰山封禅大礼结束后,"乃并勃海以东,过黄、腄,穷成山,登之罘,立石颂秦德焉而去"①②。接着,秦始皇又"南登琅邪,大乐之,留三月。乃徙黔首三万户琅邪台下,复十二岁。作琅邪台,立石刻,颂秦德,明得意"③(琅邪,今山东半岛东南部)。

秦始皇登成山、之罘、琅邪,意图明显,是为祈求神灵福佑和寻仙求药。山东滨海时有海市蜃楼出现,蓬莱仙境深深吸引着秦始皇,他希求能与仙人邂逅。而成山、之罘、琅邪又分别是日主、阳主、四时主的神主所在地,秦始皇深受齐地神祇信仰的影响,对东方神主充满了崇拜和敬畏。正是出于祠神、求药的目的,秦始皇多次来到山东半岛。在琅邪,秦始皇停留了3个月,下令迁徙3万户到琅邪台下,并免除了12年的赋税徭役。

这次东巡,秦始皇求仙不遇,并未实现夙愿。乘此时机,齐方士徐市向秦始皇上书说:"海中有三神山,名曰蓬莱、方丈、瀛洲,仙人居之。"欲出海寻找三神山,秦始皇遣之。不久,徐市返回,谎称遇到海中大神,但神曰"汝秦王之礼薄,得观而不得取",要求"以令名男子若振女与百

---

① (汉)司马迁:《史记》,中华书局1982年版,第244页。
② 黄,今山东龙口;腄,今山东牟平;成山,今山东成山角;之罘,今山东烟台。
③ (汉)司马迁:《史记》,中华书局1982年版,第244页。

工之事",方可得到不死之药。于是,秦始皇"遣徐市发童男女数千人,入海求仙人"①。

(二)秦始皇第二次山东之行

秦始皇二十九年(前218),第二次东巡,到达山东之罘、琅邪,目的仍是祠神、求仙。《史记·秦始皇本纪》记载:"三十一年十二月,更名腊曰'嘉平'。赐黔首里六石米,二羊。"② 秦始皇三十二年(前215),秦始皇分别派人求仙寻药,先遣燕人卢生求羡门、高誓两位仙人,又使"韩终、侯公、石生求仙人不死之药"③。后方士卢生求仙不成,无功而返,但却带回一写有"亡秦者胡也"的图谶。秦始皇通过对秦王朝政治形势、格局的分析,认定这个代表天意的谶语中的"胡",指的是北胡,即匈奴。于是,秦始皇立派将军蒙恬发兵三十万北击胡人。后汉郑玄解说:"胡,胡亥,秦二世名也。秦见图书,不知此为人名,反备北胡。"④ 但这只是事后附会的一种说辞而已。

秦始皇三十五年(前212),燕齐方士数次求仙寻药都毫无结果,于是就编造谎言欺骗秦始皇,说有恶鬼妨害,建议秦始皇必须与世隔绝,行动不能为外人所知,这样才能获得不死之药。他们说:

> 臣等求芝奇药仙者常弗遇,类物有害之者。方中,人主时为微行以辟恶鬼,恶鬼辟,真人至。人主所居而人臣知之,则害于神。真人者,入水不濡,入火不爇,陵云气,与天地久长。今上治天下,未能恬淡,愿上所居宫毋令人知,然后不死之药殆可得也。⑤

秦始皇对此深信不疑,自称"真人",不称"朕"。"乃令咸阳之旁二百里内宫观二百七十复道甬道相连,帷帐钟鼓美人充之,各案署不移徙。行所幸,有言其处者,罪死。"⑥ 不难看出,此时的秦始皇对求仙的痴迷,几乎到了无法自拔的地步。

---

① (汉)司马迁:《史记》,中华书局1982年版,第247页。
② 同上书,第251页。
③ 同上书,第252页。
④ 同上书,第253页。
⑤ 同上书,第257页。
⑥ 同上。

但谎言终究无法掩盖事实，方士侯生、卢生畏惧"秦法，不得兼方，不验辄死"的严苛，相约逃亡。这让秦始皇勃然大怒，同时秦始皇也不满徐市劳民伤财，"费以巨万计，终不得药"，因此，迁怒于诸生，导致四百六十余人受牵连，皆被坑杀于咸阳。

（三）秦始皇第三次山东之行

方士徐市入海已近十年，却求药不得，耗资巨大。徐市害怕受到惩罚，便谎称："蓬莱药可得，然常为大鲛鱼所苦，故不得至，愿请善射与俱，见则以连弩射之。"① 夜里，秦始皇做梦"与海神战，如人状"。于是，秦始皇请人释梦，占梦博士回答说："水神不可见，以大鱼蛟龙为候，今上祷祠备谨，而有此恶神，当除去，而善神可致。"② 秦始皇遂令入海求仙药的徐市等人带上捕捉巨鱼的渔具，在船上安好连弩，以等候大鱼出现而射杀。但从琅邪北至荣成山，均不见大鲛鱼。后至之罘山，见一巨鱼，射杀之。

方士的出逃，求仙寻药的失败，丝毫没有动摇、挫败秦始皇长生求仙的意志。在秦始皇三十七年（前210），他第三次东巡，"至云梦，望祀虞舜于九疑山。浮江下，观籍柯，渡海渚。过丹阳，至钱唐"，后又登会稽，沿海北上至山东半岛。自琅邪北至荣成山，至之罘。在返回途中，于平原津（今山东平原县）病，行至沙丘死。

秦始皇十年之中三次来到山东沿海地域，其中三临芝罘、琅琊，两涉成山，充溢着求仙长生的宗教意味。

二 秦朝齐地方士徐市

徐市，亦名徐福，字君房，秦时齐地方士。在秦始皇祀神求仙的历程中，徐市起着至关重要的作用，是当时最著名的方士之一。最早并详细记述徐市的历史文献是司马迁的《史记》。除此，《三国志》《义楚六帖》《资治通鉴》等都有对徐市及东渡事件的记载。

（一）《史记》《汉书》关于徐市事迹的记载

在《史记》中有四处关于徐市的记载。《秦始皇本纪》记载秦始皇二十八年（前219）：

---

① （汉）司马迁：《史记》，中华书局1982年版，第263页。
② 同上书，第263页。

齐人徐市等上书，言海中有三神山，名曰蓬莱、方丈、瀛洲，仙人居之。请得斋戒，与童男女求之。于是遣徐市发童男女数千人，入海求仙人。①

秦始皇三十五年（前212）：

　　……今闻韩众去不报，徐市等费以巨万计，终不得药……②

秦始皇三十七年（前210）：

　　方士徐市等入海求神药，数岁不得，费多，恐谴，乃诈曰："蓬莱药可得，然常为大鲛鱼所苦，故不得至，愿请善射与俱，见则以连弩射之。"始皇梦与海神战，如人状。问占梦，博士曰："水神不可见，以大鱼蛟龙为候。今上祷祠备谨，而有此恶神，当除去，而善神可致。"乃令入海者赍捕巨鱼具，而自以连弩候大鱼出射之。自琅邪北至荣成山，弗见。至之罘，见巨鱼，射杀一鱼。遂并海西。③

《史记·淮南衡山列传》记载：

　　（秦始皇）又使徐福入海求神异物，还为伪辞曰："臣见海中大神。"言曰："汝西皇之使耶？"臣答曰："然。""汝何求？"曰："愿请延年益寿药。"神曰："汝秦王之礼薄，得观而不得取。"即从臣东南至蓬莱山，见芝成宫阙，有使者铜色而龙形，光上照天。于是臣再拜问曰："宜何资以献？"海神曰："以令名男子若振女与百工之事，即得之矣。"秦皇帝大说（悦），遣振男女三千人，资之五谷种种百工而行、徐福得平原广泽，止王不来。④

---

① （汉）司马迁：《史记》，中华书局1982年版，第247页。
② 同上书，第258页。
③ 同上书，第263页。
④ 同上书，第3086页。

从《史记》这些材料可看出，徐市是第一个为秦始皇入海求仙的方士。而且这些材料还透露了一个重要信息，即徐市最后到达之地为"平原广泽"。近年来，日本的徐市研究取得了突破性进展，他们认为徐市当年所到的"平原广泽"就是日本。①

（二）《后汉书》《三国志》关于徐市的记载

《后汉书》和《三国志》两部史书中也有关于徐市入海求药的记载，基本承袭《史记》的说法，只是对徐市的最终目的地有了明确的说明。《后汉书·倭》记载：

> 会稽海外有东鳀人，分为二十余国。又有夷洲及澶洲。传言秦始皇遣方士徐福将童男女数千人入海，求蓬莱神仙不得，徐福畏诛不敢还，遂止此洲，世世相承，有数万家。人民时至会稽市，会稽东冶县人有入海行遭风，流移至澶洲者。所在绝远，不可往来。②

《三国志·吴书·吴主传》记载：

> （黄龙）二年春正月……遣将军卫温、诸葛直将甲士万人浮海求夷州及亶洲。亶洲在海中，长老传言秦始皇帝遣方士徐福将童男童女数千人入海，求蓬莱神山及仙药，止此洲不还。世相承有数万家，其上人民，时有至会稽货布，会稽东（冶）县人海行，亦有遭风流移至亶洲者。所在绝远，卒不可得至，但得夷洲数千人还。③

《后汉书》与《三国志·吴书·吴主传》的记载相比较，内容大略相同，唯"澶洲""亶洲"地名不同而已，所指实为一地。不过，范晔将徐市之事列入《后汉书·倭》中，这在正史中还是首次。还值得一提的是，《隋书·东夷·倭国》记载，隋大业四年（608），隋炀帝遣文林郎裴清出使倭国。裴清东行大海当中，看到一个其人同于华夏的秦王国，猜想此地

---

① 张程、陈娇娇编著：《东方帝国》，中央编译出版社2007年版，第46页。
② （南朝宋）范晔：《后汉书》，（唐）李贤注，中华书局1965年版，第2822页。
③ （晋）陈寿：《三国志》，陈乃乾校点，中华书局1959年版，第1136页。

大概就是夷洲，但疑不能明。① 据此我们可以推测，大约这个秦王国就是徐市的止王不来之地吧。

后世有人认为亶洲就是倭国（倭是中国古代对日本的称呼），亶洲与倭国是一地而两称。《三国志·魏书·倭传》亦有关于倭国的记载："计其道里，当在会稽、东冶之东。"② 如此，则倭国即亶洲在中国外海的东方。多数学者认为亶洲应是日本岛。

（三）唐宋以后的文献中关于徐市的记载

除了《史记》《汉书》《三国志》和《后汉书》等正史记载，徐市其人其事还见于唐宋以后的野史笔记和文学作品。

唐人李泰等撰《括地志》云："亶洲在东海中，秦始皇使徐福将童男女入海求仙人，止在此洲，共数万家，至今洲上人有至会稽市易者。吴人《外国图》云亶洲去琅邪万里。"③ 此说认为徐市所止处是东海中的亶洲，当承《三国志·吴书·吴主传》的记载而来。唐代诗歌中也有不少诗作引用徐市入海求仙访药的典故。李白《古风》之二有："徐市载秦女，楼船几时回。"其他如白居易、李商隐等著名诗人，诗作中也曾引徐市典故。唐宪宗元和元年（806）春，来华日本僧人空海回国，鸿渐、朱少瑞、郑壬等人赋诗送别。鸿渐诗为《奉送日本国使空海上人橘秀才朝献后却还》："禅居一海间，乡路祖州东。到国宣周礼，朝天得僧风。山冥鱼梵远，日正蜃楼空。人至非徐福，何由寄信通。"④ 该诗将"日本"与徐市入海求仙典故结合，虽未明说徐市止王不来处即日本，但已隐约显示徐市东渡日本之说的端倪。

五代后周时期，济州开元寺僧人义楚在《义楚六帖》卷二十一《城郭·日本》中，明确提出徐市居留之地为日本："日本国亦名倭国，东海中。秦时，徐福将五百童男、五百童女止此国也。今人物一如长安……徐福止此，谓蓬莱，至今子孙皆曰秦氏。"⑤《义楚六帖》是目前所知最早提出徐市止王不归之地为日本的中国文献。不过，义楚的记载很可能和日本

---

① （唐）魏征：《隋书》，中华书局1973年版，第1827页。
② （晋）陈寿：《三国志》，陈乃乾校点，中华书局1959年版，第855页。
③ 贺次君：《括地志辑校》，中华书局1980年版，第252页。
④ 陈尚君：《全唐诗补编》，中华书局1992年版，第979页。
⑤ 严绍璗：《日本藏汉籍珍本追踪纪实，严绍璗海外访书志》，上海古籍出版社2005年版，第461页。

的徐市传说有关，因为他有一个日本醍醐天皇时代的好友僧人宽辅。宽辅于后唐天成二年（927）来到中国，与义楚相识相交。义楚并没有到过日本，他关于徐市的记载应当来自宽辅的口述。

唐宋时期，徐市入海求仙访药之事被附会了更多内容。徐市赍书东渡日本说便是一个具体事例，最早见于北宋欧阳修《日本刀歌》：

> 昆夷道远不复通，世传切玉谁能穷。宝刀近出日本国，越贾得之沧海东……传闻其国居大岛，土壤沃饶风俗好。其先徐福诈秦民，采药淹留丱童老。百工五种与之居，至今玩器皆精巧。前朝贡献屡往来，士人往往工辞藻。徐福行时书未焚，逸书百篇今尚存。令严不许传中国，举世无人识古文。①

诗歌说徐市东渡日本滞留不归，去时携带了许多文化典籍，因而使得遭秦始皇焚毁的文化典籍在日本得以保存。《日本刀歌》这一说法的真实性难以考证。不过有一点可以肯定，宋元时期徐市东渡日本之说应已广为人知。元代史学家胡三省（1230—1302）在《资治通鉴》卷七十一《魏纪三》中有注语云："今人相传，倭人即徐福止王之地，其国中至今庙祀徐福。"②

明清时期，随着与日本交往更加频繁，记载徐市传说的野史笔记更多了。明朝薛俊的《日本考略·沿革略》云："先秦时，遣方士徐福将童男女数千人入海求仙，不得，惧诛，止夷、澶二洲，号秦王国，属倭奴。故中国总呼曰徐倭。"③ 认为徐福所止夷、澶二洲属"倭奴"。清末曾任驻日使馆参赞的黄遵宪的《日本国志》中记有徐市东渡事。曾任浙江宁绍台道的薛福成在《出使日记》中记录了去新宫访问徐市墓的事情。

唐宋以后，关于徐市其人其事的一个重要现象是徐市被不断神化，逐渐由人演变为神，成为一种不折不挠、无所不能的精神象征。这一方面最具代表性的是《太平广记》卷四《徐福》故事，此故事原出唐人戴孚

---

① 欧阳永叔：《欧阳修全集》，中国书店1986年版，第372页。
② （北宋）司马光：《资治通鉴》，中华书局1956年版，第2259页。
③ 四库全书存目丛书编纂委员会：《四库全书存目丛书·史部》，齐鲁书社1996年版，第266—267页。

《广异记》，五代杜光庭《仙传拾遗》亦予收录，可见早在唐代徐市就已经被神化了。

（四）日本《正统记》关于徐市的记载

在日本国内，最早记载徐市东渡日本的是1339年南朝大臣北畠亲房所著《神皇正统记》。① 而成书于8世纪的日本典籍《古事记》和《日本书纪》只提到了秦朝人移民到日本的情况，没有徐市东渡的记载。有人认为这是因为此时的中国文献尚未明确提出徐市东渡所到之地就是日本。②

日本人认为，徐市在纪州熊野的新宫（今和歌山县新宫市）登陆。新宫市曾名徐福町，现在当地还有徐福墓和徐福神社，每年11月28日是祭祀徐市的日子。此外，山梨、热田、广岛、青森、秋田、爱知等县，也都有关于徐市的传说与遗迹。这些传说认为，徐市给日本带来了百工、谷种、农具、医术以及药物等，对日本的早期发展做出了重要贡献，因此尊其为"司农耕神"和"司药神"。

（五）徐市故里之说

对于徐市故里，目前学术界存在较多争议。代表性的观点主要有三种：江苏赣榆说，山东黄县（今龙口市）说，胶南徐山说。持江苏赣榆说的专家学者主要有罗其湘、汪承恭等。罗其湘、汪承恭通过考察得出结论，江苏省赣榆县徐阜村即为徐市故里。③ 持山东黄县说的专家学者主要有李永先、王大均，日本学者宫下长春等。李永先根据《史记》《汉书》《后汉书》等史料，通过从地名、生产生活方式、身材、衣饰上进行比较及对赣榆说新证的质疑等，得出徐市故里实为山东黄县。④ 王大均通过对班固《汉书·地理志》黄县徐乡城的记载、秦始皇三巡琅邪均经过黄县、黄县自古就是中国通往日本的交通要道、徐市三次渡海皆在黄县集结、黄县一带是齐国方仙道的发源地、徐市是齐国方士之首领、黄县徐乡历代地理沿革等方面的考证，认为徐市故里为山东黄县徐乡。⑤ 1991年，在龙口

---

① 诸葛文：《图解中国史密码》，现代出版社2011年版，第111页。
② 汪逸：《徐福的传说与秦民东渡》，《安徽教育学院学报》2007年第4期。
③ 罗其湘、汪承恭：《秦代东渡日本的徐福故址之发现和考证》，《光明日报》1984年4月18日。
④ 李永先：《黄县为徐福故里新证》，《烟台师范学院学报（哲社版）》1989年第4期。
⑤ 王大均：《徐福里籍是秦齐郡黄县徐乡》，《山东社会科学》1991年第2期。

市第二届国际徐巿学术研讨会上，专家学者认为，黄县徐乡为徐巿之故乡，黄河营古港乃徐巿东渡之起航地。① 日本学者宫下长春通过对各种观点的分析、考证，也得出徐巿故里实为今山东龙口市。② 持胶南徐山说的专家学者有时桂山（见其论文《伟大航海家徐福故乡之谜》，《航海》1992 年第 1 期）。不难看出这三种学说都有其合理之处。但从现有的材料和大量专家学者考证的意见来看，我们认为山东黄县（今山东龙口）徐乡为徐巿故里的可信度较高。

（六）徐巿出海地点之谜

根据史料记载，徐巿出海求仙多次，而出海地点也是众说纷纭。这些出海地点广泛分布在今山东、河北、江苏、浙江等省的沿海地带。通过查阅相关资料，统计到十种以上的说法。③ 但我们认为比较可信的是位于今山东青岛市胶南（今黄岛区）辛安镇的徐山。其依据为《太平寰宇记》《齐乘》《胶州志》中的相关记载。《太平寰宇记》引《三齐记》载："徐福将童男童女二千人于此山集会而去。"④《齐乘》载："徐山，方士徐福将童男女二千人会此入海采药，不返。"⑤《胶州志》也云："方士徐福将童男女二千人会此入海采药，不返。"⑥ 根据近几年专家学者考证所掌握的材料，基本可以确定徐巿出海地点为山东青岛胶南一代，即今青岛黄岛

---

① 田连谟：《徐福研究在龙口》，《历史教学》1994 年第 12 期。

② ［日］宫下长春：《回到梦中的徐福故地》，《走向世界》1994 年第 5 期。

③ 《即墨县志》载："相传徐福入海求仙住此，故名"；清代学者黄体中有一首《徐福岛》："东海茫茫万里长，水天相处是扶桑。海船一去无消息，徐福当年赚始皇。"于锦鸿著《徐福东渡之迷新探》中有山东青岛市崂山区的徐福岛；唐《元和郡县图志》云："饶安县，本汉千童县，即秦千童城，始皇遣徐福将童男女千人入海求蓬莱，置此城以居之，故名"；《大德昌国州图志》载："世传徐福至此山"；《象山县志》云："象邑蓬莱之名奚始乎？祖龙氏命徐福涉蓬莱山，掇长生不死药，憩兹筑庐，凿井以观焉"；罗其湘《在日本佐贺县诸富町徐福登陆地讲演会上的讲稿》认为浙江省慈溪市达蓬山为徐福出海地之一；刘鹤霆、钱启民的《当年徐福求仙处》（《工人日报》1984 年 4 月 17 日）认为徐巿出海地点在今河北黄骅市刘官庄；罗其湘、汪承恭的《秦代东渡日本的徐福故址之发现和考证》（《光明日报》1984 年 4 月 18 日）；阎孝慈的《秦代方士徐福东渡日本新探》［载于《徐州师范学院学报（哲学社会科学版）》1984 年第 1 期］论证了海州湾沿岸的岚山头或连云港附近为出海地；崔坤斗、逄芳在《关于徐福东渡的几个问题》［载《青岛海洋大学学报（社科版）》1994 年第 4 期］中认为出海地为琅邪台下的琅邪港。

④ （宋）史乐：《太平寰宇记》，王文楚等点校，中华书局 2007 年版，第 494—495 页。

⑤ 中华书局编辑部：《宋元方志丛刊》，中华书局 1990 年版，第 520 页。

⑥ 清康熙十二年（1673）《胶州志》卷一《山川》。

沿海一带。①

三　西汉时期的山东方士

公元前202年，汉高祖刘邦打败项羽，受诸侯王拥戴，即皇帝位，定都长安，建立起统一的西汉王朝。汉初百废待兴，最高统治者自然无暇顾及求仙长生之事。经过汉初六十余年的恢复与发展，到汉武帝时，西汉王朝国力空前强盛，疆域扩大。这为汉武帝求仙提供了雄厚的经济基础和安定的社会环境。在此情形下，汉武帝步秦始皇后尘，痴迷长生与神仙，一批山东方士受到重用，神仙方术随之进入有史以来最为红火的阶段。

（一）汉武帝封禅与求仙

汉武帝名刘彻，汉景帝之子，幼封胶东王，后立为太子。汉武帝是一代雄主，在位期间，内政外交均有重大建树，西汉王朝国力臻于全盛。汉武帝也是一个大神仙迷，"初即位，尤敬鬼神之祀"②；循秦始皇故事，十次巡幸山东，驾临泰山，东游海上，行封禅、求仙等事宜。

《史记·孝武本纪》记载，元封元年（前110）三月，汉武帝第一次来到山东沿海。"上遂东巡海上，行礼祠八神。齐人之上疏言神怪奇方者以万数，然无验者。乃益发船，令言海中神山者数千人求蓬莱神人。"③汉武帝此次东巡，首先来齐地祭祀八神。齐国方士"言神怪奇方者以万数"，愈发刺激汉武帝的求仙欲望，"乃益发船，令言海中神山者数千人求蓬莱神人"。汉武帝还亲自"宿留海上，与方士传车及间使求仙人以千数"。④

元封二年（前109）春，方士公孙卿对汉武帝说在东莱山见到神人，并称神人要"见天子"。于是汉武帝经河南的缑氏，巡游"至东莱（今山东莱州），宿留之数日"，"复遣方士求神怪采芝药以千数"。⑤

---

① 参见罗其湘、汪承恭《秦代东渡日本的徐福故址之发现和考证》，《光明日报》1984年4月18日。
② （汉）司马迁：《史记》，中华书局1982年版，第1384页。
③ 同上书，第474页。
④ 同上书，第475页。
⑤ 同上书，第477页。

元封五年（前106），汉武帝"北至琅邪，并海上"。①

太初元年（前104）十月，汉武帝"东至海上，考入海及方士求神者，莫验，然益遣，冀遇之"。② 十二月，汉武帝"临渤海，将以望祠蓬莱之属，冀至殊庭焉"。③

太初三年（前102），汉武帝"东巡海上，考神仙之属"，然均无所验。有方士说："黄帝时为五城十二楼，以候神人于执期（按：执期，地名），命曰迎年。"④ 汉武帝允许按照此方来做，叫作明年殿，亲往祭拜上帝。方士公玉带说黄帝曾封禅东泰山和凡山，然后长生不死。汉武帝随即前往东泰山，然而此山卑小，名不副实，便令随从祠官祭祀，不予封禅。于是又来到泰山，行五年一修封事宜。方士说泰山脚下南部的石闾山是仙人之闾，汉武帝就"禅石闾"。⑤

《汉书·武帝纪》记载，天汉二年（前99）春，汉武帝"行幸东海"⑥，太始三年（前94）二月，汉武帝"行幸东海，获赤雁，作《赤雁之歌》。幸琅邪，礼日成山。登之罘，浮大海"⑦。太始四年（前93）四月，汉武帝"幸不其（今崂山西北），祠神人于交门宫"⑧。征和四年（前89）春，汉武帝"行幸东莱，临大海"⑨，三月，来到泰山，按惯例举行封禅典礼，在明堂祭祀，禅石闾。夏六月，还幸甘泉。⑩ 这是汉武帝最后一次来到山东沿海，为了实现其一生追求的目标和夙愿，汉武帝"欲浮海求神山。群臣谏，上弗听；而大风晦暝，海水沸涌。上留十余日，不得御楼船，乃还"⑪。这年三月，汉武帝将方士皆罢斥遣之。直到晚年，汉武帝似乎才有所醒悟："向时愚惑，为方士所欺。天下岂有仙

---

① （汉）司马迁：《史记》，中华书局1982年版，第480页。
② 同上书，第481页。
③ 同上。
④ 同上书，第1403页。
⑤ （汉）班固：《汉书》，中华书局1962年版，第1246页。
⑥ 同上书，第203页。
⑦ 同上书，第206—207页。
⑧ 同上书，第207页。
⑨ 同上书，第210页。
⑩ （宋）徐天麟：《西汉会要》，中华书局1955年版，第145页。
⑪ （宋）司马光：《资治通鉴》，中华书局1956年版，第737—738页。

人，尽妖妄耳！"①

20年间，汉武帝十巡山东，六次封禅泰山，其求仙志向可见一斑。

（二）汉武帝重用的齐地方士

汉武帝时期，山东一带活跃着数以万计的方士。《史记·封禅书》载，汉武帝首次巡行海上，"齐人之上疏言神怪奇方者以万数"，受命入海寻找蓬莱神人的方士"以千数"。② 西汉末年，谷永上书汉成帝，谈及武帝时燕齐方士之盛"言有神仙祭祀致福之术者以万数"③。可见当时齐地方士数量之多。

在汉武帝身边，先后出现了李少君、少翁、栾大、公孙卿等一批颇有影响乃至贵盛一时的齐地方士。以下对他们分而述之。

1. 李少君

李少君事迹见于《史记·封禅书》《孝武本纪》及《汉书·郊祀志（上）》，不过未明其籍。东晋葛洪《神仙传》卷六有《李少君传》，说少君"字云翼，齐国临淄人也。少好道，入泰山采药，修绝谷遁世全身之术"，得遇安期先生，学得仙道，优游世间。④ 按照葛洪之说，李少君应当为齐地方士。

李少君原来是深泽侯赵将夕的舍人，掌管方药。他没有家室，对人隐匿自己的年龄和家乡，常自称七十岁，身怀役使鬼物的本领，能够驻颜不老；他讲过的话也都有应验。因此，李少君遍游达官贵人之间，衣食丰足，富有金钱，人们对他很是信仰和崇拜。李少君参加武安侯田蚡的宴会，看见同座有一位九十余岁的老人，便说自己以前同他的祖父曾在某地一起游玩习射。老人在童年时曾跟随祖父，清楚记得确是某地，便点头称是，因此满座客人莫不惊服李少君。

元光元年（前134），李少君以祠灶、谷道和却老方等方术来拜见汉武帝。当时，汉武帝有一件古铜器，就拿来考问他。李少君回答说，这是齐桓公十年（前676）时陈设于柏寝台的。按验铜器铭文，果然不错。汉武帝和宫中人对他佩服至极，都认为他是数百岁的神人。李少君借机对汉

---

① （宋）司马光：《资治通鉴》，中华书局1956年版，第738页。
② （汉）司马迁：《史记》，中华书局1982年版，第1397—1398页。
③ （汉）班固：《汉书》，中华书局1962年版，第1260页。
④ （晋）葛洪撰，胡守为校释：《神仙传校释》，中华书局2010年版，第206—209页。

武帝说，祠灶就能招致鬼神精怪，可役使它们将丹砂化为黄金，用此黄金制成饮食器皿就会延年益寿，从而可以见到蓬莱仙人，见到仙人后再到泰山封禅就可以长生不死了，黄帝就是这样做的。李少君还说，他曾经在海上见到仙人安期生，安期生拿其大如瓜的枣子给他吃；安期生是仙人，往来于蓬莱仙山，与世人机缘投合则相见，不合则隐去。李少君把求仙长生和泰山封禅结合起来，将封禅赋予长生不死的内容，汉武帝听后非常高兴，就照他的说法亲自祠灶，派遣方士入海寻找仙人安期生，并从事将丹砂药剂化为黄金的工作。不久，李少君病死了。但汉武帝仍然痴迷不悟，认为李少君没有死，而是化为仙人去了，因此命令东莱黄锤的县史宽舒继续习学、研究他遗留的方术。

李少君是最早以神仙方术诱惑和服务汉武帝的山东方士。汉武帝对他信任有加，影响所及，以致山东海滨的方士们纷纷投奔帝都长安，向武帝介绍、夸弄各种离奇古怪的方技理论与方法。

2. 少翁

少翁，齐人，事见《史记·封禅书》《孝武本纪》《汉书·郊祀志（上）》及荀悦《汉纪》。《史记》《汉书》未载少翁之姓。《汉纪·孝武皇帝纪四》云："文成将军者，齐人也，姓李，字少翁，以方术进，拜为文成将军。"① 大约成书于魏晋时期的杂史《汉武故事》亦称之为"李少翁"。

元狩二年（前122），少翁凭借招致鬼神的方术觐见汉武帝。当时，汉武帝宠幸的王夫人死了，甚为思念。少翁施展法术，在夜间招致王夫人魂魄以及灶鬼之貌。汉武帝从帷幕中隐约望见了王夫人形象，因而对少翁极为佩服，拜为文成将军，大加赏赐，待之以宾客之礼。少翁对汉武帝说："上即欲与神通，宫室被服非象神，神物不至。"② 汉武帝大为信服，按照少翁所说的神仙行为与样式，"作画云气车，及各以胜日驾车避恶鬼。又作甘泉宫，中为台室，画天、地、太一诸鬼神，而置祭具以致天神"③。这样折腾了一年多，少翁的手段越来越少，神仙始终也没有出现。技穷情急，不甘失败的少翁偷偷写了一篇帛书，喂到牛腹中，然后向汉武

---

① 张烈点校：《两汉纪》，中华书局2002年版，第225页。
② 司马迁：《史记》，中华书局1982年版，第1388页。
③ 同上。

帝报告说："此牛腹中有奇。"汉武帝下令杀牛，得到帛书，视其内容，荒谬怪诞。根据字体笔迹，汉武帝识破是少翁作伪，极为恼火，处死了这名胆敢欺君罔上的文成将军。不过，为了维护自己的面子，汉武帝对此事秘而不宣。但过了不久，汉武帝又认为还没有学到少翁的方术，因而后悔杀死了他。

3. 栾大

栾大，与少翁师出同门，起先为胶东康王刘寄的家人，后来为康王掌管方药。元鼎四年（前113）春，栾大经由乐成侯（康王王后之弟）举荐给汉武帝。当时，汉武帝正为杀死文成将军少翁而后悔，故而栾大的到来让他非常高兴。

栾大生得高大英俊，懂得神仙方术，讲话很有计谋，敢说大话。他对汉武帝说：自己经常往来海中，和安期生、羡门等仙人会面；自己的师父会用药剂炼黄金、堵黄河决口、寻找不死之药和招致仙人之法；自己很想为皇上效力求仙访药，可又担心落得像文成将军那样被杀的下场。汉武帝安慰他说，少翁是吃马肝毒死的，只要他栾大有真本领，就会不吝赏赐。栾大又借机说，应该提高神仙使者的身份和禄位，给予宾客之礼优待，佩戴印信，这样才能请来神仙，如此等等。为了博取信任，栾大当面给汉武帝表演了斗棋法术，使棋子自相击触。

此时汉武帝正忧心黄河决口，炼黄金之术也没有学成，因此，听了栾大的一番话，龙颜大悦，便拜他为五利将军。不过月余，栾大得了四颗将军印信，分别是五利将军、天士将军、地士将军和大通将军。汉武帝又封栾大为乐通侯，赐以列侯甲第，童仆千人，还把女儿卫长公主嫁给他，并赠以万金，亲临其府第做客。不久，汉武帝又配给栾大"天道将军"的玉印，使之为天子求仙的使者。这样，栾大身佩六颗印信，富贵荣宠，声震天下。栾大凭借神仙方术迅速发迹变泰，这一点极大地刺激了山东的方士们，他们兜售方术的热情空前高涨，"海上燕齐之间，莫不搤腕而自言有禁方，能神仙矣"①。

栾大在长安待了数月，对汉武帝说要东去海上，拜见师父。但栾大并没有去海上，而是来到泰山拜祠神仙。汉武帝派人暗中查验栾大行踪，发

---

① （汉）司马迁：《史记》，中华书局1982年版，第1391页。

现他欺君罔上，大为震怒，于元鼎五年（前112）九月腰斩了他。① 栾大落得了与文成将军少翁一样的悲惨下场。

4. 公孙卿

公孙卿，齐人。元鼎五年（前112）六月，有人在汾阴发现古鼎，地方官员报告给汉武帝。汉武帝认为这是祥瑞，亲自迎接古鼎，安放到甘泉宫。公孙卿对汉武帝说："今年得宝鼎，其冬辛巳朔旦冬至，与黄帝时等。"② 意思是说汉武帝得获宝鼎，意味着也要像古时黄帝那样得宝鼎而成仙了。公孙卿之所以敢出此言，是因为他有一本"札书"，记载着黄帝得宝鼎而成仙的故事。汉武帝本是一个痴迷求仙的人，所以对此很感兴趣，便询问公孙卿关于札书的情况。公孙卿说，札书受自已经故去的齐人申公，而申公与仙人安期生相互往来，曾亲受黄帝教导，早已预知汉家当兴于汉高祖之曾孙（按：即汉武帝），而且此人应去封禅泰山，封禅以后就会登天成仙。公孙卿还讲了黄帝乘龙升仙的故事。汉武帝听信了公孙卿的一番话，极为高兴，叹道："嗟乎！吾诚得如黄帝，吾视去妻子如脱躧耳。"③ 随即拜公孙卿为郎官，派他去太室山守候神仙降临。

元鼎五年（前112）冬，在汉武帝腰斩栾大以后不久，公孙卿上书说，在河南缑氏城上发现了仙人踪迹，有一物极像野鸡，在城墙上来来去去。汉武帝行幸缑氏，观看仙人迹后，信疑参半。公孙卿就说："仙者非有求人主，人主者求之。其道非少宽假，神不来。言神事，事如迂诞，积以岁乃可致也。"④ 这番话打消了汉武帝的疑虑。

元封元年（前110）三月，汉武帝开始东巡海上之行。公孙卿作为先导者，持旌节先行去往各处名山，寻访神仙踪迹。在东莱山，公孙卿报告说，夜间看到了一个巨人，身长数丈，要靠近细看时巨人就消失了，只留下了很大的足迹，类似禽兽。群臣中也有人报告说，看见一位老人牵着狗，说要拜见巨公（即皇上），转眼却又不见了。汉武帝亲见足迹所在，本不相信，及至听到群臣亦有类似说法，方以为这就是仙人行踪，于是宿留海上，期待亲见仙人。

---

① （汉）班固：《汉书》，中华书局1962年版，第187页。
② （汉）司马迁：《史记》，中华书局1982年版，第1393页。
③ 同上书，第1394页。
④ 同上书，第1396页。

元封二年（前109）春，公孙卿再次上书说，在东莱山见到神人，神人好像说"欲见天子"。于是汉武帝行幸缑氏城，拜公孙卿为中大夫。公孙卿建议说："仙人可见，而上往常遽，以故不见。今陛下可为观，如缑城，置脯枣，神人宜可致也。且仙人好楼居。"① 汉武帝下令修建蜚廉桂观和益延寿观，委派公孙卿持旌节设祠具，以候神人降临。

太初元年（前104）十一月，长安柏梁台因火灾被烧，东巡归来的汉武帝到甘泉议事。公孙卿说："黄帝就清灵台，十二日烧，黄帝乃治明廷。明廷，甘泉也。"② 其他方士也附和公孙卿之说。汉武帝采纳此说，后来就在甘泉接受诸侯朝见。

公孙卿深受汉武帝信任，在山东方士中他为汉武帝服务时间最长。但他始终以东莱山的巨人足迹作为世间有神仙的解释，并没有求得什么仙人，因此，汉武帝对神仙方术最终也就有些懈怠了。

5. 宽舒、丁公与公玉带

除了李少君、少翁、栾大和公孙卿等一度深受汉武帝信任和重用的方士外，还有一些有名姓的齐地方士，如宽舒、丁公、公玉带等，也曾在汉武帝身边服务，在《史记·封禅书》中留下了有关记载。

宽舒，原为东莱黄锤的县史。李少君死后，汉武帝命宽舒习学李少君遗留下来的方术。后来，宽舒成为朝廷祠官，掌管薄忌太一、三一、冥羊、马行、赤星等神的岁时致祭。据《史记·封禅书》，宽舒于元鼎四年（前113）与太史公司马谈议决汉武帝郊祠后土事宜，于元鼎五年（前112）为汉武帝修治太一祠坛，参加郊祭太一仪式。宽舒是倍受汉武帝重用的山东方士之一。

丁公，齐人。汉武帝得宝鼎以后，与朝廷公卿讨论到泰山封禅的事情。但古代的封禅礼仪早已失传。一批学者只得采取《尚书》《周官》《王制》等书所载望祀射牛之事，作为封禅的参考资料。时年九十余岁的丁公说道："封禅者，合不死之名也。秦皇帝不得上封。陛下必欲上，稍上即无风雨，遂上封矣。"③ 汉武帝听后，坚定了封禅泰山的决心。

公玉带，济南人。元封元年（前110），汉武帝首次封禅，发现泰山

---

① （汉）司马迁：《史记》，中华书局1982年版，第1400页。

② 同上书，第1402页。

③ 同上书，第1397页。

下东北角有明堂遗址,建于险处,面积较小。明堂是古时天子接受诸侯朝见、宣明政教的建筑。汉武帝打算效仿古法,在奉高城外修建明堂,却又不知道古时明堂建设的制度。公王带献上了黄帝时代的明堂建制图。汉武帝下令依图而建。太初三年(前102),汉武帝东巡海上求仙,公王带说:"黄帝时虽封泰山,然风后、封巨、岐伯令黄帝封东泰山,禅丸山,合符,然后不死焉。"① 汉武帝依说而行,但见东泰山卑小,只令祠官致祭,不予封禅。随后,汉武帝命公王带留在东泰山,迎候神仙降临。

(三)申公、淳于意、东郭先生等山东方士

除上节所述曾活跃于汉武帝身边的方士,还有一些山东方士也在西汉历史上留下了踪迹或身影。他们或以神仙方术见长,或以医术留名,或以智谋改变人生境遇。

1. 申公

申公,齐人,公孙卿的师父,大约生活于高后、文景之时。公孙卿有札书记黄帝得宝鼎而升仙事,自称此书受自已死的申公。据公孙卿说,申公与仙人安期生往来,曾亲受黄帝教导,预知汉家当兴于汉高祖之曾孙(按,即汉武帝),而且此人还会去封禅泰山,封禅以后就会成仙登天。申公曾讲黄帝成仙故事,说黄帝采首山之铜,铸鼎于荆山之下,鼎成以后,有一条龙垂下胡髯迎接黄帝;黄帝骑上龙背,群臣和后宫追随而上的有七十余人,龙升天而去;其余小臣也想拽着龙须爬上去,结果拽断了龙须,竟把黄帝的弓给带下来了;百姓仰望升天而去的黄帝,抱着他的弓和龙须号哭,后世就把这个地方叫作鼎湖,把黄帝的弓叫作乌号。

2. 淳于意

淳于意,临菑人,曾为齐太仓长,西汉初年的名医,传见《史记》卷一〇五《扁鹊仓公列传》。

淳于意年轻时就喜好医方术,汉高后八年(前180)师从临菑元里地方的阳庆学习医方术。阳庆时年已经七十余岁,因无子嗣,身怀秘方不能传后,便将其悉数传给淳于意,同时传授给他黄帝、扁鹊的脉书。这些脉书讲述通过观察面色来治病,可以知人生死,决断疑难杂症,判定可治与否。书中还讲述了药剂理论,内容都非常精辟。学了三年之后,淳于意为人治病,诊断生死,多能应验。但是,淳于意凭借自己的

---

① (汉)司马迁:《史记》,中华书局1982年版,第1403页。

医方术到处交游诸侯贵族，不以家为家，有时也不给人治病，在病人中结下了不少怨家。

汉文帝四年（前176），有人上书控告淳于意，他被判肉刑之罪，要押赴长安受刑。淳于意有五个女儿，跟在他的身后悲伤哭泣。淳于意怒骂道："生子不生男，缓急无可使者！"① 小女儿缇萦听后，非常伤感，于是追随淳于意来到长安，上书文帝，情愿身入官婢，代父赎罪。文帝悲悯她的孝心，不但赦免了淳于意，而且废除了肉刑法。

淳于意归家安居，文帝下诏，询问他行医的具体情况。淳于意讲述了师从阳庆学医的经过，还有他给齐国侍御史成、齐郎中令循、齐中御府长信、齐王太后等二十余位病人治病的经过。淳于意精于医方术，所收弟子有临菑人宋邑、济北王太医高期和王禹、太仓长冯信、高永侯家丞杜信、临菑召里的唐安等人。

3. 东郭先生

东郭先生，齐人，汉武帝时以方士待诏公车官署，传见《史记》卷一百二十六《滑稽列传》。

当时，大将军长平侯卫青北击匈奴，有功归来，汉武帝赏赐黄金千斤。受赏的卫青走出宫门，东郭先生挡住他的车子，建议说："王夫人新得幸于上，家贫。今将军得金千斤，诚以其半赐王夫人之亲，人主闻之必喜。此所谓奇策便计也。"② 卫青听后，非常感激东郭先生，说："先生幸告之以便计，请奉教。"③ 于是以五百金献于王夫人的父母。王夫人把卫青献金之事告诉了汉武帝。汉武帝认为卫青不懂得做这件事，肯定有人给他出谋划策。询问卫青，方知道是待诏东郭先生的主意，便任命东郭先生做了郡都尉，一个二千石的职位。本来，东郭先生长期待诏公车官署，生活非常贫穷，食不果腹，衣不蔽体，如今，被授以官职的东郭先生佩戴着印绶，荣华风光。以前与东郭先生同官待诏的人知道后，都在都门外设宴饯行。东郭先生凭着智慧改变了自己的人生境遇，从一个贫穷的待诏方士而升为俸禄优厚的郡都尉。由东郭先生的经历我们可以看到西汉时山东方士的多彩人生。

---

① （汉）司马迁：《史记》，中华书局1982年版，第2795页。
② 同上书，第3208页。
③ 同上。

4. 甘忠可

甘忠可，西汉成帝时齐地方士，事迹见于《汉书》卷七十五《李寻传》。

《李寻传》载："初，成帝时，齐人甘忠可诈造《天官历》《包元太平经》十二卷，以言'汉家逢天地之大终，当更受命于天，天帝使真人赤精子，下教我此道'。忠可以教重平夏贺良、容丘丁广世、东郡郭昌等，中垒校尉刘向奏忠可假鬼神罔上惑众，下狱治服，未断病死。"① 所谓《天官历》《包元太平经》等是甘忠可造作的一类宣扬谶纬神学的书，其中借以古仙人赤精子之名，预言西汉王朝天命已终，即有新的王朝代替它。甘忠可死后，其书未毁，藏于兰台。②

甘忠可乃齐地人，而他的三位弟子也都来自燕齐故地。据《汉书》服虔注："重平，渤海县也。晋灼注：'容丘，东海县也。'"③ 郭昌则来自东郡（今山东聊城）。

5. 太山老父、巫炎

东晋葛洪《神仙传》是一部专门记载神仙方术的杂史，其中涉及汉武帝时的两位山东方士，有关内容如下。

卷八《太山老父》：

> 太山老父者，莫知其姓名。汉武帝东巡狩，见老父锄于道间，头上白光高数尺，怪而呼问之。老父状如年五十许人，而面有童子之色，肌体光华，不与俗人同。帝问："有何道术耶？"老父答曰："臣年八十五时，衰老垂死，头白齿落，有道士教臣绝谷服术饮水，并作神枕。枕中有三十二物，其二十四物以象二十四气，其八物以应八风。臣行之转老为少，黑发更生，齿堕复出，日行三百里。臣今年百八十矣。"武帝爱其方，赐之金帛。老父后入岱山中去，十年五年时还乡里，三百余年乃不复还也。④

---

① 班固：《汉书》，中华书局1962年版，第3192页。
② 《汉书·王莽传上》："前孝哀皇帝建平二年六月甲子下诏书，更为太初元将元年，案其本事，甘忠可、夏贺良谶书藏兰台。"
③ （汉）班固：《汉书》，中华书局1962年版，第3192页。
④ （晋）葛洪撰，胡守为校释：《神仙传校释》，中华书局2010年版，第289页。

卷八《巫炎》：

> 巫炎者，字子都，北海人也。汉武帝出，见子都于渭桥，其头上郁郁有紫气，高丈余。帝召而问之："君年几何？所得何术而有异气乎？"子都答曰："臣年今已百三十八岁，亦无所得。"将行，帝召东方朔，使相此君有何道术，朔对曰："此君有阴术。"武帝屏左右而问之，子都对曰："臣昔年六十五时，苦腰脊疼痛，脚冷，不能自温，口中干苦，舌燥涕出，百节四肢各各疼痛，又足痹不能久立。得此道已来，已七十三年，有子三十六人，身体强健，无所病患，气力乃如壮时，无所忧患。"帝曰："卿不仁，有道而不闻于朕，非忠臣也。"子都顿首曰："臣诚知此道为真，然阴阳之事，公中之私，臣子之所难言也。又行之皆逆人情，能为之者少，故不敢以闻。"帝曰："勿谢，戏君耳。"遂受其法。子都年二百余岁，服饵水银，白日升天。武帝后颇行其法，不能尽用之，然得寿最，胜于他帝远矣。①

北海即今山东省昌乐县，古属齐国。

四　东汉时期的山东方士

东汉开国者光武帝刘秀以图谶兴，谶纬之学盛行天下，成为国家政治与文化生活中的一大特色。东汉的儒生、方士大都自觉习学谶纬，探究纬术之奥，山东方士自不例外。因此，东汉时期的山东方术颇为冷落，以求仙访药之技见长的山东方士在朝廷中的地位、影响等，远不及汉武帝时。但在民间，登仙长生仍然是一种美妙的理想，见诸方士言行，求仙仍是他们的题中之意。汉魏六朝时期成书的一些野史也造作神仙，某些山东方士以及史上有名的山东人成为书中的重要角色，这表明民间对山东方术仍然有着很深的认可。

（一）《后汉书》中的山东方士

范晔《后汉书》卷八十二下《方术列传》记载了东汉时期的数位山东方士。以下根据《方术列传》，结合其他有关资料记载，依次叙述这些

---

① （晋）葛洪撰，胡守为校释：《神仙传校释》，中华书局2010年版，第291页。

方士的生平事迹。

1. 公沙穆

据《方术列传》载："公沙穆，字文义，北海胶东（按：今山东平度）人也，家贫贱。自为儿童不好戏弄，长习《韩诗》《公羊春秋》，尤锐思《河》、《洛》推步之术。居建成山中，依林阻为室，独宿无侣。时暴风震雷，有声于外呼穆者三，穆不与语。有顷，呼者自牖而入，音状甚怪，穆诵经自若，终亦无它妖异，时人奇之。后遂隐居东莱山，学者自远而至。有富人王仲，致产千金。谓穆曰：'方今之世，以货自通，吾奉百万与子为资，何如？'对曰：'来意厚矣。夫富贵在天，得之有命，以货求位，吾不忍也。'后举孝廉，以高第为主事，迁缯相。时缯侯刘敞，东海恭王之后也，所为多不法，废嫡立庶，傲很放恣。穆到官，谒曰：臣始除之日，京师咸谓臣曰：'缯有恶侯'，以吊小相。明侯何因得此丑声之甚也？幸承先人之支体，传茅土之重，不战战兢兢，而违越法度，故朝廷使臣为辅。愿改往修来，自求多福。乃上没敞所侵官民田地，废其庶子，还立嫡嗣。其苍头儿客犯法，皆收考之。因苦辞谏敞。敞涕泣为谢，多从其所规。迁弘农令。县界有螟虫食稼，百姓惶惧。穆乃设坛谢曰：百姓有过，罪穆之由，请以身祷。于是暴雨，既霁而螟虫自销，百姓称曰神明。永寿元年，霖雨大水，三辅以东莫不湮没。穆明晓占候，乃豫告令百姓徙居高地，故弘农人独得免害。迁辽东属国都尉，善得吏人欢心。年六十六卒官。六子皆知名。"① 时人号曰"公沙六龙，天下无双"②。其中一子名孚，字允慈，举孝廉，历仕尚书侍郎、召陵令、上谷太守等。

2. 赵彦

据《方术列传》载："赵彦者，琅邪人也。少有术学，延熹三年，琅邪贼劳丙与太山贼叔孙无忌杀都尉，攻没琅邪属县，残害吏民。朝廷以南阳宗资为讨寇中郎将，杖钺将兵，督州郡合讨无忌。彦为陈《孤虚》之法，以贼屯在莒，莒有五阳之地，宜发五阳郡兵，从孤击虚以讨之。资具以状上，诏书遣五阳兵到。彦推遁甲，教以时进兵，一战破贼，燔烧屯坞，徐兖二州一时平夷。"③ 献帝时，赵彦任朝廷议郎，曾为献帝陈言时

---

① （南朝宋）范晔：《后汉书》，（唐）李贤注，中华书局1965年版，第2730—2731页。
② 逯钦立：《先秦汉魏晋南北朝诗》，中华书局1983年版，第238页。
③ （南朝宋）范晔：《后汉书》，（唐）李贤注，中华书局1965年版，第2732页。

策，遭曹操忌害，被杀。

3. 单飏

单飏，字武宣，山阳湖陆（今山东鱼台东）人。少孤特清苦自立，擅长天官、算术。举孝廉入仕，迁太史令、侍中。熹平四年（175），时任太史令的单飏，由议郎蔡邕挑头，与五官中郎将堂谿典，光禄大夫杨赐，谏议大夫马日磾，议郎张驯、韩说，共同奏求正定《六经》文字，灵帝许可，在太学建立了著名的熹平石经。光和元年（178），妖异数见，人相惊扰，单飏与蔡邕、杨赐、马日磾等一起，受灵帝之诏，到崇德殿，对问妖异发生原因以及消改妖异的措施。① 后来，单飏出任汉中太守，因公事免职；后官拜尚书，卒于官。

熹平末年，有黄龙出现于谯（今安徽亳县），光禄大夫桥玄询问单飏主何吉凶祥瑞。单飏说："其国当有王者兴。不及五十年，龙当复见，此其应也。"魏郡人殷登密记之。至建安二十五年春，黄龙复见谯。其冬，魏受禅。②

4. 蓟子训

蓟子训名达。据《神仙传》卷七，蓟子训是齐国临淄人，汉武帝时方士李少君的弟子。③《后汉书·方术列传》对其事迹有详细记载：

> 蓟子训者，不知所由来也。建安中，客在济阴宛句（按：今山东菏泽西南）。有神异之道。尝抱邻家婴儿，故失手堕地而死，其父母惊号怨痛，不可忍闻，而子训唯谢以过误，终无它说，遂埋藏之。后月余，子训乃抱儿归焉。父母大恐，曰：死生异路，虽思我儿，乞不用复见也。儿识父母，轩渠笑悦，欲往就之，母不觉揽取，乃实儿也。虽大喜庆，心犹有疑，乃窃发视死儿，但见衣被，方乃信焉。于是子训流名京师，士大夫皆承风向慕之。后乃驾驴车，与诸生俱诣许下。道过荥阳，止主人舍，而所驾之驴忽然卒僵，蛆虫流出，主遽白之。子训曰：乃尔乎？方安坐饭，食毕，徐出以杖扣之，驴应声奋起，行步如初，即复进道。其追逐观者常有千数。既到京师，公卿以

---

① （南朝宋）范晔：《后汉书》，（唐）李贤注，中华书局1965年版，第1990、1998页。
② 同上书，第2733页。
③ 胡守为：《神仙传校释》，中华书局2010年版，第264页。

下候之者，坐上恒数百人，皆为设酒脯，终日不匮。后因遁去，遂不知所止。初去之日，唯见白云腾起，从旦至暮，如是数十处。时有百岁翁，自说童儿时见子训卖药于会稽市，颜色不异于今。后人复于长安东霸城见之，与一老公共摩挲铜人，相谓曰："适见铸此，已近五百岁矣。"顾视见人而去，犹驾昔所乘驴车也。见者呼之曰："蓟先生小住。"并行应之，视若迟徐，而走马不及，于是而绝。①

5. 王和平

据《后汉书·方术列传》载：

北海王和平，性好道术，自以当仙，济南孙邕少事之，从至京师。会和平病殁，邕因葬之东陶。有书百余卷，药数囊，悉以送之。后弟子夏荣言其尸解，邕乃恨不取其宝书仙药焉。②

（二）《列仙传》中的山东方士

东汉时期，最高统治者不再像汉武帝那样痴迷求仙访药，神仙方术的发展呈冷落、式微之象。但在东汉和魏晋时期的民间，神仙信仰仍有浓厚的氛围，山东地域的神仙方术还发生着较大的影响，这从《列仙传》《汉武故事》《神仙传》等汉魏野史资料中都可看得出来。另外，东方朔生活于方士大行其道的汉武帝之时，本非方士，但在汉魏时期被传为仙人谪世，因而也是山东方术史上需要注意的一个人物，在此予以论述。

自东晋葛洪以来，人们一般认为《列仙传》的作者是西汉刘向。但《列仙传》不见于《汉书·艺文志》著录和《汉书》刘向本传记载，故不可能是刘向的作品。据近人余嘉锡考证，《列仙传》盖为东汉明帝以后顺帝以前之人所作，③ 故可以肯定是东汉人托名之作。

《列仙传》记古来仙人，自赤松子至玄俗凡七十一人，可以确定为齐地仙人故事的有《涓子》《安期先生》《稷邱君》《崔文子》《东方朔》《钩翼夫人》《鹿皮公》《服闾》八篇。《东方朔》已见后文所引，其他七

---

① （南朝宋）范晔：《后汉书》，（唐）李贤注，中华书局1965年版，第2745—2746页。
② 同上书，第2751页。
③ 余嘉锡：《四库提要辨证》，科学出版社1958年版，第1201页。

则内容如下：

涓子者，齐人也。好饵术，接食其精，至三百年乃见于齐。著《天人经》四十八篇。后钓于菏泽，得鲤鱼，腹中有符。隐于宕山，能致风雨。受《伯阳九仙法》，淮南山安，少得其文，不能解其旨也。其《琴心》三篇，有条理焉。①

安期先生者，瑯邪②阜乡人也。卖药于东海边，时人皆言千岁翁。秦始皇东游，请见，与语三日三夜，赐金璧度数十万。出于阜乡亭，皆置去。留书以赤玉舄一量为报。曰："后数年，求我于蓬莱山。"始皇即遣使者徐市、卢生等数百人入海，未至蓬莱山，辄逢风波而还。立祠阜乡亭海边十数处云。③

稷邱君者，泰山下道士也。武帝时，以道术受赏赐，发白再黑，齿落更生。上东巡泰山，稷邱君乃冠章甫，衣黄衣，拥琴来迎拜武指帝曰："陛下勿上也。上必伤足指。"及数里，右足指果折，上讳之，故但祠而还，为稷邱君立祠焉。为稷承奉之云。④

崔文子者，太山人也。文子世好黄、老事，居潜山下。后作黄散赤丸，成石父祠，卖药都市，自言三百岁。后有疫气，民死者万计。长史之文所请救，文拥朱幡，系黄散，以徇人门，饮散者即愈，所活者万计。后去在蜀，卖黄散，故世宝崔文赤黄散，实近于神焉。⑤

钩翼夫人者，齐人也，姓赵。少时好清静，病卧六年，右手拳屈，饮食少。望气者云："东北有贵人气，推而得之。"召到，姿色甚伟。武帝披其手，得一玉钩，而手寻展。遂幸而生昭帝。后武帝害之，殡尸不冷而香。一月间，后昭帝即位，更葬之，棺内但有丝履，故名其宫曰钩翼。后避讳改为弋。庙闱有神祠阁在焉。⑥

---

① 王叔岷：《列仙传校笺》，中华书局2007年版，第24页。
② 瑯邪，古代多作琅邪，又作琅玡等，山东省古代地名，曾有琅琊邑（县）、琅琊国、琅琊郡、琅琊道，位于山东临沂、青岛、诸城、日照一带。青岛市黄岛区今有琅琊镇。安徽滁州因琅琊山（琅耶山）设琅琊区。
③ 王叔岷：《列仙传校笺》，中华书局2007年版，第70页。
④ 同上书，第92页。
⑤ 同上书，第95页。
⑥ 同上书，第106页。

鹿皮公者，淄川人也。少为府小吏木工，举手能成器械。岑山上有神泉，人不能至也。小吏白府君，请木工斤斧三十人，作转轮悬阁，意思横生。数十日，梯道四间成，上其巅，作祠舍，留步其旁，绝其二间以自固。食芝草，饮神泉。且七十年，淄水来，三下呼宗族家室，得六十余人，令上山半。水尽漂一郡，没者万计。小吏乃辞遣宗家令下山。著鹿皮衣遂去，复上阁。后百余年，下卖药于市。①

　　服闾者，不知何所人也。常止莒，往来海边诸祠中。有三仙人于祠中博，赌瓜。顾闾，令担黄白瓜数十头，教令瞑目。及觉，乃在方丈山，在蓬莱山南。后往来莒，取方丈山上珍宝珠玉卖之，久久。一旦，髡头著赭衣，貌更老，人问之，言坐取庙中物云。后数年，貌更壮好，鬓发如往日时矣。②

　　西周建立以后，吕尚被分封到齐国，而范蠡据传帮助勾践灭吴后来到齐国避世隐居，因此《吕尚》和《范蠡》两篇也可以归入齐地仙人故事。这样，《列仙传》中有关齐地仙人的故事总计十篇，占全书故事的七分之一，远超其他地方仙人故事的数量。

　　《列仙传》是我国最早的一部仙人谱，反映出东汉时人们在仙道思想上的变化。战国末年以迄汉武帝时，方士们的一般说法是仙人逍遥世外，"居山泽间，形容甚臞"③。可是，如此为仙，不但惯享荣华富贵的帝王难以接受，恐怕也不是绝大多数平民的意愿。这自然不利于扩张信徒数量和神仙信仰的普及。因此，在不否定传统说法的同时，极力拉近人与仙之间的距离，便是方士们的努力方向。从上述仙人故事可以看到，一方面，不少仙人隐居世间，操持常业，与世人并无大异，只因偶露峥嵘，方显仙人本色。另一方面，仙人救世人于灾难中。如搭救族人脱离淄水之灾的鹿皮公。仙人的这些行为举动，使人仙之间不再隔阂。联想秦皇汉武求仙兴师动众，此固非平民所可为，故在此时，仙道离平民遥远。《列仙传》却在极力表明，人仙之间近在咫尺，人人均有成仙的可能和机会。这种思想显然更能接近社会底层广大平民的心声，表现出浓厚的平民色彩。

---

① 王叔岷：《列仙传校笺》，中华书局2007年版，第119页。
② 同上书，第136页。
③ （汉）司马迁：《史记》，中华书局1982年版，第3056页。

（三）《汉武故事》中的山东方士

《汉武故事》又题《汉武帝故事》《汉孝武故事》，是汉魏时期的一部重要野史之作。原书两卷，后散佚，今存者是后人辑本，其中以鲁迅《古小说钩沉》辑本最称完备。有学者据书中"今上元延"之语，认为《汉武故事》成书于西汉成帝时。此说不确。《汉武故事》的成书不早于东汉末年献帝时期，是汉魏之际的作品。①

《汉武故事》记述武帝从出生到死后的事迹，侧重其求仙事的记载。全书以武帝为中心人物，把东方朔、刘安、李少君、李少翁、栾大、钩弋夫人等一批被神化的人物组织在一起。刘安、东方朔、钩弋夫人都被写成神仙，李少君、李少翁、栾大都是身挟异术的方士。如：

> 齐人李少翁，年二百岁，色如童子，上甚信之，拜为文成将军，以客礼之。于甘泉宫中画太一诸神像，祭祀之。少翁云："先致太一，然后升天，升天然后可至蓬莱。"岁余而术未验。会上所幸李夫人死，少翁云能致其神；乃夜张帐，明烛，令上居他帐中，遥见李夫人，不得就视也。②

> 拜公孙卿为郎，持节候神；自太室至东莱，云见一人，长五丈，自称巨公，牵一黄犬，把一黄雀，欲谒天子，因忽不见。上于是幸缑氏，登东莱，留数日，无所见，惟见大人迹。上怒公孙卿之无应，卿惧诛，乃因卫青白上云："仙人可见，而上往常遽，以故不见值。今陛下可为观缑氏，则神人可致。且仙人好楼居，不极高显，神终不降也。"于是上于长安作飞廉观，高四十丈；于甘泉作延寿观，亦如之。③

这些内容比《史记》中的相关记载要详细得多。

（四）《神仙传》中的山东方士

葛洪《神仙传》较多涉及东汉时期的山东方士，兹将有关篇目述列如下。

---

① 朱东润、李俊民、罗竹风：《中华文史论丛》（第2辑），上海古籍出版社1984年版，第291—298页。
② 鲁迅：《古小说钩沉》，齐鲁书社1997年版，第214—215页。
③ 同上书，第219页。

卷二《乐子长》故事云：

　　乐子长者，齐人也。少好道，因到霍林山，遇仙人，授以服《巨胜赤松散方》。仙人告之曰："蛇服此药化为龙，人服此药老成童。又能升云上下，改人形容，崇气益精，起死养生，子能行之，可以度世。"子长服之，年一百八十岁，色如少女，妻子九人，皆服其药，老者返少，小者不老。乃入海登劳盛山而仙去也。①

乐子长当为东汉时期的齐地方士。
卷三《王远》故事云：

　　王远，字方平，东海人也。举孝廉，除郎中，稍加至中散大夫。博学五经，尤明天文图谶，《河洛》之要，逆知天下盛衰之期，九州吉凶，观诸掌握。后弃官入山修道，道成，汉孝桓帝闻之，连征不出，使郡牧逼载以诣京师。远低头闭口，不肯答诏，乃题官门扇板四百余字，皆说方来之事。帝恶之，使人削之，外字始去，内字复见，字墨皆彻入板里。②

其后，王远尸解化仙，过吴地，度化蔡经。又十余年，蔡经忽然还家，迎接王远、麻姑等仙人前来做客，家人得睹仙人风采，获赐仙酒。故事所说东海即今山东临沂，王远应是东汉末年弃官修道成仙之人。
卷五《马鸣生》故事云：

　　马鸣生者，齐国临淄人也。本姓和，字君贤。少为县吏，因逐捕而为贼所伤，当时暂死，得道士神药救之，遂活，便弃职随师。初但欲求受治疮病耳，知其有长生之道，遂久事之，随师负笈。西之女几山，北到玄丘山，南凑泸江，周游天下，勤苦备尝，乃受《太清神丹经》三卷，归入山合药服之，不乐升天，但服半剂，为地仙矣。常居所在，不过三年，辄便易处，人或不知其是仙人也。架屋舍，畜

---

① 胡守为：《神仙传校释》，中华书局2010年版，第56页。
② 同上书，第92页。

仆从，乘车马，与俗人无异。如此展转，游九州五百余年，人多识之，怪其不老。后乃修大丹，白日升天而去也。①

本篇中虽然未明马鸣生的生活时代，但由故事所说《太清神丹经》等道教经典名目，可知马鸣生是东汉时期道教兴起以后的人物。

卷七《蓟子训》讲述东汉末年方士蓟子训的故事，已在前文有论，此不再述。

（五）东方朔

东方朔（前145—前93），字曼倩，平原厌次（今山东省惠民县）人。汉武帝初即位，下诏征天下贤良方正文学材力之士，时年二十二岁的东方朔诣阙上书，高自称誉。汉武帝甚为欣赏，令待诏公车，后使待诏金马门。东方朔性格开朗，滑稽多智，敢于直言进谏，累迁至太中大夫。传见《史记》卷一百二十六《滑稽列传》和《汉书》卷六十五。

东方朔不仅是汉武帝身边的弄臣，也是两汉时的一个箭垛式人物。《汉书·东方朔传赞》云："刘向言少时数问长老贤人通于事及朔时者，皆曰朔口谐倡辩，不能持论，喜为庸人诵说，故令后世多传闻者……朔之诙谐，逢占射覆，其事浮浅，行于众庶，童儿牧竖，莫不眩耀。而后世好事者，因取奇言怪语，附著之朔，故详录焉。"② 大约成书于西汉后期的《东方朔传》（或题《东方朔别传》）就记载了不少流传于民间的东方朔故事，如：

> 孝武皇帝时，未央宫前殿钟无故自鸣，三日三夜不止。诏问太史待诏王朔，朔言"恐有兵气"。更问东方朔，朔曰："臣闻铜者，山之子，山者，铜之母。以阴阳气类言之，子母相感。山恐有崩陁者，故钟先鸣。《易》曰：'鸣鹤在阴，其子和之。'精之至也。其应在后五日内。"居三日，南郡太守上书言山崩，延袤二十余里。③

又如：

---

① 胡守为：《神仙传校释》，中华书局2010年版，第167页。
② （汉）班固：《汉书》，中华书局1962年版，第2873—2874页。
③ 徐震堮：《世说新语校笺》，中华书局1984年版，第132页。

朔与弟子偕行，渴，令弟子叩道边家求饮，不知姓名，主人开门不与。须臾，见伯劳飞集主人门中李树上，朔谓弟子曰："此主人姓李，名伯当尔。但呼李伯当。"果有李伯当应，即入取饮。①

《东方朔传》中的东方朔形象已经不同于《史记》《汉书》的记载，言行举止略如颇具神通的方士，蒙上了奇异怪诞的色彩。

在《列仙传》中，东方朔形象发生更大变化，成为一位居于人间、行踪不定的仙人。《东方朔》条云：

东方朔者，平原厌次人也。久在吴中，为书师数十年。武帝时，上书说便宜，拜为郎。至昭帝时，时人或谓圣人，或谓凡人，作深浅显默之行。或忠言，或戏语，莫知其旨。至宣帝初，弃郎以避乱世，置帻官舍，风飘之而去。后见于会稽，卖药五湖。智者疑其岁星精也。②

故事中的东方朔是一位混迹庙堂的仙人，历仕武、昭、宣三帝，时间长达七十余年；后因乱世弃官，卖药于江湖。值得注意的是，东方朔已被"智者"怀疑为岁星降临凡间。

东汉时期，东方朔的形象被进一步仙化。王充《论衡·道虚篇》云："世或言东方朔亦道人也，姓金氏，字曼倩。变姓易名，游宦汉朝。外有仕宦之名，内乃度世之人。"③ 东汉末年应劭《风俗通义·正失篇》云："俗言：东方朔太白星精，黄帝时为风后，尧时为务成子，周时为老聃，在越为范蠡，在齐为鸱夷子皮，言其神圣能兴王霸之业，变化无常。"④《论衡》与《风俗通义》中的故事说明，东汉时期的民间传说中，人们已经普遍认为东方朔是岁星降临凡间的仙人了。

成书于汉末魏晋时期的《汉武故事》和《汉武洞冥记》中，也活跃着东方朔的身影。《汉武故事》成书在先，几处写到东方朔，如：

---

① （宋）李昉：《太平御览》，中华书局1960年版，第4098页。
② 王叔岷：《列仙传校笺》，中华书局2007年版，第103页。
③ （东汉）王充：《论衡》，中华书局1985年版，第78页。
④ 吴树平：《风俗通义校释》，天津人民出版社1980年版，第82—83页。

东郡送一短人，长七寸，衣冠具足。上疑其山精，常令在案上行，召东方朔问。朔至，呼短人曰："巨灵，汝何忽叛来，阿母还未？"短人不对，因指朔谓上曰："王母种桃，三千年一作子，此儿不良，已三过偷之矣。遂失王母意，故被谪来此。"上大惊，始知朔非世中人。

王母遣使谓帝曰："七月七日我当暂来……"上问东方朔，朔对曰："西王母暮必降尊像上，宜洒扫以待之……"有顷，王母至……东方朔于朱鸟牖中窥母，母谓帝曰："此儿好作罪过，疏妄无赖，久被斥退，不得还天；然原心无恶，寻当得还，帝善遇之。"

后上杀诸道士妖妄者百余人。西王母遣使谓上曰："求仙信邪？欲见神人，而先杀戮，吾与帝绝矣。"又致三桃曰："食此可得极寿。"使至之日，东方朔死。上疑之，问使者。曰："朔是木帝精为岁星，下游人中，以观天下，非陛下臣也。"上厚葬之。①

所写东方朔，武帝时已经九千岁，本是岁星化身的仙人，因为生性顽皮，偷食西王母的仙桃而被谪世间。东方朔形象在汉代传说的基础上又有所增益，更加生动。

《汉武洞冥记》所写东方朔身世更为详细，其父张夷年二百岁，颜如童子，母田氏女。东方朔生三日而母死，为邻母收养，三岁时即熟记天下秘谶，曾独游至荒外之地紫泥海和虞渊。武帝元封中，东方朔游至濛鸿之泽，见到仙人西王母和黄眉翁。《汉武洞冥记》中的东方朔是一个寄迹人间又时时云游荒外的仙人。

从《史记》《汉书》，到《东方朔传》《列仙传》，再到《汉武故事》《汉武洞冥记》，东方朔由历史上的一个真实人物，变为民间传说中的异人，最终成为岁星临凡的谪仙人。这在两汉时期的山东人物中是唯一的现象。

总之，秦汉时期，秦皇汉武东巡入海，求仙问道，不但促成了齐地方士徐市入海求仙，产生一批方士而且促进了齐地方术的形成和繁荣，为东汉时期山东道教的形成提供了思想文化和人员队伍的准备，并对中国道教

---

① 王根林、黄益元、曹光甫校点：《汉魏六朝笔记小说大观》，上海古籍出版社1999年版，第173—174页。

的发展做出了自己的贡献。

第四节　山东地域的黄老道

黄老道产生于西汉后期至东汉间，它的思想源头始于战国中期至秦汉间的黄老之学。故欲探究山东地域的黄老道，必须从山东地域的黄老之学谈起。

一　黄老道学概说

黄老学作为一个集合性名词、名称或概念出自汉时人之手，在先秦典籍中黄帝和老子都是单独提到的，未有"黄""老"并称的记载。到《史记》《汉书》才有"黄老之术""黄老术""黄老之言""黄老言"，以及"本于黄老而主刑名""皆学黄老道德之术"等集合性术语，这足以证明"黄""老"并称或合称已成为汉时人的习惯。然而，汉时人将"黄""老"并称或合称，并非仅是名称的改变，而是含着一个时代的学术思想变迁，意味着一个新学派的成熟。目前学界往往把汉时人称谓的这个新学派称为"黄老道家""秦汉新道家""黄老之学""黄老学"，有时也把这个新学派与东汉形成的"黄老道（教）"统称为"黄老道学"。但狭义的"黄老之学"应是指产生于战国而盛行于西汉初期的这个新学派，东汉的黄老道则是这个黄老新学派向早期道教演化的产物，并成为早期道教产生的一剂酵母。① 为了厘清黄老学与黄老道教的联系与区别，本节将战国至秦汉间的黄老之学简称为"黄老学"。

黄老学的最大学术风格是依托黄帝而论道，将黄帝与老子相结合，对老庄原始道家的学说做了开创性发展。黄老学之所以依托黄帝而论道，是时代社会条件、思想文化条件和社会心理条件使然，是当时兴起的黄帝崇拜热和信仰热所滋润的结果。

春秋社会是从奴隶制向封建制过渡的大分裂、大割据的时期；战国时期则是各诸侯国经历了变法改革，新的封建制得以确立和走向统一的时期。在这种社会历史条件下，思想文化领域中出现了诸子百家的争鸣，无论产生较早的儒家、道家、墨家，或产生较晚的法家等，都纷纷围绕着社

---

① 丁原明：《黄老学论纲·导言》，山东大学出版社1997年版，第1页。

会制度的改革与转型著书立说，提出自己的思想主张，并渴望得到新统治者的赏识。老子道家虽然曾以自然无为的"道"对各种社会异化现象进行了理性观照和揭露批判，但由于它过分坚持静观自守，崇尚自然无为，显得与封建化改革难以合拍，因此，包括庄子在内的原始道家必须重新调整自身，为道教注入时代精神的活力。黄老学正是适应当时社会条件的要求，而从原始道家分化出来的一个新的道家学派。

思想文化领域里的百家争鸣在战国中期已达到了高潮，诸子百家为了扩大自己学派的影响，彼此之间既互相攻评又相互吸收，并依托古代圣王寻找假托。如儒家依托尧舜，墨家依托夏禹，宣称他们的思想是秉承了古代圣王的旨意。而道家老子的学说在政治上难以与时势合拍，道家为了扩大本学派的影响和争得当权封建统治者的支持，便假托黄帝，声称黄帝是其思想的始祖，于是就产生了黄老学派。黄老学所以把黄帝奉为本学派的始祖更与当时兴起的黄帝崇拜和黄帝信仰之风密切关涉。翻阅先秦典籍，黄帝有时被描述成聪明的智者和华夏文明的象征，像掘井、熟粮、舟楫、杵臼、五声、弓箭等皆由黄帝所发明制作。有时被描述成取得战争胜利的英雄和实现中央王国统一的偶像，说他在"阪泉之战"和"涿鹿之战"中击败了代表姜姓部落的炎帝和居住在古黄河下游一带的九黎族后，将黄帝族的地盘扩大到"东至于海""西至于空桐""南至于江""北逐獯鬻，合符釜山，而邑于涿鹿之阿"①，促进了华夏族的融合，被荣称为"中央天帝"。黄帝既然有如此大智大勇和宏伟功业，那么他必然受到世人的尊崇和膜拜。如《商君书·划策》说："黄帝之世，不麛不卵，官无供备之民，死不得用椁。"《庄子·盗跖》说："世之所高，莫若黄帝。黄帝尚不能全德，而战涿鹿之野，流血百里。"这种崇信黄帝的社会心理，直到西汉黄老著作《淮南子》问世的时代依然风行。《淮南子·修务训》说："世俗之人，多尊古贱今，故为道者，必托之于神农、黄帝而能入说。"在这种社会心理条件下，作为从老子道家分化出来的一个学术派别，黄老学把黄帝作为推行自己新说的精神偶像应是一种最明智、最合理的选择。

战国至秦汉间的黄老学虽然以假托黄帝而论道为主要学术风格，但这并不意味着先秦假托黄帝而立言的著作就是黄老学著作，如假托黄帝而立言的法家著作《商君书》；也不意味着那些不依托黄帝而论述的道家思想

---

① （汉）司马迁：《史记》，中华书局1982年版，第6页。

的就不是黄老学著作，如《管子·心术》四篇就没有"黄帝"的字眼。由于黄老学在战国至西汉武帝之前的三四百年的时间里是不断变化发展着的，它既是一种历时性的存在，又是一种共时性的存在，我们只能从两者有机统一的视角来判断其思想的内涵与特征。以此作立足点，《史记·太史自序》中所载司马谈《论六家要旨》（以下简称《要旨》）则集中论述了黄老学的内涵特征，它是总结汉初黄老思想的纲要性文献。司马谈把黄老学称为"道德"家，这个"道德"家也就是当时的黄老学，它是判定一些著作或思想是否属于黄老学范畴的标准。概括起来，它有四个内涵特征。

其一，《要旨》认为黄老学是"以虚无为本""以因循为用"。所谓"以虚无为本"，是指黄老学在宇宙论上，仍然以老子的那个自然无为的"道"为本体。所谓"以因循为用"，是指黄老学最善于因循那个自然无为的"道"，即要求人必须因循事务的客观法则而行动，以获得事情的成功。较之老子讲"道"往复循环运动，其凸显了"道"的客观性、规律性。

其二，《要旨》认为黄老学是"无为，又曰无不为，其实易行，其辞难知"[①]。这里的"无为"，即因时、因地和因循事情的发展规律而为；所谓"无不为"，即把遵循客观规律性和发挥人的主观能动性结合起来，达到有所作为。这较之老子则强调了"无为"的实效性，可操性和主体的自为性，因而剔除了老子无为论中的消极成分。

其三，《要旨》认为黄老学在对待百家之学的态度上不持排他主义，"其为术也，因阴阳之大顺，采儒、墨之善，撮名、法之要"[②]。凡是与封建化运动相合拍及人与社会、人与天道自然相和谐的思想文化学说，黄老学都主张以道为主，将其吸纳过来加以整合，以丰富和充实自己的思想体系。

其四，《要旨》还论述了黄老学的形神关系和养生问题。其曰："凡人之生者神也，所托者形也。神大用则竭，形大劳则敝，形神离则死……由此观之，神者生之本也，形者生之具也。不先定其神（形），而曰：

---

① （汉）司马迁：《史记》，中华书局1982年版，第3292页。
② 同上书，第3289页。

'我有以治天下',何由哉？"① 《要旨》把人之形神离合视作生命的生死大限，实际上涉及人怎样通过"无欲""节俭""虚静"而达到养生长寿的问题。它的这种形神观虽然带有形神二元论的倾向，却成为后来道教在修炼观上或主张以修形为主，或主张以修神为主，或主张形神修炼并重之。它的"定其形神"方可"治天下"的思想也暗含着道教关于治国与治身同理的思想。

因此，黄老学的理论建构是围绕着道与治国、治身的问题而展开的。"道"是治国与治身的本体，治国与治身是"道"本体的逻辑延伸，黄老学的意旨就是回答道与治国、治身怎样协调一致的问题。不过，作为一个学派的发展阶段，黄老学关注的主要是道与治国的关系，而次及治身。

二　山东黄老学培植于齐国

根据目前的史料，黄老学在战国有两个发源中心：一是楚国，二是山东地域的齐国。关于楚国的黄老学，过去由于史料或缺，语焉不详。在1973年长沙马王堆3号汉墓出土的《老子》乙本卷前发现了《经法》《十大经》《称》《道源》四种古佚书，被唐兰先生等定为已失传的道家要籍《黄帝四经》。② 这四种古佚书的各篇内容各有偏重，但都对老子的道论做了诠释发挥，主张"虚同为一""抱道守度"，吸取儒法两家的仁义礼法思想，刑德并用，以治理好国家和实现天下统一，其中也夹杂着若干阴阳数术思想，颇具黄老学之风格。目前学界公认这四种古佚书是反映战国南方黄老学的重要典籍，其成书约在公元前4世纪，只是它的学派传承脉络及对道教产生的影响，远没有北方齐国黄老学那么明晰。

齐地黄老学是齐国封建化改革、黄帝崇拜和稷下学宫创办共同培植的结果。齐国本是西周初赐封的一个侯国，一向具有改革的传统。吕尚（即姜子牙）初建时，并没有全盘照搬西周的旧礼制，而是"修政因其俗，简其礼，通工商之业，便鱼盐之利，而人民多归齐，齐为大国"③。到齐桓公任用著名政治家管仲为相时，又采取了改革土地赋税（"相地而衰征"）和刺激商品生产的一系列政策，使齐国的硬实力得到了更大发

---

① （汉）司马迁：《史记》，中华书局1982年版，第3292页。
② 参见《座谈长沙马王堆汉墓帛书》，《文物》1974年第9期。
③ （汉）司马迁：《史记》，中华书局1982年版，第1480页。

展。进入战国，田齐政权取代了姜齐政权，更加促进了齐国国力的提升，国都临淄成为列国中的最大都市和经济中心，人口多达七万多户。列国争霸，胜者为王，当时齐国已具备实现全国封建大统一的条件和地位，于是它利用当时人们崇拜和信仰黄帝的社会心理，把黄帝作为其称霸全国的号召和旗帜。如齐威王在自铸的青铜器《陈侯因资敦》铭文中写道：

> 皇考孝武桓公，恭哉，大谟克成。其唯因资（威王之名），扬皇考昭统，高祖黄帝，迩嗣桓、文、朝问诸侯，合扬厥德。①

这里的"桓公"系指为田齐政权建设做出杰出贡献的侯王田午。这就明白地道出，齐威王的志向是远绍黄帝之治，近法姜氏齐桓、晋文之霸业，以实现天下的统一。反映了齐黄学的《管子·任法》篇亦极力宣扬"黄帝之治"，曰：

> 黄帝之治天下也，其民不引而来，不推而往，不使而成，不禁而止。黄帝之治也，置法而不变，使民安其法者也。②

《任法》这段话有道法家的色彩。但其试图假借黄帝的治理经验来夯实齐国政治的用心，则昭然若揭。

齐国亦一向具有"尊贤尚功"的传统。早在姜齐政权时，齐国就实行了尊贤抑奢的政策，而到田齐政权时，随着国力的强大和实现天下统一志向的提升，当政者又奉行"尊贤尚功"的政策，试图以此满足其人才竞争的需求。为了招贤纳士和搜罗各类治国理政的人才，齐国从田齐桓公起，中经威、宣、湣、襄王，到齐王建止，创办了稷下学宫，并长达一百五十年之久。学宫设大夫之号，招贤人而尊崇之，孟轲之徒皆游于学宫，故其既是齐国的一个学术研究交流中心，又是培养各种人才的固定场所，可以称为当时的最高学府，系战国百家争鸣达到高潮的产物。来稷下学宫讲学和学习的学人很多。《史记·田敬仲完世家》曰：

---

① 罗振玉编：《三代吉金文存》，中华书局1983年版，卷九《陈侯因资敦》铭文。
② 戴望：《诸子集成·管子校正》，中华书局1986年版，第256页。

宣王喜文学游说之士，自如邹衍、淳于髡、田骈，接予、慎到、环渊之徒七十六人，皆赐列第，为上大夫，不治而议论。是以齐稷下学士复盛，且数百千人。①

这些贤者、学者中有法家、道家、儒家、阴阳家、兵家、农家、名家等，他们之间既互相驳难，又互相吸取对方的学术思想，从而促进了文化交流，为稷下黄老学的形成和发展创造了适宜的思想文化环境，并促使黄老学成为战国齐文化的主流。

对于稷下黄老学派的存在概况，《庄子·天下》篇在论述战国道家分化的时候，曾将其分为若干支派，近人郭沫若先生据此把稷下黄老学分为三派，即宋钘、尹文派，彭蒙、田骈、慎到派，以及承继老聃遗说整理成《心术》上、下篇的环渊派，并断定现存反映齐国思想文化的代表作《管子》书中之《心术上》《心术下》《白心》《内业》四篇出自宋钘、尹文之手。②虽然郭氏关于《管子》四篇出自宋、尹学派的判定受到了不少学者的驳难，但这四篇比较全面地展示了齐地的黄老思想面貌则是确信无疑的，我们理应把《管子》四篇视为齐地黄老学的主要内容。根据《管子》四篇，齐地黄老学主要论述了四个问题。

1. "道"即"精气"的思想

四篇同原始道家一样，仍把"道"作万物所以生所以成的根源，即《内业》说："凡道无根无茎，无叶无荣，万物以生，万物以成，命之曰道。"③但这个道并不是一种虚无缥缈的存在，而是由"精气"所构成的。它"其大无外，其小无内"（《心术上》），是无限大与无限小的有机统一，天地万物正是依赖于道或精气"一来一逝"的自然无为运动，造成"殊形异势"，产生了整个世界全体。

2. "虚""静""一"的修养论

《管子》四篇在把"道"作为宇宙万物本体的同时，还把得"道"视作人生的最高目标。它们认为，影响人得"道"的障碍，是被嗜欲及

---

① （汉）司马迁：《史记》，中华书局1982年版，第1895页。
② 《沫若文集〈青铜时代·宋钘尹文遗著考〉》第1辑，第1册，群益出版社1946年版，第217—235页。
③ 戴望：《诸子集成·管子校正》，中华书局1986年版，第269页。

主观成见所遮蔽和引诱,"夫心有欲者,物过而目不见,声至而不闻"①。这样,便有一个怎样解决"心"被嗜欲好恶遮蔽和引诱的问题。四篇从"天之道虚,地之静道""专于意,一于心"的道家古训中体悟到,无论众生或君主只有采用"虚""静""一"的治心之术,才能与"道"相合相符。故《管子》四篇中的"心术",不仅是肯认人的"心之所能",同时也指出了提升"心之所能"的方法与途径,从而显示了齐地黄老学对人之内在心理修养、炼养的重视。

3. 道与仁义礼法并用的治术论

齐黄老学从以道统领百家的学术思想出发,主张治国立政必须把道与仁义礼法结合起来使用。《心术上》说:"虚无无形谓之道,化育万物谓之德。君臣父子人间谓之义,登降揖让贵贱有等,亲疏有体(本作'亲疏之体',依丁仕涵校改)谓之礼,简物小大(本作'小未',依丁仕涵校改)一道、杀僇禁诛谓之法。"② 它认为道与仁义礼法是"道"与"德"的关系,即"道"是本源,仁义礼法是本源的派生者和构成者,故后者曰"德",亦即"德者,得也"。道与仁义礼法用以处理君臣上下关系,就是君无为而臣有为,把老子的"无为而无不为"提升为君主驾驭臣下的君术、治术或政术,这迎合了战国提高封建君权的需求。

4.《管子》四篇还用"精气"诠释了人的生命和养生问题

《内业》说:"凡人之生也,天出其精,地出其形,合此认为人。和万物生,不和不生。"③ 因此,它认为人的生命是精气与人之形体相结合的结果。人要健康长寿,就必须在体内蓄养更多的精气。其中"心"是人体内居留精气的场所,精气在心内蓄养愈多,人就愈有智慧,形体器官也就愈安定(即不生疾病),人的身体也就愈能健康长寿。但在《管子》四篇看来,"心"要提升蓄养精气的能力,也必须清除嗜欲好恶的诱惑和干扰,其清除的途径和方法就上文提到的"虚""静""一",它既是心理修养的方法,也是炼养长生的方法。《管子》四篇认为有了这种修养心性和炼养身体的诀窍,再加上"正形摄德"的外在修饰,人就可以成为精神与形体双赢的长寿之人。由于四篇有时无限夸大了精气的作用,将之

---

① 戴望:《诸子集成·管子校正》,中华书局1986年版,第220页。
② 同上书,第219页。
③ 同上书,第272页。

称为"灵气""精神""鬼神""神祇",按照这种夸大,蓄养精气也就是养精气神的问题,这无疑为后来道教所提倡的修炼"精、气、神"埋下了伏笔。

三 汉初黄老学兴起于齐国

西汉初年是黄老学盛行的时期,它是战国南北两支黄老学交汇融合的结晶。当时信奉黄老学的人很多,宫廷有惠帝、吕后、文帝、景帝及窦太后,谋士文人有陆贾、贾谊、张良,臣下有曹参、汲黯、郑当时等。特别是汉文帝的皇后窦太后笃信黄老学,《史记·外戚世家》说:"窦太后好黄帝、老子言,帝及太子、诸窦,不得不读黄帝、老子,尊其术。"[1] 其提倡黄老术达四十五年之久。西汉初,由于秦王朝的残暴统治和长期战乱的摧残,社会生产力遭到了严重破坏,导致人口锐减、经济凋敝、国库空虚,出现了"自天子不能具钧驷,而将相或乘牛车,齐民无藏盖"[2] 的财政窘景。在这种危机条件下,废除秦王朝的苛法暴力和恢复生产、发展封建经济,稳定社会秩序,便成为上下一致的呼声。为此,公元前206年刘邦打到咸阳就召集各县父老宣废除秦苛法,并"约法三章",规定"杀人者死,伤人及盗抵罪。余悉除去秦法"[3]。这意味着西汉最高统治者在未称帝之前,就把秦朝极端有为的专制政治扭转成依法而治的开明政治,因而可视作西汉黄老无为政治的开端。不仅如此,刘邦及以后的惠帝、吕后、文帝、景帝在推行无为政治的同时,还实行了"奖励耕职""轻徭薄赋""与民休息"及缓刑等政治、经济和法律措施,尽量不干涉或少干涉广大下层民众的劳动和生活自由。在这种无为政治的刺激下,发端于战国时期的黄老学便盛行起来,并长达六七十年。汉初提倡的无为而治创造了历史上有名的"太平盛世",即"文景之治"。

西汉初虽然是黄老学盛行的时期,但它的这个"盛行"是以曹参用"黄老术"治齐为试验的。从一定意义上说,曹参的"黄老"治齐既是西汉用黄老学治国的最早实践,又是汉初黄老学盛行的前奏阶段。因此,我们可以理直气壮地断定,西汉黄老学的盛行,最早兴起于山东地域的齐

---

[1] (汉)司马迁:《史记》,中华书局1982年版,第1975页。

[2] 同上书,第1417页。

[3] 同上书,第362页。

国,齐地黄老学才是汉初黄老学盛行的先行者和前奏。

曹参是汉高祖刘邦的同乡,他跟随刘邦起兵有功,被封为齐国的相国。他在做相国的时候,找到了一位隐居在胶西高密的"善治黄老言"的盖公,问他怎样安集百姓,盖公对曹参说:"治道贵清净而民自定,推此类具言之。"① 盖公把"清净"作为治国的"贵道",这实际上是对老子"我无为而民自化,我好静而民自正"等思想的继承和发挥。曹参在齐国做了九年的相国,用盖公所说这种清净无为之道进行治理,结果大见成效,使齐国的生产和人民生活水平得到了很大发展与提高。汉中央政府的丞相萧何去世后,曹参被召到中央政府做丞相,仍然用清静无为的治道管理国家和社会。他什么事情也没有变动,一切都遵照刘邦和萧何的办法,依乎法令、循乎制度,让臣下和各级官吏去具体作为,结果也使中央政权的治理大见成效。老百姓歌颂曹参说:"萧何为法,顜如画一。曹参代之,守而勿失。载其清净,民以宁一。"② 可见,曹参所用盖公"黄老言"的基本精神,就是以两汉制定的新法令、新制度为后盾,以君无为而臣有为的政术为手段,以清净无为的治道少干涉或不干涉民众为内容,去达致以无为行有为的政治目的,因而,曹参以"黄老言"治齐便为汉初黄老学的盛行及"文景"之治的出现输送了经验和理论。

不仅如此,曹参的黄老之治还揭示了齐地黄老学是西汉黄老学盛行的学派源头。也就是说,汉初黄老学虽然是战国南北两支黄老学的整合,但汉初黄老学最早直接接触的战国黄老学则是生活在齐地的盖公一派。对于盖公一派的传行,《史记·乐毅列传》说:"乐臣公学黄帝、老子,其本师曰河上丈人,不知其所出。河上丈人教安期生,安期生教毛翕公,毛翕公教乐瑕公,乐瑕公教乐臣公,乐臣公教盖公。盖公教于齐高密、胶西,为曹相国师。"③ 唐兰先生曾认为"盖公的老师乐臣公在赵国将灭之前流徙到齐国";学界认为《史记·乐毅列传》"记载的是黄老学从战国到西汉初年的传行系统,其中提到的都是燕齐人,而河上丈人与安期生又是盛传一时的海上仙人,这说明这个传行系统只是反映了北方黄老学的源流演变过程";这个传行系统"从河上丈人到盖公这派黄老学者,活动时代在

---

① (汉)司马迁:《史记》,中华书局1982年版,第2029页。
② 同上书,第2031页。
③ 同上书,第2436页。

战国至西汉初"。① 由此可以看出，齐地不仅是西汉盛行时期的黄老术、黄老言的最早实践地、兴起地和输送地，而且它也是整个汉初黄老学兴起、输送和传播的学派之源。燕齐人则充任存在于齐国的这个从战国到西汉初的黄老学派诸多的学者。

四 从西汉初黄老学到黄老道

汉武帝采纳董仲舒"罢黜百家，独尊儒术"的建议后，盛行于汉初的黄老学开始退出宫廷政治，而作为一种思想暗流在民间延续着，并演化形成东汉的黄老道。黄老道是中国早期道教产生的前奏，这个前奏的出现则与齐地、齐人、齐黄老学关涉密切。

（一）神化黄帝、老子

战国至秦汉间的黄老学虽然崇拜和信仰黄帝，但这主要是从黄帝作为历史人物着眼的，其在总体上应属于理性探求和理性思维范畴。但到汉武帝之后，情况就不同了，黄帝被打扮成一个得道成仙的神人。据《史记·封禅书》记载，元鼎元年（前116）夏，汾阳巫锦为民祠后土，得到一个宝鼎，若干年后，他献给了汉武帝。此时，方士公孙卿便乘机献一札书，书中言：黄帝曾于朔旦冬至得宝鼎，并问于鬼臾区，鬼臾区说朔旦冬至得宝鼎是天之纪，终而复始，于是黄帝迎日推策，后率二十岁复朔旦冬至，这样推算了二十次，过了三百八十年，终予成仙登天。汉武帝得此札书，非常欢喜，乃召问公孙卿，卿对曰："受此书申公。申公已死。"公孙卿则假借申公之名做了论述，《史记·封禅书》中有其记载。

对黄帝既能封禅，又能神游天下，还能修炼三百八十年"终于成仙登天"的描写，实际上是借假公孙卿半神仙半方士所受"书"的一次神化黄帝的造作闹剧，迷恋于神仙方术的汉武帝竟然相信了公孙卿，说"吾诚得如黄帝，吾视去妻子如脱躧耳"，并拜公孙卿为郎，与公孙卿等诸生议封禅。其实，汉武帝神化黄帝早在齐地、齐文化那里就发生了，像黄帝在"阪泉之战"和"涿鹿之战"后被神化为"中央天帝"；邹衍五德终始说中说黄帝属于"土德"，"土气胜，故其色尚黄。其事则土"（《吕氏春秋·应同》）；《史记·封禅书》认为黄帝的名字源于"土德"，

---

① 丁原明：《黄老学论纲》，山东大学出版社1997年版，第45—46页。

"有土德之瑞，土色黄，故称黄帝"等。这些就给作为"人"的黄帝披上了"神"的面纱。更值得指出的是，汉武帝时的这次神化连学者老子也一起神学化了，他们"把黄帝和老子视为羽化登天的仙人"①，即所谓"黄帝登仙，其臣左彻者，削木象黄帝，帅诸侯以朝。七年不还，左彻乃立颛顼，左彻亦仙去也"②。

（二）黄老学演变为黄老道

西汉反映黄老学的现存著作除《论六家要旨》外，还有《文子》《淮南子》及西汉末隐士严君所著《老子指归》等。这些著作大致都体现了黄老学以道治国为主而次及治身的思想内容与特征。《老子道德经河上公章句》虽然有人认为产生于西汉，有人认为出于东晋葛洪之手，③还有人认为问世于东汉中后期，④但其不同于上述几部黄老学的著作，它"对治国与治身之道虽皆有论述，但其重点都在治身养生，带有东汉黄老学的特征"，并且"直接以黄老养生思想解释老子的汉代典籍，现在仅有《河上公章句》一书"⑤。笔者认为，《老子道德经河上公章句》成书时间约在两汉之际或在东汉前期。当时，谶纬神学盛行，外戚、宦官、豪强轮流专政，搅得天下非常黑暗。在这种境遇下，包括统治阶层在内的众生，性命无常，其身难保，很容易产生飞升成仙的宗教信仰。仅就《老子道德经河上公章句》渴望长寿的内容来说，它主要讲了行气、固精和保养精神之道。认为人禀天地之和气而生，和气存则生，和气散则亡，故善摄生者必须保养和气。它称男女之精为"精气"，认为治身的秘诀是不放逸精气，而是男女在交合中要做到固精化气，以返精补身补脑，即所谓房中固精之道。它还认为"人之所以有生者，以有精神"。这个精神不仅指思虑意念，嗜欲情色，还指潜藏在人体五脏中的神魂、精灵，故欲长生必须排除思虑杂念，去情去欲，保持形体和精神的虚、精和专一，以达至形神不离的永生境地，此即保养精神之道。河上丈人本是齐地黄老学传行中的一个节结人物，他在传说的过程中又被描绘得半道家半神仙。而在两汉之际的黄老思想转折中，有《老子道德经河上公章句》问世，这很可能是透

---

① 金晟焕：《黄老道探源》，中国社会科学出版社2008年版，第5页。
② （晋）张华等撰、王根林等核点：《博物志》，上海古籍出版社2012年版，第34页。
③ 金春峰：《汉代思想史》，中国社会科学出版社1987年版，第378、388页。
④ 王卡点校：《老子道德经河上公章句·前言》，中华书局1993年版，第3页。
⑤ 同上书，第11—12页。

过假托河上丈人这个特殊人物的著作来实现从西汉黄老学向黄老道转化的一个标志。并且，从《老子道德经河上公章句》宣传的行气、固精、保养精之道来说，似没有跳出《管子》四篇关于"精气"的窠臼，其与齐黄老学可谓同出一辙，但在东汉它已变质为黄老道，乃至整个黄老学便成了黄老道之养生修仙的代名词。

进入东汉后，黄老学越来越成为养生修仙的代名词。怎样怡养性情、延年益寿，怎样离世居遁、独善其身等，则成了社会上下所关注的问题。《后汉书·光武纪》载，光武帝的皇太子曾谏劝日夜操劳的光武帝："陛下有禹汤之明，而失黄老养生之福。愿颐爱精神，优游自宁。"① 《后汉书·任隗传》记载，东汉章、和二帝时任"司空"高官的任隗，"少好黄老，清静寡欲"②。《后汉书·樊晔传》也记载："少融为俊才，好黄老，不肯为吏。"③ 随着养生之风的蔓延，东汉还出现了一批隐遁谷穴以求淡泊，依赖于松、乔导引之术而求长生不死的半道家半神仙家式的人物。如《后汉书·矫慎传》载，逸民乔慎"少学黄老，隐遁山谷，因穴为室，仰慕松、乔导引之术"④ 等。东汉王充（27—约97）在《论衡》中曾经把上述追求黄老养生长寿的一类人物称为"辟谷不食的道术之人"⑤，认为他们是通过吐纳、辟杀、服药、道引等追求不老长生的学派，说：

> 道家相夸曰："真人食气，以气而为食"。故传曰："食气者寿而不死，虽不谷饱，亦以气盈。"⑥
>
> 道家或以导气养性，度世而不死。以为血脉在形体之中，不动摇屈伸，则闭塞不通，不通积聚，则为病而死。⑦
>
> 道家或以服食药物，轻身益气，延年度世。⑧
>
> 世或以老子之道为可以度世，恬淡无欲，养精爱气。夫人以精神

---

① （南朝宋）范晔：《后汉书》，（唐）李贤注，中华书局1965年版，第85页。
② 同上书，第753页。
③ 同上书，第2495页。
④ 同上书，第2771页。
⑤ （东汉）王充：《论衡》，中华书局1985年版，第79页。
⑥ 同上。
⑦ 同上。
⑧ 同上。

为寿命，精神不伤，则命长而不死，成事。老子行之，逾百度世，为真人矣。①

王充在这里所指斥的长生不老的学派，实际上就是当时由黄老学派演化而来的黄老道。

（三）黄老与浮屠并称、并列、并祀

东汉初期，佛教传入中原地域。为了尽快得到汉文化的认同，佛教便与黄老道相攀结，于是东汉的一些统治者把黄老、浮屠看成是一体的。如汉光武帝的儿子楚王英，"晚年更喜黄老，学为浮屠，斋戒祭祀"②。又如桓帝时的襄楷上疏称："闻宫中立黄老、立浮屠之祀。"③ 甚至世代信图谶的杨厚，晚年也"修黄老，教授门生，上名录者三千余人"④。黄老与外来宗教浮屠得以并称、并列与并祀，足以证明东汉后期的黄老道势力相当庞大，其地位和尊严也得到了相当提升，这应是黄老道在东汉演化形成的又一标志。黄老学在东汉所以得到如此之快的膨胀，从外在因素上说是它受到了佛教和图谶迷信的刺激，从内在因素来说，则是它把包括道家在内的中国文化中的神秘主义做了淋漓尽致的发挥，反过来为早期道教的产生提供了适宜的思想文化土壤。

第五节 谶纬神学与山东道教

两汉儒学经历了一个儒学政治化、经学化和神学化的演变过程。就其神学化过程来说，两汉中期董仲舒建立的天人感应的神学目的论首开东汉神学迷信之先河。谶纬神学思想兴起于西汉末年，在东汉时期达到兴盛并居统治地位，成为当时广泛流行的一种社会思潮。谶纬思想充斥着浓重的神学迷信色彩，对两汉的政治、经济、宗教以及各种学术思想的发展产生了深刻的影响，并为东汉时期山东地域神仙方术及早期道教的形成注入了神秘主义的内涵。

---

① （东汉）王充：《论衡》，中华书局1985年版，第78页。
② （南朝宋）范晔：《后汉书》，（唐）李贤注，中华书局1965年版，第1428页。
③ 同上书，第1082页。
④ 同上书，第1050页。

一 谶纬神学

谶，是秦汉间巫师、方士编造的预示吉凶的隐语。纬书，汉代附会儒家经义的一类书，主要宣扬神学迷信，但也记述了一些天文、历法等方面的知识，简称"纬"。谶预言吉凶祸福的征兆，主要是预示国家兴亡和君主祸福的一种隐语或预言，具有明显的宗教神学色彩。《说文解字》云："谶，验也，从言，韱声。有征验之书。河、洛所出书曰谶。"① 《后汉书·张衡传》曰："立言于前，有征于后，故智者贵焉，谓之谶书。"② 它通常是用语言、文字、符号、图形或其他形式对社会人事做出先兆式的预示。"谶书"是指附会《河图》《洛书》一类的书。《河图》曰："少室山，其上有白玉膏，一服即仙矣。"③《太平御览》卷五十九引《龙鱼河图》曰："玄洲在北海中，地方三千里，去南岸十万里，上有芝著玄涧，涧水如密味，服之长生。"④《河图玉版》《龙鱼河图》即谶纬书，在谶纬书中记载方仙道服食长生之术，体现了谶纬与神仙方术的相互融合。"纬"，《说文解字》曰："纬，织衡丝也。"段玉裁注："引申为凡交会之称。汉人左右六经之书谓之秘纬。"⑤ "纬"相对于"经"而言，苏舆云："纬之为书，比傅于经，辗转牵合，以成其谊，今所传《易纬》、《诗纬》诸书，可得其大概，故云反覆围绕以成经。"⑥ 纬书主要是以阴阳五行、天人感应、灾异符命来解释儒家经典。

谶语早在春秋战国时期就已出现，并被燕齐海上方士所利用。《史记·秦始皇本纪》记载："燕人卢生使入海还，以鬼神事，因奏录图书，曰：'亡秦者胡也。'"⑦ 方士卢生为说明鬼神之事，向秦始皇奏上谶纬图书，书上说："亡秦者胡也。"从当时的政治形势分析，秦始皇认为"胡"应指北方匈奴。秦始皇统一全国后，在北部边疆的匈奴对其威胁是最大

---

① （汉）许慎撰，（清）段玉裁注：《说文解字注》，上海古籍出版社1981年版，第90页。
② （南朝宋）范晔：《后汉书》，（唐）李贤注，中华书局1965年版，第1912页。
③ 安居香山、中村璋八辑：《纬书集成》，河北人民出版社1994年版，第1216页。
④ （宋）李昉：《太平御览》，中华书局1960年版，第284页。
⑤ （汉）许慎撰，（清）段玉裁注：《说文解字注》，上海古籍出版社1981年版，第644页。
⑥ （清）王先谦：《释名疏证补》，上海古籍出版社1984年版，第309页。
⑦ （汉）司马迁：《史记》，中华书局1982年版，第252页。

的，秦和匈奴经常爆发战争，于是秦始皇便派将军蒙恬发兵三十万攻击胡人。但最终秦并非葬于胡人之手，而是灭于秦二世胡亥。谶纬神学兴盛之时，谶纬家们便攫取这一大好机会大肆利用，穿凿附会，认为"亡秦者胡也"的"胡"是胡亥，试图以此来提升谶纬神学的地位和权威。谶语流行于齐地，并影响了董仲舒，学界有所谓董学齐风之说，同时也影响了东汉谶纬的兴盛。谶纬对山东早期道教的影响，一是燕齐方士创制谶纬；二是谶纬影响了与山东道教有关联的早期经典《太平经》一书。

二 谶纬与齐鲁文化

从文化背景上审视，谶纬神学的产生应属于两汉时期齐、鲁文化彼此渗透、浸润而产生于山东地区的特质文化形态。齐鲁文化由两个各有特点的齐文化和鲁文化组成。鲁学以儒学为本，祖述尧舜，循旧保守，自为正统，是君子之言；齐学兼采宽容，诸子并立，其中充满着更新进取精神，为齐东野语。方士文化是齐文化的流变，它是秦汉之际生长流传于山东的地域性、特征性文化。鲁文化是山东文化的主流，是齐鲁文化的重要组成部分，而鲁文化则以儒学为正统。齐鲁文化毗邻而居相互影响、相互渗透，在两汉时期一个重要的表现，即出现了方士的儒生化、儒生的方士化的文化现象。西汉时，齐学占据着统治地位，如春秋公羊学在当时就有相当重要的地位。董仲舒就以治公羊春秋闻于当世，更以春秋大一统思想闻名于世。董仲舒的思想中十分突出儒学的地位，如他的罢黜百家、独尊儒术思想等。但需要指出的是，董仲舒虽然主张把儒家放在十分突出的地位，但并非要禁止其他学派的发展，因为董仲舒本人对先秦儒家思想进行的改造和创新就吸收了道法阴阳思想。[1]

谶纬之学盛行，主要表现为神化孔子，将其塑造成为具有宗教神圣化的神人。在谶纬学中，儒学被世俗化和神秘化，孔子也被刻画成具有宗教祀奉性质的神人。谶纬"当溯源于邹衍及其燕齐海上之方士"[2]。"谶纬为齐学"[3]，"是构成齐文化的一个重要组成部分"[4]。《汉书·眭两夏侯京翼

---

[1] 李定生：《董仲舒与黄老之学——儒学之创新》，《中国哲学》1995年第4期。

[2] 陈槃：《谶纬溯源》，《历史语言研究所集刊》（第11本），江苏古籍出版社1971年版，第317页。

[3] 钟肇鹏：《谶纬与齐文化》，《管子学刊》1993年第3期。

[4] 同上。

李传赞》记载：

> 汉兴推阴阳言灾异者，孝武时有董仲舒、夏侯始昌，昭、宣则眭孟、夏侯胜，元、成则京房、翼奉、刘向、谷永，哀、平则李寻、田终术，此其纳说时君著名者也。①

这其中多数人都是儒家学派的人物，董仲舒更是儒家学派中举足轻重的大儒。董仲舒把阴阳五行思想引入儒家，建立了以天人感应为哲学基础的浓厚的、神秘的儒学体系。

（一）谶纬神学以阴阳五行为骨架

谶纬神学与山东地域阴阳五行具有密切的关系。"谶纬的内容虽无所不包，而其主导思想则是以阴阳五行为骨架的天人感应神学目的论。"②战国末期齐国阴阳家邹衍，将传统阴阳、五行观糅合在一起，赋予了神秘的色彩，形成五德终始说的理论体系，以金、木、水、火、土"五德"解说王朝的兴替，成为统治者改朝换代的政治工具。邹衍的五德终始说对汉代儒生产生了深刻的影响，西汉时期，董仲舒吸收了邹衍五德终始说中天人感应的思想元素，成为两汉之际谶纬神学的重要思想渊源。

（二）阴阳灾异说是谶纬神学的滥觞

西汉时期儒家今文经学者以"阴阳灾异"说阐经释义，使儒学渐趋神秘化，从此使阴阳灾异说成为谶纬神学之滥觞。刘师培说："周秦以还，图篆遗文，渐与儒道二家相杂，入道家者为符箓；入儒家者为谶纬。董（仲舒）、刘（向）大儒，竞言灾异，实为谶纬之滥觞。"③《章太炎语萃》云：

> 燕，齐怪迂之士，兴于东海，说经者多以巫道相糅。……伏生开其源，仲舒衍其流。……谶纬蜂起，怪说布彰，曾不须臾，而巫蛊之祸作，则仲舒为之前导也。自尔或以天灾变异，宰相赐死，亲藩废

---

① （汉）班固：《汉书》，中华书局1962年版，第3194—3195页。
② 钟肇鹏：《谶纬略论》，辽宁教育出版社1991年版，第89页。
③ 刘师培：《国学发微》，《刘师培全集》（第1册），中共中央党校出版社1997年版。

黜，巫道乱法，鬼事干政，尽汉一代，其政事皆兼循神道。①

伏生，齐人。伏生所传《尚书大传》，属于今文经学派已渗透进谶纬的灾异之说。在《四库全书总目》中有这样一段论述："盖秦汉以来，去圣日远，儒者推阐论说，各自成书，与经原不比附。如伏生《尚书大传》、董仲舒《春秋阴阳》，核其文体，即是纬书。特以显有主名，故不能托诸孔子。"②

三 《太平经》与谶纬神学

谶纬神学产生于董仲舒"罢黜百家、独尊儒术"之后。此时的神仙方术与谶纬迷信相互融合、吸收，对早期道教经典《太平经》的问世产生了重要影响。谶纬神学与神仙方术相结合的最有力证明，是道教经典《太平经》的问世。《太平经》大量吸收了神仙方术及谶纬神学，为山东早期道教增添了更多神秘化、神圣化的内容。其主要表现在以下几个方面：

《太平经》卷六十九的标题即为"天谶支干相配法"③。所谓"天谶"，为"皇天所预示的万世不可更改又绝对灵验的兆象与格法，即四时五行阴阳之道"④。本卷中有颇多"天谶"之词。如"诸弟子恐一旦与师相去，无可复于质问疑事，故触冒不嗛，问可以长久安国家之谶，令人君常垂拱而治，无复有忧……然诸真人思精进乎？深眇哉所问，乃求索洞通天地之图谶文，一言乃万世不可易也"⑤；"天常谶格法，以南方固为君也。故日在南方为君也……故天谶常以日占君盛衰也。真人知之耶？"⑥"善哉，子之难也，得天谶诀意"⑦；"行，子少觉矣。德君据吾天谶以治，万不失一也"⑧；"为诸真人重明天谶格法。日者生于少阳，盛于太阳；月

---

① 姜义华：《章太炎语萃》，华夏出版社1993年版，第9页。
② 文渊阁《四库全书总目提要》卷六《易纬坤灵图》。
③ 王明：《太平经合校》，中华书局1960年版，第261页。
④ 杨寄林：《太平经今注今译》，河北人民出版社2002年版，第614页。
⑤ 王明：《太平经合校》，中华书局1960年版，第261页。
⑥ 同上书，第262页。
⑦ 同上书，第266页。
⑧ 同上书，第268页。

者生于少阴，盛于太阴"①；"真人欲知天谶审实，从天地开辟以来，诸纵令兵武备，使王纵酒，使王从女政……少阴太阴与地属西北"②；"又天谶格法，东南为天斗纲斗所指向，推四时，皆王受命"③。

《太平经》卷五十《神祝文诀》云书中的"神祝文"为"天上神谶语也，良师帝王所宜用也，集以为卷，因名为祝谶书也"④。再如《太平经》卷一百零九《四吉四凶诀》云："天地手策贡士四吉四凶短命符续命符安国得天地心群神喜谶。"⑤ 这些内容与《春秋纬》中的内容基本相契合，《太平经》的部分内容是据谶纬而演绎出来的。⑥

另外，《太平经》卷三十八《师策文》也与谶纬之说有关。⑦《太平经》中的《师策文》当属先秦、秦汉时期神仙方术的祝由或谶语，即属于《包元太平经》之前的草本"太平本文"⑧。《师策文》在《太平经》卷一百一十九《三者为一家阳火数五诀》中又称"天策书"⑨，《师策文》为《太平经》之总纲，短短90余字中却含有阴阳五行、治国修炼之纲纪、神仙思想等内容，为"上天之意"，是"绝对灵验的隐语"。这种先作暗示之后再大加解释说明天意的"隐语"一直是谶语的出世方式，因此《太平经》遵循了谶纬的思想路数。⑩

总之，谶纬神学为东汉时期山东地域神仙方术及早期道教的形成注入了神秘主义的文化内涵，对山东道教的形成起到了一定的推动作用，并对两汉的政治、经济、宗教以及各种学术思想的发展也产生了深刻的影响。谶纬与神仙方术相互融合、吸收、形成了早期道教经典《太平经》，为山东地域方仙道之方术增添了更多神秘化、宗教化和神圣化的内容。

---

① 王明：《太平经合校》，中华书局1960年版，第271页。
② 同上。
③ 同上书，第272页。
④ 同上书，第181页。
⑤ 同上书，第522页。
⑥ 李养正：《〈太平经〉与阴阳五行说、道家及谶纬之关系》，《中国道教》1984年第15期。
⑦ 王明：《太平经合校》，中华书局1960年版，第62页。
⑧ 姜守诚：《〈太平经〉研究——以生命为中心的综合考察》，社会科学文献出版社2007年版，第21页。
⑨ 王明：《太平经合校》，中华书局1960年版，第679页。
⑩ 李铁华：《〈太平经〉与谶纬关系考析》，《宗教学研究》2013年第1期。

第六节 《太平经》与山东道教

对于《太平经》与山东齐地之关系，汤用彤先生《读〈太平经〉书所见》认为："西汉成帝时，齐人甘忠可，陈赤精子下教之道，诈造《天官历·包元天平经》十二卷。于吉之《太平经》上接齐人甘忠可而来。"① "关于《太平经》的作者，范晔《后汉书·襄楷传》载，桓帝延熹八年（166），襄楷给皇帝的奏疏说：'臣前上琅邪宫崇受于吉神书，不合明听。'又上书说：'前者宫崇所献神书，专以奉天地，顺五行为本；亦有兴国广嗣之术。其文易晓，参同经典。而顺帝不行，故国胤不兴'。"② 关于《太平经》作者于吉（也称干吉），《三国志·孙策传》裴松之注引《江表传》云："时有道士琅邪于吉，先寓居东方，往来吴会，立精舍，烧香读道书，制作符水以治病，吴会人多事之。"③

道教形成的重要标志是《太平经》的出现。在《太平经》的形成过程中，齐地人甘忠可起了重要作用。甘忠可力求使战国时期的各种方术系统化、全面化、学术化，以"包元"思想为中心，以天地人为内容，汇编了一部具有方技和数术在内的方术经典——《包元太平经》。其书共分十二卷，含大量儒家谶纬学之说，已现儒道相融之势，其名取自纬书《春秋·元命苞》："元气之苞含，所以含精藏云，故触石而出，圣人一其德者循其彻，长生久视。"其成书格式采用仙人"下凡"亲授的形式。《汉书·李寻传》记载："汉家逢天地之大终，当更受命于天，天帝使真人赤精子，下教我此道。"④ 因言汉家气运已尽，应重新受命于天，被认为罔上惑众，入狱病死。

对于《太平经》成书时间及其在道教史上地位的研究由来已久，许多学者首先从《太平经》出世的真伪展开考证。汤用彤先生于1935年在《国学季刊》第5卷第1期上发表了长文《读〈太平经〉书所见》⑤，"这是国内学术界对《太平经》的创始性研究。文中考证该经为汉代作品，

---

① 汤用彤：《汤用彤全集》，河北人民出版社2000年版，第261—262页。
② 王明：《道家和道教思想研究》，中国社会科学出版社1984年版，第198页。
③ （晋）陈寿：《三国志》，陈乃乾校点，中华书局1959年版，第1110页。
④ （汉）班固：《汉书》，中华书局1962年版，第3192页。
⑤ 汤用彤：《汤用彤全集》（第5卷），河北人民出版社2000年版，第246—272页。

解决了《太平经》的成书年代问题"①。由此，人们得出了"《太平经》的行世是道教产生的重要标志"的结论。汤用彤还阐释了《太平经》与黄老的关系，认为"《太平经》亦为安身治国之方，颇含黄老无为之理"。《汉书·东方朔传》注引《黄帝泰阶六符经》推断其时所谓黄帝之道，已有太平之义。而黄老道术，亦与阴阳历数有关。"平则阴阳和，风雨时，社稷神祇咸获其宜，天下大安，是为太平。"② 所以，"盖《太平经》虽在今日为道教所不注重，然实可谓为道经之最先者，非若《道德》、《南华》诸经，借诸道家者可比也"③。根据已有的资料和考证可以看出《太平经》与山东地域、山东方士、齐鲁文化有着密切的关系，《太平经》的问世标志着早期道教的基本形成。

一 《太平经》与山东地域

《太平经》蕴含着山东地域特有的宗教文化意识以及当时社会基层民众的精神需求。山东地域由于特有的半岛地理位置和天海一色的自然风光，使人们常常焕发出无限的遐想和对天地海洋的无限崇拜。进而在这种自然环境和文化背景下产生了仙山、仙人、仙药的传说以及大批从事求仙问道的方士，山东地域的方仙道、神仙家逐渐增多，为《太平经》的诞生孕育了肥沃的土壤。

《太平经》亦称《太平清领书》，其所以能诞生于东汉末年，有着深刻的社会历史条件，并与山东地域神仙文化传统和庞大的方士队伍密切相关，而于吉、宫崇及《太平清领书》在山东琅琊地区出现，并能进入宫廷而流传下来，得益于山东地域特有的地域文化和人文历史条件。关于甘忠可造作《包元太平经》④ 以及与山东地域、人物之间的关系，《汉书》卷五十七《李寻传》载：

---

① 赵建永：《汤用彤对〈太平经〉的考证研究》，《中国道教》2004年第5期。
② （汉）班固：《汉书》，中华书局1962年版，第2851页。
③ 傅勤家：《中国道教史》，上海书店1984年版，第57—58页。
④ 初成帝时，齐人甘忠可造作《天宫历·包元太平经》十二卷，因甘忠可语涉朝政而招致伏诛。《包元太平经》也被禁止流传。但甘忠可弟子夏贺良等仍隐秘传授。汉传本经信徒们不断增补扩充，到汉顺帝时（126—144）便已经于吉集成一百七十卷的《太平清领书》。现存《太平经》中推阴阳、言灾异、论道德、谈天谶的内容，应是《包元太平经》保留下来的重要部分。

初，成帝时，齐人甘忠可诈造《天官历·包元太平经》十二卷，以言"汉家逢天地之大终，当更受命于天，天帝使真人赤精子，下教我此道。"忠可以教重平夏贺良、容丘丁广世、东郡郭昌等，中垒校尉刘向奏忠可假鬼神罔上惑众，下狱治服，未断病死。贺良等坐挟学忠可书以不敬论，后贺良等复私以相教。哀帝初立，司隶校尉解光亦以明经通灾异得幸，白贺良等所挟忠可书。事下奉车都尉刘歆，歆以为不合《五经》，不可施行。而李寻亦好之。光曰："前歆父向奏忠可下狱，歆安肯通此道？"时郭昌为长安令，劝寻宜助贺良等。寻遂白贺良等皆待诏黄门，数召见，陈说："汉历中衰，当更受命。成帝不应天命，故绝嗣。今陛下久疾，变异屡数，天所以谴告人也。宜急改元易号，乃得延年益寿，皇子生，灾异息矣。得道不得行，咎殃且亡，不有洪水将出，灾火且起，涤荡人民。"

哀帝久寝疾，几其有益，遂从贺良等议。……以建平二年为太初元年，号曰陈圣刘太平皇帝。……贺良等复欲妄变政事，大臣争以为不可许。……贺良等反道惑众……执左道，乱朝政，倾覆国家，诬罔主上，不道。贺良等皆伏诛。①

根据以上所引史料，汤一介在考证《天官历·包元太平经》与山东地域的关系时认为：甘忠可为齐人；"重平"，服虔注为"渤海县"。甘忠可、夏贺良、丁广世等皆为山东沿海一带的人。而燕齐一带自战国后期以来是阴阳五行、神仙方术最为流行的地方。于吉也是山东近渤海地方的人，他得神书的地点"曲阳"汉时属东海郡，也在齐地。我们虽不能据此就断定《太平经》是直接由《包元太平经》演变而成，但《太平经》成于燕齐神仙方术、阴阳五行流行的地域当非偶然。②《后汉书·襄楷传》记载：东汉顺帝时"琅琊宫崇诣阙，上其师干吉于曲阳泉水上所得神书百七十卷，皆缥白素、朱介、青首、朱目，号《太平清领书》"③。又载：桓帝延熹九年，襄楷上疏曰："臣前上琅玡宫崇受于吉神书，不合明听。""复上书曰……前者宫崇所献神书，专以奉天地。顺五行为本，亦有兴国

---

① （汉）班固：《汉书》，中华书局1962年版，第3192—3193页。
② 汤一介：《魏晋南北朝时期的道教》，陕西师范大学出版社1988年版，第23页。
③ （南朝宋）范晔：《后汉书》，中华书局1965年版，第1084页。

广嗣之术，其中易晓，参同经典。而顺帝不行，国胤不兴。"①《历世真仙体道通鉴》卷二十载："宫崇者，琅琊人也。有文才，著书百卷。师事仙人干吉。汉元帝时，崇随吉于曲阳泉上遇天仙，授吉青缣朱字《太平经》十部。吉行之得道，以付崇。"②清末名士沈曾植在《海日楼札丛》一书中谈到《包元太平经》的地域性时指出："甘忠可齐人，传《太平经》者亦皆齐人，于吉之《太平经》，殆忠可之传也。"③

陈寅恪的《天师道与滨海地域之关系》一文在探讨《太平经》与山东地域的关系时指出：《包元太平经》与《太平清领书》二者之间存在一些明显的共同特征，如共同的地域特征——齐地或临近海滨；相似的内容与旨趣——兴国广嗣之术。④齐人甘忠可造作《包元太平经》，其传播者、信奉者和追随者均为西汉时期山东地域的齐地一带及其周边地区，史称"燕齐"。西汉时齐郡即今淄博一带，其都城为今临淄。齐地的地域范围非常广泛，大致拥有鲁之安阳（今费县）、都（今兖州、泗水一带）、莒（今莒县城）诸地，卫之贯丘（今曹县），魏之襄陵（今邹县）、观（今河南清丰南），以及燕之桑丘（今河北徐水县西南）等地。

齐人甘忠可造作《包元太平经》，甘忠可及其弟子借助太平道将《太平经》丰富、发展和传播，从《包元太平经》到《太平清领书》，后经帛和、于吉等人的演绎和扩充，又经于吉汇集民间各种不同传本，于吉曲阳编纂而成一百七十卷"⑤。其信徒夏贺良，重平人，西汉时重平属于幽州渤海部；丁广世是容丘人，西汉时容丘属于青州东海部；郭昌是东郡人，西汉时东郡为青州东郡，即今濮阳一带；李寻是平原人，西汉时平原属青州平原郡。于吉是北海人，东汉时北海国与齐国是相邻的郡国；宫崇是琅琊人，东汉时琅琊属琅琊国。这些地方都在燕齐一带，方士、神仙家，方仙道、黄老道太平道在这一带绵绵传递，对《太平经》的成书起到了重要影响。山东方士、神仙家、方仙道和黄老道思想，为《太平经》的形成提供了土壤，《太平经》是山东方士在齐地文化的潜移默化下不断努力和创造的结晶，显示出齐文化的灿烂光辉，是山东道教形成和发展的重要

---

① （南朝宋）范晔：《后汉书》，中华书局1965年版，第1080—1081页。
② 《道藏》（第5册），文物出版社、上海书店、天津古籍出版社1988年版，第215页。
③ 沈曾植撰，钱仲联辑：《海日楼札丛》（外一种），中华书局1962年版，第233页。
④ 陈寅恪：《金明馆丛稿初编》，上海古籍出版社1980年版，第18页。
⑤ 李养正：《道教概说》，中华书局1989年版，第21页。

标志性成果。《太平经》及相关文献记载的有关"齐国""渤海"①"琅琊"② 等地域都表示了《太平经》的形成与山东地域的齐及其周边地区的燕具有密切的关系。

二 《太平经》与山东方士

早在公元前219年秦始皇就开始海上巡游，汉武帝也多次东巡山东半岛寻求长生之药，许多来自齐地的方士受汉武帝希冀于鬼神赐福、追求长生不老的思想影响很大，山东半岛专门从事仙道的方士不可胜数，为山东道教的产生提供了重要人员准备。"神仙家（方士）的神仙信仰和方术皆为道教所承袭，神仙方术衍化为道教的修炼方术，神仙方士也逐渐衍化为道士。"③ 方仙道和黄老道思想的结合成为山东道教主要的思想源头，方士衍化为道士，成为山东道教形成的又一重要标志。山东半岛浓厚的民间信仰和庞大的方士队伍，为《太平经》在山东地域的诞生奠定了思想和人才基础。王明在《太平经合校·前言》中提出《太平经》不是一个人所为，而是"后来崇道的人陆续扩增，逐渐成为一百七十卷"，可见，没有一定的方士群体则《太平经》的形成是不可能的。

《太平经》最早出自于吉，这是史籍及道书基本相同的说法。所谓"干室""干君"，也都寓指于吉。于吉为何时人？一说为汉顺帝时琅琊宫崇的老师；一说为汉顺帝至汉献帝时人；一说为汉元帝、成帝甚至是周赧王或更早时人；还有人认为其乃三国时道士等。李养正根据《太平经》多处宣扬"火精道德之君"，按照汉代统治者自称"汉属火德"的内容，认为《太平经》当为汉代之作。又《太平经》所评议之时弊，大都为东汉之朝野情况，都系东汉景象，所以，认为《太平经》出自东汉顺帝时于吉之手。④ 然而，不管对于《太平经》形成的时间有着如何不同的看

---

① "渤海"夏贺良中的地域"渤海"，属汉代的"渤海郡"，又称"渤"，或作"勃"。秦汉时期的渤海，包括现在的渤海和黄海的北部，渤海中的三神山与海市相联系，应多指今天胶东半岛北部的海面，因这一带海面是海市蜃楼多发的地区。而且从后来秦始皇、汉武帝东巡祠神求药的活动范围看，几乎全部在胶东半岛一带。

② 琅琊，又称琅琊国，汉朝地名。古写作琅邪，位于今山东半岛东南部的胶南市琅琊镇，是八神之一的四时主之地。春秋战国时期琅琊是齐国主要城邑和港口。

③ 卿希泰、詹石窗：《道教文化新典》，上海文艺出版社1999年版，第217页。

④ 李养正：《道教概说》，中华书局1989年版，第20页。

法，也不管于吉为何时人，但于吉为东汉齐地琅琊人确实无可争议。

关于《太平经》的传承，《三洞珠囊》记载：帛和"以素书二卷授干君……曰卿归更写此书，使成百五十卷"①。王松年《仙苑编珠》也认为："于吉，北海人也患癞疮数年，百药不愈。见市中有卖药公，姓帛名和，因往告之，乃授以素书二卷。谓此书不但愈疾，当得长生，吉受之乃太平经也"②《太平经》原来只有很少几卷，后经帛和传于吉，于吉传宫崇，襄楷又得自宫崇，不断扩充，才成为一百七十卷。由于顺帝到灵献之世百余年间，《太平经》经过于吉、宫崇、襄楷等人之手是不断扩充的，所以，以后就可能流传不同卷数的《太平经》本。然而，从甘忠可、夏贺良等人直到干吉、宫崇、襄楷，这些人应属于山东地域的方士，他们尽管身份不完全相同，然而几乎全是齐地人。③ 因此，《太平经》的形成不但与山东齐地有密切关系，而且还为齐人所创作的，是齐地琅琊一带的方士帛和、于吉、宫崇、襄楷相互传承和发展的结果。

三 《太平经》与齐鲁文化

《太平经》融合神仙思想、天文历法、星占谶纬、受命术技等内容，被称为燕、齐海上方士之术经典之大成。《太平经》是早期道教形成和思想发展的重要成果，不但体现出了全民性，而且体现出了地域性。《太平经》是在特定的时期、特定的地区、特点的文化背景下形成和发展起来的，《太平经》的形成和发展得益于齐鲁文明肥沃的土壤，得益于齐鲁文化所具有的丰富内涵，具有独特的地域文化特征，蕴含着齐鲁文化的光芒和齐鲁地域文化的基本特征。

（一）齐地精气说与《太平经》

燕齐地区方士的学术思想对于《包元太平经》的形成起到了关键性作用。其中，齐地精气说以《管子》四篇为代表，认为"道"也叫作"精"，而"精"是一种物质，即最精细的"气"。《内业》篇说："精也者，气之精者也。"认为"凡人之生也，天出其精，地出其形，合此以为人"。人的产生是由"精气"和"形气"两种气相合而成的。"道"或

---

① 《道藏》（第25册），文物出版社、上海书店、天津古籍出版社1988年版，第298页。
② 《道藏》（第11册），文物出版社、上海书店、天津古籍出版社1988年版，第32页。
③ 杨寄林：《太平经——今注今译》，河北人民出版社2002年版，第7页。

"精气"是无形无声的，是构成天地万物的基本元素。精神、智慧是"道"或"精气"构成的。"道"或"精气"居住到人的形体之中，就产生人的精神、智慧。"气道乃生，生乃思，思乃知，知乃止矣。""精气"与形体沟通产生人，然后有思想，有知识。燕齐地区海上方士"为方仙道，形解销化，依于鬼神之事"，为《太平经》系统理论思想的形成奠定了思想文化和宗教基础。

战国末至秦汉的方士们把方技和数术紧密地结合起来，方士们依"气""阴阳""五行"思想，追求以"乘云气、御飞龙"的仙人为代表的天人合一的境界，[①] 最终形成了《太平经》的气论。《太平经》用"气""精气"来解释"道"与"一"。严格来说直接导源于西汉的"一"气化为阴阳，最终发展成为天地之气论，只不过将其神秘化、宗教化罢了。《太平经》认为："天地未分之时，积气都为一"，"一者，其元气所起也"。"夫物始于元气"，"元气乃包括天地八方，莫不受其气而生"。这些观点都是汉代常流行的，是对黄老道"元气"思想的继承和发展。在黄老道思想体系中，"道生万物"不为别事，就是由元气化生万物。为此，《太平经》对"元气"思想作了进一步的继承和发挥：

> 元气行道，以生万物，天地大小，无不由道而生者也。故元气无形，以制有形，以舒元气，不缘道而生。[②]
>
> 道无所不能化，故元气守道，乃行其气，乃生天地，无柱而立，万物无动类而生，遂及其后世相传，言有类也。[③]

黄老道把"元气"作为天地万物生成的根源。《太平经》则以"元气"分为天、地、人三体，而它们分别相当于"太阳""太阴""中和"三气。元气化为阴阳，二气就能生成万物，阴阳便是组成宇宙万物的根本能量。《太平经》认为，万物皆受阴阳二气而形成，万物悉受此二气以成形，合为情性，无此二气，不能生成。《太平经》曰："天下凡事，皆一阴一阳，乃能相生，乃能相养。一阳不施生，一阴并虚空，无可养也；一

[①] 金晟焕：《黄老道探源》，中国社会科学出版社2008年版，第56—57页。
[②] 王明：《太平经合校》，中华书局1960年版，第16页。
[③] 同上书，第21页。

阴不受化，一阳无可施生统也。"① 《太平经》还通过其"一"表达了"爱气、尊神、重精"基本的思想。

> 三气共一，为神根也。一为精，一为神，一为气。此三者，共一位也，本天地人之气，神者受之于天，精者受之于地，气者受之于中和，相与共为一道。故神者乘气而行，精者居其中也。三者相助为治。故人欲寿者，乃当爱气尊神重精也。②

"精""气""神"是人寿的基本条件，《太平经》对于"精气神"所具有的生命之根属性表示的基本态度乃为"爱气、尊神、重精"，这是"贵生"的基本要求和重要体现。贵生具有"神根"，这种"神根"乃为"三气共一"，三气者乃"精气神"，"此三者，共一位也"，这种"一"则为人生命之体现，人之生命之贵则体现了"精气神"所具有的生命之根。"贵生"之根"本天地人之气"，是宇宙运动与演化之体现，"精气神"所代表的生命存在则是天地人"相与共为一道"而产生的，生命的运动与演化则是"神者乘气而行，精者居其中"之表现。要实现"贵生"之目的，就必须顺应生命运动规律，保持和维护"贵生"所具有的生命之根，即"故人欲寿者，乃当爱气尊神重精也"。贵生之道就是建立在这种生命之根"爱气、尊神、重精"之上的对于生命尊重与爱护的思想与观点。

（二）儒家思想与《太平经》

《太平经》继承并发展了儒家思想，汉代董仲舒将阴阳五行与儒学相互融合，建立了系统而具有特色的天人感应学说体系。《太平经》运用神道设教的方式，吸收包容了邹衍、董仲舒的天人观，宣传君权神授、天人感应、善恶报应，以及"仁义礼智"思想，并以顺应五行之道、尊崇天地之自然为宗旨，按照五行相生相克以及天地自然之道来解释人类社会历史现象。

---

① 王明：《太平经合校》，中华书局1960年版，第221页。
② 同上书，第728页。

1. "阴阳五行"思想

《太平经》将阴阳五行思想运用于人类社会领域，要求在社会治政管理方面顺天地四时，一阴一阳为其用则其治长久。"故顺天地者，其治长久；顺四时者，其王日兴。道无奇辞，一阴一阳，为其用也。得其治者昌，失其治者乱，得其治者神且明，失其治者道不可行。详思其意，与道合同。"①《太平经》认为：

> 是故古者圣人独深思虑，观天地阴阳所为，以为法师，知其大□□万不失一，故不敢犯之也，是正天地之明证也，可不详计乎？可不慎哉？自然法也，不以故人也，是天地之常行也，今悉以告子矣。②

顺应四时五行是乐生恶死、以养其体的最好选择。"天下人乃俱受天地之性，五行为藏，四时为气，亦合阴阳，以传其类，俱乐生而恶死，悉皆饮食以养其体，好善而恶恶，无有异也。"③

2. "君权神授"思想

君权神授的理论在汉代有了系统的发展，董仲舒提出了"天意""天志"的概念，并且提出了"天人相与"的理论，认为天和人间是相通的，天是有意志的，是最高的人格神，是自然界和人类社会的最高主宰，天按照自己的面目创造了人，人应按天的意志来行动。《太平经》认为：

> 故君臣民当应天法，三合相通，并力同心，共为一家也。比若夫妇子共为一家也，不可以相无，是天要道也。此犹若人有头足腹，迺成一身，无可去者也；去之即不足，不成人也。是天地自然之数也。④

《太平经》还认为：

---

① 王明：《太平经合校》，中华书局1960年版，第11页。
② 同上书，第111页。
③ 同上书，第393页。
④ 同上书，第150页。

> 然助帝王治，大凡有十法，一为元气治，二为自然治，三为道治，四为德治，五为仁治，六为义治，七为礼治，八为文治，九为法治，十为武治。十而终也，何也？夫物始于元气，终于武，武者斩伐，故武为下也。①

在君权神授的情况下，《太平经》列举了十种治政的实施方法，如"元气治""自然治""道治"与"和治"等方面，而反对"武治"，认为"武者斩伐，故武为下也"。所以，"故天使元气治，使风气养物。地以自然治，故顺善得善，顺恶得恶也。人者，顺承天地中和，以道治，主动道。凡事通而往来，此三事应天地人识"②。所谓"三事者"乃"元气治""自然治""道治"，这种"三治"统治秩序之结果表现为"风气养物""顺善得善""顺恶得恶""顺承天地中和"等理想化的"神道"统治景象。

3. "天人感应"思想

天人感应是中国哲学思想中关于天人关系的一种学说，其基本思想为天能干预人事，人之行为亦能感应上天，自然界的灾异和祥瑞表示着天对人的罚赏。"汉武帝时，儒家的董仲舒，以'天命论'为核心，吸收邹衍神秘主义的阴阳五行说改造儒学，建立了以'天人感应'为理论基础的神学体系。"③"董仲舒正是把原来是自然的'天'，将之神秘化而成为有意志的人格神。"④ 他把"天"视为百神之君，有意志，亦有目的，具有喜怒哀乐之情，春夏秋冬四时就体现了天的喜怒哀乐，天能创造人类，目的只是为实现天的意志。"人之数当与天地相应，不相应力而不及，故得凶害也。"⑤ "凶害"之结果是由于人在对待与天之关系中"不相应"，而且不能够把握和顺应道所具有的客观规律，使人之力量与天之力量之间彼此难以相"及"，并导致最终造成人天感应之"凶害"。《太平经》认为：

> 故人取象于天，天取象于人。天地人有其事，象神灵，亦象其事

---

① 王明：《太平经合校》，中华书局1960年版，第254页。
② 同上书，第254页。
③ 李养正著，张继禹编订：《道教经史论稿》，华夏出版社1995年版，第311页。
④ 李锦全：《李锦全自选集》，中国文献出版社2000年版，第109页。
⑤ 王明：《太平经合校》，中华书局1960年版，第38页。

法而为之。故鬼神精气于人谏亦谏，常与天地人同时。是故神应天气而作，精物应地气而起，鬼应人治而斗。此三者，天地中和之疾使，随神气而动作，应时而往来，绝洞而无间，往来难知处。①

从"天气""地气"对于人气之感应，从而形成"中和"之气论述了天人感应的神圣性，并涉及三个方面："神应天气而作"，"精物应地气而起"，"鬼应人治而斗"，从而使"天气""地气"感应并干预"人治"，实现"天地中和"之目的。其内容不但涉及"生死性命""疾病健康"，而且还涉及"水火盗贼""遗亡器物""枉杀人者""取非义之财"等各个方面，表明天人感应的范围是广泛的，而表现的形式和方式则是神秘的、难以把握和预测的。

4."善恶报应"思想

《太平经》认为："善者致善，恶者致恶"，"善自命长，恶自命短，何可所疑所怨乎？"② 其善恶判断标准是建立在"道"之本质属性标准基础之上的，凡是符合"道"则为善，违"道"则为恶，即善者与道同称，恶者好反天道。《太平经》认为：

> 善者，乃绝洞无上，与道同称；天之所爱，地之所养，帝王所当急，仕人君所当与同心并力也。夫恶者，事逆天心，常伤人意；好反天道，不顺四时，令神祇所憎，人所不欲见父母之大害，君子所得愁苦也，最天下绝洞凶败之名字也。③

"善恶"标准是建立在人们生活实践基础之上，以"道"之本质属性为标准的"善恶"思想的体现，是道教生活观中不可替代的组成部分。《太平经》认为：

> 承者为前，负者为后；承者，乃谓先人本承天心而行，小小失之，不自知，用日积久，相聚为多，今后生人反无幸蒙其过谪，连传

---

① 王明：《太平经合校》，中华书局1960年版，第673页。
② 同上书，第525页。
③ 同上书，第158页。

被其灾，故前为承，后为负也。负者，流灾亦不由一人之治，比连不平，前后更相负，故名之为负。负者，迺先人负于后生者也；病更相承负也，言灾害未当能善绝也。①

一切善恶都具有生态伦理规则，这种规则均在宇宙天地运动控制和影响之下，只有顺而为之，才可以生活自然、善恶吉凶自应。在人们的生活实践中，只有顺应天地善恶之属性，端正一颗"清静"之心，才可以实现"至诚感天"，顺道而为之，无有恶意，扬善抑恶，还生活所具有的本来面目。

5."仁义礼智"思想

《太平经》融合了儒家"仁义礼智"思想，并强调"仁"在人类社会中的核心作用，认为："天有六甲四时五行刚柔牝牡孟仲季，共为亲属兄弟而敬事之，不失其意，以化天下，使为善主，仁义礼智文武更相为亲属兄弟。"②"仁与仁为亲属兄弟者，今日身为仁。凡仁者自来相求，以仁召仁，仁人尽来矣。帝王行之，天下悉仁矣，吏民行之，莫不相亲。"③孔子人道观的核心就是修己之道。孔子曰："克己复礼为仁，一日克己复礼，天下归仁焉。"因此，儒家的修道观实质上也就是"求仁之道"。修己之道是求仁、获仁之道，安人之道是获仁之后的行仁、践仁之道。安人以修己为根本，修己以安人为归宿。孔子的人道观即修己与安人的统一。④《太平经》认为："生者，道也；养者，德也；成者，仁也。一物不生，一道闭不通；一物不养，一德不修治；一德不成，一仁不行；欲自知有道德与仁否，观物可自知矣。"⑤我们通过观察万物之状况，就可以了解其"生养修治"，并成为我们"成德""成仁"之主要依据。因为"生养修治"乃取决于"道""德"之必然而"成仁"，其修道之德乃天地之德也。"故生者象天，养者象地，施者象仁。此三者，天地人之大纲也，过此而下者，但备穷乃后用之耳。"⑥修道的主要标准乃天地之本性，修

---

① 王明：《太平经合校》，中华书局1960年版，第70页。
② 同上书，第688页。
③ 同上书，第689页。
④ 参见肖万源、徐远和《中国古代人学思想概要》，东方出版社1994年版，第7—10页。
⑤ 王明：《太平经合校》，中华书局1960年版，第704页。
⑥ 同上。

道者只有按照天地运动规律行"仁"之德，才能实现修道之目的。《太平经》中人格化、神格化的"气"，支配着自然界一切事物，同时更主宰着人间社会，因为"气"同时具有社会道德属性，人类社会有道德礼义仁，气则有道气、德气、礼气、义气、仁气等。① 《太平经》认为："好行道者，天地道气助之；好行德者，德气助之，行仁者，天与仁气助之；行义者，天与义气助之，行礼者，天与礼气助之。"② 《太平经》以神学的形式融合了儒家"仁义礼智"思想，强调"仁"在社会治理方面的作用，宣传"仁爱""仁政"，君、臣民合为一家，并力同心，最终实现太平盛世。

（三）墨家思想与《太平经》

墨子（约前468—前376），名翟，鲁人，是我国战国时期著名的思想家、教育家、科学家、军事家、社会活动家，墨家学派的创始人。有《墨子》一书传世，主要内容以兼爱为核心，以节用、尚贤为支点。《太平经》中对天的崇拜、鬼的敬畏则来自墨家的"天志""明鬼"思想。其社会政治思想，以及坛祭、巫卜、望气、厌胜等宗教方术也与墨学有关涉，包括兼爱、非攻、尚贤、尚同、节用、节葬、非乐、天志、明鬼、非命等。墨家思想对山东道教的产生和发展产生了重要影响。《太平经》承袭墨家"天志"和"明鬼"学说、"节用"和"节葬"主张、"力作"精神和"兼爱"思想等宗教观、社会政治思想、社会伦理道德，以及重方技的观念成为《太平经》思想内容的重要组成部分。

1. "天志"和"明鬼"思想

墨子把"天"推到了至高无上的位置，要求人们信天、信鬼。《墨子·天志上》认为："夫天不可为林谷幽间无人，明必见之。然而天下之士君子之于天也，忽然不知以相儆戒，此我所以知天下士君子知小而不知大也。"③ 最高的裁判是"天"，"当天意而不可不顺，顺天意者，兼相爱，交相利，必得赏。反天意者，别相恶，交相贼，必得罚"④。"昔三代圣王禹、汤、文、武，此顺天意而得赏者也。昔三代之暴王桀、纣、幽、

---

① 王志民主编：《山东文化通览》，山东人民出版社2012年版，第144页。
② 王明：《太平经合校》，中华书局1960年版，第690页。
③ 吴毓江：《墨子校注》，孙啟治点校，中华书局1993年版，第293页。
④ 同上书，第294页。

厉，此反天意而得罚者也。然则禹、汤、文、武其得赏何以也？"① 墨子曰："其事上尊天，中事鬼神，下爱人。"② 《太平经》中含有"尊天明鬼"思想，多处表达和肯定了天的意志。如"天者，至道之真也，不欺人也，万物所当亲爱。其用心意，当积诚且信，但常欲利不害，不负一物，故谓之天"③。"天道无亲，为善是与"④。"夫天无私佑，佑之有信。夫神无私亲，善人为效"⑤。"得天意者寿，失天意者亡。"⑥《太平经》吸收了墨家"明鬼"的思想，同时融合了秦汉以来民间巫觋信仰和墨家明鬼内容。全篇充斥着百神、群精、百鬼，构成天吏、天使、地吏、地使和中和使的神鬼妖异系统，从而架构起天有百神、地有群精、人有百鬼的神学体系。

2. "节用"和"力作"思想

《墨子·节用上》认为"圣人为政一国"，在于"去其无用之费"，"用财不费，民德不劳，其兴利多矣"⑦。《墨子·节用中》认为："诸加费不加于民利者，圣王弗为。"⑧ 依当时之葬礼、习俗，"棺椁必重，葬埋必厚，衣衾必多，文绣必繁"⑨，《墨子》认为："（桐）棺三寸，足以朽体；衣衾三领，足以覆恶……死者既以葬矣，生者必无久丧，而疾而从事，人为其所能，以交相利也。此圣王之法也。"⑩《太平经》在人们提倡节俭，反对厚葬，避免奢侈浮华生活方面也有众多的思想和观点，是对墨家思想的继承和发展。"夫下古人大愚，反诵浮华相教，共学不寿之业，生时忽然，自言若且无死，反相教，无可爱惜，共兴凶事，治死丧过生，生乃属天也，死乃属地，事地反过其天，是大害也"⑪。《太平经》认为

---

① 吴毓江：《墨子校注》，孙啟治点校，中华书局1993年版，第295页。
② 同上书，第295页。
③ 王明：《太平经合校》，中华书局1960年版，第291页。
④ 同上书，第4页。
⑤ 同上书，第18页。
⑥ 同上书，第174页。
⑦ 吴毓江：《墨子校注》，孙啟治点校，中华书局1993年版，第247页。
⑧ 同上书，第255页。
⑨ 同上书，第263页。
⑩ 同上书，第266页。
⑪ 王明：《太平经合校》，中华书局1960年版，第164页。

"事死过生"既是"事阴过阳,即致阴阳气逆而生灾"。① 对于"六情所好,人人嬉之,而不自禁止","欲悦耳目之欲而不语",以达到"强本节用"的宗旨。《太平经》吸收了墨家"力作"的精神,"各自衣食其力"②。"夫地尚不欺人,种禾得禾,种麦得麦,其用功力多者,其稼善。"③"贫当自力,无为摇手。"④

3. "兼爱"和"非攻"的思想

"兼相爱,交相利"是墨子治理社会的基本理论。《墨子·兼爱》认为:"以兼相爱、交相利之法易之。"⑤《墨子·非攻》认为:"苟亏人愈多,其不仁兹甚,罪益厚。至杀不辜人也,拖其衣裘,取戈剑者,其不义又甚入人栏厩取人马牛……杀一人谓之不义,必有一死罪矣。若以此说往,杀十人十重不义,必有十死罪矣;杀百人百重不义,必有百死罪矣。"⑥《太平经》吸收融汇了墨家的"兼而爱之,从而利之"的"爱利""互助""相爱""相利"思想,提出"是者大咎在不爱利"⑦,"诸神相爱,有知相教,有奇文异策相与见,空缺相荐相保,有小有异言相谏正,有珍奇相遗"⑧。

4. "尚贤"和"尚同"思想

在国家治理上,墨子提出了"尚贤"和"尚同"的思想,《墨子·尚贤上》曰:"古者王公大人为政于国家者,皆欲国家之富,人民之众,刑政之治,然而不得富而得贫,不得众而得寡,不得治而得乱,则是本失其所欲,得其所恶,是其故何也?"⑨"故官无常贵,而民无终贱,有能则举之,无能则下之。"⑩《墨子·尚同上》认为:"国君唯能壹同国之义,是以国治也……天子唯能一同天下之义,是以天下治也。"⑪ 墨子之"尚同",不但要求下民同于天子,而且要同于上天:"天下之百姓皆上同于

---

① 王明:《太平经合校》,中华书局1960年版,第50页。
② 同上书,第36页。
③ 同上书,第56页。
④ 同上书,第580页。
⑤ 吴毓江:《墨子校注》,孙启治点校,中华书局1993年版,第159页。
⑥ 同上书,第198页。
⑦ 王明:《太平经合校》,中华书局1960年版,第440页。
⑧ 同上书,第538—539页。
⑨ 吴毓江:《墨子校注》,孙启治点校,中华书局1993年版,第66页。
⑩ 同上书,第67页。
⑪ 同上书,第110页。

天子，而不上同于天，则灾犹未去也，今若天飘风苦雨，溱溱而至者，此天之所以罚百姓之不上同于天者也。"①《太平经》继承了墨家的"尚贤""尚同"思想，提出了"故道使天地人本同忧同事，故能迭相生成也；如不得同忧同事，不肯迭相生成也，相忧相利也"②。强化了"人有财相通"，"有知相教"，"人各自衣食其力"的思想，认为"力强者当养弱者"，"见人穷困往求"。《太平经》继承了墨家主张尚贤，尤其力主举贤不避农与工肆之人的思想，强调"署置不以其人所任职，名为故乱天官，犯天禁，失天仪，反复就责而罪之……不择选人而妄署其职，则名为愁人而危其国也"③。《太平经》还吸收了墨子及传说中黄帝的大同思想，"太者大也，大者天也。天覆育万物，其功最大。平者地也，地平然后能养育万物"④，形成了太平大同思想。

第七节　山东道教与《周易参同契》

《周易参同契》简称《参同契》。参"大易""黄老""服食"三者同出一门，能妙契大道，故名。书中借用乾、坤、坎、离、水、火、龙、虎、铅、汞等法条，以明炼丹修仙之火候等法术，为道家系统论述炼丹的最早著作，并为后世内外丹修炼所比附。它是一部将《周易》理论、道家哲学与炼丹术三者参合而成的炼丹修仙著作。它的成书得益于山东地域的黄老道和方仙道，并与齐鲁人物有着密切的关系，作者有魏伯阳、淳于叔通、徐从事、娄敬之说，其中娄敬是西汉人，其他三人都是东汉人；除魏伯阳外，都是齐人。⑤《周易参同契》根据《周易》爻象之意论述炼丹

---

① 吴毓江：《墨子校注》，孙启治点校，中华书局1993年版，第110页。
② 王明：《太平经合校》，中华书局1960年版，第374页。
③ 同上书，第452页。
④ 同上书，第718页。
⑤ 历代学者多认为《周易参同契》是东汉浙江上虞人魏伯阳所作。其实，"邹"地并非作者籍贯，"鲁国"与"会稽"具有一致性，今本《周易参同契》作者非一人而出于众手。其作者在齐鲁、吴越之间，《周易参同契》有相当的一部分或者主要的部分，是齐鲁作者所为。（汪启明：《〈周易参同契〉作者地望的文献学初探》，《宗教学研究》2008年第1期）"《周易参同契》乃是齐人所著，除魏氏外均为齐人。而魏氏所在的会稽这个地名，也是源于齐鲁。"[汪启明：《〈周易参同契〉作者新证（一）——从史料鉴别看〈参同契〉为齐人所著》，《周易研究》2007年第1期]

之法，吸收并发展了黄老道家中的阴阳五行思想，而堪称中国道教史上具有里程碑意义的经典著作。

一 《周易参同契》与黄老道

根据《周易参同契》的主旨，解读好大易、炉火、黄老三者之间的关系是把握该书内容的关键所在。仅就黄老道与《周易参同契》的关系来说，前者对后者的形成和完善起着重要作用。对此，胡孚琛先生认为："东汉以来，方仙道以道家黄老之学为理论支柱，奉祀黄帝、老子，一变而为黄老道。魏伯阳是汉代黄老道的传人，他的《参同契》以邹衍的阴阳五行学说和天人感应原理为根据，综合进了服饵、房中、行气三派仙术的优点，将三种仙术通同契合，传出了夺天地造化的人元大丹之术。"① 胡氏把《周易参同契》的著作权判定为魏伯阳，这是一种传统观点，其实该书著作权该归属于徐从事、魏伯阳和淳于叔通，他们三人在继承大易、黄老之学术思想的基础上，在齐鲁地域特殊背景下最终完成了中国历史上第一部炼丹之作。

关于《周易参同契》与黄老道的关系，魏伯阳对《周易参同契》命名"即魏公自谓也，歌咏大《易》，三圣遗言。察其所趋，一统共伦。务在顺理，宣耀精神。神化流通，四海和平。表以为历，万世可循序，以御政行之不烦。"② 三圣即伏羲、文王和孔子。这是颂扬三圣阐述的《易》理贯穿在自然、社会和人生中，表现在历法和御政之中。次说养性："引内养性，黄老自然。含德之厚，归根反元。近在我形，不离己身。抱一毋舍，可以长存。"③"引内养性"即将《易》理和《易纬》引入黄老养性之术。再次说服食："服食九鼎，化冶无形，舍精养神，道德三元。挺除武都，五石弃捐。审用成物，世俗所珍。"④ 魏伯阳强调黄老养性之术与服食术皆合于《易》理，所以最后说："罗列三条，枝茎相连。俱出异名，皆由一门。"⑤ 从上述思想可以看出《周易参同契》与黄老道义理、服饵之术的关系应该体现三个方面：一是《周易参同契》作为汉代黄老

---

① 胡孚琛：《〈周易参同契〉秘传仙术的来龙去脉》，《世界宗教研究》1994年第2期。
② 《道藏》（第20册），文物出版社、上海书店、天津古籍出版社1988年版，第94页。
③ 同上。
④ 同上书，第91页。
⑤ 同上书，第94页。

道的一部经典著作，它暗含着"修丹与天地同途"的原理，是道教内外丹术的理论根源。二是《周易参同契》是魏伯阳继承了马王堆帛书以来至西汉房中之术重节制的内容，体现了"服气""节性"和"贵精"的思想和原则；三是《周易参同契》蕴含着系统的黄老修炼内外丹的火候控制、调节理论，并标志着道教内外炼丹术的形成。所以，魏伯阳所说的黄老，不仅指黄老的宇宙原理，而且亦指黄老的行气、服饵、房中养性之术多种法术。

《周易参同契》"词韵皆古，奥雅难通"，让历代注释名家难以理解而产生各种分歧。但它对唐宋以后内丹术的发展起到了重要影响，"唐宋以后，道家内丹术以此书为理论依据，以书中的铅汞、龙虎、水火概念推演为木母、金公，婴儿姹女，黄芽白雪的理论，为乾坤剥复的卦象内功火候理论"[1]。

二 《周易参同契》与青州徐从事

《周易参同契》的形成与齐鲁人物有着密切的关系，其中最突出的是山东青州徐从事（字景休）为该书所做的贡献。《周易参同契》的成书过程包括：《易纬》（诸籍一部分）——《九都丹经》（第一次成书）——《九鼎丹经》（第二次成书）——《四言体注》与《五相类》（第三次成书）——《鼎器歌》。"《参同契》一书，实为三人之言"[2]，即认为《周易参同契》的作者顺序为徐从事——淳于叔通——魏伯阳。孟乃昌先生采萧梁陶弘景《真诰》注、唐代阴序和唐代容字号本解题序言之说，吸收俞琰和杜一诚观点中的合理内核，参以其他文献资料，并从历史背景进行分析，详细考辨了《周易参同契》的作者，并确立了徐从事在《周易参同契》形成中所起的作用：

> 东汉徐从事据古经撰五言文句，授淳于叔通。淳于叔通补撰文句。东汉末年魏伯阳得此书，撰四言文句。而三言体《鼎器歌》由汉代他书转录。……上、中篇是东汉中徐从事将《易纬》（约成于东汉初年）诸籍的一部分与叙述《九都丹经》的主要内容合之成书，

---

[1] 潘雨廷、孟乃昌：《周易参同契考证》，中国道教协会编，第19—20页。
[2] 同上书，第16页。

传淳于叔通。下篇四言句和骚体文为淳于叔通撰，淳于叔通为九鼎丹经派。汉末魏伯阳传注，是为上、中篇的四言体和《五相类》。①

陶弘景（456—536）自注《周易参同契》云："桓帝时，上虞淳于叔通受术于青州徐从事，仰观乾象，以处灾异，数有效验。"② "叔通之术既受于徐从事，未尝不可再受术于魏伯阳……极可能徐与魏为同辈，而魏且略小于徐，二人既相知，宜叔通能兼受二人之术。"③ "至于八十七章似当为徐从事之言，归诸乾坤坎离四象，不谈之谈，以待剥而复，正合当时之时代，亦合徐从事之地位。由此两小节一为四字句，一为五字句，恰可证明上篇为徐氏之言，中篇为魏氏之言。"④ 认为《周易参同契》应为魏伯阳、徐从事、淳于叔通三人所作。《周易参同契注》中亦有记载：

盖闻《参同契》者，昔是《古龙虎上经》，本出徐真人。徐真人，青州从事，北海人也。后因越上虞人魏伯阳造《五相类》以解前篇，遂改为《参同契》。更有淳于叔通补续其类，取象三才乃为三卷。叔通亲事徐君习此经，夜寝不寐，仰观乾象而定阴阳，则以乾坤设其爻位，卦配日月，讬《易》象焉。⑤

因此，徐从事奠定了《周易参同契》的文献基础，魏伯阳则是在第三次成书时扩为三卷本，改书名为《参同契》。

徐从事为青州刺史。青州，古代州名，在今山东中部；"从事"，古代官名。汉代刺史的佐官，如别驾、治中、主簿、功曹等，都称为从事司。《参同契》的作者之一曾经在青州做过"从事"官职，即《周易参同契》最早出自"青州"徐从事。"且扬慎为徐从事定名景休，或有得于以休黄庭之内外景，庶得《参同契》之象，则其理可取，或确信汉代之徐从事名景休，未免唐突古人。"⑥ 即徐从事名为"景休"。"上篇的作者应

---

① 朱越利：《〈周易参契〉的黄老养性术》，《宗教学研究》2004年第4期。
② 《道藏》（第20册），文物出版社、上海书店、天津古籍出版社1988年版，第562页。
③ 潘雨廷：《〈参同契〉作者及成书年代考》，《中国道教》1987年第3期。
④ 同上。
⑤ 《道藏》（第20册），文物出版社、上海书店、天津古籍出版社1988年版，第63页。
⑥ 潘雨廷、孟乃昌：《周易参同契考证》，中国道教协会编，第16页。

该是徐从事。不论第一种还是第二种授受系统，徐从事都是第一位传授《参同契》的人，而刘知古则明确指出他是作者。参考托名阴长生注本序言，完全有理由认为徐从事根据古传的丹经《龙虎上经》撰写成一部新的炼丹著作，这就是现在的《周易参同契·上篇》。"① 从而为《周易参同契》最终完成奠定基础。

关于魏伯阳、徐从事和淳于叔通三人在《周易参同契》中所起的作用，可以从文献年龄、时间、顺序、内容上加以区别。其中，"可确证《参同契》一书，原作者虽为魏伯阳，内已有徐从事为之立法（注）而晓其大象，总以健字为评，可云已道出魏氏'希时安平'之情"②。"徐从事有笺注"说明徐从事对于《周易参同契》的形成做出了重要贡献，奠定了其文献基础，没有徐从事就不可能形成《周易参同契》系统的思想内容和完整的理论体系。

对此，潘雨廷、孟乃昌著《周易参同契考证》认为：

> 今核诸文句，魏氏之自序为四字句，中篇确以四字句为主，而上篇中实多为五字句，惜其间略有混淆。尤可注意者，于上中二篇之中，以四字句五字句并观，其内容相似，竟可视之为全同，故恰合徐从事作上篇，魏氏作中篇，亦即徐从事有以印证魏氏之说，基本肯定之，与《赞序》之内容全合。当魏氏'远客燕间'而作，特造徐从事之门而密示之，徐之德与齿似高于魏，宜魏氏得之，敬而置于上篇，自作之《参同契》置于中篇，合诸情理丝毫未悖。故上已提及，徐从事与魏氏之关系可能在师友之间。日后魏氏归于乡里，又遇同郡之叔通，所以授以《参同契》者，魏氏之地位不外师叔或同门，若更撰《五相类》，当又受叔通之影响。③

魏伯阳、徐从事、淳于叔通三人分别对《周易参同契》所做贡献，可以从他们具体的分工、相互关系、年龄差距，以及《周易参同契》的内容、思想传承等方面加以分析。主要表现为四个方面：

---

① 方春阳：《〈周易参同契〉作者考》，《周易研究》1992年第3期。
② 潘雨廷、孟乃昌：《周易参同契考证》，中国道教协会编，第8页。
③ 同上书，第13页。

一是具体分工，魏伯阳与徐从事、淳于叔通三人各述一篇，共同完成了《周易参同契》。徐从事作上篇，魏氏作中篇，两小节一为四字句，一为五字句，恰可证明上篇为徐氏之言，中篇为魏氏之言。①

二是主要内容，《周易参同契》乃为徐隐名而注之，徐从事对于《周易参同契》内容的形成起了重要作用。"特造徐从事之门而密示之"，"徐从事有笺注"，"正合徐从事之口气"，"八十七章似当为徐从事之言，归诸乾坤坎离四象，不谈之谈，以待剥而复，正合当时之时代，亦合徐从事之地位"② 等都明确了徐从事所做的贡献。

三是思想传承，徐从事拟龙虎天文而作《周易参同契》上篇以传魏君，桓帝时，上虞淳于叔通受术于青州徐从事，徐从事有以印证魏氏之说，即徐从事——淳于叔通——魏伯阳，或徐从事——魏伯阳——淳于叔通。梁代陶弘景的《真诰·稽神枢》注："《易参同契》云：桓帝时上虞淳于叔通，受术于青州徐从事"，这些都证明徐从事乃为《周易参同契》的首位作者。

四是作者地位，徐从事与魏伯阳相比"德高望重"。"徐之德与齿似高于魏"，"敬而置于上篇"。"徐从事与魏氏之关系可能在师友之间"，"合诸知古与晓之说，极可能徐与魏为同辈，而魏且略小于徐，二人既相知，宜叔通能兼受二人之术"③。"魏伯阳作《参同契》，徐从事作笺注，简编错乱，故有四言、五言、散文之不同。"④

五是年龄上，徐从事最为年长。据《会稽典录》可知淳于叔通名翼。若《元和姓纂》作斟字叔孙，《会稽先贤传》作长通，皆传写之误，所指为同一人。"淳于翼之年纪基本可确定。魏氏授以《参同契》，当在梁翼被刺前后，即以梁翼被刺年论（159），翼约五十岁左右，伯阳可能长十岁左右，徐从事可能更长于伯阳二十岁左右。"⑤ 如果按照这个差距推算的话，徐从事当时的年龄应该为八十岁左右。

---

① 潘雨廷、孟乃昌：《周易参同契考证》，中国道教协会编，第 15 页。
② 潘雨廷：《〈参同契〉作者及成书年代考》，《中国道教》1987 年第 3 期。
③ 潘雨廷、孟乃昌：《周易参同契考证》，中国道教协会编，第 7 页。
④ 同上书，第 12 页。
⑤ 同上书，第 16 页。

三 《周易参同契》与齐鲁文化

《周易参同契》在内容上与齐鲁文化有密切关系。《周易参同契》云："于是仲尼始鸿蒙乾坤得洞虚。"长生阴真人注曰："仲尼孔丘之字鸿蒙者，混沌之名。孔丘依十翼以阐幽彰易道之玄妙，始分混沌之理，方见乾坤之德傍通情也，合彼虚无未由，不因参同之文，岂识还丹之理也。"①《周易参同契》曰："乾坤者，釜也，洞，炉也，虚宿火言金汞得火在器中通畅也。"②储华谷注曰："日月合璧，天地姤精也。人与万物皆天地姤精而生。仲尼于易发明男女姤精万物化生之道，于诗则序正夫妇人伦之首，以明阴阳相求之义。"③

《周易参同契》云："鲁国鄙夫，幽谷朽生，挟怀朴素，不乐欢荣，栖迟僻陋，忽略利名，执守恬淡，希时安平……歌咏大易，三圣遗言，察其所趋，一统共论。"长生阴真人注曰："乃为北海徐从事，《参同契》起于徐公之作矣……大易言易道，三圣谓伏羲、文王、孔子也。三圣定易道，更无差别也。"④无名氏注曰："三圣遗言：上而在天，下而在地，中而在人，无一不包。故曰：易与天地准圣贤，达而在上，则用以治国平天下；穷而在下，则用以齐家修身，又倏然出乎尘俗之表，用以修性或用以长生，初为始有二道也。"⑤以上充分显示了《周易参同契》与齐鲁文化的关系。

《周易参同契》的语言特点和方言规律，特别是语言"用韵"具有十分明显的齐鲁方音特点，丁启阵认为：《周易参同契》由齐人所著具有一定的合理性。按传世文献材料，徐真人、淳于叔通为齐人，魏伯阳是吴人。在吴越方言区，"阳声韵之间通押的有冬东、元真、真耕"，"阴声韵之间通押的有：之鱼、之脂、幽宵、幽鱼、歌支、支脂。鱼、幽、宵读音相近，歌、支、脂相近"⑥。在海岱方言区，"阳声韵之间通押的有：冬东、冬阳、东阳、耕阳、阳东蒸、阳东冬、元真、真耕、东侵、阳东侵

---

① 《道藏》（第20册），文物出版社、上海书店、天津古籍出版社1988年版，第69页。
② 同上书，第168页。
③ 同上书，第298页。
④ 同上书，第94页。
⑤ 同上书，第114—115页。
⑥ 丁启阵：《秦汉方言》，东方出版社1991年版，第113页。

等。耕阳东冬读音相近，元真相近，真耕相近，东侵相押值得注意"；"阴声韵之间通押的有：之幽、之脂、幽宵、宵鱼、鱼歌、歌支、歌脂、支脂、脂祭"①。如果将吴越方言的特点放到齐语区，吴越方言区阳声韵三个特点，在齐语区均出现，二者是重合的。从阴声韵看，吴越方言区与齐语区不同的有之鱼、幽鱼合韵两类，之幽二部古音纠葛较多，实际可理解为之鱼两部的关系。从《周易参同契》用韵看，之鱼二部合韵例子非常多。②通过这种"合韵"可以认为齐语和吴越方言相互影响，具有相同性。为此，汪启明对《周易参同契》作者提出了旁证，认为可以从文本用韵看《周易参同契》为齐人所著，并提出了自己对作者的祖籍的认识：

> 古会稽在齐鲁，汉代会稽是吴越之地……吴越与齐鲁的地名有千丝万缕的关系，加之古人籍贯观念与现代严格的户籍登记不同，现代户籍登记要求要以本人的出生地作为籍贯，而古人籍贯就未必是其出生地。古人习惯以父亲的籍贯或者以祖籍为籍贯而不是以出生地为籍贯。先秦时期楚曾灭吴越，吴越语与楚语有瓜葛；越人祖籍在山东，后来又曾都齐鲁，吴语与齐语有一定渊源。从我们的韵谱看，《周易参同契》押韵非常宽，既有吴越语特点，也有十分明显的齐语语音的特点，还有一些是楚方言区的特点。③

总之，从《周易参同契》作者的祖籍和语言特点分析，其与齐鲁文化有着一定的关系，也与山东地域有着一定的关系，并成为山东道教史上不可忽略的代表性成果。

第八节　太平道、黄巾起义与山东道教

太平道是中国道教的早期派别之一，它的形成和发展与《太平经》

---

① 丁启阵：《秦汉方言》，东方出版社1991年版，第112页。
② 刘大钧：《百年易学菁华集成初编·易学史2》，上海科学技术文献出版社2010年版，第646页。
③ 汪启明：《〈周易参同契〉作者新证（二）——从文本用韵看〈参同契〉为齐人所著》，《周易研究》2007年第2期。

等早期道教著作及山东地域的文化传承有着密切的关系。从于吉在曲阳泉水上得百七十卷《太平青领书》算起，其肇始于东汉顺帝时（126—144），但当时尚未形成教团。直至东汉建宁、熹平（168—178）年间，巨鹿（今河北宁晋）人张角为组织黄巾大起义，始创太平道。① 太平道为早期道教的一支，它的理论基础直接来源于《太平经》。张角以《太平经》为纲领组织领导了当时全国影响最大、道徒最多、时间最长、影响最广的黄巾大起义，在中国道教史上产生了深远的影响。

一 太平道与山东地域

太平道形成与演变缘起于黄老道，其主要经典是《太平经》。其在教化施善治病过程中得到了基层百姓的信奉。《三国志·张鲁传》注引鱼豢《典略》云："光和中，东方有张角……角为太平道。"太平道的传教方式为："师持九节杖为符祝，教病人叩头思过，因以符水饮之，得病或日浅而愈者，则云此人信道，其或不愈，则为不信道。"② 《后汉书·襄楷传》载："初，顺帝时，琅琊宫崇诣阙，上其师干吉于曲阳泉水上所得神书百七十卷，皆缥白素朱介青首朱目，号《太平清领书》。其言以阴阳五行为家，而多巫觋杂语。有司奏崇所上妖妄不经，乃收藏之。后张角颇有其书焉。"③ 张角对道徒所宣传的教义中，融合了《太平经》和黄老道的思想。通过为人符咒治病的方式在社会上广泛地活动，并广收徒众，发展力量，扩大影响。经过十余年的努力，张角所创立的太平道遍布青、徐、幽、荆、扬、兖、冀、豫八个州，联结郡国，其中青、徐、兖皆为山东地域；幽、冀则为山东边邻地区，道徒达几十万人，所遍布的这八个州很可能就是八个大教团组织。

（一）文化渊源方面与山东地域的关系

太平道在文化渊源上与山东地域的关系主要体现在三个方面：一是太平道和黄巾起义与山东地域黄老学、黄老道有着密切的关系。黄老道是黄老学和方仙道相结合的产物。稷下黄老学派学黄老道德之术，并发展传承其旨意，一直流传到汉初。张角奉事黄、老，以妖术教授，号"太平

---

① "太平道"词条，《中国道教》（第1卷），东方出版社1994年版，第92页。
② （晋）陈寿：《三国志》，中华书局1959年版，第264页。
③ （南朝宋）范晔：《后汉书》，中华书局1965年版，第1084页。

道"，提出"苍天已死，黄天当立，岁在甲子，天下大吉"，得益于齐地黄老之学。二是太平道的主要思想来源于《太平经》。太平道宣扬"咒符水以疗病，令病者跪拜首过，或时病愈，众共神而信之"，主要是利用了《太平经》在山东基层百姓中的影响。《后汉书·灵帝纪》记载，熹平二年（173）及光合二年（179）的春天都发生了"大疫"。① 于是太平道的符水治病深受群众欢迎。太平道以巫医为人治病，其思想源于《太平经》"卖药治病，不得多受病者钱"②等思想。三是张角利用《太平经》在山东地域人们心目中的影响，并顺应时势"言角以善道教化，为民所归"，按《太平经》天地人"三统"思想，自称天公起军，张梁、张宝分称地公将军、人公将军，组织各"方"教徒，大"方"万余人，小"方"六七千，根据五行相生相克思想，提出"岁在甲子，天下大吉"的口号，各地同时起义成功。

（二）教理教义方面与山东地域关系

太平道的教理教义以《太平经》为主要内容，以善道教化、符水治病为传播方式。巨鹿张角自称"大贤良师"，奉事"黄老道"。太平道在其传道的过程中，以黄老道教化天下，以黄天为至上神，认为黄神开天辟地，创造出人类。其中，对于天地、日月、星辰的崇拜，以及有关"长寿""成仙"等神仙方术则吸收了山东地域方仙道的方术和思想。《后汉书》记载：

> 宫崇所献神书，专以奉天地顺五行为本，亦有兴国广嗣之术。其文意晓，参同经典……其言以阴阳五行为家，而多巫觋杂语。有司奏崇所上妖妄不经，乃收藏之。后张角颇有其书焉。③
>
> 注曰：干姓、吉名也。神书即今道家《太平经》也，其经以甲、乙、丙、丁、戊、己、庚、辛、壬、癸为部，每部一十七卷也。④

太平道以阴阳五行、符箓咒语为根本教法，以奉天地、顺五行为主

---

① （南朝宋）范晔：《后汉书》，中华书局1965年版，334页。
② 王明：《太平经合校》，中华书局1960年版，第611页。
③ （南朝宋）范晔：《后汉书》，（唐）李贤注，中华书局1965年版，第1081、1084页。
④ 同上书，第1080页。

旨，按照金木水火土五行相生的运序，汉以火德为王，汉运衰，代汉而兴者当为土德，土色黄，故张角自称"黄天"，以示将承汉祚而王天下。① 其"令病者跪拜首过"传教方式源于《太平经》。② 人有过失，天必有所明察而施加惩罚，要得到天神宽恕，可在旷野四达道上叩头，气候之神便会将其所请上通于天，下通于地，而得免罪。③ 太平道认为，符是天神的文字，饮符水则天神的命令入人体中，神使心正自觉，便可除病去疾。这与《太平经》卷九十二"以丹为字，以上第一。……随病所居而思之，名为还精养形"④，以及《太平经》卷一百〇八"欲除疾病而大开道者，取决于丹书吞字也"⑤ 的思想是一致的，证明太平道的教法深受《太平经》的影响。太平道依据《太平经》创教，其中"大贤""黄天""甲子"等词，与《太平经》卷九十"治国欲乐安之，不得大贤事之，何从得一旦而理乎?"⑥ 以及《太平经》卷三十九"甲子岁也，冬至之日也，天地正始起"⑦ 亦密切相关，是受《太平经》"甲子为首"思想的影响，并潜含着太平道在"甲子"年"乃为太平"的意思。

（三）人员构成方面与山东地域关系

张角所创立的太平道后来发展成为遍布青、徐、幽、荆、扬、兖、冀、豫八个州，联结郡国，道徒达几十万人之多的道教组织。而其中青、兖等州的教团组织，如"青州黄巾众百万入兖州"在太平道中起到了重要作用。张角除了在家乡冀州传道以外，还派出八名弟子分赴各地包括山东地域传道。太平道在传播的过程中，利用齐地八神的影响力进一步完成了自己的组织建构。太平道的首领张角首先蓄养弟子，并"遣弟子八人，使四方，以善道教化天下"，建立地方组织，下设渠帅，每位渠帅领一方，共三十六方，大方有万余人，小方有六七千人，约数十万人，各方均设渠帅总领其事，而当时的青州军就达三十万人，形成

---

① "太平道"词条，见卿希泰主编《中国道教》，东方出版社1996年版，第93页。
② 王明：《太平经合校》，中华书局1960年版，第432页。
③ 陈德安：《中国道家道教教育思想史》（先秦至隋唐卷），社会科学文献出版社2008年版，第198页。
④ 王明：《太平经合校》，中华书局1960年版，第380页。
⑤ 同上书，第512页。
⑥ 同上书，第346页。
⑦ 同上书，第66页。

了潜相联结的局面。"方"这种组织方式也使得太平道的组织效率得以提高，为太平道举行黄巾起义做了组织和人员上的准备。张角与两个兄弟张宝、张梁三人都对山东地域太平道的活动产生了一定推动作用。另外，《后汉书·皇甫嵩传》记载张角为巨鹿人，而该地区相距山东临清不到一百公里，中平元年（184）春，张角济南弟子唐周叛变，向朝廷告密，泄露了起义计划，元义被捕车裂于洛阳，最终导致黄巾起义失败。这些史料证明，无论是太平道的形成、壮大还是最终瓦解，在人员构成方面与山东地域有密切关系。

（四）传播方式方面与山东地域关系

太平道的符水治病、叩头思过传播方式，与山东地域的自然灾害和瘟疫流行、人们缺医少药急需治病求医有着密切的关系。东汉中叶以后，封建王朝横征暴敛，加之山东各地连续遭受了大面积的灾荒、瘟疫，使得山东地域百姓苦不堪言。据《后汉书·质帝纪》，本初元年（146）五月，"海水溢。戊申，使谒者案行，收葬乐安、北海人为水所漂没死者，又禀给贫羸"。①《后汉书·陈蕃传》载，汉桓帝延熹九年（166）发生严重旱灾，"青徐炎旱，五谷损伤，民物流迁，茹菽不足"②。《后汉书·桓帝纪》记载，桓帝永康元年（167）八月，"六州大水，渤海海溢"③。灵帝建宁四年（171）和熹平二年（173）出现两次海侵。《后汉书·灵帝纪》记载："地震，海水溢、河水清。"④ "北海地震，东莱、北海海水溢。"⑤汉灵帝时期的两次海侵间隔时间短，又与地震相伴而来，灾情之严重可想而知。山东地域频繁遭受海侵、旱涝、蝗灾等自然灾害的侵袭，使得百姓患病人数增加，求医问药成为人们迫切需要，这就为太平道"符水治病"的传播方式提供了便利条件。

另外，在秦始皇、汉武帝东巡祭海求仙的推动下，以山东半岛为主要地区而盛行的探险求仙的方士之术，"以万数"的方士队伍，为太平道的传播提供了便利条件。方士们的神仙信仰和方术皆为太平道所承袭，神仙方术衍化为道教的修炼方术，神仙方士的传播方式逐渐为太平道所利用，

---

① （南朝宋）范晔：《后汉书》，（唐）李贤注，中华书局1965年版，第281页。
② 同上书，第2166页。
③ 同上书，第319页。
④ 同上书，第332页。
⑤ 同上书，第335页。

并成为太平道教理教义传播的主要方式。山东地域浓厚的民间宗教氛围和庞大的方士队伍，以及秦始皇、汉武帝遗留下的求仙传统，为张角利用《太平经》并传播太平道，以及组织黄巾起义奠定了思想、文化和队伍基础。

二 黄巾起义与山东地域

黄巾起义与山东地域有密切的关系，张角虽然是冀州巨鹿人，但参加人数最多，影响的广度和深度最大的却是山东地域。

（一）参加人数最多

张角利用太平道组织群众，经过十几年的努力，道徒遍于八州，遂置三十六方，"大方万余人，小方六、七千人"①。如果每方平均以一万人计算，则为三十六万。而后期黄巾则扩大为黑山军"众至百万"②、青州黄巾"众百万"③、白波黄巾"'白波贼'众十余万"④、益州马相亦自号"黄巾"，"众至十余万"⑤。还有汝南黄巾以及南方各地的黄巾，总数约为二百五十万左右。在黄巾军的组成人员中，无论是参加的总人数，还是按地域人口的比例，山东应该是最多的。青州黄巾"众百万"，而青州总人口为三百七十多万，⑥ 占将近30%。《后汉书·孔融传》有"黄巾寇数州，而北海最为贼冲"。⑦ 北海国，辖胶莱河、潍河两岸地区，西至今潍坊昌乐以西，东至今胶东半岛腹地莱阳以东。中平五年（188）"冬十月，青、徐黄巾复起，寇郡县"⑧。这次"黄巾复起"的规模很大，仅青州就有百万之多，《魏书·武帝纪》载初平三年（192）夏四月"青州黄巾众百万入兖州"，"群辈相随"，"不可敌也"，青州老少都参加了黄巾军，其势不可挡。⑨

另外，"青徐黄巾"在范围上横跨青、徐、兖、冀四州，其势力壮大

---

① （南朝宋）范晔：《后汉书》，（唐）李贤注，中华书局1965年版，第2299页。
② （北齐）魏收：《魏书》，中华书局1974年版，第261页。
③ 同上书，第9页。
④ （南朝宋）范晔：《后汉书》，（唐）李贤注，中华书局1965年版，第2327页。
⑤ 同上书，第2432页。
⑥ 同上书，第3471—3476页。
⑦ 同上书，第2263页。
⑧ 同上书，第356页。
⑨ （北齐）魏收：《魏书》，中华书局1974年版，第9页。

后又适时发动强势攻击，并先后进行了泰山、勃海（今渤海）、兖州等大规模战役，两次向西进攻兖州，产生了强大的冲击力，并向西北进攻冀州。在泰山、勃海、兖州战役中，"青徐黄巾"兵力都曾达到30万，参加兖州之战的"青州黄巾众百万"①。在汉献帝初平三年（192）的兖州寿张战役中，青州黄巾与曹操相持近一年，最后归附曹操，被收编为30万青州军之后，"青徐黄巾"的活动地域便局限于青州地区，分别由徐和、司马俱、管承等率领，在济南、乐安、东莱等地活动。曹操、公孙瓒在镇压青徐黄巾的过程中，势力迅速壮大，加剧了割据势力在青徐兖地域的权力角逐。

(二) 地理范围最广

太平道在十数年间，徒众数十万，遍布八州，"自青、徐、幽、冀、荆、扬、兖、豫八州之人，莫不毕应"。说明太平道不但影响大，涉及面广，而且能够深入人心，让人们痴迷至极，甚至达到"弃卖财产，流移奔赴，填塞道路"的程度。"青""兖""徐""冀"是太平道活动的重要地区，而山东地域则成为太平道活动最广的地区之一。

《后汉书·郡国四》记载，汉顺帝时，青州辖六郡（国），包括东莱郡、北海国、齐国、乐安国、济南国、平原郡，除今临沂、日照一带外，整个山东半岛都归青州管辖。青州六郡（国）共有户六十三万五千八百八十五，人口三百七十万九千多。②《汉书·地理志》载，汉代设十四州刺史部，兖州是其中之一，辖山阳（辖瑕丘、橐县、方与等）、东郡、陈留、济阴、泰山、东平等郡国。王莽时期认为汉代的"州名及界，多不应经"，把州名做了改动或合并，兖州未变。东汉建武十一年（35），将西汉时期的朔方并入兖州，改全国为十三州。兖州治所在昌邑（今山东金乡县西北40里），下辖陈留、东郡、任城、泰山、济北、山阳（今兖州属山阳郡）、济阳、东平八个郡国，大体范围在今山东西部及河南东部。③

(三) 影响程度最深

黄巾大起义之初，由于青州、济南黄巾大方领袖唐周向朝廷告密，

---

① （北齐）魏收：《魏书》，中华书局1974年版，第9页。
② （南朝宋）范晔：《后汉书》，（唐）李贤注，中华书局1965年版，第3471—3476页。
③ 山东省兖州市地方史志编纂委员会：《兖州市志》，山东人民出版社1997年版，第70页。

元义被捕车裂于洛阳。起义虽然在青、徐二地响应，但是规模不大。《后汉书·灵帝纪》记载："中平五年（188）冬十月，青徐黄巾复起，寇郡县。"① 黄巾起义所到之处："所在燔烧官府，劫略聚邑，州郡失据，长吏多逃亡。""旬日之间"并产生了"天下响应，京师震动"之效果。② 黄巾后期活动的范围，北起幽、冀，沿太行山东麓聚集着黑山军，"自易京西抵故安、阎乡以西，皆黑山诸贼所依阻也"③。南至扬州，"扬州黄巾贼攻舒，焚烧城郭"④，吴郡太守朱治"禽截黄巾馀类陈败、万秉等"⑤。东边起自渤海边，何夔任长广（山东莱阳东）太守，"郡滨山海，黄巾未平"⑥。西到并州有郭太领导的白波黄巾。远至西南还有"马相自称'天子'"⑦ 的益州黄巾。其活动范围远比张角兄弟领导的黄巾军为广。

《后汉书·献帝纪》载："初平二年（191）十一月，青州黄巾寇太山，太山太守应劭击破之。"⑧《后汉书·公孙瓒传》记载："初平二年，青、徐黄巾三十万众入渤海界，欲与黑山合。"⑨ 从冀州退回的青徐黄巾三十万在张饶率领下，进攻北海，北海相孔融弃郡而去。《三国志·魏书·武帝纪》记载：

> 初平三年，青州黄巾众百万入兖州，杀任城相郑遂，转入东平。刘岱欲击之，鲍信谏曰："今贼众百万，百姓皆震恐，士卒无斗志，不可敌也。观贼众群辈相随，军无辎重，唯以钞略为资，今不若畜士众之力，先为固守。彼欲战不得，攻又不能，其势必离散，后选精锐，据其要害，击之可破也。"岱不从，遂与战，果为所杀。信乃与州吏万潜等至东郡迎太祖领兖州牧。遂进兵击黄巾于寿张东。信力战斗死，仅而破之。购求信丧不得，众乃刻木如信形状，祭而哭焉。追黄巾至济北。乞降。冬，受降卒三十余万，男女百余万口，收其精锐

---

① （南朝宋）范晔：《后汉书》，（唐）李贤注，中华书局1965年版，第356页。
② 同上书，第2300页。
③ （宋）司马光：《资治通鉴》，中华书局1956年版，第2011页。
④ （南朝宋）范晔：《后汉书》，（唐）李贤注，中华书局1965年版，第1109页。
⑤ （晋）陈寿：《三国志》，陈乃乾校点，中华书局1959年版，第1303—1304页。
⑥ 同上书，第379页。
⑦ （南朝宋）范晔：《后汉书》，（唐）李贤注，中华书局1965年版，第2432页。
⑧ 同上书，第372页。
⑨ 同上书，第2359页。

者，号为青州兵。①

（四）持续时间最久

张角领导的黄巾起义原定在灵帝中平元年（184）三月五日，《后汉书·皇甫嵩传》记载："以黄巾既平，故改年为中平。"②《后汉书·灵帝纪》记载：光和七年"十二月己巳，大赦天下，改元中平"③。可见，黄巾起义的预定日期三月五日，尚未改元中平，应为光和七年。因而，黄巾起义应是东汉灵帝光和七年，而不是灵帝中平元年。"约以三月五日内外俱起"④。二月，"角自称天公将军，角弟宝称地公将军，宝弟梁称人公将军"……"所在燔烧官府，劫略聚邑，州郡失据，长吏多逃亡；旬月之间，天下响应，京师震动"⑤，黄巾起义从光和六年（183），"初，巨鹿张角奉事黄、老，以妖术教授，号太平道"⑥ 作组织准备，经中平元年（184）（应为东汉灵帝光和七年）黄巾起义开始，至建安二十四年（220）"洛阳鸣鼓"⑦ 流向不明为止，经历20余年。而其中山东青、徐地域的黄巾起义从汉灵帝中平五年（188）十月爆发，⑧ 到建安十二年（207）被曹操平定，持续时间近20年之久。

《三国志·魏志·贾逵传》注引《魏略》曰："青州军擅击鼓相引去，众人以为宜禁止之，不从者讨之。（贾）逵以为方大丧在殡，嗣王未立，宜因而抚之。乃为作长檄，告所在给其廪食。"⑨ 又《臧霸传》注引《魏略》曰："会太祖（曹操）崩，（臧）霸所部及'青州兵'，以为天下将乱，皆鸣鼓擅去。"⑩ 从初平二年（191）"青州兵"组成到建安二十五年（220）曹操逝世，其间凡二十八年。"擅击鼓相引去"或"皆鸣鼓擅去"，说明这支"青州兵"不但继续存在，而且仍然不受约束，保持其相

---

① （晋）陈寿：《三国志》，陈乃乾校点，中华书局1959年版，第9—10页。
② （南朝宋）范晔：《后汉书》，（唐）李贤注，中华书局1965年版，第2302页。
③ 同上书，第350页。
④ 同上书，第2300页。
⑤ （宋）司马光：《资治通鉴》，中华书局1956年版，第1865—1866页。
⑥ （北宋）司马光：《资治通鉴》，中华书局1956年版，第1864页。
⑦ 田余庆：《秦汉魏晋史探微》，中华书局2004年版，第102页。
⑧ （南朝宋）范晔：《后汉书》，（唐）李贤注，中华书局1965年版，第356页。
⑨ （晋）陈寿：《三国志》，陈乃乾校点，中华书局1959年版，第482页。
⑩ 同上书，第538页。

对的独立地位。青州黄巾的主力失败后，徐和、司马俱领导的济南、乐安黄巾坚持斗争，直到建安十二年（207）青、徐黄巾余部还杀死济南王赟。① 说明黄巾起义在山东的影响持续时间最久。

三　太平道与五斗米道的异同比较

太平道一部分被曹操镇压下去销声匿迹，另一部分则隐藏于民间继续传教布道。《三国志·张鲁传》引《典略》记载："东方有张角，汉中有张修……角为太平道，修为五斗米道。"② 张角领导的黄巾起义失败后，上层太平道分子如襄楷等仍在活动。③

五斗米道发源地是巴蜀地区，后传到汉中地区。中平元年（184）"秋七月，巴郡妖巫张修反，寇郡县"④。张修以疗病为业，病愈者出米五斗，号为五斗米师。中平五年（188）东汉朝廷改刺史为州牧，刘焉出任益州牧，以张修为别部司马，与督义司马张鲁率兵袭杀汉中太守苏固。张鲁又袭杀张修，"鲁遂据汉中，以鬼道教民，自号师君"⑤。汉中逐渐成为五斗米道的中心。太平道与五斗米道作为原始道教的两大支派在形成的时代背景、思想基础、教派布局和传播方式上有着许多共同之处，两者在东汉后期的相互融合与发展为中国道教多样化、多学派的形成与发展奠定了重要基础。

（一）相同的时代背景

太平道与五斗米道均产生于东汉末年，缘于共同的时代背景。东汉末年儒家衰落，谶纬之学盛行，以灾异论为基础的"汉家逢天地之大终，当更受命于天"以及"有洪水将出，灾火且起，涤荡民人"⑥ 的思想盛行，各种自然灾害频发，疾病流行，豪强地主横征暴敛，水旱病灾严重困扰着人民的生活。由于自然灾害频发，导致社会动荡。山东青州一带"百姓饥穷，流冗道路，至有数十万户"⑦，东汉政治黑暗，外戚、宦官、

---

① （南朝宋）范晔：《后汉书》，（唐）李贤注，中华书局1965年版，第385页。
② （晋）陈寿：《三国志》，陈乃乾校点，中华书局1959年版，第264页。
③ 唐长孺：《太平道与天师道——札记十一则》，《中华文史论丛》2006年第3期。
④ （南朝宋）范晔：《后汉书》，（唐）李贤注，中华书局1965年版，第349页。
⑤ （晋）陈寿：《三国志》，陈乃乾校点，中华书局1959年版，第263页。
⑥ （汉）班固：《汉书》，中华书局1962年版，第3192页。
⑦ （南朝宋）范晔：《后汉书》，中华书局1965年版，第298页。

官僚、地主阶级极其腐化,地方官吏如同"饿狼守庖厨,饥虎牧牢豚"①,"壮者入贼中,人相食,城郭皆空,白骨蔽野"。中原地区的大瘟疫伤寒达到了高峰;中原战乱,大小豪强之间的明斗暗争,给广大人民带来无限的苦难。至于建安间生民殆尽。"兵难日起,州郡鼎沸,郊境之内,民不安业,捐并居产,流流藏窜。"② 社会已经濒临崩溃,人们生活在死亡的边缘。

光武帝刘秀建武年间,发生了史称"妖巫"的三次造反事件。史书载:"初,卷人维汜,妖言称神,有弟子数百人,坐伏诛。""后其弟子李广等,宣言汜神化不灭,以诓惑百姓。建武十七年(41),遂共聚会徒党,攻没皖城,杀皖侯刘闵,自称'南岳太师'。""使援发诸郡兵,合万余人,击破广等,斩之。"③ 建武十九年(43),妖巫维汜弟子军臣、付镇等,复妖言相聚,入原武城,劫吏人,自称将军。"前后数年,三次起义,皆为'妖人'维汜及其忠实信徒所为。他们'妖言称神',自称'南岳太师',信奉祖师'神化不死',而且能维持数年不散,起义规模能打败官兵数千人,最后竟需要由东汉名将马援率诸郡兵万人以上去征讨,才被镇压下去,显然已经具备了相当严密的组织,且信奉者甚多,竟多达千万人之多。"④ 延熹八年(165)十月,勃海"妖贼"盖登等称"太上皇帝"。《后汉书·藏洪传》记载,汉灵帝熹平元年(172),会稽"妖贼"许昭起兵句章,自称"大将军",立其父许生为"越王"等,为东汉末年太平道与五斗米道的形成提供了一定的社会条件。

(二)共同的思想基础

早期道教的前身为信仰神仙的黄老道,早期道教的两大教派太平道和五斗米道其教理教义都是以黄老学说为基础,同时吸收了当时流行的鬼神观念和方士方术。东汉末年,蜀中图谶数术之学和黄老道术相当流行。《汉书·地理志》说:楚人"信巫鬼,重淫祀。而汉中淫失枝柱,与巴蜀同俗"⑤。《后汉书·杨厚传》载:新都人杨厚"修黄老,教授门生,上

---

① (南朝宋)范晔:《后汉书》,中华书局1965年版,第1647页。
② 同上书,第282页。
③ 同上书,第838页。
④ 韩秉方:《关于道教创立过程的新探索》,《世界宗教研究》1999年第2期。
⑤ (汉)班固:《汉书》,中华书局1962年版,第1666页。

名录者三千余人"①。翟酺"好《老子》，尤善图纬、天文、历算"②。广汉雒人折像"能通《京氏易》，好黄老言"③。《后汉书·南蛮西南夷列传》谓"俱事鬼神"④，賨人（即巴人）"俗好鬼巫"⑤。《隋书·地理志》有"汉中之人……好祀鬼神，尤多忌讳，家人有死，辄离其故宅"⑥的记载。

更为重要的是，太平道和五斗米道的许多思想都可以从《太平经》中找到理论根据。五斗米道与太平道有着共同的思想基础，二者相互吸收、相互促进、共同发展，如推尊太上老君和黄帝为崇高之神是五斗米道和太平道共同的宗教信仰，"散形为气，聚形为太上老君，常治昆仑"。五斗米道和太平道都信行"真道"，追求"当求善能知真道者，不事邪伪伎巧"，具有"是故绝诈圣邪知，不绝、真圣道知也"的崇道思想。"道诫"最早见之于《太平经》，如"虚无无为自然图道毕成诫"⑦，"贪财色灾及胞中诫"⑧，"有过死谪作河梁诫"⑨，"衣履欲好诫"⑩，"不孝不可久生诫"⑪等。五斗米道《想尔注》也继承发展了这种"道诫"思想，如"道贵中和，当中和行之；志意不可盈溢，违道诫"⑫；"人欲举动匆违道诫，不可得伤王气"⑬；"名与功，身之仇，功名就，身即灭，故道诫之"⑭等。在社会政治思想方面，五斗米道主张"治国令太平"，《想尔注》有"致太平""令太平"的思想。如"人君欲爱民令寿考，治国令太平，当精心凿道意"，"会不能忠孝至诚感天，民治身不能仙寿，佐君不能致太平"等思想，这与《大平经》中"澄清大乱，功高德正，故号

---

① （南朝宋）范晔：《后汉书》，（唐）李贤注，中华书局1965年版，第1050页。
② 同上书，第1602页。
③ 同上书，第2720页。
④ 同上书，第2840页。
⑤ （晋）常璩：《华阳国志》卷九《李特雄期寿势志》，嘉庆十九年（1814）刻本。
⑥ （唐）魏征：《隋书》，中华书局1973年版，第829页。
⑦ 王明：《太平经合校》，中华书局1960年版，第469页。
⑧ 同上书，第563页。
⑨ 同上书，第573页。
⑩ 同上书，第580页。
⑪ 同上书，第597页。
⑫ 饶宗颐：《老子想尔注校证》，上海古籍出版社1991年版，第7页。
⑬ 同上书，第11页。
⑭ 同上书，第12页。

太平"的"太平"思想是一致的。五斗米道宣扬仁义、孝慈、忠诚,"兵者非吉器也","公乃生,生乃大"等思想在《太平经》中都能找到相应的思想和依据。

(三) 近似的传播方式

太平道和五斗米道作为我国早期道教的两个重要派别,虽然分别创始于东汉末年的燕齐和巴蜀地区,但在传播方式上有相似之处,都是通过其卓有成效的传播方式向全国各地迅速传播和发展,及至六朝,道教已经传播大江南北,成为中国宗教文化的重要组成部分。

1. 以符水和药物治病传道

太平道和五斗米道在传道过程中都采用"符水""灸刺""药物"治病,并实施"济医""增药"的举措。张陵要求"疾病之人,不胜汤药针灸,惟服符饮水"[1]。《三国志·魏书·张鲁传》注引《典略》云:"太平道者……以符水饮之,得病或日浅而愈者,则云此人信道;其或不愈,则为不信道。"[2] 其教首张角用"符水咒说以疗病,病者颇愈,百姓信向之"[3]。《魏书·释老志》称:"张陵受道于鹄鸣……化金销玉,行符敕水,奇方妙术,万等千条,上云羽化飞天,次称消灾灭祸。"[4]《太平广记·神仙》云:"百姓翕然奉事之以为师,弟子户至数万。"[5] 五斗米道和太平道还广泛运用各种汤药、针刺和烫烙等民间医术为民治病,《神仙传》卷四《张道陵》载:"陵语诸人曰:'可得服食草木数百岁之方'。"[6]《太平经》卷五十云:"灸刺者,所以调安三百六十脉,通阴阳之气而除害者也。"[7] "草木有德有道而有官位者,乃能驱使也,名之为草木方,此谓神草木也。治事立愈者,天上神草木也,下居地而生也。立延年者,天上仙草木也,下居地而生也。"[8]

---

[1]《道藏》(第24册),文物出版社、上海书店、天津古籍出版社1988年版,第779—780页。

[2] (晋) 陈寿:《三国志》,中华书局1959年版,第264页。

[3] (南朝宋) 范晔:《后汉书》,(唐) 李贤注,中华书局1965年版,第2299页。

[4] (北齐) 魏收:《魏书》,中华书局1974年版,第3048—3049页。

[5] 李昉:《太平广记》,中华书局1961年版,第56页。

[6] (晋) 葛洪:《神仙传校释》,胡守为校释,中华书局2010年版,第16页。

[7] 王明:《太平经合校》,中华书局1960年版,第179页。

[8] 同上书,第172页。

2. 以善道教化天下

《太平道》中有："教以善道，使知重天爱地，尊上利下，弟子敬事其师，顺勤忠信不欺。"① 五斗米道和太平道都以"跪拜首过""叩头思过"等善道施教于民。太平道有"蓄养弟子，跪拜首过"，"师持九节杖，为符祝，教病人叩头思过"，五斗米道则"邂逅疾病，辄当首过，一则得愈，二使羞愧，不敢重犯"，对"疾病者，但令年七岁有识以来，首谢所犯罪过，立诸仪章符，救疗久病困疾，医所不能治者，归首则差"②。

3. 以教团组织行道

太平道提出"得天地人及四夷之心"，需要"并合一家，共成一治"，让天下之人聚集起来，以"方"为单位发动和团结徒众形成教团组织，并且以方为单位进行传教活动。五斗米道则将教民分成二十四治。《三天内解经》卷上云："立二十四治，置男女官祭酒，统领三天正法，化民受户，以五斗米为信。"③《陆先生道门科略》载："授天师正一盟威之道，禁戒律科检，示万民逆顺祸福功过，令知好恶。置二十四治。三十六靖庐，内外道士二千四百人。"④ 无论是"方"，还是"治"，都是太平道和五斗米道作为教团组织开展行道、布道的组织单位，在早期道教的传播和发展中起到了重要作用。

4. 转移扩张布道

太平道和五斗米道创立以后，通过转移扩展，逐渐传播于全国各地。以燕齐江淮为据点的太平道逐渐向南传布到吴会与交州。东汉末年，道士琅琊于吉，先寓居东方，往来吴会，烧香讲道书，制作符水以治病，吴会人多事之，后为孙策所杀；五斗米道也由汉中传到了北方。建安二十四年（219）曹操一度占有汉中，曾大量迁出汉中的民户。"拔汉中民数万户以实长安及三辅"⑤，"百姓自乐出徙洛、邺者，八万余口"⑥。五斗米道蔓延到北方。

---

① 王明：《太平经合校》，中华书局1960年版，第217页。
② 《道藏》（第24册），文物出版社、上海书店、天津古籍出版社1988年版，第414页。
③ 同上书，第414页。
④ 同上书，第779页。
⑤ （晋）陈寿：《三国志》，中华书局1959年版，第472页。
⑥ 同上书，第666页。

（四）不同的宗教命运

太平道和五斗米道虽然在产生的时代背景、思想基础以及传播方式上有许多相同之处，但是由于两大早期教派在采取的组织形式、教化群众的宗教目的、领导者的政治远见等方面的不同，导致太平道逐渐走向失败和衰落，而五斗米道则经过其创始人张陵及其孙张鲁等人的传道弘教，发展成为中国道教初创时期的主干。东汉顺帝（126—144）时，张陵在四川大邑鹤鸣山传道，"弟子户至数万"。汉末芦山《樊敏碑》载："季世不祥，米巫凶虐……陷附者众。"①《三国志·魏书·张鲁传》载："陵死，子衡行其道。衡死，鲁复行之。"② 张陵、张衡、张鲁三人递传五斗米道，后尊张陵为天师，张衡为嗣师，张鲁为系师，统称为"三张"。灵帝刘宏中平年间（184—189），巴蜀先后爆发张修等人领导的五斗米道起义，刺史刘焉为形势所迫，对其采取扶持利用的政策。灵帝刘宏中平五年（188），派张鲁"将兵击汉中太守苏固"③，"住汉中，断绝谷阁，杀害汉使。焉上书言米贼断道，不得复通"④。张鲁遂盘踞汉中，割据一方，阻断交通，建立起政教合一政权，使五斗米道得到了较快的发展。

太平道因起义需要，建立了"军教合一"的组织模式，把自己的宗教化过程和组织民众起义的过程融为一体，通过宗教的宣传和组织方式，使太平道成为一个带有神秘色彩的"军教合一"的民间秘密团体。其目的是推翻汉王朝的统治，实现"天下大吉"的政治理想，这使太平道与东汉政权发生了激烈的对抗。东汉统治者则对太平道采取"发天下精兵、博选将帅"的讨伐政策。实现"宜时捕讨以绝乱原"的统治目标。然而，太平道并没有因为黄巾起义的失败而绝迹，并在民间秘密传播。

太平道最终融入五斗米道成为早期天师道思想、组织和文化的组成部分。其原因在于五斗米道集教权、政权于一身，实行"政教合一"政策，在汉末战乱不息之时，巴、汉一带形成了"民夷便乐之"的社会氛围。张鲁利用五斗米道控制了当地的政局，造成一个相对安定的社

---

① （清）严可均：《全上古三代秦汉三国六朝文》（全4册），中华书局1958年版，第1039—1040页。
② （晋）陈寿：《三国志》，中华书局1959年版，第263页。
③ 同上。
④ 同上书，第867页。

会环境。① 这既扩大了五斗米道的影响，又有利于巴汉地区经济文化的发展。并且，五斗米道在曹操清整下，渐渐向中原地区拓展，其道教思想和组织在更为广泛的地域和空间渗透，成为中国两大教派之一天师道的原始宗教组织。

---

① 任继愈：《中国道教史》，中国社会科学出版社2001年版，第18页。

第三章

魏晋南北朝时期的山东道教

魏晋南北朝时期山东道教在道教典籍的编著、道教教理与教义的丰富以及组织制度的改革等方面都改变了早期道教的原始、无序和混沌状态，并为隋唐以后山东道教的兴盛打下了基础，其在山东道教史中也留下了浓重的一笔。同时，山东道教在魏晋南北朝时期进入一个分化与演变时期，并基本符合全国道教发展的大势。具体来说：从存在情况来看，主要表现为信奉太平道的黄巾军在山东地区的活动和寇谦之的新天师道改革；从祖籍山东或深受山东文化影响的人物方面来看，主要表现为流寓江南的许多山东籍天师道世家的活动、山东籍人物利用道教发起的贵族动乱和群众起义，以及一些道教名人如隐逸派的张忠、上清派祖师魏华存等的布道、行道及他们对山东道教形成和发展的影响上；从各种宗教和学说的文化交流来看，主要表现为与同山东地区固有的儒教文化和外来佛教文化的交锋、沟通和融合。五斗米道教徒的北迁与山东人口的迁移促进了五斗米道在山东及全国的传播。山东大批士族的南迁形成了家族代代相传的道教忠实信徒，出现了山东琅琊王氏、孙氏、徐氏，高平郗氏，清河崔氏，曲阜孔氏，泰山羊氏，东海鲍氏等信奉天师道的名家望族。

山东是儒家思想的重要发源地，黄老道在战国时期已培植于齐地，佛教自两汉之际传入中国后日臻发展，到魏晋南北朝时期已出现了儒释道三教互动互融的局面，从而刺激了山东道教的演化与发展，形成了儒道释三足鼎立之势。山东与北魏时期新天师道、楼观道的崛起也有密切关系。北魏太武帝之后至北齐、北周时期，山东道教与佛、儒二教的相互斗争和相互发展，孕育出了一批思想杂糅三教或两教的学者，从而使这一时期兼容并蓄的山东籍学者增多，他们在三教互动互融中扮演着重要的角色，因而使山东道教呈现出鲜明的时代特征，成为山东道教分化与发展的重要时期。

第一节　魏晋南北朝时期山东道教的演化概况

魏晋南北朝时期，中国道教在秦汉道教思想的基础上，经过与儒教、佛教的相互交流和影响而发展起来，无论在教理、教义或组织实践领域均出现了新变化。这个时期道教的最大特点是在演化过程中出现了上层化和民间化两种路向。相应地，在一些道教领军人物的带动下，其内部也产生了一系列的变革，在道教典籍的整理和实践经验的总结方面取得了重要成果。

一　太平道与曹操

《三国志·魏书·武帝纪》记载，初平三年（192）夏四月，"青州黄巾众百万人兖州"，可谓人多势众。青州黄巾长期转战于青、徐、兖、豫四州，给当地的封建割据势力和豪强地主以沉重的打击。青州黄巾军开始取得了一些胜利，"杀任城相郑遂"[①]，杀兖州刺史刘岱于东平，打败了任城和兖州的守军，但青州黄巾军后被曹操所收编。

黄巾军在战斗受挫后，在给曹操的信中曾提到"中黄太乙"的标识，实际上这是太平道所信奉的神。"太乙"，又作"太一""太皇"。"太一"在汉代有两义：一是指"道"，二是指北极神信仰。"太一"指北极神，是在汉武帝之后。汉武帝时，在方士谬忌的建议下，"太一"神被统治者尊奉为至高至尊的国神。《太平经》也表达了"太一"信仰和"太一"位于中央的观念："然天地之道所以能长且久者，以其守气而不绝也。……乃上从天太一也，朝于中极，受符而行，周流洞达六方八远，无穷时也。"[②] 东汉光武帝得赤符称帝，以火德自居。在五帝、五行、五方中，分别以黄帝、土德、中央为尊。而按五德循环，汉火德之后应是土德，因此，太平道信奉中黄太乙，并在起义口号中表达了"黄天当立"、土德将王的思想。[③]

曹操在政治上十分务实，对尚名重礼的儒术不太感兴趣，而比较喜好

---

① （晋）陈寿：《三国志》，中华书局1959年版，第9页。
② 王明：《太平经合校》，中华书局1960年版，第450页。
③ 刘筱红：《神秘的五行——五行说研究》，广西人民出版社1994年版，第93页。

追求现实利益的"法术",而且他本人对方术、药物、养生等道家之术也有着浓厚的兴趣,这些都在一定程度上拉近了他与道教徒的距离。《三国志》引张华《博物志》载:"(太祖)又好养性法,亦解方药,招引方术之士,庐江左慈、谯郡华佗、甘陵甘始、阳城郤俭无不毕至,又习啖野葛至一尺,亦得少多饮鸩酒。"① 曹操还曾在任济南相的时候下令毁坏城阳景王刘章的祠屋,"禁断淫祀",使"奸宄逃窜,郡界肃然"②,这种反污吏、除淫祀的行事作风也与当时的黄巾起义军有相近之处。因此,青州黄巾军失败后肯投降曹操,而曹操也对此善加利用,没有对黄巾起义军赶尽杀绝。《三国志·魏书·于禁传》载:"初,黄巾降,号青州兵,太祖宽之。"③ 曹操对这些青州黄巾军采取了限制和利用的政策,将其主力收编为自己名下的青州兵,另外一部分徙居邺城,编为屯田户。

青州黄巾军虽被迫接受了曹操的收编,但黄巾军余部仍在山东各地进行斗争和活动。在青州管辖的东莱郡,绝大部分百姓也加入了黄巾军,开展了反抗官府的斗争,如在长广、牟平、东牟、昌阳四县活动的"黄巾贼帅"管承、"牟平西贼"从钱以及东牟人王营等。黄巾军以信奉太平道的民众为骨干,其组织和发动者都是忠实的太平道的信仰者。而在黄巾军消灭之后,曹操治下仍有散见的道士和方士在活动。如《抱朴子·金丹篇》载,军督王图曾撰《道机经》,言"行气入室求仙";还有平原郡(今山东德州市平原县附近)人管辂有道术,尤其精通占卜之术,《三国志·管辂传》中记载了他诸多占卜灵验之事。他们信奉的是否为太平道则不能断言,但却说明曹操与太平道或其他信道者都是有瓜葛的。

二 山东地域道教与五斗米道的关系

五斗米道是道教早期最重要的流派之一。一般认为,五斗米道是张陵于东汉中叶汉顺帝(126—144)时在四川大邑鹤鸣山("鹤"一作"鹄")创立的。但任继愈主编的《中国道教史》则认为,五斗米道由张修在汉灵帝中平元年(184)之前创立于汉中,"张修早于张鲁而为五斗

---

① (晋)陈寿:《三国志》,中华书局1959年版,第54页。
② 同上书,第4页。
③ 同上书,第522页。

米道师,活动于汉中、巴郡一带"①。《三国志·张鲁传》记载:"光和中,东方有张角,汉中有张修。骆曜教民缅匿法,角为太平道,修为五斗米道。"②

我们认为,沛国丰(今江苏丰县)人张陵,五斗米道的创始人。他顺帝时入蜀,在鹤鸣山修道,著道书二十四篇,同时还以神符水及咒语等方法为人治病。③ 他在修道时,招收了若干弟子,因初入道者需交纳五斗米④,"故世号米贼"俗称"五斗米道"。汉末芦山《樊敏碑》载:"季世不祥,米巫凶虐……陷附者众。"⑤ "米巫"即指五斗米道。张陵按地区将弟子组织成二十四治。后来,道徒尊奉张陵为天师、张衡为嗣师,张鲁为系师,世称"三张"。

张陵的籍贯沛国丰县,与山东地区的琅邪、临沂一带接壤。据陈寅恪先生考证: "张道陵顺帝时始居蜀,本为沛国丰(今江苏省丰县)人。……丰沛又距东海不远,其道术渊源来自东,而不自西,亦可想见。此后汉之黄巾米贼之起原有关于海滨区域者也。"⑥ 由此可见,太平道与五斗米道与滨海地域的燕齐文化有一定关涉。

(一)五斗米道教徒的北迁与山东教徒的外迁

魏晋南北朝时期,人民长期生活在战乱不安之中,加上当政者的政治需要,开始用强制手段使全国人口出现了几次大迁徙。作为兵家必争之地,山东地区的战乱纷争很多,山东人民的苦难也尤为沉重。连绵不断的天灾人祸使得山东人口大量迁往外地,同时,也有很多外地人口(包括五斗米道教徒)迁入山东地区。

1. 五斗米道教徒的北迁

五斗米道教徒的北迁发生在中平年间(184—189)。巴郡人张修等人利用五斗米道和身为巴人的有利条件,领导巴蜀人发动了一场五斗米道起义,主要活动于巴郡汉中一带。史家常将张修与张角并称。《三国志·张鲁传》裴注引《典略》:

---

① 任继愈:《中国道教史》,上海人民出版社1990年版,第35页。
② (晋)陈寿:《三国志》,中华书局1959年版,第264页。
③ 李昉:《太平广记》,中华书局1961年版,第55—56页。
④ (晋)陈寿:《三国志》,中华书局1959年版,第263页。
⑤ (清)严可均:《全上古三代秦汉三国六朝文》,中华书局1958年版,第1039—1040页。
⑥ 陈寅恪:《金明馆丛稿初编》,上海古籍出版社1992年版,第3页。

修法略与角同，加施静室，使病人处其中思过。又使人为奸令祭酒，祭酒主以《老子》五千文。使都习，号为奸令。为鬼吏，主为病者请祷。请祷之法，书病人姓名，说服罪之意。作三通，其一上之天，著山上，其一埋之地，其一沉之水，谓之三官手书。使病者家出米五斗以为常，故号曰"五斗米师"也。①

从上面的记载来看，张修的五斗米道比张角的太平道在组织形式上多了静室思过、祭酒、鬼吏请祷、作三通等内容，显得更加成熟和完善。到灵帝刘宏中平五年（188），张陵之孙张鲁率教徒"住汉中，断绝谷阁，杀害汉使"②，建立起政教合一的政权，五斗米道从此发展到了一个新的阶段。张鲁袭教主，自号"师君"，集教权政权于一身，以鬼道教民，"雄踞巴汉垂三十年"③。他沿袭了祖辈的做法，同样设二十四"治"，各有祭酒，令信徒学习《道德经》，教以诚信不欺。还设"义舍"于路，悬置米肉，以救济流民。教徒有病便令首过，犯法者三原然后行刑。这些措施宽严有度，将道教对于宗教方面的影响善加利用，有利于改良社会风气，"民夷便乐之"④。因此五斗米道在巴蜀一带深得民心。也正因为如此，到建安二十年（215）张鲁率民投降曹操时，得到了曹操的特别宽待："将还中国，待以客礼"⑤，还拜为镇南将军，封阆中侯。其子"位尊上将，体极人臣。……命婚帝族，或尚或嫔"⑥。

对于五斗米道的普通信众，曹操尽量以和平劝说的方式将五斗米道徒迁至北方。史载，建安二十四年（219），曹操平定汉中，"张郃率吏民内徙"，"迁其民于关陇"⑦。这些五斗米道的教民有不少被安置在阳平、顿丘二郡⑧。至西晋太康初已有五六千家迁至北方。到魏末司马氏与曹魏集

---

① （晋）陈寿：《三国志》，中华书局1959年版，第264页。
② 同上书，第867页。
③ 同上书，第263页。
④ 同上。
⑤ （南朝宋）范晔：《后汉书》，（唐）李贤注，中华书局1965年版，第2437页。
⑥ （宋）李昉：《太平御览》，中华书局1960年版，第2355页。
⑦ （晋）常璩：《华阳国志校补图注》，任乃强校注，上海古籍出版社1987年版，第73页。
⑧ 今河南濮阳、内黄、南乐、范，以及山东冠、莘等县。

团相互争权夺利时，这些道教信徒便成为因依附曹操而被司马氏打击的重要对象。如李胜、毌丘俭、文钦、李丰、诸葛诞等，皆被崇奉儒教的司马氏作为曹氏余党而先后斩杀。其中琅邪阳都（今山东沂南）人诸葛诞（？—258），就是一名山东籍的道教信徒。诸葛诞因与被司马氏所诛的夏侯玄、邓飏等人交厚，又见王凌、毌丘俭相继败亡，心生恐惧，在甘露二年（257）起兵造反，次年被司马昭杀灭三族，其麾下数百人亦皆因不降而被处死。

魏末司马氏集团对道教徒的镇压，迫使道徒们对未来的发展方向做出新的选择，归纳起来有两个大的方面：一是攀附新朝，走上层化、官方化的道路；二是继续走民间化的道路，或隐居山林，或流徙他方。巴蜀五斗米道领袖的官方化与大部分普通道徒的北迁便体现了他们不同的发展方向。

2. 山东地区人口（包括道教徒）的外迁

山东作为战略要地，在魏晋南北朝时期基本处于混乱割据状态，因而便成为此一时期大股移民潮的主要发源地之一。在这些移民潮中，必然也会包括大量的道教徒。其中最值得关注的是两次山东外迁移民潮。

第一次在汉魏之际，山东地区的人口有的向北迁入幽州的辽东，有的向南流寓江淮一带。这些人中就包括琅邪阳都人诸葛瑾、诸葛亮、诸葛均。诸葛瑾于"汉末避乱江东"。① 诸葛亮、诸葛均则在兴平元年（194）投奔了时任豫章（今江西南昌）太守的叔父诸葛玄，后来诸葛玄又带他们投靠荆州牧刘表②，其叔父去世后，诸葛亮又隐居于隆中。诸葛亮虽然不属于道士，但从他一生治世用法术、伦理用儒教、处世用道家来说，其与当时的道教并不对立隔绝。据陈寅恪先生考证，南方道教领袖陶弘景，也受到了滨海地域文化的影响，其祖上也是在这一时期由江北迁至江南的。

第二次是永嘉之乱后，又有大量的山东移民，或南迁至江淮流域，或北迁至辽东地区。这些南迁的山东世家大族，对东晋和南朝的局势都产生了巨大的影响。

---

① （晋）陈寿：《三国志》，中华书局1959年版，第1231页。
② 同上书，第911页。

（二）山东人口的迁移与五斗米道南迁

魏晋以来因各种原因导致人口大量、频繁迁移，"两晋南北朝三百年来的大变动，可以说就是由人口的大流动、大迁徙问题引起"①。人口的流动对全国的政治、经济形势和军事活动都产生了深远的影响，这里面自然也包括道教文化的传播和全国宗教格局的变动。而这个时期江南相对较安定，因此便吸引了北方和巴蜀人口的大规模迁入。在迁居吴地的士民中，有不少来自山东的五斗米道信徒。正如陈寅恪先生所说："青徐数州，吴会诸郡，实为天师道之传教区。"② 五斗米道教徒的北迁与山东人口的迁移促进了五斗米道在山东及全国的传播。

魏晋时期，统治阶级对民间道教活动的限制措施，在一定程度上确实遏制了民间道教组织的发展。一方面，虽然民间的道教活动总体上处于被限制的状态，但人口迁移在客观上加速了五斗米道的传播。五斗米道原来较为完善的教团组织被瓦解；在相当长的一段时间内，道教教义也再没有太大的发展；各地重新组织起来的分散小教团也常被统治者视为异端、妖物，故而活动隐秘，且教仪混乱，科律废弛。总的来说，此一时期民间道教在整体上的发展状态较为低迷。然而，由于宗教信仰存在的社会根源和心理因素没有发生根本性的改变，因此，统治者外在的镇压和强制性的人口迁移也不能从根本上杜绝道教的发展和传播。相反，由于移民的流动范围更大，道教反而得以传播到更远的地方。特别是五斗米道教众的北迁，大大加速了五斗米道的传播。另一方面，在全国的民间道教活动处于低潮的时候，适合上层统治阶级需要的贵族道教、神仙道教却开始逐渐发展起来。西晋永嘉以后，大量的北方五斗米道信徒南迁至江南三吴一带，逐渐形成了庞大的道团，复名天师道。到东晋时，天师道已在全国范围内逐渐发展壮大起来，许多士族高门都信奉天师道，热衷于追求"超生死，得解脱"③，从而使道教从晋以前的"从受道者，类皆兵民胁从，无知名之士，至晋世，则沿及士大夫矣"④。同时，滨海地区作为道教文化的发源地，山东的世家大族和下层民众长期生活在这一区域，自然也会受到当地

---

① 万绳楠：《陈寅恪魏晋南北朝史讲演录》，黄山书社1987年版，第77页。
② 陈寅恪：《金明馆丛稿初编》，上海古籍出版社1980年版，第15页。
③ 汤一介：《魏晋玄学论讲义》，鹭江出版社2006年版，第271页。
④ 潘眉：《三国志考证》，中华书局1985年版，第51页。

道教文化环境的影响,因此,魏晋时期山东的天师道信仰可以说流传甚广,上至世家大族,下至社会底层人民,都有天师道的众多信徒。

三 山东的天师道世家及其南迁以后的道教活动

东晋南北朝道教的上层化浸染了世胄高门,使山东的一批士族南迁后,以整个家族代代相传的形式成为道教的忠实信徒,出现了一些著名的天师道(五斗米道)世家。据文献记载,山东琅邪王氏、孙氏、徐氏,高平郗氏,清河崔氏,曲阜孔氏,泰山羊氏,东海鲍氏等都是外迁南方后信奉天师道的名家望族。

根据陈寅恪先生的考证,琅邪王氏大约在其远祖汉代王吉时即对道教信仰产生某种影响。王吉(字子阳)为汉武帝时期的经学家,属齐学一派,其奏疏中有不少谈论寿夭、调和阴阳等方面的内容,似乎受到了齐地神仙方术的影响,出自齐地的道教经典《太平经》则受此影响颇多。陈寅恪先生据《汉书》卷七二《王吉传》所载"俗传王阳能作黄金"推断说:"王阳当时所处之环境中作黄金之观念必已盛行,然后始能致兹传说。"① 陈国符先生在《中国外丹黄白术考论略稿》一文中也说:"王吉至孙崇三世,自前汉武帝历昭帝元帝成帝哀帝而至平帝初年(约相当于纪元前一世纪)。是时黄白术与仙药已流派不同。是时俗传王阳能作黄金,其所作伪黄金,非以服饵,而以易好车马衣服矣。"② 可见当时的道教黄白之术已颇具影响。后来的《云笈七签》也由此将王吉列为"积行获仙,不学而得"的仙人之一。③ 陈寅恪先生由此推论:"天师道以王吉为得仙,此实一确证,故吾人虽不敢谓琅邪王氏之祖宗在西汉时即与后来之天师道直接有关,但地域风习影响于思想信仰者至深且巨。"④

(一)王羲之及王氏家族与道教信仰

东晋时期,琅邪王氏家族中的王导和王敦因辅佐琅邪王司马睿建立东晋王朝而在政治地位上大获提升,后来王氏家族子弟已基本掌控了东晋的局势,琅邪王氏一跃成为六朝时期最有权势的高级士族,创造了"王与

---

① 陈寅恪:《金明馆丛稿初编》,上海古籍出版社1980年版,第18页。
② 《道藏源流考》之附录五《中国外丹黄白术考论略稿》,中华书局1963年版,第375页。
③ (宋)张君房:《云笈七签》,李永晟点校,中华书局2003年版,第1935页。
④ 陈寅恪:《金明馆丛稿初编》,上海古籍出版社1980年版,第19页。

马，共天下"的控制局面。随着琅邪王氏社会地位的提高和影响的扩大，该家族已有许多同天师道有关的活动和文献记载流传于后世。首先是东晋丞相王导的从弟、王羲之的叔父王廙。王廙（276—322），字世将，是东晋初期琅邪王氏中的重要人物之一。他是东晋大臣，还是有名的书法家、画家、文学家和音乐家。王廙与王羲之的父亲王旷同为王正（王览第四子）之后，他作为王羲之的叔父，很可能对王羲之的书法和思想等产生了一定的影响。道教文献《真诰》中载称："王廙为部鬼将军。"① 可见王廙在道教神仙体系中的地位。

琅邪王氏南迁之后，最著名的是王羲之一门。王羲之（303—361），字逸少，号澹斋，中国东晋书法家，有"书圣"之称。世人多以其书法闻名于世，实则王羲之也是道教的忠实信众。王氏家族不仅名声显赫，而且对道教的信仰有深厚的家族传统。琅琊王氏自两汉以来便是儒学世族，后在东晋南北朝达到家族的鼎盛，与陈郡谢氏同誉"合望族者"，"王谢"一词也成为后世名门望族的代名词。

王羲之习儒尚玄，喜好老庄，是东晋名士中信奉天师道的典型代表。《晋书·王羲之传》说："羲之雅好服食养性"②，去官后，"与道士许迈共修服食，采药石不远千里"③。《晋书·许迈传》载："（迈）永和二年，移入临安西山……又著诗十二首，论神仙之事焉。羲之造之，未尝不弥日忘归，相与为世外之交。"④ 又据《太平御览》卷六百六十六引《太平经》载，王羲之还曾请钱塘杜子恭⑤给自己治过病，而杜子恭却说其病"不差"⑥，未去医治。王羲之不久果然去世。其文曰："王右军病，请（杜）恭。恭谓弟子曰：'右军病不差，何用吾？'十余日果卒。"⑦ 王羲之的子嗣也多有信道者。其七子王献之病重之时，三子王徽之即曾请道士做法愿代弟受死，王氏家族深处东晋时期浓厚的道教氛围之中。

在东晋门阀势力中，谢氏和郗氏可以说是与王氏有着密切的关系，而

---

① （南朝齐梁）陶弘景：《真诰》，中华书局1985年版，第201页。
② （唐）房玄龄：《晋书》，中华书局1974年版，第2098页。
③ 同上书，第2101页。
④ 同上书，第2107页。
⑤ 名炅：一说名昺，字叔恭，又称杜恭。
⑥ 不差，即不瘥，意为不能转愈。
⑦ （宋）李昉：《太平御览》，中华书局1960年版，第2974页。

三大家族中的重要人物也都有着相似的道教信仰。谢氏家族中谢安，郗氏家族中郗愔、郗昙，都与王羲之颇有志同道合之趣。《晋书·谢安传》中载谢安"寓居会稽，与王羲之及高阳许询、桑门支遁游处，出则渔弋山水，入则言咏属文，无处世意"①。郗愔则"益无处世意，在郡优游，颇称简默，与姊夫王羲之、高士许询并有迈世之风，俱栖心绝谷，修黄老之术"②。《晋书·何充传》中更将郗愔与郗昙称为"二郗谄于道，二何佞于佛"③。王羲之为天师道徒。但此时的天师道与魏晋士族相结合，产生出浓厚的神仙道教思想，陈寅恪对王氏家族的信道传统有着深刻的总结，称："若王吉、贡禹、甘忠可等者，可谓上承齐学有渊源。下启天师之道术，而后来琅邪王氏子孙之为五斗米教徒，必其地域熏习，家世遗传，由来已久。"④

在如此浓厚的社会道教信仰氛围和家族信仰传统中，王羲之身上也有着浓厚的道家生活的影子，体现出浓厚的通过采食丹道希求得道成仙的思想，而且其广泛地结交道友，通过游山玩水体现出其崇尚自然的道教情怀，其书法内涵也有着浓厚道教色彩。

王羲之的性格中虽也有大丈夫当开天辟地、建功立业的雄心壮志，但其中也有恬淡宁静、与世无争的道教"无为"本性。《晋书·王羲之传》载：

> 羲之既少有美誉，朝廷公卿皆爱其才器，频召为侍中、吏部尚书，皆不就。复授护军将军，又推迁不拜。扬州刺史殷浩素雅重之，劝使应命，乃遗羲之书曰："悠悠者以足下出处足观政之隆替，如吾等亦谓为然。至如足下出处，正与隆替对，岂可以一世之存亡，必从足下从容之适？幸徐求众心。卿不时起，复可以求美政不？若豁然开怀，当知万物之情也。"羲之遂报书曰："吾素自无廊庙志，直王丞相时果欲内吾，誓不许之，手迹犹存，由来尚矣，不干足下参政而方进退。自儿娶女嫁，便怀尚子平之志，数与亲知言之，非一日也。"⑤

---

① （唐）房玄龄：《晋书》，中华书局1974年版，第2072页。
② 同上书，第1802页。
③ 同上书，第2030—2031页。
④ 陈寅恪：《金明馆丛稿初编》，上海古籍出版社1980年版，第18—19页。
⑤ （唐）房玄龄：《晋书》，中华书局1974年版，第2094页。

王羲之还具有逍遥自在、安然自得的道教"自然"情怀。当雄心仕途遇坎坷之时也会顺其自然，顺势而为，化浓情为诗意，寓壮志于无尽山川。王羲之在给朋友周抚的《杂帖》中写道：

> 省足下别疏，具彼山川诸奇。扬雄《蜀都》、左太冲《三都》，殊为不备，悉彼故为多奇，益令其游目意足也。可得果，当告卿求迎，少人足耳。至时示意，迟此期，真以日为岁。想足下镇彼土，未有动理耳。要欲及卿在彼，登汶岭、峨眉而旋，实不朽之盛事。但言此，心以驰于彼矣。①

王羲之在信中将游历蜀都名山列为"不朽之盛事"。而当王羲之与许迈"遍游东中诸郡，穷诸名山，泛沧海"之后，更是叹曰："我卒当以乐死。"② 能遍游山川，尽历八荒，不失毕生之愿，死而无憾。

王羲之喜爱白鹅。《晋书》特别记载了王羲之欲观老妪之鹅，而老妪闻之将来烹鹅招待王羲之、王羲之叹息数日的典故。从其他材料来看，王羲之也与鹅有着不解之缘。平常的鹅在王羲之眼里视若珍宝，所处之地多见鹅池遗迹，其实并非偶然。白鹅出没于草丛杂林，游离于河沟溪潭，颇有超然脱俗、傲视群物、虚怀若谷之风；羽毛洁白，出淤泥而不染，象征着高尚的情操和对世事的大彻大悟。其品质恰与王羲之憨厚豪爽、超然卓物、不肯与世俗杂物同流的性格相似，故王羲之视白鹅为天地间心灵相通、品格相合的伙伴，这与道教所提倡的修行要"同与禽兽居，族与万物并"的方式相契合。不仅如此，王羲之还将鹅的一举一动与书法创新联系起来，创造出了独一无二的画法。"守信于道教，从静思幽雅精神中悟出理法。"③

王羲之对丹鼎之道颇爱好，并乐此不疲。《晋书·王羲之传》载："羲之雅好服食养性。"④ 王羲之的书札中云：

---

① （清）严可均：《全晋文》，商务印书馆1999年版，第210页。
② （唐）房玄龄：《晋书》，中华书局1974年版，第2101页。
③ 王荣法：《王羲之与道教》，《东南文化》1995年第2期。
④ （唐）房玄龄：《晋书》，中华书局1974年版，第2098页。

> 得足下旃罽胡桃药二种，知足下至戎，盐乃要也，是服食所须，知足下谓须服食，方回近之未许吾此志。知我者希，此有成言，无缘见卿，以当一笑。①
>
> 服食故不可，乃将冷药，仆即复是中之者，肠胃中一冷，不可如何，是以要春秋辄大起多，腹中不调适，君宜深以为意。省君书，亦比得之。物养之妙，岂复容言，直无其人耳。许君见验，何烦多云矣。②
>
> 追寻伤悼，但有痛心，当奈何奈何。得吾慰之，吾昨频哀感，便欲不自胜。举旦复服散行之益。③
>
> 月终哀摧伤切，奈何奈何。得昨示，知弟下不断，昨紫石散未佳，卿先羸甚，甚好消息。吾比日极不快，不得眠食，殊顿，勿令合阳，冀当佳。④

晚年王羲之更是炼丹于剡县之鼓山（金庭东侧），有题词志石，曰：

> 粤若吾先，琅邪肇址。临沂孝弟，郡么燮理。轩冕盈朝，会稽内史。兰亭追趣，祓除上巳。致政金庭，南朝别墅。光鼓西涯，剡邑东鄙。绝巘周垂，崇岗顿起。鼓宏对旗，巅夷若砥。其地可锄，有药堪饵。奚啻沃州，岂让天姥？纯庵紫芝，爰居乐土。文坛武壋，鹅池墨沚。留侯赤松，明哲可许。诗赋英发，簪盖良士。眺望楼迟，思惟窈取。仲尼成仁，朝闻夕死。孟轲传道，无有乎尔。厥赋惟均，为之亦是。世远人非，知谁遁此。右军镌石，鼓山同峙。⑤

由此可见，王羲之对丹鼎之道的喜好已至痴迷，其目的不外乎希求通过炼丹之术，得长生不老之药，以期得仙风道骨，化羽飞仙。这正是魏晋时期道教对长生不老的神仙的顶礼膜拜。王羲之与道教不仅渊源颇深，而

---

① 中国书画全书编纂委员会：《中国书画全书》（第1册），上海书画出版社1993年版，第100页。
② 同上书，第321页。
③ 同上书，第106页。
④ 同上书，第107页。
⑤ 刘茂辰：《王羲之王献之全集笺证》，山东文艺出版社1999年版，第21—22页。

且从其痴迷程度来看，恐怕早已沉浸其中无法自拔。

此外，王羲之周围也不乏高道修士，他们共悟道理，共修道业。《晋书·王羲之传》载："会稽有佳山水，名士多居之，谢安未仕时亦居焉。孙绰、李充、许询、支遁等皆以文义冠世，并筑室东土，与羲之同好。"①"羲之既去官，与东土人士尽山水之游，弋钓为娱。又与道士许迈共修服食，采药石不远千里，遍游东中诸郡，穷诸名山，泛沧海。"②《郗鉴传》也称："会弟昙卒，益无处世意，在郡（指吴郡）优游，颇称简默，与姊夫王羲之、高士许询并有迈世之风，俱栖心绝谷，修黄、老之术。"③ 孙绰、李充、许询、支遁均为东晋文人雅士，皆名冠天下，亦多为山隐之士、寻道之人。

（二）王羲之与高道许迈

魏晋时期的文人墨客多与王羲之交往甚深，兰亭集会即为众多习文弄墨之人的踏青释怀之旅。在此种氛围之中，王羲之自然无法脱离隐修山林的悟道之为，曾曰："顷东游还，修植桑果，今盛敷荣，率诸子，抱弱孙，游观其间，有一味之甘，割而分之，以娱目前。虽植德无殊邈，犹欲教养子孙以敦厚退让。……比当与安石东游山海，并行田视地利，颐养闲暇。衣食之余，欲与亲知时共欢燕，虽不能兴言高咏，衔杯引满，语田里所行，故以为抚掌之资，其为得意，可胜言邪！常依陆贾、班嗣、杨王孙之处世，甚欲希风数子，老夫志愿尽于此也。"④ 而高道许迈，更是将王羲之引入修丹道之途。许迈之所以被称为高道主要表现为三个方面：

一是纵情山水，云游天下，"初师鲍靓，受《中部之法》及《三皇天文》。一旦辞家，往而不返。东入临安县山中，散发去累，改名远游，服术黄精，渐得其益，注心希微，日夜无间"⑤。

二是许迈精于爻卦，道行高深。《历世真仙体道通鉴》卷二十一《许迈传》载，许迈"总角好道，潜志幽契"，又引《真诰》云其"按手书

---

① （唐）房玄龄：《晋书》，中华书局1974年版，第2098—2099页。
② 同上书，第2101页。
③ 同上书，第1802页。
④ 同上书，第2102页。
⑤ （宋）张君房：《云笈七签》，李永晟点校，中华书局2003年版，第2312页。

授六甲阴阳符云"①。《晋书·孝武文李太后传》，许迈曾为简文帝求嗣，表明许迈绝非泛泛之辈。

三是许迈精通丹道。《云笈七签》卷一百六《许迈真人传》曾载："映因师世龙，受解束反行之道，服玉液，朝脑精，三年之中，面有童颜。……吾七世祖许子阿者，积仁蕴德，阴加鸟兽，遇凶荒疫疠之年，百遗一口，子阿散财拯救，自营方药，已死之命，悬于子阿手得济者四百八人。"②许迈高深的道行对乐于修道的王羲之有着强大的吸引力。《晋书·许迈传》载，"羲之造之，未尝不弥日忘归，相与为世外之交"③。

在众多志同道合之士的影响之下，王羲之自难以逃离浓厚的道教氛围，淡泊名利，纵情山水，修身养性，修道炼丹，自为水到渠成之事。

（三）王氏家族与道教法术

东晋时，五斗米道世家钱塘杜氏假托张鲁授命，创立了杜子恭道。杜子恭道与李家道、清水道同属五斗米道的支派，是当时影响最大的一派。杜子恭道在制度、形式等方面可谓汉末五斗米道的翻版，然而杜子恭道的信奉者已不再仅限于普通民众，而是同时向上层社会发展。《南史列传第四十七·沈约》载："初，钱塘人杜炅，字子恭，通灵有道术，东土豪家及都下贵望并事之为弟子，执在三之敬。"④王羲之病重时求助于道教名师杜子恭，可见他深信道法可以治病。

不但王羲之如此，其子王徽之、王献之也深信道法，而且病重时也曾用过道法疗病。《真诰·真胄世谱》称："先生名迈，字叔元，小名映，清虚怀道，遐栖世外，故自改名远游。与王右军父子周旋，子猷乃修在三之敬。"⑤可见王徽之（字子猷）也同其父一样与道士许迈交往颇多。《世说新语·德行篇》云："王子敬病笃，道家上章，应首过，问子敬：'由来有何异同得失？'子敬云：'不觉有余事，惟忆与郗家离婚'。"⑥又《晋书·王羲之传》附《王献之传》云："未几，献之遇疾，家人为上章，道家法应首过，问其有何得失。对曰：'不觉余事，惟忆与郗家离婚。'

---

① 《道藏》（第5册），文物出版社、上海书店、天津古籍出版社1988年版，第222页。
② （宋）张君房：《云笈七签》，李永晟点校，中华书局2003年版，第2312页。
③ （唐）房玄龄：《晋书》，中华书局1974年版，第2107页。
④ （唐）李延寿：《南史》，中华书局1975年版，第1405页。
⑤ （南朝齐梁）陶弘景：《真诰》，中华书局1985年版，第251页。
⑥ 徐震堮：《世说新语校笺》，中华书局1984年版，第23页。

献之前妻，郗昙女也。"① 《晋书》的记载可能采纳了《世说新语》的说法，只是在后面说明了王献之前妻的身份。

王献之在病重时的上章、首过皆是依道教之法而行。《隋书·经籍志·道经》中记载了道教的上章除厄之法："而又有诸消灾度厄之法，依阴阳五行数术，推人年命书之，如章表之仪，并具贽币，烧香陈读。云奏上天曹，请为除厄，谓之上章。"② 《魏志·张鲁传》也说："（张）鲁遂据汉中，以鬼道教民，号'师君'。其来学道者，初皆名'鬼卒'。受本道已信，号'祭酒'。各领部众，多者为'治头大祭酒'。皆教以诚信不欺诈。有病自首其过。"③ 这说明自太平道产生初期，道教便以首过的方式教导其信徒，并让他们以这种方式自我疗病。

除此之外，王羲之父子还撰写了大量关于道教服食的杂帖，其中有道教行断谷之术的内容。④ 可见王羲之父子不但深信五斗米道，还勤于修炼，亲自实践，希求长生不老或得道飞升。

王羲之的儿子王凝之对五斗米道的信仰尤其坚定。《晋书·王羲之传》附《王凝之传》载："王氏世事张氏五斗米道，凝之弥笃。孙恩之攻会稽，僚佐请为之备。凝之不从，方入靖室请祷，出语诸将佐曰：'吾已请大道，许鬼兵相助，贼自破矣。'既不设备，遂为孙恩所害。"⑤ 陈寅恪先生推论说，王凝之被杀前可能就是向王廙祈请的鬼兵："廙为凝之之叔祖，既领鬼兵，更宜凝之请以相助。"⑥ 王凝之因过于痴迷五斗米道而被孙恩所害，这是一个极端的事例，但也正反映出其信仰道教之虔诚。

王羲之的女婿刘畅，可能也是天师道中人。刘畅的父亲刘遐是山东任城籍女冠魏华存的次子。魏华存持斋修道多年，曾为天师道祭酒，后被尊为道教上清派始祖。刘畅极有可能受其影响而信奉天师道。王羲之将女儿嫁给刘畅大概也有宗教信仰的原因。

（四）王氏另一家族与道教信仰

在琅邪王氏家族中，不独王羲之一门，其他房支中也有不少信奉五斗

---

① （唐）房玄龄：《晋书》，中华书局1974年版，第2106页。
② （唐）魏征：《隋书》，中华书局1973年版，第1092页。
③ （晋）陈寿：《三国志》，中华书局1959年版，第263页。
④ 王永平、晓菲：《中古时代琅邪王氏之天师道信仰及其影响》，《河南科技大学学报（社科版）》2007年第2期。
⑤ （唐）房玄龄：《晋书》，中华书局1974年版，第2103页。
⑥ 陈寅恪：《金明馆丛稿初编》，上海古籍出版社1980年版，第16页。

米道者，如与王羲之同辈的王丹虎等。罗宗真先生在《六朝考古》一书中介绍了王丹虎墓中发现丹丸的情况："发现于南京象山王氏家族3号墓（王丹虎墓）内，共200余粒，部分已成粉末。……据化验报告的结果，它们很可能就是当时士大夫阶级服食的'丹砂、朱砂'一类的丸剂。因此，王丹虎墓出土的红色丹药，应是我国古代炼丹化学史上第一次发现的实物……"① 王丹虎是王羲之的叔父王彬的长女，这项考古发现是东晋琅邪王氏家族信仰五斗米道的有力实证。

与道教有涉的还有王羲之的堂兄弟、王舒的儿子王允之。《真诰》卷八《甄命授》云：

> 冢讼尤甚，恐亦未已……八月二十四日夜，保命告，欲取谢奉补期门郎，而今已有兼人，北帝故权停之耳。近差王允之兼行得代奉。若服术酒，可未便恭命也。……术遏鬼氛，故必无他耳中官……②

"冢讼"是汉魏六朝时期流行的一种丧葬礼俗和宗教禁忌。据说引发"冢讼"的原因很多，有承负先祖罪孽而遭冥界仇家寻仇的，有生人不修家事或祭祀不勤而招致先祖不满施予警示的，或先祖"以小代大"寻求代过替身的，也有因墓地风水犯忌而招致祸患的。因人鬼之间的"冢讼"危害甚多，道教文献中记载了禳除"冢讼"和劾治"家鬼"的几种方法："上章"、"请官"、服术酒、沐浴、"祝"驱梦魇、行"解除"术、画瓦书符、"打家先"等。③ 上引文字中提到的"服术酒"可以"遏鬼氛"，也是禳除"冢讼"的方法之一。

北帝，全称北方真武玄天上帝，是统理北方、统领所有水族（故兼水神）之道教民间神祇。北帝派王允之兼代谢奉期门郎一职。王允之是丞相王导之从弟王舒的儿子。从《真诰》这段记载中可以看出，他死后成了一名酆都的鬼官——期门郎。书中还说"若服术酒，可未便恭命也"，可见王允之生前应该是信奉道教的，不然不会有此一说。

南朝刘宋孝武帝时，王珣的孙子王微也笃信天师道。《宋书·王微

---

① 罗宗真：《六朝考古》，南京大学出版社1996年版，第229页。
② （南朝齐梁）陶弘景：《真诰》，中华书局1985年版，第98—99页。
③ 姜守诚：《"冢讼"考》，《东方论坛》2010年第5期。

传》载:"王微,字景玄,琅邪临沂人,太保弘弟子也。父孺,光禄大夫。微少好学,无不通览,善属文,能书画,兼解音律、医方、阴阳术数。"① 又说"微素无宦情,"② 多次被举荐当官而不就。他在给吏部尚书江湛的信中自陈:"生平好服上药,起年十二时病虚耳。所撰服食方中,粗言之矣。自此始信摄养有征,故门冬昌术,随时参进。寒温相补,欲以扶护危羸,见冀白首。家贫乏役,至于春秋令节,辄自将两三门生,入草采之。吾实倦游医部,颇晓和药,尤信《本草》,欲其必行,是以躬亲,意在取精。世人便言希仙好异,矫慕不羁,不同家颇有骂之者。"③ 可见他也因奉道而无仕宦之心,日常还有服食、学医的习惯,并因此而被本家之外的人骂为"希仙好异,矫慕不羁"。《宋书·王微传》又言:"太祖以其善筮,赐以名蓍。弟僧谦,亦有才誉,为太子舍人,遇疾,微躬自处治,而僧谦服药失度,遂卒。微深自咎恨,发病不复自治,哀痛僧谦不能已……"④ 王微的"善筮",也是道教方术之一。后来亲自为其弟治病,而僧谦"服药失度"而卒,王微所用之药是否为道家之丹药,我们不得而知,但不排除这种可能。

以上种种皆表明,王微是一名道教信徒无疑。可见琅邪王氏族人至南朝时期依旧保持着信奉天师道的传统,至于此家族的奉道习惯至何时而断灭则难以考证。

(五)郗氏、孔氏、孙氏与道教信仰

高平(今山东省金乡县西北)郗氏是山东另一个信奉天师道的家族。王羲之、王献之父子皆娶郗氏女。《晋书·郗鉴传》云:"郗鉴字道徽,高平金乡人……赵王伦辟为掾,知伦有不臣之迹,称疾去职。及伦篡,其党皆至大官,而鉴闭门自守,不染逆节。"⑤

郗鉴有二子一女。长子郗愔,字方回,官至平北将军、徐兖二州刺史;次子郗昙,官至北中郎将、都督徐兖青幽扬州之晋陵诸军事、领徐兖二州刺史;女儿郗璿,嫁王羲之。《晋书·郗鉴传》载:郗愔"与姊夫王

---

① (梁)沈约:《宋书》,中华书局1974年版,第1664页。
② 同上书,第1665页。
③ 同上书,第1669页。
④ 同上书,第1670页。
⑤ (唐)房玄龄:《晋书》,中华书局1974年版,第1796页。

羲之、高士许询并有迈世之风，俱栖心绝谷，修黄老之术"①。《晋书·何充传》说："郗愔及弟昙奉天师道，而充与弟准崇信释氏，谢万讥之云：'二郗谄于道，二何佞于佛。'"② 《世说新语·排调篇》中也有相似的记载："二郗奉道，二何奉佛，皆以财贿。谢中郎云：'二郗谄于道，二何佞于佛。'"③《世说新语·术解篇》还讲了郗愔因服食符纸过多而患病的事："郗愔信道甚精勤，常患腹内恶，诸医不可疗。闻于法开有名，往迎之。既来，便脉，云：'君侯所患，正是精进太过所致耳。'合一剂汤与之。一服即大下，去数段许，纸如拳大，剖看，乃先所服符也。"④《太平御览》卷666引《太平经》中也有关于郗愔自写道经的记载："（郗愔）心尚道法，密自遵行。善隶书，与右军相埒。手自起写道经，将盈百卷，于今多有在者。"⑤ 可见郗鉴二子、女婿皆信奉天师道，其女应该也不会例外。陈寅恪先生更疑心郗氏先祖在西晋时即已崇奉五斗米道："……以东晋时愔、昙之笃信天师道，及愔鉴字道徽，恢字道胤而推论之，疑其先代在西晋时即已崇奉此教，至嘉宾之奉佛，与其家风习特异者，犹之愔忠于王室，而超党于桓氏，宗教信仰及政治趋向皆与其父背驰也。"⑥

山东孔氏在汉晋时期有两次南迁。第一次是东汉末年，太子少傅孔潜避乱南迁会稽（今浙江绍兴）。第二次是西晋末年，山东孔氏族人因避乱迁徙江南者至少有两支：一支是在东晋颇负盛名的孔衍及其族人孔夷吾；另一支是世袭的奉圣亭侯孔懿。孔氏家族是六朝时期又一大族，名人辈出，影响巨大，居住也渐分散，但主要居于会稽一带。会稽孔氏又可分为两支，一支是由梁地迁居会稽山阴的孔氏，还有一支是南迁后居于会稽剡县的曲阜孔氏，他们都自称是孔子的后裔。陈寅恪先生对这两支孔氏是否本为一族、是否信奉天师道进行了考证，他说："会稽孔氏其居山阴之孔愉一门及孔道隆、灵产、稚珪三世，与居剡之孔默之、孔熙先父子及孔胤秀、文秀、邵秀兄弟，是否本为一族？不能详考，然孔愉自谓先世居梁

---

① （唐）房玄龄：《晋书》，中华书局1974年版，第1802页。
② 同上书，第2030—2031页。
③ 徐震堮：《世说新语校笺》，中华书局1984年版，第436页。
④ 同上书，第383页。
⑤ （宋）李昉：《太平御览》，中华书局1960年版，第2974页。
⑥ 陈寅恪：《金明馆丛稿初编》，上海古籍出版社1980年版，第20页。

国，孔默之父子孔胤秀兄弟自称鲁郡，皆托为孔子后裔，来自北方。① 其事之真伪，且不置论，而其俱居滨海地域，俱有与天师道相关之迹象，则无疑义。故称之为天师道之世家，当无不可。"②

在江东各大世族中，在对道教的虔诚程度以及奉道人数上，孔氏家族都是名列前茅的。大约现存最早的关于会稽孔氏奉道的记录，是有关晋代孔愉的。孔愉是六朝时孔氏最杰出的人物。《晋书》卷七十八《孔愉传》云："孔愉字敬康，会稽山阴人也。其先世居梁国，曾祖潜，太子少傅，汉末避地会稽。因家焉。……吴平，愉迁于洛阳。惠帝末，归乡里……东还会稽，入新安山中，改姓孙氏。以稼穑读书为务，信著乡里。后忽舍去，皆谓为神人，而为之立祠。永嘉中，元帝始以安东将军镇扬土，命愉为参军。邦族寻求，莫知所在。"③ 孔愉受孔氏家学中清静无为的黄老思想影响，曾经长期隐居山林。后来人们"皆谓为神人"，即把他当成了得道成仙之人，可见他的行事作风与修道之人相近。《世说新语·栖逸篇》云："孔车骑少有嘉遁意，年四十余，始应安东命。未仕宦时，常独寝，歌吹自箴诲，自称孔郎。游散名山。百姓谓有道术，为生立庙。今犹有孔郎庙。"又《世说新语·栖逸篇》引《孔愉别传》曰："永嘉大乱，愉入临海山中，不求闻达。"④

这段记载更加说明，孔愉是信奉道教并有志于修炼和隐居的。直到愍帝建兴间，孔愉始应召出，其后升迁不断，颇有政绩。晚年弃官耕田而居，朝廷送资数百万，悉无所取。

孔愉倾向于隐居遁世的理念，对后代子孙的思想观念和行事作风可能也产生了一定的影响。其后有许多孔氏家族成员也喜欢隐逸、修道，如"有隐逸之怀"的孔灵产、"隐于四明山"的孔佑（孔愉曾孙）、"隐居南山，终身不窥都邑"的孔道徽（孔佑之子），以及孔道徽的侄子孔总等。

孔愉之后，有关孔氏信奉道教的记载甚多。如孔道民、孔静民、孔福民三人师事杜子恭弟子、琅邪孙泰，却在孙恩之乱中遇害。《晋书·孔严传》载："（孔严）三子：道民，宣城内史；静民，散骑侍郎；福民，太

---

① 见《新唐书》七五下《宰相世系表》孔氏及林宝《元和姓纂》卷六山阴孔氏各条。
② 陈寅恪：《金明馆丛稿初编》，上海古籍出版社1980年版，第20页。
③ （唐）房玄龄：《晋书》，中华书局1974年版，第2051页。
④ 徐震堮：《世说新语校笺》，中华书局1984年版，第357—358页。

子洗马,皆为孙恩所害。"①

东晋高道杜子恭死后,孙泰继传杜子恭道法,影响颇大,黄门侍郎孔道等都十分敬重孙泰。《晋书·孙恩传》云:"黄门郎孔道,鄱阳太守桓放之,骠骑咨议周勰等皆敬事之(指孙泰)。"孙泰死后,孙恩造反,史载"吴兴太守谢邈,永嘉太守谢逸,嘉兴公顾胤,南康公谢明惠,黄门郎谢冲、张琨,中书郎孔道,太子洗马孔福……等皆遇害"②。陈寅恪先生认为,前文提到的"黄门郎孔道"同后文中的"中书郎孔道"应为同一人,且"与山阴孔氏疑是一族"。《南齐书》卷四十八《孔稚珪传》云:

> 孔稚珪,字德璋,会稽山阴人也。祖道隆,位侍中。父灵产,泰始中罢晋安太守。有隐遁之怀,于禹井山立馆,事道精笃,吉日于静屋四向朝拜,涕泗滂沱。东出过钱塘北郭,辄于舟中遥拜杜子恭墓,自此至都,东向坐,不敢背侧。元徽中,为中散、太中大夫。颇解星文,好术数。太祖辅政,沈攸之起兵,灵产密白太祖曰:"攸之兵众虽强,以天时冥数而观,无能为也。"太祖验其言,擢迁光禄大夫。③

《南史》卷四十九《孔珪传》的记载与上略同。从这段记载中可知,孔稚珪的祖父是侍中孔道隆,而孔稚珪的父亲孔灵产又奉道甚笃,崇敬杜子恭,陈寅恪先生据此推断,孔道隆很可能就是孔道。卿希泰《中国道教史》从其说。

孔稚珪(447—501)字德璋,受其祖父辈的影响,他也有奉黄老、尚隐逸的道家思想倾向。《云笈七签》卷五《宋庐山简寂陆先生》载:"(陆修静)门徒得道者,孙游岳、李果之最著称首。后孔德璋与果之书论先生云:先生道冠中都,化流东国。帝王禀其规,人灵宗其法。而委世潜化,游影上玄。微言既绝,大法将谢。法师禀神定之资,居入室之品,学悟之美,门徒所归。宜其整缉遗踪,提纲振纪,光先师之余化,纂妙道

---

① (唐)房玄龄:《晋书》,中华书局1974年版,第2061页。
② 同上书,第2632页。
③ (梁)萧子显:《南齐书》,中华书局1972年版,第835页。

之遗风。可以导引末俗,开晓后途者矣。"① 孔稚珪在给陆修静的高徒李果之的信中盛赞陆修静,既表明了他奉道的倾向,也说明他和道人来往甚密。同书同卷《齐兴世馆主孙先生》又载:"孔德璋、刘孝标等(与孙游岳)争结尘外之好。"② 孙游岳既是陆修静的得道高徒,又是陶弘景的师父,孔稚珪与之交好,也是由于其奉道的原因。

南齐永明末年,孔稚珪在回答竟陵王萧子良劝其弃道从佛的信中说:"民积世门业,依奉黄老,以冲静为心,以素退成行。"③ 孔稚珪虽然依照吴郡张融的通源之论,表面上对佛道采取并尊共奉的态度,但因其家世影响,实际上倾向于道教。

据宋代高似孙所著《剡录》卷三《先贤传》云:"(孔稚珪)早立名誉,风韵清疏,好文咏……盛营山水,从褚伯玉受道,伯玉死,稚珪为于太平馆立碑。"④ 又《上清道类事相》卷一《仙观品引》载:"褚伯玉,字元璩,吴郡钱塘人也。隐南岳瀑布山,妙该术解,深览图秘,采炼纳御、靡不毕为。齐高祖诏吴会二郡以礼资迎,又辞以疾俄而高逝,高祖追悼,乃诏于瀑布山下立太平馆。初伯玉好读《太平经》,兼修其道,故为馆名也。"⑤ 褚伯玉是孔稚珪的师父,他好读《太平经》,兼修其道,那么孔稚珪很可能也兼修太平道。⑥

孔稚珪、孔道徽、孔愉从弟群中的六世孙孔觊都与钱塘高道杜子恭的玄孙杜京产往来密切,关系友善。《南齐书·杜京产传》云:"杜京产,字景齐,吴郡钱唐人。杜子恭玄孙也。祖运,为刘毅卫军参军。父道鞠,州从事,善弹棋,世传五斗米道,至京产及子栖。……会稽孔觊,清刚有峻节,一见而为款交。……孔稚珪、周颙、谢抃并致书以通殷勤。……会稽孔道徽,守志业不仕,京产与之友善。"⑦ 关于孔道徽世袭其家风而奉道隐居的事,《南史》卷七十五《隐逸传》也有记载:"会稽山阴人孔道

---

① (宋)张君房:《云笈七签》,李永晟点校,中华书局2003年版,第75页。
② 同上书,第76页。
③ (南朝梁)释僧祐:《弘明集》卷11《文宣王书与中丞孔稚珪释疑惑并笺答》,上海古籍出版社1991年版,第74页。
④ (宋)高似孙:《剡录》,成文出版社有限公司1970年版,第91页。
⑤ 《道藏》(第24册),文物出版社、上海书店、天津古籍出版社1988年版,第878页。
⑥ 吴正岚:《论六朝江东士族信仰的变迁》,《中国学术与中国思想史》,江苏教育出版社2002年版,第281页。
⑦ (梁)萧子显:《南齐书》,中华书局1972年版,第942—943页。

徽，守志业不仕，与（杜）京产友善。道徽父祐，至行通神，隐于四明山。尝见山谷中有数百斛钱，视之如瓦石不异。采樵者竞取，入手即成沙砾。……太守王僧虔与张绪书曰：'孔祐，敬康曾孙也，行动幽祇，德标松桂，引为主簿，遂不可屈。此古之遗德也。'道徽少历高行，能世其家风。隐居南山，终身不窥都邑。"①

孔氏家族中奉道的还有奉圣亭侯②孔隐之的兄长孔默（即孔默之）、孔默的儿子孔熙先、孔休先以及先祖不详的孔璪等。《真诰》卷十九《翼真检第一·真诰叙录》云："元兴三年，京畿纷乱，（许）黄民乃奉经入剡。……至义熙中，鲁国孔默崇信道教，为晋安太守，罢职，还至钱塘，闻有许郎先人得道，经书具存，乃往诣许。许不与相见，孔膝行稽颡，积有旬月，兼献奉殷勤，用情甚至。许不获已，始乃传之。孔令令晋安郡吏王兴缮写。孔还都，惟宝录而已，竟未修用。元嘉中，复为广州刺史。及亡后，其子熙先、休先，才学敏赡，窃取看览，见大洞真经说云：'诵之万遍，则能得仙。'大致讥消，殊谓不然，以为仙道必须丹药炼形乃可超举，岂有空积声咏，以致羽服。兼有诸道人助毁其法，或谓不宜蓄此，因一时焚荡，无复孑遗。"③《真诰》卷二十《翼真检第二》云："孔璪贱时，杜居士京产将诸经书，往剡南墅大墟住，始与顾欢，戚景元，朱僧摽等数人共相料视。顾先已写在楼间经，粗识真书，于是分别选出。凡有经传四五卷，真哕七八篇，今犹在杜家。"④《真诰》卷二十《翼真检第二》云："菁山女道士樊妙罗，因缘得其杨书《酆宫事》一卷。樊亡，在其女弟子沈偶间，沈又以与四明山孔总。"⑤ 意为孔道徽的侄子孔总曾从沈偶处得到过上清派创始人之一杨羲所做的道书《酆宫事》。

元嘉二十一年（444），孔熙先兄弟参与筹划了彭城王刘义康的政变，并游说范晔参与此事。事发后，"晔及子蔼、遥、叔蒌，孔熙先及弟休先、景先、思先、熙先子桂甫、桂甫子白民，谢综及弟约、仲承祖、许耀，诸所连及，并伏诛"⑥。《宋书》卷六十九《范晔传》记载了孔熙先

---

① （唐）李延寿：《南史》，中华书局1975年版，第1881页。
② 奉圣亭侯：孔子后裔的封号。晋武帝泰始三年（267）封孔子22世孙孔震为奉圣亭候。
③ （南朝齐梁）陶弘景：《真诰》，中华书局1985年版，第243页。
④ 同上书，第247页。
⑤ 同上书，第249页。
⑥ （唐）沈约：《宋书》，中华书局1974年版，第1829页。

作为一名道教徒的许多特征："初，鲁国孔熙先博学有纵横才志，文史星算，无不兼善。……熙先素善天文，云：'太祖必以非道晏驾，当由骨肉相残。江州应出天子。'以为义康当之。……熙先善于治病，兼能诊脉。……法静尼南上，熙先遣婢采藻随之，付以笺书，陈说图谶。……熙先于狱中上书……所陈并天文占侯，诫上有骨肉相残之祸，其言深切。"①从以上种种迹象来看，孔熙先是一名道教信徒无疑，而且兼擅医术、占星术、图谶等。陈寅恪先生说："孔熙先之为天师道信徒，不待论。而法略本孙氏，法静妹夫许耀又为许氏，皆有天师道家世之嫌疑。"②

琅邪孙氏也世奉天师道。值得注意的是，南迁的琅邪孙氏族人孙恩还利用五斗米道发动了一场大规模的群众暴动。《晋书·孙恩传》曰："孙恩字灵秀，琅邪人，孙秀之族也。世奉五斗米道。"③《晋书·赵王伦传》又说："（赵王）伦、（孙）秀并惑巫鬼，听妖邪之说。"④陈寅恪先生说："以'世奉五斗米道'之语推之，（孙）秀自当与（孙）恩同奉一教。"⑤也就是说，琅邪孙氏一族在孙秀时代已信奉五斗米道。不过学界对此尚有争议，比如唐长孺先生认为，孙秀所奉之教"是否为五斗米道，却无明证"，"似有太平道的嫌疑"⑥。

这些高等士族大量涌进道教以后，必然将门阀士族的阶级思想也带到道教中来，使道教内部在思想和组织上发生了变化，最终引起了道教性质的变化，从而把民间道教引向了士族神仙道教的发展轨道。于是，新道书的编撰越来越多，新的道派也逐渐形成。

第二节　魏晋南北朝时期山东道教及其与佛、儒、玄的互动关系

山东作为儒家思想和道教的重要发源地之一，儒、道很早就已经展

---

① （唐）沈约：《宋书》，中华书局1974年版，第1820—1822、1827页。
② 陈寅恪：《金明馆丛稿初编》，上海古籍出版社1980年版，第24页。
③ （唐）房玄龄：《晋书》，中华书局1974年版，第2631页。
④ 同上书，第1601页。
⑤ 陈寅恪：《金明馆丛稿初编》，上海古籍出版社1980年版，第13页。
⑥ 唐长孺：《唐长孺文存》，上海世纪出版股份有限公司、上海古籍出版社2006年版，第750页。

开互动交流了。而佛教自两汉之际传入中国后，与山东儒、道两教的互动性也日益加强。儒、道、释三教间的互动交流促进了三教间的融合。当然，由于深受儒家思想的影响，山东部分地区例如曲阜，道、佛发展缓慢，但三教融合总的趋势不可阻挡。汉魏时期道教与佛教、儒教、魏晋玄学相互影响、相互作用。外来佛教在传入时与本土宗教、文化相互冲突和斗争，吸纳本土宗教和文化中的一些内容，三教之间的互动以佛教对道教的依附和对儒教的吸收为主要特征。汉末魏晋时期儒、道、释三教在山东有所发展。随着社会政治、经济和文化的发展，山东地区儒学已经式微，佛教得到了充分的发展，势头正盛；道教也有所发展，形成了儒、道、释三足鼎立之势。但随着道教与佛教各自传播范围和规模的扩大，它们之间的互动越来越多。佛教的发展势头则更胜一筹。北魏时期新天师道、楼观道的崛起与山东道教有着密切的关系。其中，创立北天师道的寇谦之之父寇修之曾为苻坚的东莱太守，寇谦之少居东莱，深受齐地天师道之影响。新天师道在山东颇具规模，影响深远。北魏时期的楼观道与山东道教也关系密切。北魏太武帝之后至北齐、北周时期山东道教与佛、儒二教的相互斗争和相互发展，孕育出了一批思想杂糅三教或两教的学者，从而使这一时期兼容并蓄的山东籍学者增多，他们在三教的争论中扮演着重要的角色，使这一时期山东道教呈现出与佛、儒、玄互动的显著特征。

一　山东道教与魏晋玄学

汉末魏初，儒教因遭黄巾起义冲击等各种原因而渐趋没落，士人援道入儒，遂兴起了一股糅合道家老庄思想和儒家经义的新哲学思潮——玄学。玄学大兴于魏晋，南北朝之后渐渐衰微。其主要典籍是"三玄"，即《老子》《庄子》《周易》，也包括有关"三玄"的注和论。"玄"字出自老子《道德经》"玄之又玄，众妙之门"，言道幽深微妙。玄学主要是谈论有与无、生与死、动与静、名教与自然、圣人有情或无情、声有无哀乐、言能否尽意等形而上的问题，因此往往显得虚玄而不切合现实。因为玄学所谈论的内容往往与道家的经典和理论关系密切，所以玄学也可以说是道家之学的一种新的表现形式，故玄学又有"新道家"之称。

一般认为魏晋玄学的兴起有以下原因：一是世乱时衰，人有忧生之叹，质问天地之疑；二是传统的儒家思想已经式微，曹魏统治者重法术而轻儒学，礼法废而放浪之风兴，加以魏晋之间政治黑暗，杀戮频繁，士人压力过大，因此谈玄者的放浪，既可能是不满意于社会现状的表现，也可能有借谈玄理而避人事之意；三是佛教输入中国，其"空寂"之学与老庄的"虚无"之论较为接近，道家有关天地人生之言又与儒家经典《易经》有可融合之处，故而儒、道、释三教在天地玄虚之理方面找到了结合点；四是汉代经学隐于烦琐，学者往往陷于皓首穷经而无所建树，士大夫也对经学的烦琐、谶纬的怪诞浅薄以及三纲五常等老生常谈感到厌倦，至王弼注《易经》，何晏称说老庄，于学术上另辟蹊径，学者喜其清新，认为此领域大有可为，玄学由是大兴；五是汉代魏晋以来朝野社会皆向道求仙的风气，与道教神仙理论的发展，也是魏晋玄学兴起的重要原因之一。魏晋时期，由于道教在民间和社会上层的进一步发展，上至帝王宫廷、士族高门，下至平民百姓，养生、求仙、信道之风，已相沿成习。同时，传统儒家思想中读书为求用世、博取功名的观念，也早已深入人心。入世与求仙，这两种需求很难兼顾，于是一方面做官应世、一方面空谈玄理的魏晋玄学应运而生。

（一）道教与魏晋玄学的关系

汉魏时期，"三玄"大兴。玄学的代表人物主要有王弼、何晏、欧阳建、裴頠、郭象、王衍、竹林七贤等。魏晋玄学的发展可以分为贵无论、崇有论、独化论三个阶段。贵无论中也有两派，何晏、王弼讲"以无为本"；嵇康、阮籍主张"以自然为本"，并提出了"越名教而任自然"的口号。崇有论的代表人物是裴頠。独化论则以向秀、郭象为代表。在玄学派中信道或有道教信仰者尤以嵇康、阮籍为著名。

嵇康，三国曹魏时著名思想家、文学家。正始末年与阮籍等竹林名士共倡玄学新风。《晋书·嵇康》载："人以为龙章凤姿，天质自然。恬静寡欲，含垢匿瑕，宽简有大量。学不师受，博览无不该通，长好老庄。……以为神仙禀之自然，非积学所得，至于导养得理，则安期、彭祖之伦可及，乃著《养生论》。"① 嵇康认为："称君子者，心不措乎是否，而行不违乎道者也。何以言之？夫气静神虚者，心不存于矜尚；体亮心达者，情不系于所欲。矜尚不存乎心，故能越名教而任自然；情不系于所

---

① （唐）房玄龄：《晋书》，中华书局1974年版，第1369页。

欲，故能审贵贱而事物通。"① 嵇康喜好回归自然，超然物外得自在，不为世俗所拘。崇尚老庄，讲求养生服食之道。主张"越名教而任自然"的生活方式，通过《养生论》来阐明自己的养生之道。他赞美古代隐者达士的事迹，向往出世的生活。阮籍，三国时期魏诗人。《晋书·阮籍》载："籍容貌瑰杰，志气宏放，傲然独得，任性不羁，而喜怒不形于色。或闭户视书，累月不出；或登临山水，经日忘归。博览群籍，尤好庄老。"② 阮籍崇奉老庄之学，主张"自然"，排斥名教，建立"无为""无君"的社会；赞同老庄的"达"的观点，认为"达"的根本途径或基本方法即为"齐物"。

魏晋士族既于形而上的玄理谈论中获得了一种理论优越感和超越现实的感觉，也确实对许多过去没有认真思考过的哲学问题进行了细致入微的精彩思辨，使玄学成为中国哲学的重要组成部分。这对于魏晋学术来说，是一种进步和发展。但另一方面，在儒家正统士大夫看来，清谈之风过盛，谈论内容却与国计民生无关，于国家和社会的现实发展不利。

然而，在当时的条件下，玄学之兴盛的确不可避免。从曹魏时期以曹氏父子为代表的文人著作中，已可窥见神仙道教影响下文人因玄想而生的各种形象和意境。至曹魏正始年间（240—249），何晏、王弼等人自称继承老庄，清谈玄学，一般认为，这是魏晋玄学的正式开端，后人称之为"正始玄学"。当然，也有研究者认为：将魏晋玄学的兴起，一概归之于王弼、何晏，是"不明其思想渊源之所本，殊非笃论。但自'玄谈'兴盛，使道家论神仙丹道的学术，在思想上，更有理论的根据与发挥，形成后来道教的哲学基础，实由'玄学'而开辟其另一途径"③。

其实，在何晏之前，便有道教中人张玄宾以善论"有无"著称。张玄宾，魏武帝时定襄（今山西太原）人，师事西河蓟公，受服饵方术，后遇真人樊子明于少室山，授以遁变隐景之术。此人善能论空无，乃谈士，常执"本无"理。据《云笈七签》卷一百一十一《洞仙传》卷二记载：

---

① （唐）房玄龄：《晋书》，中华书局1974年版，第1369页。
② 同上书，第1359页。
③ 南怀瑾：《中国道教发展史略》，复旦大学出版社1996年版，第36页。

> 玄宾善谈空无，无者大有之宅，小有所以生焉。积小有以养小无，见大有以本大无。有有亦无焉，无无亦有焉。所以我目都不见物，物亦不见无。寄有以成无，寄无以得无。于是无则无宅也，太空亦宅无矣。我未生时，天下皆无无也。……自云曾于蓬莱遇宋晨生，论无，粗得其意也。①

张玄宾自己说他的"有无"之论来自于蓬莱左公宋晨生。陶弘景《真诰·稽神枢》第三曰："张元（玄）宾者……能论空无……自云昔曾诣蓬莱宋晨生。"②从张玄宾所执"有无"之理的内容来看，这些理论当对后来玄学的产生和发展产生了重要影响，由此也可窥见道教与玄学的渊源。

（二）玄学名士与山东道教的关系

魏晋玄学既与道教有着极为密切的关系，山东籍的玄学名士自然也应在道教史上占有一席之地。在玄学的代表人物中，王弼、王衍都是山东人；竹林七贤也常在山阳（今山东金乡县西北）一带活动。欧阳建曾在山阳为官多年，因此，这些玄学家都与道教颇有渊源。

王弼（226—249），字辅嗣，三国魏山阳高平（今山东邹城、金乡一带）人。他"幼而察慧，年十余，好老氏，通辩能言"③，年纪轻轻就著有《周易注》《周易略例》《老子注》《老子指略》《论语释疑》等。王弼玄学以"贵无论"为基本特征，对后世影响很大。王弼认为，"道"是"无"的名称，还不是宇宙的本根，宇宙的本根是"无"。一切事物都是"有"，而"有生于无"。"无"开创万物，完成事务，无处不在。阴和阳依靠它化为生命，万物依靠它而成为形体，一切个人皆以"无"得以安身立命。在名教与自然的关系上，他认为，自然是本，名教是末，应当"守名教而顺自然"。王弼的"贵无"论，影响了后来道教及重玄学的发展。

东晋大族山东琅琊王氏是著名的五斗米道世家，也出了不少雅好谈玄的高官名士。著名的清谈家、魏晋名士王衍（256—311），字夷甫，西晋

---

① （宋）张君房：《云笈七签》，李永晟点校，中华书局2003年版，第2422页。
② （南朝齐梁）陶弘景：《真诰》，中华书局1985年版，第167页。
③ （晋）陈寿：《三国志》，中华书局1959年版，第795页。

大臣，曾任中书令、司徒、太尉等要职。王衍是当时的名士首领，擅长谈玄，尤好老庄。《世说新语》中记载了王衍的许多佚事。他崇尚浮华放诞，被许多人所效仿，一时成为风气。但说到其玄学造诣，则声大于实，史籍中只说他祖述何晏、王弼"贵无"思想和反对裴頠的"崇有"之说，至于他的清谈内容和对玄学的具体贡献却未见详细记载。王衍死前曾对自己一生醉心于清谈而不在国家大事上努力表示后悔："呜呼！吾曹虽不如古人，向若不祖尚浮虚，戮力以匡天下，犹可不至今日。"① 从此，就有了"清谈误国"之说。其他如东晋丞相王导等皆是清谈派的代表人物，还有王导的从子、著名书法家王羲之，与当时的玄学名士和道士都常有来往。可见，信道和谈玄，在山东王氏家族与许多玄学名士、道教信徒那里都是兼而有之。

二 道教与佛教、儒教在全国范围内的互动

汉魏时期，道教正处于初创时期，原本占优势地位的儒家思想因时衰世乱而趋于弱势。佛教作为外来宗教，一般认为是于西汉末年传入中国的，据三国魏人鱼豢的《魏略·西戎传》记载，"汉哀帝元寿元年（公元前2年），博士弟子景庐受大月氏王使伊存口授《浮屠经》"②，这是中国史书上关于佛教传入中国的最早记载。由于文化环境不同，佛教初传入中国时，人地两生，并未产生较大的影响，只是被视同神仙方术之流，徒众不多，传播不广。

外来的佛教在传入时难免会与本土宗教和文化有所冲突和碰撞，同时它为了在中土生存下去也需要吸纳本土宗教和文化中的一些内容，并做出适当的妥协。故而此时三教之间的互动以佛教对道教的依附和对儒教的吸收为主要特征。由于佛教吸收和利用了道教中的很多元素，因而佛教一度也被称之为"佛道""道法""释道"等。西晋以后，中国北方沦为五胡十六国的战场。当时入主中原的少数民族帝王，如后赵石勒、石虎等，由于地域与文化上的亲缘关系，认为"佛是戎神，正所应奉"，故而在宗教信仰上大都信奉和扶持来自西域的佛教。同时，随着魏晋玄学的发展，清谈之风日盛，由于佛教教义中的"空"与魏晋玄学贵无派的"无"十分

---

① （唐）房玄龄：《晋书》，中华书局1974年版，第1238页。
② （晋）陈寿：《三国志》，中华书局1959年版，第859页。

接近，因此佛教的般若学也倍受青睐，到东晋时佛教逐渐出现了玄学化的倾向。当时来中国的西域佛教名士如支谦、支亮、支遁、鸠摩罗什，以及国内名僧如道安、僧肇等，往往都与儒、道、玄学等名士有交往，在彼此互相借鉴、切磋和影响中共同进步。佛教徒在翻译佛经和传播教义时，也常常援引、借用道家和儒家的名词术语，以便于理解和沟通。还有由儒、道入佛者，如佛教净土宗高僧慧远法师，原本精通儒学，旁通老庄，后来接触佛教，自叹"儒道九流，皆糠秕耳"①，遂出家为僧。

此时，道教的发展已经使它可以与佛、儒鼎足而立，佛教的发展壮大也使它有了足够的力量与儒、道抗衡，因此，东晋和南北朝时期三教之间发生了许多矛盾和斗争，其中影响比较大的几次论争有："老子化胡说之争"，"沙门不敬王者之争"，"因果报应之争"，"夷夏之争"和"神不灭之争"等。

相对于更加玄深、成熟和完善的佛教理论系统，早期的道教理论显然比较散乱和驳杂，因此道教在与佛教的辩论中往往处于劣势。后来，道教徒注意改变策略，开始向儒教靠拢，主动走上层化的路线。如北魏的寇谦之，便在佛道斗争中利用了帝王的政治权力，这在一定程度上打击了佛教，短时间内提高了道教的地位。同时，道教也学习并吸收了佛教的长处，在教义和修炼方法、神仙体系方面进行了修整和重建，使道教学说内容渐趋完善、有序。如东晋著名道教学者葛洪总结丹道理论与实践经验而著《抱朴子》；寇谦之吸收儒、佛理论，增设教仪、教规等以改革道教；南朝宋陆修静首创道教经典目录；南朝陶弘景融儒、释、道为一体，编写道教神仙谱系和仙真传道历史等。道教还利用佛教的"神不灭论"为自己的神仙理论体系做支撑："慧远著《神不灭论》，后来影响南朝沈约之作《形神论》、《神不灭论》，亦为后世道家取为神仙理论的张本。"②

北方的民间道教虽然相对规模较小而且隐蔽，但并未绝迹，仍然一直有松散道教集团在活动，如隐居泰山的道士张忠等。这些道士大都过着隐居山林、清虚守志的生活，与一些高僧的活动相互辉映，也招致了不少追随者。这种清虚无为的修炼方式和隐逸自守的精神传承对后世产生了深远的影响，也为北魏道士寇谦之改革并发展北天师道作了一定的铺垫。

---

① 慧皎:《高僧传》，汤用彤校注，中华书局1992年版，第211页。
② 南怀瑾:《南怀瑾选集》，复旦大学出版社2003年版，第528—529页。

三　儒、道、释三教在山东的发展情况和相互影响

山东地区儒、道、释三教的发展过程和文化格局与全国大体一致。从汉末到西晋，山东地区在思想文化方面占主导地位的是儒学；道教已经起步，正在发展壮大之中；佛教则因传入较晚，尚未成气候，在山东影响不大。随着社会政治、经济和文化的发展，至五胡十六国和南北朝时期，山东地区的文化格局逐渐发生了改变，儒学失去一家独尊的地位；佛教得到了充分的发展，势头正盛；道教也有所发展，但总体上比佛教略逊一筹。因此，这一时期的山东已形成了儒道释三足鼎立之势。

（一）汉末魏晋时期儒道释三教在山东的发展

山东本是儒学传统源远流长、大师辈出的地区。魏晋玄学的兴起对传统儒学形成了一定的冲击，由汉代"独尊儒术"到魏晋南北朝的分化与重新整合，特别是"八王之乱"以后，少数民族的入侵和各地的战乱对以儒家文化传统为主体的汉族文化造成了巨大的破坏，山东地区许多世家大族被迫迁移至江南，导致儒学式微。

东汉光武建武中，有山西道人纪冉，寓东镇泰山祠①传道布道。纪冉所宣讲的教义以《道德经》为主，极少涉及服食炼丹之术，深受当地士民欢迎。据传，直到北魏时期，每逢纪冉忌日，仍有信徒对其进行祭拜，可见纪冉所传道教在当地影响之大。②

汉献帝建安后期，有陕西羽士张丹诚，受道教教主张鲁委托来青州传教，在东镇沂山设坛，宣说五斗米教，以设义施仁、济贫拔苦的基本教义教育信徒，并且禁止酗赌。这些教义有利于改良社会风气，因此张丹诚在此传教数年，甚得民心，弟子众至千计，并在沂山朝阳洞外建造了朝阳观。后因势众，为官府所忌，至曹魏甘露年间（256—259），终被取缔，朝阳观被拆毁，有关的道教洞窟也被填塞。③

此时的山东地区佛教也在传播和发展。清代仰沂道士赵守身的《东

---

① 笔者按：这里的泰山祠位于山东潍坊市临朐县蒋峪镇，沂蒙山区北部的东镇沂山玉皇顶。

② 参见吉星田《临朐县佛教、道教兴衰述略》，中国人民政治协商会议山东省临朐县委员会编《临朐文史资料选辑》（第11辑），潍坊市新闻出版局，1993年，第148页。

③ 同上书，第148—149页。

镇述遗记札》载："前汉孺子居摄二年，岁次丁卯，川人释子王静（净），由巫山来东海青州传法说经。先寓仰天，越年，南去东镇沂山，居极巅玉皇顶泰山祠，设坛传教，四方士商村老云集，拜佛习经，众多数百。"①西汉孺子婴居摄二年，即公元7年，王净先后寄居于山东青州的仰天山、东镇沂山的泰山祠等地。② 又据清乾隆《诸城县志·建置考》记载：诸城"白龙山寿圣寺康熙八年重修碑云：'东汉明帝永平戊午，敕封虹蜺山虹栾寺"③。"白龙山"又名"虹蜺山"（《山东省志》作"虹蚬山"，当为"蜺"之误）④，位于山东省诸城市城区东北。东汉明帝永平戊午，即永平元年（58）。据此，西汉末、东汉初，佛教可能在山东青州、诸城一带传播开来。虹栾寺（宋改名寿圣寺）⑤是目前见于记载的、山东最早的佛寺之一。东汉章帝元和年间，王净的弟子法规于沂山设立发云寺（"发"后改为"法"）。⑥

魏晋时期，山东道士人数略有增加，然而这些道士大多在民间活动，较少建立道观，在教义方面也无大的发展，依然是以《道德经》和天师教的"设义施仁，济贫拔苦"为主。此一时期道教的发展虽较为缓慢，但与佛教产生了较为密切的联系。随着道教与佛教各自传播范围和规模的扩大，它们之间的互动越来越多。

西晋末年，因永嘉之乱（311），衣冠南渡，晋室南迁，山东人口流徙严重。晋室南迁之后，山东地区先后为五胡十六国时期的后赵、前燕、前秦、后燕、南燕以及北朝时期的北魏、东魏、北齐和北周所统治。此时山东比较出名的道士和僧人有崇尚清修和隐逸的道士张忠、高僧朗公等。

---

① 转引自中国人民政治协商会议山东省临朐县委员会：《临朐文史资料选辑》（第11辑），潍坊市新闻出版局，1993年，第147—148页。

② 关于王净至青州设坛说经的具体时间，还有一种说法，是西汉平帝元始四年，即公元4年。参见山东省地方史志编纂委员会：《山东省志·宗教志》，山东人民出版社1998年版，第314页。

③ （清）宫懋让修，李文藻等纂：《（乾隆）诸城县志》卷七，成文出版社（据清乾隆二十九年刊本影印）1976年版，第281页。

④ 山东省地方史志编纂委员会：《山东省志·宗教志》，山东人民出版社1998年版，第314页。

⑤ 同上。

⑥ 中国人民政治协商会议山东省临朐县委员会：《临朐文史资料选辑》（第11辑），潍坊市新闻出版局，1993年，第148页。

《晋书·隐逸传》记载，西晋末年，道士张忠避"永嘉之乱，隐于泰山。恬静寡欲，清虚服气，餐芝饵石，修导养之法"①。张忠，字巨和，中山（今河北省定州市一带）人，因隐居泰山，故自称"东岳道人"。他在崇岩幽谷之间，凿地建土窟修行，终日打坐，生活极为俭朴，"冬则缊袍，夏则带索，端拱若尸。无琴书之适，不修经典，劝教但以至道虚无为宗"②。弟子们仿效其师，也在附近建窟而居，每五天拜见张忠一次。张忠的教导方式比较特殊，"其教以形不以言，弟子受业，观形而退"③。弟子们在张忠窟上设立道坛，每天早上进行朝拜。他们"食用瓦器，凿石为釜。左右居人馈之衣食，一无所受"④。他们这种行为方式与印度沙门的苦行派颇为相似。

前秦时期于皇始元年（351），佛教大师佛图澄的弟子竺僧朗（朗公）也在金舆谷（今山东济南历城区柳埠镇）开辟道场，创建寺院，世称"郎公寺"（后称"神通寺"）。⑤ 金舆谷与张忠住所仅一岭之隔。朗公与张忠结为好友，《高僧传·竺僧朗》载："与隐士张忠为林下之契，每共游处。"⑥ 共同在泰山附近传经布道，开启了泰山道佛共存、互为增益的优良传统。朗公和张忠的交谊是佛道在泰山共存共荣的楷模，在泰山西麓的昆瑞山上，至今留存着"朗公石"，当地也流传着关于二人的种种传说。

张忠与朗公在泰山、济南一带传法，名声远播，前秦苻坚曾派人请张忠到长安，劝其出世为用："先生考槃山林，研精道素，独善之美有余，兼济之功未也。故远屈先生，将任齐尚父。"张忠回答说"昔因丧乱，避地泰山，与鸟兽为侣，以全朝夕之命"，现如今自己"年衰志谢，不堪展效"，加上本人素爱隐居，"山栖之性，情存岩岫"，因此"乞还余齿，归

---

① （唐）房玄龄：《晋书》，中华书局1974年版，第2451页。
② 同上。
③ 同上。
④ 同上。
⑤ 山东临沂苍山县大仲村镇境内还有一座大宗山朗公寺，据说始建于东晋成帝咸康五年（339），因朗姓高僧所创而得名。黄忠和韩忠勤先生的《沂蒙大观》说："朗公乃古印度出家修道的僧人……而后南行慧眼独具，择大宗山之灵秀，在此建寺，并以'朗公'名之。"（见黄忠，韩忠勤：《沂蒙大观》，山东大学出版社2007年版，第545页）
⑥ （梁）释慧皎著，汤用彤校注，汤一玄整理：《高僧传·竺僧朗》，中华书局1992年版，第160页。

死岱宗"。苻坚见他坚隐不仕，只好派人送他返乡。张忠于华山道中自叹："我东岳道士，没于西岳，命也，奈何！"后果及关而死。苻坚派人祭吊之，谥曰安道先生。①

郎公也受到了当时统治者的尊奉，前秦苻坚、后燕慕容垂、后秦姚兴、北魏拓跋珪，以及东晋的孝武帝等，均以各种方式向他表达敬意，赐予大量财物和人力供他使用。在朗公的影响下，此地声誉日隆，成为佛教圣地。

总的来说，当时佛教的发展势头要好一些。东晋太和六年（371），法云寺住持竺法汰在高僧道安的倡议下，又于山东沂山创建明道寺。一时"释子八方云集，车马载道"②，香火极盛。又有天竺僧人佛驮跋陀罗至青州东莱郡（今山东莱州）弘法。还有中国高僧法显到天竺取经，返程时搭商船至"长广郡（今莱阳东）牢山南岸"，太守李嶷敬信佛法，曾派人至海边迎接。③

佛教的兴盛使兼修儒道的山东学者产生了不满。东晋时，有东海郯人（今山东郯城）何无忌撰《难袒服论》，以驳庐山高僧慧远的《沙门袒服论》。何无忌认为沙门右袒有悖于中土之名教礼制。对此，慧远后来又写了《答何镇南》给予解释（义熙中何无忌乃进镇南将军，故称"何镇南"），将佛教的济世思想，同儒家名教的政治伦理和道家的出世哲学协调了起来。④

《晋书·何无忌传》载："何无忌，东海郯人也。……镇北将军刘牢之，即其舅也。"⑤ 刘牢之，字道坚，彭城人。有研究者从刘牢之的姓字推测，他很可能是信仰天师道的，而何无忌是其甥，根据当时家世信仰的特点，何无忌的宗教信仰应与刘牢之相同，因此何无忌也有可能信仰天师道。⑥ 从这个信仰立场来看，何无忌撰《难袒服论》表面上是为维护儒家

---

① （唐）房玄龄：《晋书》，中华书局1974年版，第2452页。
② 《东镇述遗记札》，潍坊市政协文史委员会：《潍坊文物博览》，中国文联出版社2002年版，第268页。
③ 章巽：《法显传校注》，上海古籍出版社1985年版，第187页。
④ 方立天：《方立天文集》（第1卷），中国人民大学出版社2006年版，第164—167页。
⑤ （唐）房玄龄：《晋书》，中华书局1974年版，第2214页。
⑥ 漆绪邦：《刘勰的天师道家世及其对刘勰思想与〈文心雕龙〉的影响》，《北京社会科学》1995年第2期。

礼制，其深层次的原因也有可能是出于维护道教的目的。

（二）北魏时期新天师道、楼观道的崛起及其与山东道教的关系

北朝时期，山东地区同样存在着儒、道、释三教的矛盾，而且其中大多数时候，道教和儒教结成了同盟，共同抵制佛教。在北魏太武帝之前，佛道两家同样受到帝王的尊奉，因此得以并行于魏。现存最早有明确纪年的道教造像便是北魏太武帝始光元年（424）魏文朗造佛道像。该龛最大的特点便是合佛、道于一体，是目前所知道教最早形成系统的石窟图像，也是北魏时期佛道在中国北方并传的一个明证。

1. 山东道教与寇谦之、崔浩推行的新天师道及其关系

由于魏太武帝"崇奉天师，显扬新法，宣布天下，道业大行"[1]，北魏政权几乎变成了政教合一的道教王国。北魏太武帝，重用大臣崔浩、道士寇谦之。寇谦之在司徒崔浩的鼎助之下，改造了传统天师道的教义、教规等，使之更加适应鲜卑拓跋氏统治的政治需要，从而使他本人为北魏太武帝所重，位居国师；北方道教也受到北魏太武帝的尊崇而一度上升至官方宗教的地位，这一切都使原先发展较为缓慢的天师道有了明显的发展和变化，因此被称为"新天师道"（也称"北天师道"）。寇谦之也成为南北朝时期道教改革的重要代表人物。

新天师道的创立与山东地区的道教文化有着密切的关系。创立北天师道的寇谦之（365—448），原名谦，字辅真，出生于北方门阀士族家庭，自称东汉光武帝时雍奴侯寇恂的十三世孙。祖籍上谷昌平（今属北京），后迁居冯翊万年（今阎良区武屯乡境内）。《魏书·释老志》载寇谦之"早好仙道，有绝俗之心。少修张鲁之术，服食饵药，历年无效"[2]。寇谦之少奉五斗米道，后从"仙人"成兴公入华山修炼，采食药物不复饥。继隐嵩山，修道七载，声名渐著。

据陈寅恪先生考证，寇谦之元父寇修之曾为苻坚的东莱（今山东莱州）太守，"即曾居滨海地域。父子俱又以'之'命名，是其家世遗传，环境熏习，皆与天师道有关，所以'少修张鲁之术也'"[3]。因此，寇谦之少居东莱，深受齐地天师道之影响。

---

[1] （北齐）魏收：《魏书》，中华书局1974年版，第3052—3053页。

[2] 同上书，第3049页。

[3] 陈寅恪：《金明馆丛稿初编》，上海古籍出版社1980年版，第13页。

北魏神瑞二年（415），寇谦之假称太上老君降授其"天师"之位和《云中音诵新科之诫》二十卷，令他宣扬新科，"清整道教，除去三张伪法……专以礼度为首，而加之以服食闭炼"新道法。① 今《道藏》收有《老君音诵诫经》一卷，实即《新科》所遗之作。魏明元帝泰常八年（423），他又假称老君玄孙、牧土上师李谱文降临，授其《录图真经》凡六十余卷，提出无极至尊为道教最高神。② 北魏太武帝始光元年（424），他献道书于太武帝，倡道教改革。

崔浩（381—450），字伯渊，清河郡武城（今山东德州武城县附近）人。其父崔玄伯曾为前秦苻坚大臣，后"避难于齐鲁之间"③。《魏书·崔浩列传》说崔浩"才艺通博，究览天人，政事筹策，时莫之二"④。崔浩的思想主体虽属儒家，但他很可能也受到了山东地区的道教文化影响，因此后来才会拜道士寇谦之为师，大力支持他改革传统道教，创立并推行"新天师道"。史载："（崔）浩奉谦之道，尤不信佛，与帝言，数加非毁，常谓虚诞，为世费害。帝以其辩博，颇信之。"⑤

北魏太平真君三年（442）太武帝亲至道坛接受符箓，自此道教成为北魏国教，每逢皇帝即位，都要登坛受箓，直到北魏灭亡。另一方面，佛教则遭到贬斥。在崔浩、寇谦之等人的劝说之下，北魏太延四年（438），太武帝下诏禁止五十岁以下的人出家为僧，有违者一律还俗以充兵役。太平真君二年（441），太武帝下诏废除民间神庙，以信佛为迷信。担任太子晃老师的高僧玄高和慧崇也被处刑。太平真君五年（444），太武帝下诏禁止官民私养沙门。此后，太武帝又多次下诏诛杀沙门，毁坏经像，敛没其财产，规定："自王公以下，有私养沙门者，皆送官曹，不得隐匿。限今年二月十五日，过期不出，沙门身死，容止者诛一门。"⑥ 当时佛教几乎被彻底禁止。《魏书》记载："昔后汉荒君，信惑邪伪，妄假睡梦，事胡妖鬼，以乱天常，自古九州之中无此也。……自今以后，敢有事胡神及造形象泥人、铜人者，门诛。……有司宣告征镇诸军、刺史，诸有佛图

---

① （北齐）魏收：《魏书》，中华书局1974年版，第3051页。
② 同上书，第3051—3052页。
③ 同上书，第620页。
④ 同上书，第827页。
⑤ 同上书，第3033页。
⑥ 同上书，第3034页。

形象及胡经，尽皆击破焚烧，沙门无少长悉坑之。"① 据记载，太武帝这些严酷的诏令和惩罚几乎使得当时的北魏"一境之内，无复沙门"②。

新天师道借帝王之势而兴，也易因人事之变而衰。太平真君九年（448）寇谦之死，太平真君十一年（450）六月崔浩被杀，其后新天师道便逐渐走向了衰落。寇谦之对早期道教的改革纲领是："清整道教，除去三张伪法，租米钱税，及男女合气之术。……专以礼度为首，而加之以服食闭练。"③ 具体说来，主要包括以下方面的内容：

首先，寇谦之认为道教常被人利用来蛊惑民众，犯法作乱，这是极大的弊端，因此，他在著作《老君音诵诫经》（现仅存一卷，收录于《道藏》力字号）中表达了自己的看法："今世人恶，但作死事，修善者少。世间诈伪，攻错经道，惑乱愚民。"④ 于是，寇谦之自称天师，并借太上老君之口，宣布将天师道的一些旧法"尽皆断禁，一从吾乐章诵诫新法"⑤。所谓"除去三张伪法"，即指剔除旧道教中容易煽动群众造反的内容；除去"租米钱税"，是指禁止道徒乱收租税；除去"男女合气之术"，就是废除当时被滥用的房中术。房中术本是道教的一种特殊修炼法术，但它却常被某些人借用为淫乱的幌子。寇谦之为整肃道教，强调要以斋功为养生求仙之本，反对滥传房中术及乱传服食仙方，因而，寇氏的改革自有一定其进步意义。

其次，寇谦之在崔浩的极力推荐和北魏统治者拓跋氏的支持下，努力吸取儒家之礼仪，将儒家忠孝仁义的道德规范引入道教体系。"专以礼度为首"，将诸神的坛位及礼拜、衣冠、仪式等规仪都制定出差品，并大致与世礼相准。这便是用儒家礼教来约束放纵狂野的道徒，使之崇尚礼法，斋戒清修，从而符合儒家礼教和社会稳定的要求，维护封建统治秩序，同时借此完善宗教仪式，改造原有教会组织，建立新天师道。

再次，新天师道仍保留了传统天师道的祭酒制度，但改变了旧天师道中的诸神系列，强调天尊与诸神之间的等级秩序，可以见出门阀士族等级观念的影响。同时，寇谦之新法废除祭酒道官之世袭，代之以"简明授

---

① （北齐）魏收：《魏书》，中华书局1974年版，第3034—3035页。
② （梁）释慧皎：《高僧传》，中华书局1992年版，第386页。
③ （北齐）魏收：《魏书》，中华书局1974年版，第3051页。
④ 《道藏》（第18册），文物出版社、上海书店、天津古籍出版社1988年版，第211页。
⑤ 同上。

贤";取消了天师道原来的治箓宅籍制度,不再袭用。

寇谦之又著有《录图真经》,它既是一部图谶式的神书,也是一部道教改革的经典。通过这一改革,旧天师道完全改变了原来的面貌,适合了鲜卑统治者与汉族门阀地主的需要,因而受到北魏太武帝以后北朝历代君主的崇奉。① 魏世祖对寇谦之十分崇拜,不但命其"佐国扶命",为起天师道场于平城,而且亲至道坛受符箓,给道士衣食,宣布新法于天下,使新天师道兴盛一时。

寇谦之使道教从民间宗教上升到官方正统宗教地位,实现了道教与皇权的结合,从而一度超越佛教的地位而得到长足发展。他虽然在道教根本的教理教义上没有更多的创新,但其强调整肃教团组织和清修炼养,既是对当时混乱的道教的一种改良和发展,也使之成为封建统治阶级制约民众、维护等级制度的工具。值得一提的是,寇谦之还把佛教"六道轮回"的思想引入道教,以警戒道教信徒,可见,他的道教改革已经受到了佛教的影响。②

新天师道在山东颇具规模,影响深远。相传北魏太武帝延和初年(432—435),寇谦之曾亲临山东青州凡山、东镇沂山传教。《东镇述遗记札》载:"天师莅东镇,设坛朝阳寺,听其讲道诵章,习其仙术者,下自黔首商贾,上至士子官衙,拜谒盈门,肩摩踵接。"③ 据学者统计,至东魏,此地已建道观十余所,其中较大的有浮山庙、紫云观、灵山庙等,有道士近百人。④ 还有学者说,到东魏末年,临朐县已有道士150余人,道徒近万人,建庙观十余座,其中较大者县城有紫云观,乡间有长春观、尧山庙、灵山庙等。⑤ 北魏太平真君初年,寇谦之还曾在莱州大基山设道场,建起昊天大帝庙,名曰昊天观,又称掖山祠。

---

① 丁鼎:《魏晋南北朝时期的山东移民与文化变迁》,《山东师范大学学报(人文社会科学版)》2005年第4期。
② 万绳楠:《魏晋南北朝史论稿》,安徽教育出版社1983年版,第349页。
③ 中国人民政治协商会议山东省临朐县委员会:《临朐文史资料选辑》(第11辑),潍坊市新闻出版局,1993年,第151页。
④ 王振民:《潍坊文化三百年》,文化艺术出版社2006年版,第539页。
⑤ 吉星田:《临朐县佛教、道教兴衰述略》,中国人民政治协商会议山东省临朐县委员会《临朐文史资料选辑》(第11辑),潍坊市新闻出版局,1993年,第151页。

2. 楼观道及其与山东道教的关系

楼观道，亦称楼观派，为早期道教派别之一，主要流传于中国北方。该派力主老子化胡说，自称创立于西周初年周康王时，并尊尹喜为其创教祖师。至于其实际创始人为谁，现已难以稽考。一般认为，它萌芽于魏晋，正式形成于北魏，流传至隋唐。

《楼观本起传》说："楼观者，昔周康王大夫关令尹之故宅也。以结草为楼，观星望气，因以名楼观。此宫观所自始也。问道授经，此大教所由兴也。"① 这是楼观道之名的由来。

楼观位于今陕西省周至县境内，地处终南山北麓，是楼观道活动的主要场所之一。这里大约自三国末期起，开始有道士郑法师（履道）隐居修道，并传道于梁谌。两晋时期，楼观道尚未成形，道士数量不多，主要是以师徒传承的形式流传，其传承路线为：梁谌—王嘉—孙彻—马俭。此时的楼观道派虽已产生了一些社会影响，但还没有完全成熟。至北魏太武帝时，楼观道才正式成为一个对社会颇具影响力的成熟道派。

太武帝始光初（424—428），道士尹通在楼观师事于马俭，其后道术精进，声名渐起。"太武好道，钦闻其名，常遣使致香烛，俾之建斋行道。自是四方请谒不绝。"② 其后，道士牛文侯、尹法兴等人先后来此，道士增至四十余人。后来影响较大的道士还有王道义、陈宝炽、李顺兴等。此一时期，楼观道徒众日增，传播更广，对朝野上下都产生了不小的影响，逐渐成为中国北方一个成熟而稳定的重要道派。

楼观道的修炼方法与外丹术不同，其没有采用铅汞烧炼等方法，也不曾涉及房中术，而是以清修为主，辅之以服气、药物、斋醮等术。楼观道奉持的根本经典是老子的《道德经》，以《西升经》和王浮的《老子化胡经》等为其理论依据，本派甚少造作经籍，而是通过汇集南北方的众多道书，才在经典、教义方面逐渐发展完善起来。该派的理论内容较为复杂，特别是《西升经》，不但宣扬老子之道，又融合了玄学的贵无思想和佛教"三业""六根"等说法，反映出道教理论在完善自身的过程中对其他宗教教派理论的吸收和借鉴。

楼观道在中国道教史上有着很高的地位。《大元重修古楼观宗圣宫

---

① 《道藏》（第19册），文物出版社、上海书店、天津古籍出版社1988年版，第543页。
② 《道藏》（第5册），文物出版社、上海书店、天津古籍出版社1988年版，第271页。

记》称其为"天下洞天之冠,故古之闳衍博大真人(指老子、关尹)以游以处,谓之仙都焉"①。《终南山古楼观宗圣宫图跋文》云:"天下名宫伟观多矣,原其所起,斯楼观者,张本之地也。诸方仙踪圣迹广矣,覈其所以而楼观者,太上开教之所也。论时则无前,校尊则莫大,是故万乘数谒,诏旨累修,良有由也。谛观先师傅所载,自古登仙得道之士,出乎其间者,无世无之。是宫也,其为道之源、仙之祖、教之本乎?"②楼观是中国道教最早的道观之一。据《混元圣纪》卷一记载:"秦始皇二十八年壬午,封禅泰山,乃建老君祠于楼观之南,躬行乡祀。"③说明楼观道的形成与山东有着不解之缘。④

北魏前期,疆域覆盖到今山东省西北部一带。至显祖献文帝皇兴三年(469),北魏上党公、征南大将军慕容白曜攻下南朝宋所属的青州治所东阳城,此后,现今整个山东半岛已全部归北魏管辖,且被划分为青州、齐州、济州、光州等区。因此,可以说,北魏统治者先后制造的一系列灭佛、崇道等事件,以及产生的各种影响,必然也会波及现今的山东境内。新天师道与楼观道在山东的兴衰当与其在整个北魏的发展情况大致同步。

(三)北魏太武帝后至北齐、北周间三教并立中的山东道教

北魏太武帝死后,文成帝继位,佛教才告恢复。至北魏正光元年(520),佛道之间发生了一次著名的辩论。当时孝明帝因"加朝服",下诏大赦天下,令昙无最与清通观道士姜斌对论,来判定佛道二教优劣。昙无最引据史实驳倒了姜斌,群臣又证明姜斌所据《开天经》系伪造,姜斌辩论失败,最终被流放。

其后,佛教更加兴盛。史载:"(灵)太后好事佛,民多绝户为沙门。"⑤佛教的过度兴盛产生了各种弊端,对国家发展不利。肃宗熙平二年(517),当时摄政的灵太后也意识到了这一点,遂下令:"自今奴婢悉

---

① 《道藏》(第19册),文物出版社、上海书店、天津古籍出版社1988年版,第553页。
② 同上书,第556页。
③ 《道藏》(第17册),文物出版社、上海书店、天津古籍出版社1988年版,第791页。
④ 金元之际,王重阳东出潼关来山东传道,创立全真道。王重阳羽化后,其弟子曾在晋、冀、鲁、豫一带传教,全真道在楼观东部地区得到迅速发展。由于金、元统治者的支持,全真道在金、元时期达到鼎盛,对中国南部的影响越来越大。相反,楼观道不断衰落,影响范围逐渐减小。在这种情况下,楼观道开始改奉全真道。楼观道虽改奉全真道,但全真道掌门人尹志平、张志诚等却来楼观焚香炷礼,他们认为楼观为道教发源地,全真道是对楼观道的继承和发展。
⑤ (宋)司马光:《资治通鉴》,中华书局1956年版,第4629页。

不听出家，诸王及亲贵，亦不得辄启请。有犯者，以违旨论……自今有一人私度，皆以违旨论……私度之身，配当州下役。"① 灵太后在群臣进谏之下，② 虽对佛教的发展有所限制，但佛教泛滥的势头并未因此而得到遏制。

北魏于公元535年分裂为东魏和西魏。公元550年，北齐取东魏而代之；公元557年，北周取西魏而代之。今山东省先后处于东魏、北齐境内。至577年，北周完全吞并了北齐，也占领了山东半岛。

北齐文宣帝天保六年（555）八月，齐主"以佛、道二教不同，欲去其一"，于是"集二家论难于前，遂敕道士皆剃发为沙门；有不从者，杀四人，乃奉命。于是齐境皆无道士"③。

北齐灭道，使山东道教受到了严重打击。然而北周的情况却正好相反。北周时期楼观道派高道辈出，如侯楷、严达、王延、韦节等。在北周统治者宇文氏的支持下，楼观道派的发展也进入了鼎盛时期。

北周天和四年（569），武帝在道士张宾、卫元嵩的劝说下，又令佛道二教开展辩论，一较高下。武帝意欲借此来废斥佛教，佛道之争转趋激烈。司隶大夫甄鸾著《笑道论》，高僧道安著《二教论》，僧勔撰《十八条难道章》、《释老子化胡传》，均斥击道教，废佛之议因而暂止。建德二年（573）十二月，武帝召集群臣、沙门、道士辩论三教先后，结果以儒教为先、道教次之、佛教最后。

建德三年（574），北周武帝宇文邕敕废佛道二教，拆庙毁观，强令僧道还俗，史称"建德法难"。武帝废二教，实际重在灭佛。当时武帝迫于佛僧的坚决抵抗，不得不将佛教与道教一并取缔，只是程度有所差别，对道教"不免有所减损，自五岳观庙外悉废之"④。然而，由于道家庙观本就较少，道士也大多散居民间，行踪不定，便于隐藏和逃脱，因此佛、道二教虽均受贬损，但道教的损失相对较小。武帝在敕废二教后不到一

---

① （北齐）魏收：《魏书》，中华书局1974年版，第3043页。
② 在进谏灵太后的群臣中，有不少人来自山东或深受山东文化影响，如东清河鄃（今山东省夏津县）人崔光、曾随父到齐州中水县（今山东省济南市）并"受业齐土"的张普惠、任城王（任城郡在今山东省济宁市）拓跋澄等。
③ （宋）司马光：《资治通鉴》，中华书局1956年版，第5131页。
④ ［日］镰田茂雄：《中国佛教通史》（第3卷），关世谦译，（高雄）佛光出版社1986年版，第564页。

月，下令建设通道观于田谷之左，命严达、王延、苏道标、程法明、周化生、王真微、史道乐、于长文（于章）、张法成、伏道崇十名楼观道道士入观为学士，特令王延校理三洞经图藏于观内。这十人"以道术相忘，同乎出处，世号曰'田谷十老'"①。值得一提的是，在通道观学士中，并不是只有道士，而是道人、僧人、儒士都有。《隋书》卷五十一《长孙炽传》载："建德初，武帝尚道法，尤好玄言，求学兼经史、善于谈论者，为通道馆学士。炽应其选，与英俊并游，通涉弥博"②。《续高僧传》卷十一《唐京师慈门寺释普旷传》说："武帝虽减二教，意存李术，便更置通道观学士三百人，并选佛道两宗奇才俊迈者充之。旷理义精通，时共检举，任居学正，剖断时秀，为诸生先"③。《大唐内典录》卷五也说："遂二教俱除，别立通道。简二教诸人达解三教者，置员立学，著衣冠而登其门焉。"④ 可见，通道观是以楼观道士为主、僧人和儒士都有的道观兼学馆，是北周武帝为了促进儒道释三教的沟通和统一、平息三教争端而设立的。当然，由于武帝对道教的偏好，通道观在客观上更加有利于道教的发展，特别是提高了楼观道在全国的地位。

北周于577年灭北齐之后，也禁灭了该地的佛教。山东佛教因此陷入短暂的低潮，道教也受到一定的影响。然而，到宣帝宇文赟当政时，佛道二教又很快恢复了流传。

北朝佛教虽曾受到"二武"灭佛的沉重打击，但北魏灵太后、孝明帝、北齐文宣帝等对佛教的限制有时也是力不从心。随着山东地区许多世家大族的外迁和北方人口的大量迁入，加上一批高僧、名士的影响和支持，在包括山东地区在内的北方，佛教的发展势头比南方尤甚，总体上可以说远远超过了儒、道二教。北朝时期，佛教寺院几乎遍及山东全境，而且名僧辈出。

关于北朝道观的资料较为少见，不过北齐文宣帝高洋在《议沙汰释李诏》中说："馆舍盈于山薮，伽蓝遍于州郡。……乃有缁衣之众，参半

---

① 《道藏》（第5册），文物出版社、上海书店、天津古籍出版社1988年版，第275页。
② （唐）魏征：《隋书》，中华书局1973年版，第1328页。
③ ［日］镰田茂雄：《中国佛教通史》第3卷，关世谦译，（高雄）佛光出版社1986年版，第563页。
④ 传正有限公司编辑部：《乾隆大藏经》，宝印佛经流通处、传正有限公司、乾隆版大藏经刊印处1997年版，第434页。

于平俗，黄服之徒，数过正户。所以国给为此不充。王用因兹取乏。"①馆舍指道教的道馆、道观，伽蓝指佛教的庙宇；缁衣是指僧尼，黄服是指道士。道观、佛寺比比皆是，平民约有一半都出家为僧尼；道士的人数也都超过了正户，佛、道的发展已经使国家财力不足，迫使当政者采取一定的限制措施。

总而言之，魏晋南北朝时期，道教与佛教在山东整体上是和平共处、互相吸收、互相促进、共同发展的，然而有发展就有竞争，山东境内三教的势力也是此消彼长的，特别是南北朝时期，道教与佛教的斗争尤为激烈。在全国范围内三教的互动中，山东道教代表人物和受道教影响的山东籍学者也发挥了重要作用。

（四）南北朝时期兼容并蓄的山东籍学者在三教之争中的表现

佛教自两汉之际传入中国以来获得了长足发展，到南朝时因为皇帝的支持、门阀士族的尊信，佛教取得了很高的社会地位。然而，佛教的兴盛也给社会和国家的发展都带来了一系列严重的问题，逐渐显露其弊端。"自倾以来，情敬浮末，不以精诚为至，更以奢竞为重，材竹铜彩，靡损无极。"② 在佛教宣扬生死轮回、因果报应和神不灭理论的同时，许多学者、思想家针砭时弊，用道家思想或无神论与佛教思想进行了激烈的论争，其中就有山东籍学者的参与。

1. 何承天对佛教"因果报应"的驳斥

何承天（370—447），南朝刘宋时大臣、著名天文学家、无神论思想家、数学家，汉族，东海郯（今郯城）人。他是著名数学家和天文学家祖冲之的老师。

何承天幼年从学于当时的学者徐广（东莞郡姑幕县人，今山东省莒县人）。据《宋书》记载，他"幼渐训议，儒史百家，莫不该览"③。历官衡阳内史、御史中丞等。

何承天博览百家，通今博古，学问精深，尤精于天文律历和计算。其著作《达性论》《与宗居士书》《答颜光禄》《报应问》等记录了他和信仰佛教的名士颜延之（祖籍琅邪临沂，今山东临沂）、宗炳等的辩论，见

---

① （清）严可均：《全上古三代秦汉三国六朝文》，中华书局1958年版，第3828页。
② （北宋）司马光：《资治通鉴》，中华书局1956年版，第3859页。
③ （梁）沈约：《宋书》，中华书局1974年版，第1701页。

于《弘明集》与《广弘明集》。他还熟知历代朝典，元嘉时为著作佐郎，撰修《宋书》未成而卒。《宋书》《南史》均有传。

何承天在元嘉九年（432）出任衡阳太守时，作《报应问》，从儒家的立场，运用当时所能达到的自然科学水平，对佛教的因果报应说进行了驳斥。他说："西方说报应，其枝末虽明，而即本常昧。其言奢而寡要，其譬迂而无征。乖背五经，故见弃于先圣。诱掖近情，故得信于季俗。"① 他还举例说：佛教不是说杀生要遭报应，为善得福应吗？但是鹅吃青草，不吃有生命的动物，结果却还是成了人们的口中美食；而飞燕以虫为食，却得到了人们的喜爱，让它安居于梁间。何报应之有？不仅鹅燕如此，"群生万有，往往如之。是知杀生者无恶报，为福者无善应"②，因果报应之说是不成立的。

佛教认为："人死精神不灭，随复受形，生时所行善恶皆有报应。故所贵行善修道以炼精神而不已，以至无为而得为佛也。"③ 佛教还把人和别的动物并称为"众生"，宣扬六道众生皆受轮回之苦，人死后灵魂也可能转生成为别的动物。何承天则认为形体不存在了，精神也随之消失，没有来世来生，而且"人非天地不生，天地非人不灵"④，不应把人与别的动物同等看待。他在《又答宗居士书》中说："形神相资，古人譬以薪火。薪弊火微，薪尽火灭。"⑤ 他又在《弘明集·达性论》中说："生必有死，形毙神散，犹春荣秋落，四时代换，奚有于更受形哉！"⑥

因果报应是佛教的基本教义之一，神不灭论则是其报应轮回说成立的前提。因此，针对何承天的《达性论》，颜延之作《释达性论》、僧含作《神不灭论》以辩之。何承天的无神论思想对后来齐梁间的思想家范缜等产生了一定影响。

2. 明僧绍、刘勰与三教的"夷夏之争"

随着道、佛二教的进一步发展，魏晋以来，二教之间的斗争进一步激化。当时的著名学者顾欢是南朝道释斗争中的著名人物。顾欢的《夷夏

---

① （清）严可均：《全上古三代秦汉三国六朝文》，中华书局1958年版，第2565页。
② 同上。
③ （晋）袁宏：《后汉纪》，中华书局2002年版，第187页。
④ （清）严可均：《全上古三代秦汉三国六朝文》，中华书局1958年版，第2568页。
⑤ 同上书，第2561页。
⑥ 同上书，第2568页。

论》引起了很大的反响，他好黄老，通解阴阳书，是兼通儒道的一位学者。约在南朝宋明帝泰始三年（467），顾欢见佛、道二家互相诽毁，乃著《夷夏论》以定是非、优劣。论中虽有调和二教之辞，但重点是强调二者之异，说道教是产生于华夏的圣教、佛教则是出于西戎的戎法。二教虽皆可化俗，但华夷地域不同，人性有别，故立教应因地制宜，不能错杂。因此，中国只能用孔、老之教治理，佛教只适用于西戎。顾欢还坚持儒家的立场，指责佛出于"夷"俗，与华夏的礼教迥然有异，竭力反对丢弃华夏的礼俗教化去效西戎的夷法。顾欢是站在儒、道立场上，用中国传统的尊夏卑夷观点来反对佛教，担当了"夷夏之争"的重任。

在山东籍学者中，否定道教的有明僧绍及公允，而文学理论家刘勰则能客观公正地评析道佛二教。

明僧绍（？—483），字休烈，一字承烈，平原郡鬲县（今山东省德州市）人。他著《正二教论》，在比较佛教和道教优劣的同时，有明显否定道教的倾向。其云：

> 今之道家所教，唯以长生为宗，不死为主。其练映金丹，餐霞饵玉，灵升羽蜕，尸解形化，是其托术，验之而竟无睹其然也。又称其不登仙，死则鬼，或召补天曹，随其本福。虽大乖老、庄立言本理，然犹可无违世教。……至若张、葛之徒，又皆杂以神变化俗，怪诞惑世，符咒章效。咸托老君所传，而随稍增广，遂复远引佛教，证成其伪，立言舛杂，师学无依，考之典义，不然可知。①

明氏对道教养生长生思想、金丹之术、张道陵和葛洪的神仙思想采取了全盘否定的态度，认为道教主张的"长生为宗，不死为主"，并通过所谓"其练映金丹，餐霞饵玉"，实现"灵升羽蜕，尸解形化"之目标，是一种违背生命自然的"托术验而竟无睹其然也"，不可能达到成仙之目的。

在"夷夏之争"中，另有一道士假托南朝士人张融作《三破论》贬毁佛教，而反驳《三破论》的文章，以文学理论家刘勰的《灭惑论》最为著名。

---

① （梁）僧祐：《弘明集》卷六《正二教论》，上海古籍出版社1991年版，第38页。

刘勰（约465—520），字彦和，汉族，祖籍山东莒县（今山东省日照市莒县）东莞镇大沈庄（今大沈刘庄）。他是中国历史上著名的文学理论家，一部《文心雕龙》奠定了他在中国文学史上的重要地位。刘勰的《灭惑论》将《三破论》的基本观点一一进行了辩驳和批判，比较了佛法与道教的优劣：

> 夫佛法练神，道教练形。形器必终，碍于一垣之里；神识无穷，再抚六合之外。明者资于无穷，教以胜慧；暗者恋其必终，诳以飞仙，仙术极于饵药。慧业始于观禅，禅练真识，故精妙而泥洹可冀。药驻伪器，故精思而翻腾无期。若乃弃妙宝藏，遗智养身，据理寻之，其伪可知。假使形翻天际，神暗莺飞戾天，宁免为鸟？夫泥洹妙果，道惟常住，学死之谈，岂析理哉？①

这段话从"形器必终"与"神识无穷"的角度对"佛法练神"与"道教练形"之境界的高低作了比较。他认为，形有限，而神无穷，一旦依佛法修成了"泥洹妙果"（即涅槃），便可"常住"永恒妙境，因此，佛法更胜一等。

值得注意的是，《灭惑论》提出道家三品说，对道家和道教作了初步的学理上的区分。许地山先生在《道教史》中说："最初把道家与道教略略地整理成为系统而加以批评底是梁刘勰的《灭惑论》。"② 刘勰提出的道家三品说认为："道家立法，厥品有三：上标老子，次述神仙，下袭张陵。"③ 即道家按照层次则可分成上、中、下三品，上品是以老子为代表的道家学派，中品是指神仙道教，下品则是以张陵为代表的民间道教。刘勰认为，老子乃隐士，"实惟大贤"，然而也没有提到来生和前世，不如佛家的理论高明；中品的神仙小道，"神通而未免有漏，寿远而不能无终"，且常被"愚狡方士"所伪托而惑众，于是"张陵米贼，述死升天；葛玄野竖，著传仙公……标名大道，而教甚于俗；举号太上，而法穷下

---

① （梁）僧祐：《弘明集》卷八《灭惑论》，上海古籍出版社1991年版，第50—52页。
② 许地山：《道教史》，上海古籍出版社1999年版，第2页。
③ （梁）僧祐：《弘明集》卷八《灭惑论》，上海古籍出版社1991年版，第52页。

愚"①。刘勰从佛教超脱现世和肉体、追求精神彻悟的观点出发，认为用肉芝石华来延寿，借黄书御女来纵欲，使用灾醮符水、合气厌胜等方术来驱鬼斩妖，以及宝惜涕唾之类的养生之道等，这些都不足以称之为"大道"。刘勰还分析了这种"甚俗"的方术道教之所以兴盛的原因："事合氓庶，故比屋归宗，是以张角、李弘，毒流汉季；卢悚、孙恩，乱盈晋末。余波所被，实蕃有徒。"② 道教首领们却常常以奉行"大道"为名，号称"太上"，其实是利用了民众"贪寿忌夭""好色触情""肌革盈虚""避灾苦病""凭威恃武"等心理倾向，投其所好，借此笼络人心，发展势力，甚至"轻立民户"，"滥求租税"，鼓动民众造反。由此，刘勰从"伤政萌乱"方面对道教提出了犀利的批评，从而维护了佛教爱好和平的形象："縻费产业，蛊惑士女；运屯则蝎国，世平则蠹民；伤政萌乱，岂与佛同？"③

刘勰还继承了他的老师僧祐的观点，认为儒、道、释在追求"大道"的终极目标上是一致的，当然佛教更胜一筹，还可以修正儒、道二教大多看重现世的利益及其在精神追求上不够纯粹、境界不够深远等不足。他在《灭惑论》中说："至道宗极，理归乎一；妙法真境，本固无二。……但万象既生，假名遂立。梵言'菩提'，汉语曰'道'。""经典由权，故孔释教殊而道契；解同由妙，故梵汉语隔而化通。但感有精粗，用教分道俗；地有东西，故国限内外。其弥纶神化，陶铸群生，无异也。用能拯拔六趣，总摄大千，道惟至极，法惟最尊。"④ 在此前提下，"河图""洛书"可看作"神理"的产物，儒家经典也可看作圣人设教以导大道的工具。可见，刘勰对儒、道、释三教的思想均有所接纳和吸收，他其实是希望三教在融合、交流中能够取长补短，和平共处。这与他的家世、师承、经历和学养都有关系。

实际上，刘勰与儒、道、释三教都有着密切的关系。刘勰既不是道士，也一直到晚年才出家为僧，可见在现实生活中占主流的儒家思想还是

---

① （梁）僧祐：《弘明集》卷八《灭惑论》，上海古籍出版社 1991 年版，第 52 页。
② 同上。
③ 同上书，第 50—52 页。
④ 同上书，第 50—52 页。

其主导部分。另一方面，家族信仰对其产生的影响也不容忽视。① 以陈寅恪先生为代表的一些学者从刘勰宗族先辈的姓名等信息进行考析，认为刘勰应该出生于天师道世家。南朝人凡二字名中有"灵"字者，或二字名之末字为"之"字者，都很有可能信仰天师道。陈寅恪先生说："六朝人最重家讳，而'之'、'道'等字则在不避之列，所以然之故虽不能详知，要是与宗教信仰有关。"② 据此，山东的天师道对于刘勰及其作品的确产生了一定的影响。

3. 山东学者颜之推与儒道释三教的关系

颜之推（531—约595），字介，汉族，琅邪临沂（今山东临沂）人。历南北朝至隋，经历丰富，学识渊博。颜之推所著《颜氏家训》，总体上以儒家说教为主，但其《归心篇》《养生篇》分别有涉及佛、道的内容。

颜之推出身士族，深受儒家名教礼法影响，但家世信佛，所以他又在《归心篇》中表达了将佛教信仰作为其家族的信仰传承下去的愿望。"三世之事，信而有征，家世归心，勿轻慢也。"③ 他一方面认为，佛教比儒家高明："万行归空，千门入善，辩才智惠，岂徒《七经》、百氏之博哉？明非尧、舜、周、孔所及也。"④ 另一方面，他又认为，"内外两教，本为一体，渐积为异，深浅不同"⑤，佛教的五戒与儒家的"五常"，其内涵是一致的："内典初门，设五种禁；外典仁义礼智信，皆与之符。"因此，他下结论说："归周、孔而背释宗，何其迷也！"⑥

在《归心篇》结尾处，颜之推又提到："世有痴人，不识仁义……如此之人，阴纪其过，鬼夺其算。"⑦ 夺算之说，本是道家说法。当然，颜之推也可能是受了当时流传的佛教伪经《提谓波利经》的影响⑧。

《颜氏家训》在"养生篇"中集中表达了作者对于道教所持的态度。

---

① 刘勰的曾祖刘仲道，字仲道；仲道从兄弟刘穆之，字道和，小字道民；祖父灵真，从祖秀之（字道宝）、钦之、粹之、贞之、虑之、式之。

② 陈寅恪：《金明馆丛稿初编》，上海古籍出版社1980年版，第8页。

③ （北齐）颜之推：《颜氏家训集解》，王利器集解，上海古籍出版社1980年版，第335页。

④ 同上书，第339页。

⑤ 同上。

⑥ 同上。

⑦ 同上书，第373页。

⑧ 当时流传的《提谓波利经》乃北魏僧昙靖所造，杂收阴阳道术学说。

颜之推认为，"神仙之事，未可全诬"，但按照佛教的说法，养生"纵使得仙，终当有死，不能出世"，所以他不愿后辈专精于此。但他对道教中的一些有益成分，如"爱养神明，调护气息，慎节起卧，均适寒暄，禁忌食饮，将饵药物，遂其所禀，不为夭折者"①做出了肯定。又提及自己"尝患齿，摇动欲落，饮食热冷，皆苦疼痛。见《抱朴子》牢齿之法，早朝叩齿三百下为良；行之数日，即便平愈，今恒持之"。总的来说，他的态度便是：对道教不可全盘否定，也不可轻信，只有其中一些养生之类的"小术"，"无损于事，亦可修也"。

总之，魏晋南北朝时期山东道教在与儒佛的竞争中得到了发展，也孕育出了一批思想杂糅三教或两教的学者，他们在三教的争论中扮演着重要的角色，是当时许多文化人士心态和立场的典型代表。"争论一方面使道教大量吸收佛教的思想，援佛入道，以佛教的'报应说'弥补自身理论方面的缺陷，另一方面争斗亦刺激了佛教，加速了佛教中国化的进程，使佛教摆脱了汉魏时期人地两生、寄儒道之篱下的困境。"②

第三节　山东道教影响下的贵族动乱与群众起义

魏晋南北朝时期在山东道教的影响下发生了贵族动乱和群众起义。如西晋"八王之乱"，参与道士有孙秀、胡沃、步熊、黄圣人等人，西晋末还有刘根、王偲与王弥起义，李弘（贝丘人）起义。东晋，民间不断掀起群众起义的风暴，其中以孙恩、卢循为领袖的群众起义规模最大，影响最广。不少起义的领导者都借助了五斗米教、李家道③等宗教的影响，史籍对他们大都称为"妖贼"，其中，李弘（贝丘人）、孙恩、徐道覆、刘

---

① （北齐）颜之推：《颜氏家训集解》，王利器集解，上海古籍出版社1980年版，第327页。
② 汤其领：《试论东晋南朝时期的佛儒道之争》，《扬州大学学报（人文社科版）》2006年第6期。
③ 魏晋时的一个道派，活跃于江南一带。吴大帝时，蜀中李阿穴居不食，号称八百岁公，后不知所在。此后有一个叫李宽的人，到了吴国而操蜀语，能祝水治病，病者多愈，于是远远都说李宽即李阿，共称他为李八百。自公卿以下都云集其门，后来者不能得常见，但拜其外门而退，避役的吏民依宽为弟子的恒近千人。李家道起源于四川，三国时在吴国广泛传播。李八百为两汉时期流传于四川民间的神话人物。因为流传较广，且为世人信向，故有道士假托其名以创李家道。

伯根、王始、卢悚、卢循等则为山东人。而孙恩、卢循可能皆来自于道教世家。另外，南燕时期山东泰山人王始虽然不信仰道教，但却利用道教领导了小规模群众起义。这些起义反映了道教在贵族阶层和基层群众中的影响。

一　山东道教影响下的贵族动乱

魏晋南北朝是道教的分化和改革时期。北方道教因太平道被镇压而总体上处于低潮，北传五斗米道却使北方道教得以发展起来。这个时期道教发展的主要特点，是早期的民间道教逐渐开始分化，一方面道教思想、方术等继续在民间传播，另一方面某些道教领袖开始走上层化的道路，并把原先容易与农民起义相结合的民间道教进行了改造，使之转化为维护统治阶级利益的贵族道教。在这种贵族化、上层化的风气影响下，不少道士攀附权贵，与统治者结成了互相利用的关系，甚至直接参与或策划了统治阶级内部某些争权夺利的斗争，这也在一定程度上影响了历史的进程。

（一）西晋赵王司马伦与山东道徒孙秀动乱

西晋初期，上层道教与民间道教的分化越来越明显。参与西晋初年"八王之乱"的道士孙秀、胡沃、步熊、黄圣人等人都曾在政治斗争中起关键作用。其中最突出的是孙秀。

西晋元康元年（291）到光熙元年（306），爆发了一场西晋皇族为争夺中央政权而引发的"八王之乱"[①]。西晋政权最终也在这场战乱中瓦解。此间也正是各类术士通过煽惑人心、制造动乱来为自己谋利的最佳时机。

"八王之乱"的中心人物是赵王司马伦。赵王司马伦原是琅琊郡王，后改封赵王。其主谋孙秀，是山东琅琊（今山东临沂）人。孙秀（？—301），字俊忠，世奉天师道（五斗米道），为道徒。少时为司马伦小吏，因善谄媚，所作书疏又得伦意，因而深得宠信。史载："伦、秀并惑巫

[①]　"八王之乱"中"八王"是指汝南王司马亮、楚王司马玮、赵王司马伦、齐王司马冏、长沙王司马乂、成都王司马颖、河间王司马颙、东海王司马越。永康元年（300），赵王司马伦用谋士孙秀之策，以离间计废太子，杀贾后。永宁元年（301），赵王废惠帝，自立为帝，引起宗室内部自相残杀，从而引起"八王之乱"。这场动乱持续了16年之久，从宫廷扩大到地方，最后发展成了全国范围内的大混战。在动乱中，参战诸王多相继败亡，人民死亡数十万，社会经济严重破坏，隐伏着的阶级矛盾、民族矛盾爆发，内徙的匈奴、氐、鲜卑等族乘机起兵反晋，西晋进入"五胡乱华"时期。

鬼，听妖邪之说。"①"伦素庸下，无智策，复受制于秀，秀之威权振于朝廷，天下皆事秀而无求于伦"②，且"事无巨细，必咨而后行。伦之诏令，秀辄改革，有所与夺，自书青纸为诏"③。据《真诰》卷十六《阐幽微》载："晋宣帝为西明公宾友"乃道教中之神仙。当赵王伦篡夺帝位时，"秀使牙门赵奉诈为宣帝神语，命伦早入西宫。又言宣帝于北芒为赵王佐助，于是别立宣帝庙于芒山。谓逆谋可成"④。及齐王司马冏、成都王司马颖、常山王司马乂、新野公司马歆、河间王司马颙等起兵共讨司马伦、孙秀时，孙秀又"使杨珍昼夜诣宣帝别庙祈请，辄言宣帝谢陛下，某日当破贼。拜道士胡沃为太平将军，以招福佑。秀家日为淫祀，作厌胜之文，使巫祝选择战日。又令近亲于嵩山着羽衣，诈称仙人王乔，作神仙书，述伦祚长久以惑众"⑤。永康二年（301）四月，广陵公司马漼与孙秀的反将王舆率兵入宫，左卫将军赵泉斩杀孙秀等人于中书省。

（二）西晋成都王司马颖与山东道徒步熊动乱

参加八王之乱的山东道徒除赵王司马伦与孙秀外，还有道士步熊。据《晋书》记载，成都王司马颖以道士步熊为掾属，曾凭借其道术击败前来征伐的王师，挟持惠帝于邺城，独揽朝政。步熊（？—约305），字叔罴，是阳平发干（今山东冠县）人。西晋时期，阳平郡治馆陶城（今山东冠县东古城镇），馆陶、发干二县属之。步熊年少时喜欢卜筮数术，门徒很多。赵王司马伦听到步熊的名声，征召步熊。步熊认为跟着司马伦没有前途，便逃走了。后来步熊接受了成都王司马颖的征召。后来司马颖逃奔关中，平昌公司马模镇守邺城，因为步熊是司马颖的党徒，便杀了他。

据《晋书·步熊传》，步氏是利用卜筮灵验之术取得成都王司马颖信任的，其在其军事决策中起过重要作用。《晋书·司马颖传》载：

> 永兴初，左卫将军陈胗、殿中中郎逯苞、成辅及长沙故将上官巳等，奉大驾讨颖，驰檄四方，赴者云集。军次安阳，众十余万，邺中震惧。颖欲走，其掾步熊有道术，曰："勿动！南军必败。"……颖

---

① （唐）房玄龄：《晋书》，中华书局1974年版，第1601页。
② 同上书，第1600页。
③ 同上书，第1602页。
④ 同上书，第1601页。
⑤ 同上书，第1603页。

从之，乃遣奋武将军石超率众五万，次于荡阴。……超众奄至，王师败绩。①

二 山东道教影响下的群众起义

魏晋以来，民间不断掀起群众起义的风暴，其中以孙恩、卢循为领袖的群众起义规模最大。这些群众起义的领导者有不少都借助了魏晋时期民间宗教，特别是道教的影响，因此史籍上对他们大都称为"妖贼"。这些"妖贼"中，有些是山东人，如李弘（贝丘人）、孙恩、徐道覆、刘伯根、王始等，另外还有卢悚、范阳涿、卢循等。

陈寅恪先生在《天师道与滨海地域之关系》一文中，分析了孙恩、卢循、徐道覆等人的身世。他认为，孙恩、卢循可能皆来自于道教世家。他还从徐道覆的滨海籍贯及其与卢氏的婚姻关系，推出徐道覆也似来自道教世家。②《魏书·刘裕传》云："（卢循）党琅邪人徐道覆为始兴相。"③可见徐道覆似为琅邪人。但《晋书》记载江左人物籍贯，有的或著旧望，或著侨居之地，因此很难确定琅邪是徐道覆的郡望还是侨居之地。有研究者还考证说："东海徐道覆，与道教徒东海徐宁当为同族。"④ 徐宁为东海郡郯人，在今山东郯城一带。

陈寅恪先生还在《魏晋南北朝史的讲演录》中说，赵王司马伦及其同党、在东莱地区起兵的刘伯根、王弥，均为天师教中人，并提到琅邪（山东临沂）这个地区自后汉顺帝以来的浓厚的巫教环境。因此，可以说，这些贵族动乱与群众起义无不与山东道教密切相关。下面就按时间顺序梳理一下魏晋南北朝时期山东道教影响下的群众起义。

（一）西晋末刘根、王偲与王弥起义

西晋末年，"八王之乱"以及各种天灾人祸致使百姓流离失所，粮食匮乏，士兵也要挖野菜充饥。大批逃荒者涌到有鱼米之乡之称的东莱。晋惠帝光熙元年（306）三月，东莱（今莱州市）人刘根（又作刘柏根、刘伯根），弃去惤县（今山东龙口市西南）县令之职，以行医传道为名，组

---

① （唐）房玄龄：《晋书》，中华书局1974年版，第1618页。
② 陈寅恪：《金明馆丛稿初编》，上海古籍出版社1980年版，第1—40页。
③ （北齐）魏收：《魏书》，中华书局1974年版，第2130页。
④ 田余庆：《东晋门阀政治》，北京大学出版社1996年版，第320页。

织农民、流民万余人起兵反晋。

据莱州本地传说，刘根的母亲叫王偲，刘根是在她的动员下起义的。王偲的祖父是汉末名医兼道人王昌安。王偲自幼跟随祖父学习医术和道法。刘根起义后自称惤公，尊母王偲为东莱圣母。刘根占领了胶东半岛后又统兵西进，王偲在后方为起义军组织兵源，训练将领。① 对此，《晋书》有系列记载。《晋书·惠帝纪》载："（光熙元年）三月，东莱惤令刘柏根反，自称惤公，袭临淄……王浚遣将讨柏根，斩之。"② 又《晋书·司马略传》载："永兴初，惤令刘根起兵东莱，诳惑百姓，众以万数，攻略于临淄。"③ 又《晋书·王弥传》载："惠帝末，妖贼刘柏根起于东莱之惤县。"④

刘根起事还见载于《晋书·苟晞传》《晋书·刘暾传》，只是各处记载名字不同，或作"刘柏根""刘伯根"，或作"刘根"，疑"柏根"（或"伯根"）为其字。

晋怀帝永嘉元年（307）二月，同乡人王弥也加入了刘根的起义队伍。《晋书·王弥传》载：

> 王弥，东莱人也。家世二千石。祖颀，魏玄菟太守，武帝时，至汝南太守。弥有才干，博涉书记。少游侠京都，隐者董仲道见而谓之曰："君豺声豹视，好乱乐祸，若天下骚扰，不作士大夫矣。"惠帝末，妖贼刘柏根起于东莱之惤县，（王）弥率家童从之，柏根以为长史。柏根死，（王弥）聚徒海渚，为苟纯所败，亡入长广山为群贼。弥多权略……膂力过人，青土号为"飞豹"。后引兵入寇青、徐，兖州刺史苟晞逆击，大破之。弥退集亡散，众复大振，晞与之连战，不能克。弥进兵寇泰山、鲁国、谯、梁、陈、汝南、颍川、襄城诸郡，入许昌，开府库，取器杖，所在陷没，多杀守令，有众数万，朝廷不能制。⑤

---

① 尹洪林：《民妇两次动摇皇权》，《烟台晚报》2008 年 4 月 21 日。
② （唐）房玄龄：《晋书》，中华书局 1974 年版，第 106 页。
③ 同上书，第 1095 页。
④ 同上书，第 2609 页。
⑤ 同上书，第 2609 页。

王弥有勇有谋，"凡有所掠，必预图成败，举无遗策"①。他膂力过人，弓马娴熟，人称"飞豹"。刘根任命他为带兵的长史。二人率部袭取临淄（今淄博东北），击退了青州都督、高密王司马略的军队。然而不久以后，起义军为青州刺史、宁北将军王浚所败，刘根战死。王弥收集残余，退守长广山（今莱阳东）。在休整补员后，王弥重整旗鼓，进军东莱。公元308年，王弥率部在攻克泰山、鲁国、谯、梁、陈、汝南、颍川、襄城等州郡后，很快攻下许昌，大开府库，赈济百姓。其后，王弥率兵直逼京都洛阳。此时，匈奴贵族刘渊和羯人石勒等也相继起兵反晋。因晋军势力较强，王弥拔营渡河，投靠汉王刘渊。王弥与汉将刘曜、石勒协同作战，连连获胜，"寇上党，围壶关，东海王越遣淮南内史王旷、安丰太守卫乾等讨之，及弥战于高都、长平间，大败之，死者十六七"②。后被任命为征东大将军、青徐二州牧，封东莱公。永嘉五年（311）六月，王弥率兵攻进洛阳皇宫，活捉了晋怀帝司马炽。

晋朝势力尚未灭亡，反晋队伍内部之间的矛盾却逐渐激化起来。刘曜埋怨王弥在他未到之时就抢先攻入京都洛阳，石勒则对王弥的骁勇善战十分忌惮。永嘉五年（311）十月，王弥在率领少数部属移兵青州途中，遭石勒袭杀，其军队也由此失败。

王弥死后，王偲帮助东晋长广郡掖县（今莱州市）人苏峻组织训练了数千家流民，"结垒于本县"。"于时豪杰所在屯聚，而峻最强。"③苏峻又推行王化，收集枯骨代葬，因此深得人心，被推为主。及后青州刺史曹嶷担心苏峻会成为祸患，打算讨伐。于是苏峻在大兴二年（319）领部下数百家南迁广陵，并获任命为鹰扬将军。苏峻与司马氏宗室中的南顿王等关系密切，与那些主持北方流民迁徙的官员属于共同的流人集团。后来兵入台城（今南京市鸡鸣山南乾河沿北），挟持了晋成帝司马衍，逼迫成帝迁居于石头城（江苏江宁石头山后）。温峤、陶侃等会师讨伐之，苏峻被杀。

莱州大基山有号称"天下第一庵"的白云庵，传说为西晋末年东莱圣母王偲在此修道时初建。关于"东莱圣母"王偲还有许多民间传说。

---

① （唐）房玄龄：《晋书》，中华书局1974年版，第2609页。
② 同上书，第2610页。
③ 同上书，第2628页。

据明嘉靖十三年（1534）莱州知府胡仲谋的《东莱野语》记载：东莱圣母王偲有治儿疾绝术。因为她是刘伯根的母亲，人们都尊称她为"刘干娘"。又因为她是女道家，刘干娘的"刘"字又与"留"字同音，后来就有了"刘干娘有法术，能留住孩子的生命"的说法，还有"拜个刘干娘，孩子好抚养"的传言。

（二）李家道与李弘（贝丘人）起义

李家道是原始道教派别之一，其传道方式、教义教理、人物行迹均与天师道有一定的渊源。李家道尊奉老君，以祝水神符为人治病，虽与五斗米道近似，并拥有众多信徒，但其组织形式似乎没有五斗米道严密。

李家道后来常被农民起义者所利用，尤其是假托"李弘"之名的甚多，因此北魏寇谦之在《老君音诵诫经》中借老君之口斥责说："世间诈伪，攻错经道，惑乱愚民，但言老君当治，李弘应出，天下纵横，返逆者众，称名李弘，岁岁有之。其中精感鬼神，白日人见，惑乱万民。称鬼神语。愚民信之，诳诈万端，称官设号，蚁聚人众，坏乱土地。……吾大嗔怒，念此恶人以我作辞者乃尔多乎！"① 刘勰在《灭惑论》中也说："张角、李弘，毒流汉季。"② 关于李弘起义，在《晋书》《宋书》《南史》《魏书》《隋书》《资治通鉴》等史书中都可见零星记载。其中，有关山东地区的资料主要见于《晋书》《资治通鉴》等，在这两部史书中，均提到了"贝丘人李弘"。贝丘，据《中国历史大辞典》"贝丘县"条，治所在今山东省临清市东南。③ 史书又说后赵王石虎命令青州、冀州、幽州为东征作准备，从三个男丁中调遣二人，五人中征发三人，引起民心怨恚，可见这次起义不但领导者是山东人，活动地域包括山东地区，其参与者也有大量的山东人在内。

李弘自言姓名应谶，是利用了道教"真君者，木子弓口，王治天下，天下大乐"④ 的说法。"木子弓口"，是个拆字谜语，合起来即是"李弘"。《太上洞渊神咒经》卷一《誓魔品》还描述了李弘真君"无为而

---

① 《道藏》（第18册），文物出版社、上海书店、天津古籍出版社1988年版，第211页。
② （梁）僧祐：《弘明集》卷八《灭惑论》，上海古籍出版社1991年版，第50—52页。
③ 郑天挺：《中国历史大辞典：音序本》，上海辞书出版社2007年版，第122页。
④ 《道藏》（第6册），文物出版社、上海书店、天津古籍出版社1988年版，第5页。

治"的美好社会景象:"一种九收,人更益寿,(寿)三千岁。乃复更易天地,平整日月,光明明于常时,纯有先世今世受经之人来辅真君耳。""无有刀兵刑狱之苦,圣人治世,人民丰乐,不贪钱财。……纯以道法为事,道士为大臣,男女贞洁,无有淫心。"① 在战乱频仍的魏晋南北朝,百姓常常生活在流离失所、性命朝不保夕的境遇之中,因此道教对于这种未来"真君"治下太平盛世的描述自然能够为它招揽大量信徒。

(三) 东晋琅琊籍"长生人"孙恩领导的群众暴动

随着东晋政权的建立及北方五斗米道道众的南迁,五斗米道的发展重心渐渐南移至江东地区。东晋及南朝初期,许多门阀士族都是信奉天师道的世家,民间道教也以法术、教理相招,发展了许多平民信徒。东晋时有彭城人卢悚为天师道祭酒,事之者有八百余家。孝武帝咸安二年(372),卢悚率徒众三百,诈称海西公还,由京口至建康,突入殿庭,夺掠府库甲兵。卢悚,《法苑珠林》卷六九称"彭城道士"。《魏书》卷九六《司马睿传》则称之为"徐州小吏"。《资治通鉴》称:咸安二年称"彭城妖人","大道祭酒"。彭城与今鲁西南接壤,卢悚之天师道起义,当对鲁西南之天师道产生了一定影响。卢悚起事二十年后,孙恩、卢循等人利用五斗米道又发起了一场大规模的群众暴动。

孙恩(?—402),琅琊人,赵王伦的谋士孙秀之族裔,世奉五斗米道。孙恩的叔父名孙泰,字敬远,曾师事钱塘人杜子恭。

杜子恭死后,其徒孙泰及孙泰之侄孙恩传其术,继续以道术交结朝望,并且笼络人心,迷惑百姓,因此追随者众多。史载:"子恭死,泰传其术。然浮狡有小才,诳诱百姓,愚者敬之如神,皆竭财产,进子女,以祈福庆。"② 鉴于历史上有过黄巾起义等"妖贼"作乱的教训,孙泰妖言惑众的行为引起了某些门阀世族的警惕。王导之子王恂进言于会稽王司马道子,将孙泰流放到广州。孙泰在广州仍继续传道惑众,"广州刺史王怀之以泰行郁林太守,南越亦归之"③。

其后,孙泰因"知养性之方"而得到当权者的赏识,于孝武帝末年

---

① 《道藏》(第6册),文物出版社、上海书店、天津古籍出版社1988年版,第5页。
② (唐)房玄龄:《晋书》,中华书局1974年版,第2632页。
③ 同上。

又从被流放地召回到建康。司马道子让他做了徐州主簿。孙泰"犹以道术眩惑士庶。稍迁辅国将军、新安太守"①。晋安帝隆安元年（397）、隆安二年（398），王恭两次起兵叛乱，孙泰借此机会在三吴私合义兵数千人以讨恭。"黄门郎孔道、鄱阳太守桓放之、骠骑咨议周勰等皆敬事之"，"会稽世子元显亦数诣泰求其秘术"②。孙泰倍得荣宠，权势显赫。此时，孙泰已通过传道形成了以琅琊孙氏为核心的地方小集团，这个小集团既有众多对其奉若神明的百姓作基础，又有不少上层人物作靠山，已经渐成气候。《魏书》卷九七《桓玄传》载桓玄讨司马元显檄文曰："居丧极味，孙泰供其膳；在夜思游，亦孙泰延其驾。泰承其势，得行威福。"③ 可见孙泰之得势。

杜子恭道以阳平治为首的祭酒统民等组织形式、章书符水治病济世的方术、道民交纳五斗米的义务等，与汉末五斗米道极为相似，这为后来孙泰的预谋叛乱打下了基础。在天下兵起之时，孙泰认为"晋祚将终"，便利用杜子恭道"扇动百姓，私集徒众，三吴士庶多从之"④。以孙泰为代表的三吴地区低等士族的政治动向，引起门阀世族的极大恐慌，"于时朝士皆惧泰为乱"，却不敢直言。后来，会稽内史谢輶"发其谋"，孙泰因而诛之。最终，为维护门阀世族的根本利益，朝廷诱斩了孙泰和他的六个儿子。

孙恩、卢循起义历时十三载，是继张角太平道黄巾起义后利用五斗米道发动的又一次大规模群众暴动，引起了封建统治者的严重恐慌，沉重打击了东晋腐朽的门阀统治，这对道教的发展也有着深远的影响，最直接的是引起了南北朝道教的演变。⑤

（四）南燕时期山东泰山人王始领导的小规模群众起义

与孙恩差不多同时，在北方利用道教起事的还有山东泰山人王始（？—403）。南燕建平四年（403），王始虽然对道教并不信仰，但却能以道教幻术在家乡聚众数千人，宣布起事，自称"太平皇帝"，年号为"太平"，同时置署公卿百官，一时附近百姓纷纷响应，起义军发展到数万

---

① （唐）房玄龄：《晋书》，中华书局1974年版，第2632页。
② 同上。
③ （北齐）魏收：《魏书》，中华书局1974年版，第2120页。
④ （唐）房玄龄：《晋书》，中华书局1974年版，第2632页。
⑤ 李养正：《道教概说》，中华书局1989年版，第69—72页。

人。当时的山东为鲜卑贵族建立的南燕政权所统治。南燕王慕容德派桂林（阳）王慕容镇进剿，王始在起事同年，因众寡悬殊而败，与妻并斩于燕都广固（今青州市）之市。

王始造反表明，乱世之中，皇权在群众心目中的神秘性已逐渐丧失，在民间道教的影响下，平民逐渐意识到帝王将相并非天命，因此，道教世俗化影响加深，有一定实力者皆欲起而夺之。

第四节　魏晋南北朝时期的山东籍高道名人

魏晋南北朝时期产生了许多高道大德，其中以魏晋时期任城籍女冠魏华存及葛氏道传承中的重要人物如葛玄、郑隐、葛洪等人为代表，而葛洪乃前期道教集大成者。东晋时期的琅邪籍高道鲍靓，以及北魏时期的东莱道士王道翼、北齐道士由吾道荣、周弘正、北周徐则等，都是对中国道教产生过重要影响的山东道教名家。

一　任城籍女冠魏华存

魏华存（252—334），字贤安，魏晋时期女道士，山东任城（今山东济宁市）人。晋司徒魏舒之女，又称魏夫人。魏华存作为山东道教史上重要的代表人物、第一个女道士，对中国道教的发展和传承起到了重要作用。

魏华存博览群书，通儒学道，喜好五经，尤其偏爱老、庄，儒道墨诸家思想对其影响很大。《太平广记》卷五十八《女仙三·魏夫人》载："幼而好道，静默恭谨，读庄老、三传五经百氏，无不该览。"[1] 其父魏舒行事颇有玄风，他"不修常人之节，不为皎厉之事，每欲容才长物，终不显人之短。性好骑射，著韦衣。入山泽，以渔猎为事"[2]，直到40多岁才走上仕途。在他的影响下，魏华存自幼崇尚玄学，后被尊奉为道教上清派第一代宗师，世称"南岳夫人"。

魏华存出嫁河南时已24岁，此时其世界观和人生观已基本形成。同时，受山东地域方士方术的影响，以及齐鲁文化的积淀，她在长期的修道生涯中表现出了较高的文化素养，其代表作《黄庭内外经》蕴含着丰富

---

[1] （宋）李昉：《太平广记》，中华书局1961年版，第356页。
[2] （唐）房玄龄：《晋书》，中华书局1974年版，第1185页。

的道教文化内涵和齐鲁文化的思想精髓，是山东道教乃至中国道教具有代表性的著作。另外，《道藏辑要》中有《元始大洞玉经》三卷、《元始大洞玉经疏要十二义》一卷、《大洞玉经坛仪》一卷、《总论》一卷，均题为魏华存疏义。

（一）魏华存与山东地域文化

山东地域道教的前身主要是方仙道和黄老道。方仙道和黄老道的思想和文化、相关方术、系统的宗教体系，以及方士、流派等对魏华存道教思想的形成，以及《黄庭内景经》的义疏、申演起到了重要作用。

魏华存原籍任城郡，属于齐鲁之地，山东地域特有的方仙道和黄老道对魏氏道教思想的形成起到了潜移默化的影响，在浓厚的山东地方文化氛围中，魏华存切身感受到了齐鲁文化所具有的感召力和信仰力。魏华存对《黄庭经》的义疏、申演做出了重要贡献，"《黄庭外景经》是东汉末至曹魏时方术之士所撰作的五斗米道秘典。魏华存为五斗米道女祭酒，她据有这书的传本，以后经她加以义疏、申演而为兼及女子修炼之法的《黄庭内景经》，到东晋又经杨羲增饰，遂成为茅山上清派道教的主要经典，而魏夫人亦被茅山宗尊崇为开创的第一代宗师"[①]。《太平广记》卷五十八《魏夫人传》记载，魏华存"幼而好道"。所谓"好道"，根据魏华存义疏、申演《黄庭内景经》的内容，应该与山东地域的"方仙道""黄老道"和"太平道"密切相关。魏华存走上信道之路与其说是魏华存的秉性所致，倒不如说是受浓郁方仙道和黄老道熏染日久的必然结果，是受山东地域"黄老道""太平道"文化感召力影响的结果。据《资治通鉴》卷七十八载："景元四年（263），司马昭辟任城魏舒为相国参军。"相国参军乃山东济宁地方上的一个五品官，这一年魏华存仅十二岁。根据史料我们得知，由于该时期山东地域方士方术盛行，特别是方士方术给人治病所发挥的功能和作用，对人们的生活乃至思想和文化观念起到了深刻的影响。由于魏舒只是一个五品官，仍然属于"一介寒士"，他接受当地一些简便易行的方士方术，给家人求医治病乃是人之常理，这是当时常用的医药之道。魏舒对山东地域方士方术在治病、长生、消灾方面有着特别的需求和信服，这对于年幼的魏华存来说无疑在心理上留下了难忘的童年记忆。

魏华存道教思想的形成有着深刻的地域与时代背景，魏华存"幼而

---

① 李养正：《道教经史论稿》，华夏出版社1995年版，第104页。

好道，静默恭谨。读《庄》《老》、《三传》、《五经》、百氏，无不该览"。"以一女流而喜好《庄》《老》，这固然有玄风盛行的影响……魏华存早年老、庄等知识的累积无疑让她不会甘于平庸、卑贱的生活。"① 而接受和借鉴山东地域的方仙道和黄老道就是其喜好《庄》《老》学说的结果。《魏书》记载："黄老道以谏，欲令好生恶杀。少嗜欲，去奢泰，尚无为。"② 魏华存的父亲魏舒"原籍任城郡，正属于兖州"。正是"青、徐、幽、冀、荆、扬、兖、豫八州"之属地，魏华存"在这种巫风浓烈的氛围中，自会切身感受到信仰皈依的力量"③。山东地域方仙道和黄老道的传播和影响不能不说对魏华存的思想和观念带来了巨大的影响，并通过对《黄庭内景经》的义疏、申演反映出来。《黄庭内景经》作为一部兼及女子修炼之法的养生著作，在很多方面都渗透着方仙道、黄老道关于养生方面的思想精华，并辐射到魏华存的思想和人生道路的抉择中，对她一生的发展带来方方面面的影响。

（二）魏华存与《太平经》《周易参同契》

魏华存作为道教历史上第一位女道士，不能不受源于山东的道教经典《太平经》中关于尊重女性的思想影响。魏华存受山东道教经典《太平经》的影响主要在义疏、申演《黄庭内景经》上。④《黄庭内景经》吸收了《太平经》及《老子道德经河上公章句》中"五脏神"的观念，根据人身各器官的功能、所处方位以及颜色、状态等加以提炼概括形成"三部八景二十四神"。三部八景二十四神，是指将人身分为上元宫、中元宫、下元宫三部分，每部分的元宫都有八景神镇守，人体各部位都有神灵居住，人若能"存思""三部八景二十四神"，则"三田五脏"的"真气"调和，可以消除疾病、乘云升仙。如面部七神有"发神苍华字太元""脑神精根字泥丸""眼神明上字英玄""鼻神玉垄字灵坚""耳神空闲字

---

① 张芮菱：《魏华存夫人信道原因考》，《宗教学研究》2007 年第 7 期。
② （北齐）魏收：《魏书》，中华书局 1974 年版，第 3028—3029 页。
③ 张芮菱：《魏华存夫人信道原因考》，《宗教学研究》2007 年第 7 期。
④ 《中国道教（第二卷）》"黄庭经"词条中对《黄庭内景经》的形成解释为："《黄庭内景经》托称太上大道玉晨君所说，相传系西晋初魏夫人所得，实为上清派传承的教本。其名始见于《真诰》，又见于今本《魏夫人传》（葛洪《神仙传》曾提到范邈撰《魏夫人传》，但据陈国符先生考证，今本魏唐人改撰本)。"参见卿希泰主编《中国道教（第 2 卷）》，知识出版社 1994 年版，第 60—61 页。

幽田""舌神通命字正伦"等。《太平经》中有"存思五脏神万病都可消除"的说法，《内景经》继承并发挥了该思想，认为"存思百念视节度"，即要求"存思"身中"百神"，呼吸如能"上下如一"则会消除"杂念"。在日常生活中"可用存思登虚空"，从而消除一切杂念走上正确的学仙之道。"存思"上清派继承《太平经》思想所形成的典型的修炼方法，并成为《黄帝内景经》的核心内容。

另外，《内景经》中提出的"三丹田"的概念在之前的早期道教籍中尚未出现。《太平经》提到"泥丸、心、脐"等与之相关的名称，只有到了《内景经》才明确提出"三丹田"的概念。这一思想发展并充实了道教修炼思想的相关内容。《太平经》有"天之照人，与镜无异"，"王者百官万物相应，众生同居，五星察其失"，"相去远，应之近，天人一体"。《太平经》形成了天人相类、相通、相感应、相统一的观念。而魏华存义疏、申演《内景经》对天人观念发挥得更为彻底和具体，称人形体的每一部位、器官，都居住有神，并主宰肢体、官的功能，在《内景经》中"神"有姓名、形象、肤色，且与大天地诸神的形象、肤色相类似，并且相互感应、相互融合。《内景经》主张用"存思"方法修炼，使神不离形，使人体能够长生。应该是《太平经》"天人合一""天人感应"思想在炼养术方面的典型体现。在养生方面《太平经》主张"人欲寿，当爱气尊神重精"，《内景经》则强调"急守精室勿妄泄，闭而宝之可长活"，强调"固精、宝精"生命延续中的意义。

魏华存不但受山东道教早期经典《太平经》的影响，而且还受山东道教另外一部经典《周易参同契》的影响颇深。魏华存义疏、申演《黄庭内、外景经》[①]与山东道教经典《周易参同契》在思想和内容上具有密切的关系。从思想上看，《黄庭内外景经》乃是《周易参同契》的进一步发展。《周易参同契》中的炼丹基本原则"法天则地""三道由一"（周易原理、黄老之学、炉火之法同源）在魏晋炼诗代表作《黄

---

① 王明先生《黄帝经考》中曾做详细考证，认为魏晋之际，民间已有私藏七言韵语体《黄庭》草本。大约在晋武帝太康九年（288），女道士魏华存得到这个《黄庭》草本并加以注述；或有道士口授，华存笔录而写成定本《黄庭内景经》。晋成帝咸和九年（334），魏华存去世，《黄庭外景经》约在这前后问世，它是在《内经》的基础上撰写而成的，作者不祥。这是主张《内经》在《外经》之前出现。历史上也有人认为《内经》在《外经》之后出现的，如欧阳修等。

庭经》①中得到贯彻和发挥。②《周易参同契》产生于道教炼丹活动的早期，是对以往方士炼丹术的总结和继承，它将内外丹原囊括于一炉，对其做了朦胧的表述。与此书有差异，《黄庭内、外景经》则是专讲内丹修炼属于内丹学的著作，是对《周易参同契》金丹思想的进一步发展。因此，《黄庭内、外景经》与《周易参同契》在思想宗旨上具有密切关系。③《黄庭内、外景经》所述的一些内炼之术与《周易参同契》的炼丹之道相结合，在唐宋时期流变为内丹道，成为中唐以后道教炼丹养生方术的主流，所以《黄庭内、外景经》与《周易参同契》都对后代道教产生了重要影响。

（三）《黄庭内、外景经》与山东地域方术

魏晋时期玄学兴盛，魏华存借"读老庄"，吸取修道养生之法，其义疏、申演《黄庭内、外景经》与山东地域方术具有密切的关系。魏华存曾神谓为"清虚真人""景林真人"，降授多种经书。实际上这些经书乃魏晋间道士依据《老子道德经河上公章句》《太平经》《老子想尔注》与方术所撰作。造作者秘珍其书，传布不广，其后得之者不明撰者为谁，为自尊其教，故一般皆托言神授。"考《黄庭内、外景经》其书乃是道教吸取当时的医学成就而造作的养生、修仙古籍，以七言韵语描述人体五官、五脏、六腑诸神，更推广至全身八景神及二十四真之形象与作用，宣称恒诵神名及存思诸神形象，可以消灾祛病，不惮虎狼凶残，腑脏安和，却老延年，甚而升天登仙。"④《黄庭内、外景经》所具有的修炼存思之法继承并发展了山东方术中的各种修炼方法。如"吐纳行气法"，在《黄庭外景经》中有"象龟引气至灵根"，"呼吸庐间入丹田"，要求人们效法长寿之龟，引气到"丹田"，保持体内"元气"。人们要常吃五谷，品五味，而《外景经》关于"人尽食谷与五味，独食太和阴阳气"，"呼吸庐间以自偿，子保完坚身受庆"等则要求修炼者只食"太和""阴阳气"，以充实体内元气，经常这样会使"元气"充足，"神气合一"，保持身体健康。《外景经》重视"津液"在修炼养生中的作用，山东方术中"却老术"

---

① 《黄庭经》是道教上清派的重要经典，被内丹家奉为内丹修炼的主要经典。现传《黄庭经》有《黄庭内景玉经》《黄庭外景玉经》《黄庭中景玉经》三种，但《黄庭中景玉经》出现较晚。
② 詹石窗：《〈黄庭经〉的由来及其与易学的关系》，《古籍整理研究学刊》2000年第4期。
③ 同上。
④ 李养正：《魏华存与〈黄庭经〉》，《竞争力》2007年第7期。

"不死药""炼丹术、辟谷术"等在《外景经》中都有所体现。《外景经》认为，人的全身各个器官皆有神灵在主使。要求人们养生修炼重在"存念诸神""至慎房事"，禁"男女之合"是方士方术在修炼中的具体体现。其修炼方法包括："存神""呼吸""断欲""潄咽津液""清静无为"，从而保持"体内神"。这些都或多或少地留下了山东地域方术的某些方式和方法，与魏华存幼年时期所受到的山东地域方仙道和黄老道思想与方技的熏陶，以及相关文化积淀有着密切的关系。

总之，魏华存道教思想的形成和发展与其长期受到山东地域特有的文化熏陶和文化积淀，以及山东道教的经典著作《太平经》《周易参同契》都有着密切的关系。魏华存之所以成为中国道教史上第一个女性高道，与其幼年时的家庭影响和齐鲁文化的熏染密切相关，"幼而好道，静默恭谨，读庄老三传"对其以后的发展起到了重要作用。魏华存及上清派义疏、申演的重要著作《黄庭内、外景经》受山东地域方仙道、黄老道和太平道的影响，是中国道教史上具有代表意义的养生修道著作，不但是魏华存及其上清派对中国道教所做的重要贡献，更重要的是其长期形成的道教理论与实践的高度概括和思想总结。

二 葛氏道传承中的重要人物及其与山东文化的渊源

葛氏道，又称"金丹派"，是道教中不同于太平道或五斗米道的神仙道教团体。其神仙信仰理论比较完善而有系统，修炼方式主要以丹药为主，辅以符箓。葛氏道由流散的方士通过一定的师承关系和相近的修炼方法而结成共同的流派，其传承至少可上溯至东汉末年，以葛玄、郑隐、葛洪等人为典型代表，其中葛洪是他们中的集大成者。葛氏道主要有两条传承的支线：一支以丹药为主，其主要传承者为……李仲甫—左慈—葛玄—郑隐—葛洪—葛望、葛世、滕升、黄野人、葛巢甫（为葛洪之从孙，造构《灵宝经》），这一支为主线。另一支以符箓为主，其主要传承者为……安期生—马鸣生—阴长生—鲍靓—葛洪、鲍姑……这一支为辅线。其总体传承路线如下图：

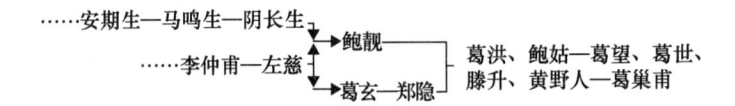

```
……安期生—马鸣生—阴长生 ┐
                          ├→ 鲍靓 ┐
                          │       ├→ 葛洪、鲍姑—葛望、葛世、
……李仲甫—左慈 ────────────┘       │   滕升、黄野人—葛巢甫
                          └→ 葛玄—郑隐 ┘
```

葛洪从孙葛巢甫还是道教灵宝派的实际创立者，他编制了一个上自元始天尊，下至葛玄及其后嗣的传承谱系。据《云笈七签》卷三《灵宝略记》：

> 至三国时，吴主孙权赤乌之年，有琅琊葛玄，字孝先……志尚山水，入天台山学道，精思遐彻，未周一年，感通太上道，三圣真人下降，以《灵宝经》授之。……三真未降之前，太上又命太极真人徐来勒为孝先作三洞法师。孝先凡所受经二十三卷，并《语禀》、《请问》十卷，合三十三卷。孝先传郑思远，又传兄太子少傅海安君字孝爱，孝爱付子护军悌，悌即抱朴子之父。抱朴从郑君盟，郑君授。抱朴于罗浮山去世，以付兄子海安君。至从孙巢甫，以隆安之末，传道士任延庆、徐灵期等。世世录传，支流分散，孳孕非一。①

《云笈七签》卷六《三洞并序》中也有相似的记载，可与上文互为补充：

> 太极真人徐来勒与三真人，以巳卯年正月降天台山传《灵宝经》，以授葛玄。玄传郑思远，思远以《灵宝》及《三洞》诸经付玄从弟少傅奚，奚付子护军悌，悌付子洪，洪即抱朴子也。……又于晋建元二年三月三日，于罗浮山付弟子安海君望世等，后从孙巢甫，晋隆安元年传道士任延庆、徐灵期，遂行于世，今所传者，即黄帝、帝喾、禹、葛玄所受者。②

由于这两段文字说得不太清楚，所以关于究竟是谁传授《灵宝》诸经给葛奚（孝爱）的，葛奚、葛玄和葛洪的亲缘关系是怎样的，海安君或安海君是谁，学界尚无定论。《灵宝略记》中说："又传兄太子少傅海安君字孝爱"，"郑君授抱朴，于罗浮山去世，以付兄子海安君"，《三洞并序》中说郑思远授《灵宝》诸经于葛奚，又说"安海君"系葛洪弟子，与前引"海安君"的称号、辈分均不相符，因此后人在理解上就比较混

---

① （宋）张君房：《云笈七签》，李永晟点校，中华书局2003年版，第40—41页。
② 同上书，第90页。

乱。另外，陈国符先生在《道藏源流考》中认为有两种不同的《灵宝经》，即古《灵宝经》和今《灵宝经》①。有学者据此进一步考证说："(《灵宝略记》)文中将《灵宝经》说成由徐来勒等三真传给葛玄，实际上是将（古）《灵宝经》与（新）《灵宝经》搞混了。"②

正如道经中所说，葛玄所受上清三洞太真道经，自他去世后，"一通传弟子，一通藏名山，一通付家门子孙"③。葛洪的传人，不但包括子侄辈的家族成员葛望、葛世等，还有他的弟子，如滕升和黄野人等。

灵宝派早期的传承脉络为：葛玄传郑隐（字思远），郑隐传葛洪；葛洪传葛望、葛世、滕升、黄野人，再传葛巢甫，葛巢甫传任延庆、徐灵期。除此一支外，葛玄（或郑隐）也曾传法于葛奚（即葛孝爱），葛奚传子葛悌，葛悌为葛洪之父，但葛洪13岁丧父，葛悌之道法是否曾传于葛洪无确证。

综合起来考虑，把葛氏道的传承脉络同灵宝派初期的传承谱系连接起来，大致如下图④所示：

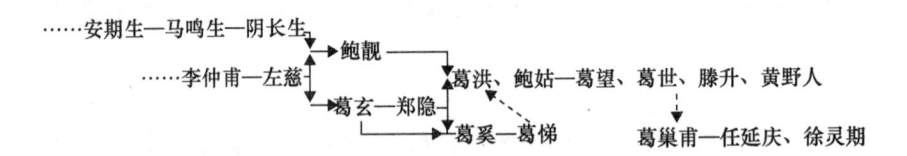

```
……安期生—马鸣生—阴长生
                        ┌鲍靓─────┐
……李仲甫—左慈          │          ├葛洪、鲍姑—葛望、葛世、滕升、黄野人
                        └葛玄—郑隐─┤
                                   └葛奚—葛悌        葛巢甫—任延庆、徐灵期
```

（一）三国时期的琅琊籍高道葛玄

葛玄（164—244），字孝先，是三国时期吴国有名的道士，世称"葛仙公"，道教神谱中称他为"太极左仙公"。他是葛洪的从祖父。葛玄本是山东琅琊（今山东临沂）人，后来迁居丹阳句容（今属江苏）。

葛玄出身于高门世族。据考证，其先祖葛浦庐曾以军功获汉骠骑大将军之职，封下邳僮侯；祖父葛矩仕汉为黄门侍郎；父葛焉（字德儒，一说字孝儒）历大鸿胪登尚书，素奉道法。⑤ 葛玄少时好学，博览五经，十五六岁即名震江左。受其父葛焉影响，葛玄素喜老、庄之说，因此无意于

---

① 陈国符：《道藏源流考》，中华书局1963年版，第66—67页。
② 王丽英：《道教南传与岭南文化》，华中师范大学出版社2006年版，第149页。
③ （宋）张君房：《云笈七签》，李永晟点校，中华书局2003年版，第94页。
④ 葛氏道传承中的重要人物有不少来自于山东，如秦汉安期生、汉代马鸣生、三国葛玄、东晋鲍靓等，葛洪的祖父辈也来自山东琅琊。
⑤ 邹远志：《葛洪家族世系考辨》，《湖南省政法管理干部学院学报》2002年第2期。

仕进，一生遍访名山，服药、炼丹、修道，一心追求长生不老。

葛玄曾辞去山阴（今浙江绍兴）县令之职，入天台赤城山修炼，师事庐江左元放（即左慈）。葛洪《抱朴子内篇·金丹》篇载：

> 昔左元放于天柱山中精思，而神人授之《金丹仙经》，会汉末乱，不遑合作，而避地来渡江东，志欲投名山以修斯道。余从祖仙公，又从元放受之。凡受《太清丹经》三卷及《九鼎丹经》一卷、《金液丹经》一卷。余师郑君者，则余从祖仙公之弟子也，又于从祖受之，而家贫无用买药。余亲事之，洒扫积久，乃于马迹山中立坛盟受之，并诸口诀诀之不书者。江东先无此书，书出于左元放，元放以授余从祖，从祖以授郑君，郑君以授余，故他道士了无知者也。①

可见葛玄从左慈而受道书《太清丹经》三卷、《九鼎丹经》一卷、《金液丹经》一卷和口诀秘术，后传于郑隐，郑隐又传葛洪。上述丹经均属"太清经"系统。考《太清丹经》即今《太清金液神丹经》，《九鼎丹经》即今《黄帝九鼎神丹经》，两者卷数亦同，皆成书于西汉末、东汉初，是现存道教最古的丹经，主讲金丹服食之道。

后汉室倾覆，三国战乱，于是删集《灵宝经诰》，精心研诵"上清""灵宝"诸部真经；葛玄曾嘱其弟子郑思远，在他死后将"上清""三洞""灵宝"中诸品经箓付阁皂宗②坛及家门弟子，世世箓传。

《三国志·吴书》记载："孙权（帝）初好道术，有事仙者葛玄，尝与游处……帝重之，为方山立洞玄观。"③《舆地志》也有赤乌二年（239）建立方山观的记载。据说葛玄能分形变化，善使符书，擅长治病，能使鬼魅现形。传说他能坐在烈火上，却连衣服也不会被烧着，酒后能潜入水中睡觉，身上还不会湿。一次，孙权和他一起游宴，看见路边有百姓在求雨。孙权问：怎样才能求得雨？葛玄说：很容易。就画了符放在神社中，一会儿就天昏地暗、大雨瓢泼，平地上水深尺许。孙权又问：能让水中有鱼吗？葛玄又画了符投进水中，一会儿，水中就有百来条两三尺的大

---

① 王明：《抱朴子内篇校释》，中华书局1980年版，第62页。
② 阁皂宗：道教灵室派派别，将葛玄奉为祖师。
③ （唐）许嵩：《建康实录》，张忱石点校，中华书局1986年版，第54页。

鱼游动，让人拿去煮，是真鱼。还传说有一个人在海上漂泊，忽然遇到神岛，有人给他一封信，上面写着："寄葛仙公。"于是当时人都称他为"仙公"。①

葛玄得书受道后，曾遍游括苍、南岳、罗浮、灵台、阆凤、阁皂（一作"阁皂""合皂"）等名山。据说，吴嘉禾二年（233）前后，葛玄留在阁皂山东峰建庵，并长年于此修道、炼丹。在当地老百姓的传说中，葛玄的故事很多，传说他明五经、通星气、精符箓，能行各种奇术，善于治病。葛玄本人能绝欲，数年不饥；能分身，起死回生。孚佑百姓，一求便灵。为此，自汉魏以来，当地百姓对葛玄十分崇拜。②

至吴赤乌七年（244），葛玄在阁皂山去世，世人传说他羽化升天，后世道教称其为第28代神仙，并在道教神仙谱系中授予其"太极左仙公"的封号。

葛玄有弟子名郑隐（字思远）。据《云笈七签·洞仙记》载，郑思远"晚师葛孝先，受《正一法文》、《三星内文》、《五岳真形图》、《太清金液经》、《洞玄五符》"③。

东晋南朝时新出的"灵宝派"，还称《灵宝经箓》传自葛玄，故后世灵宝道士奉他为阁皂宗祖师。实际上灵宝派的创立者是葛洪的从孙葛巢甫，集大成的是南朝刘宋道士陆修静。

（二）东晋时期的琅邪籍高道鲍靓

东晋著名道士鲍靓（260—363），字太玄。关于鲍靓的籍贯，有《晋书》卷九五《鲍靓传》的东海（今山东郯城）人说，还有《御览》卷六六四引《神仙传》的琅邪（今山东临沂）人说，另外还有陈留人、上党人等不同的说法。本书从《晋书》之说。

鲍靓是汉司隶鲍宣之后，葛洪的师父兼岳父。他曾于晋永嘉年间任广东南海郡太守长达七年，且精通符箓道术，故而人称"神仙太守"。从《晋书·鲍靓传》对其的记述可以看出，鲍靓自幼颇多灵异之事，且好学多能，善占卜，道术高超。

关于鲍靓道术的师承，一说师从汉末仙人阴长生。《晋书·鲍靓传》

---

① 王卡：《道教三百题》，上海古籍出版社2000年版，第22页。
② 邹毅：《葛玄与铅山葛仙山》，《中国道教》1994年第1期。
③ （宋）张君房：《云笈七签》，李永晟点校，中华书局2003年版，第2401页。

说："靓尝见仙人阴君，授道诀，百余岁卒。"① 阴君即阴长生。传说鲍靓从他那里学到了尸解法。《阴君传鲍靓尸解法》云："晋大兴元年，靓暂往江东，于蒋山北道见一人……此人曰：吾仙人阴长生，太上使到赤城，君有心，故得见我尔。……君慕道久矣，吾相当得度世尔，仙法老得仙者，尸解为上。……用竹木如刀之法，阴君乃传靓此道。"② 据说鲍靓后来便用此法尸解而去。《云笈七签》载："靓还丹阳卒，葬于石子岗。后遇苏峻乱，发棺无尸，但有大刀而已。"③ 一说鲍靓师从左慈。《鲍靓真人传》曰："（靓）师左元放，受《中部法》及《三皇五岳》劾召之要，行之神验，能役使鬼神，封山制魔。"④ 左元放，即汉末三国时的名道士、葛氏道的开创者左慈。对此，我们基本可以认为，阴长生和左慈与鲍靓相距一百多年，他们不可能成为面授师传，世传所谓师承关系，无非是想说明他们学脉相通、教派相同，都属于道教符箓派而已。

随着西晋王朝的南迁，鲍靓也迁到了江苏丹阳，并在那里收徒传道。《晋书·葛洪传》记载了鲍靓与葛洪的师徒和姻亲关系："（葛洪）后师事南海太守上党鲍玄，玄亦内学，逆占将来，见洪深重之，以女妻洪。洪传玄业。"⑤ 鲍靓字太玄，此处可能脱漏一字，或者简称为"鲍玄"。他对葛洪的好学精神和资质十分欣赏，不但悉心传授葛洪道术，还将自己的女儿鲍姑嫁给他，并将《三皇文》传授于葛洪。

除葛洪外，鲍靓的另一位弟子徐宁，是东海郯（在今山东郯城一带）人。《太平御览》卷六六四说："有徐宁者，师事（鲍）靓。"⑥ 顾凯之《嵇康赞》也说："南海太守鲍靓，通灵士也，东海徐宁师之。"⑦ 《晋书·桓彝传》载："徐宁者，东海郯人也。少知名，为舆县令。"⑧ 后为桓彝所赏识，力荐于庾亮，遂得迁吏部郎、左将军、江州刺史。徐宁是出名的道士，被《真诰·阐幽微》列为道教鬼官："徐宁为长史。宁坐

---

① （唐）房玄龄：《晋书》，中华书局1974年版，第2482页。
② （宋）张君房：《云笈七签》，李永晟点校，中华书局2003年版，第1918—1919页。
③ 同上书，第2542页。
④ 同上书，第2318页。
⑤ （唐）房玄龄：《晋书》，中华书局1974年版，第1911页。
⑥ （宋）李昉：《太平御览》，中华书局1960年版，第2963页。
⑦ （南朝梁）萧统：《昭明文选》，中州古籍出版社1990年版，第289页。
⑧ （唐）房玄龄：《晋书》，中华书局1974年版，第1955页。

收北阙叛将，不擒免官……"并注云："徐宁，字安期，东海郯人，羡之祖也。……年少时常来形见，自称'我是汝祖'，戒其祸福，后并如言。"①

传说鲍靓曾授徐宁兵解法："徐宁者，师事靓。宁夜闻靓室有琴声而问焉，答曰：'嵇叔夜昔示迹东市，而实兵解耳。'"②"宁欲受秘术，谓宜有誓约。宁誓不仕，于是受箓。常见八大神在侧，遂能前知，才识日异。乡县举为主簿，宁喜就之。八神一朝去其七，惟余一人，倨傲不为用，宁问故，答云：'君违誓，吾留卫箓耳。'宁还箓，遂不见。靓之神通类此。"③在道教符箓术中，兵解法为尸解法的一种。尸解乃道家语，其意是成仙之人遗下形骸升仙而去，兵解则意为学仙之人死于兵刃，借此解脱躯壳而登仙。

鲍靓亦曾与许谧往还，其他弟子还有丹阳句容人许迈、豫章人吴猛等。关于鲍靓的寿终，一说享年百余岁。一说"年过七十而解去"④。一说后还丹阳，卒葬于召子冈。一说于罗浮山得道。其传播的符箓术及其符箓派，对道教的发展产生了重要影响。

（三）祖籍山东的道教名流——葛洪

葛洪（283—363，一说283—343），字稚川，自号抱朴子，丹阳句容（今属江苏）人，祖籍山东琅琊。葛洪是东晋著名的道士、道教理论家、医药学家和炼丹家，葛玄之侄孙，世称小仙翁。

关于葛洪的籍贯，据陈寅恪先生考证，葛洪的师父鲍靓为山东东海人，葛洪本身家世也源于山东，其祖上是山东琅邪人，后由海滨迁至丹阳。⑤葛洪出身于没落贵族世家。其从祖父葛玄在三国吴时，历任御史中丞、吏部尚书、太子少傅、辅吴将军等要职，封寿阳侯。其父葛悌，在吴国担任中书郎、五郡赴警等职。吴亡以后，以故官任晋郎中，后迁太中大夫、邵陵太守。葛洪十三岁丧父，从此家道败落，生活处于饥寒贫困之中，需亲自下地种田，常常要砍柴来供给纸笔之用。葛洪尝自言："常乏

---

① （南朝齐梁）陶弘景：《真诰》，中华书局1985年版，第200页。
② （宋）李昉：《太平御览》，中华书局1960年版，第2963—2964页。
③ （清）仇巨川：《羊城古钞》，陈宪猷校注，广东人民出版社1993年版，第552页。
④ （宋）李昉：《太平御览》，中华书局1960年版，第2963页。
⑤ 陈寅恪：《金明馆丛稿初编》，上海古籍出版社1980年版，第28—29页。

纸，每所写，反复有字，人甚少能读也。"①

葛洪十六岁开始读《孝经》《论语》《诗》《易》等儒家经典，由于家贫，难寻师友，所以"大义多所不通。但贪广览。于众书乃无不暗诵精持。曾所披涉。自正经、诸史、百家之言，下至短杂文章，近万卷"②。无儒家师友、杂收博学使他所学不"纯"，但也为他后来入道提供了条件。

葛洪不喜"河洛图纬""星书及算术、九宫"③之类的道法，对望气、遁甲之法也未精研，却非常爱学"神仙导养之法"④。据他自己说："余少好方术，负步请问，不惮险远。每有异闻，则以为喜。虽见毁笑，不以为戚。"⑤后来葛洪拜郑隐为师，向他学习炼丹秘术。葛洪自言，因为当时"年尚少壮，意思不专，俗情未尽，不能大有所得"，然而郑隐对他颇为器重，"弟子五十余人，唯余见受金丹之经及《三皇内文》《枕中五行记》，其余人乃有不得一观此书之首题者矣"⑥。西晋惠帝太安元年（302），郑隐"知季世之乱，江南将鼎沸，乃负笈持仙药之扑，将入室弟子，东投霍山，莫知所在"⑦。葛洪仍留丹阳。太安二年（303），张昌于荆州起义，二十岁的葛洪被任命为将兵都尉，参加了镇压石冰起义军的战争，因有军功，升迁为伏波将军。然而葛洪志不在此，欲避乱于南土，先行至广州，并滞留多年。葛洪在其经历中深感人生无常，荣华富贵不可久恃，于是下决心绝弃世务，不交权贵，锐意于道法，修习玄静，精研服食养性之道。这时鲍靓为南海太守，葛洪拜鲍靓为师，深得器重，从受《石室三皇文》，并得娶鲍靓之女鲍姑为妻。愍帝建兴年间，葛洪还归故里。后东晋开国，朝廷念其旧功，赐爵关内侯，食句容二百邑。葛洪礼辟皆不就。咸和七年（332），葛洪听说交趾出产丹砂，经过广州的时候，被刺史邓岳所留，他只好留在罗浮山炼丹。葛洪在罗浮山修炼多年，著述不辍，终殁于此。

---

① 杨明照：《抱朴子外篇校笺》（下），中华书局1997年版，第653页。
② 同上书，第655页。
③ 同上书，第656页。
④ （唐）房玄龄：《晋书》，中华书局1974年版，第1911页。
⑤ 王明：《抱朴子内篇校释》，中华书局1980年版，第63—64页。
⑥ 同上书，第305页。
⑦ 王明：《抱朴子内篇校释》，中华书局1980年版，第310页。

葛洪学识渊博，善于钻研，著作宏富，惟多亡佚。其《抱朴子外篇·自叙》云："凡著《内篇》二十卷，《外篇》五十卷，碑、颂、诗、赋百卷，军书、檄移、章表、笺记三十卷，又撰俗所不列者为《神仙传》十卷，又撰高尚不仕者为《隐逸传》十卷，又抄五经、七史、百家之言、兵事、方伎、短杂、奇要三百一十卷，别有目录。"① 《太平御览》卷七百二十二说："（葛洪）幼览众书，近得万卷，自号抱朴子。善养性之术，撰《经用救验方》三卷，号曰《肘后方》，又撰《玉函方》一百卷，于今行用。"②

葛洪主张神仙养生为内，儒术应世为外。葛洪《抱朴子外篇自叙》说："其《内篇》言神仙方药、鬼怪变化、养生延年、禳邪、却祸之事，属道家。其《外篇》言人间得失，世事臧否，属儒家。"③ 宋陈振孙《直斋书录解题》卷九著录葛洪《抱朴子》二十卷，说其"内篇言神仙黄白变化之事，外篇驳难通释"④。《抱朴子内篇》系统总结了前代的道教神仙理论，提出了以"玄道"为核心的哲学思想，介绍了内修和外养等丰富多样的修炼方法，包括守一、行气、导引和房中术等，从而构建起了一整套完整的神仙学体系，可谓当时道教神仙理论和丹道修炼方法的集大成之作，在道教的发展史中具有承前启后的意义。另一方面，他又将道教理论与儒家思想进行了融合。他说："欲求仙者，要当以忠孝和顺仁信为本。若德行不修，而但务方术，皆不得长生也。"⑤ 《抱朴子内篇》阐发了道本儒末、儒道互补的思想，它对民间道教和某些"流俗道士"的做法也持批评态度，这对道教后来的上层化与官方化走向产生了重要的影响。葛洪的《抱朴子外篇》内容比较驳杂，以讨论治世、做人之道为主。他认为，治乱世应用重刑，对儒、墨、名、法诸家应兼收并蓄，尊君为天。在文章方面，他不满于魏、晋清谈，主张文以载道，立言当有助于教化，强调文章、德行应并重。

葛洪深受道教前辈和书籍的影响，坚信通过修炼金丹和服食仙药可得

---

① 杨明照：《抱朴子外篇校笺》（下），中华书局1997年版，第698页。
② （宋）李昉：《太平御览》，中华书局1960年版，第3199页。
③ 杨明照：《抱朴子外篇校笺》（下），中华书局1997年版，第698页。
④ （宋）陈振孙撰：《直斋书录解题》，徐小蛮、顾美华点校，上海古籍出版社1987年版，第285页。
⑤ 王明：《抱朴子内篇校释》，中华书局1980年版，第47页。

长生成仙,因此他长期致力于炼制金丹和服食仙药的道学实践活动。在炼丹过程中,他积累了丰富的实践经验和自然科学知识,认识了物质的某些特征及其化学反应,掌握了大量化学、医学、药物学和养生学等方面的知识和材料。他为我们提供了原始实验化学的宝贵资料,对后世以及国外炼丹术的发展均产生了深远的影响。葛洪认为学道者应兼修医术。他说:"古之初为道者,莫不兼修医术,以救近祸焉",① 凡庸道士不知学医,一旦"病痛及己,无以攻疗",性命尚且难保,"乃更不如凡人之专汤药者",长生、成仙更是遥不可及的梦想。因此他对医学和药物学十分留意,取得了突出的成就。他编撰了《暴卒备急方》《肘后备急方》《玉函方》等不少通俗易懂的医书。他的这些医书不仅成为我国古代百姓随身常备急救之手册,而且成为后世医药学研究的重要资料。

三 山东境内道士与名士

魏晋南北朝时期,山东境内出现了王道翼、由吾道荣、徐则等道士与名士。

(一)北魏时期的东莱道士王道翼

北魏时期,山东东莱出现了一位名道士王道翼。他崇尚隐逸,道法高明,博学经典,能够断食谷米,会书符箓,曾受到北魏显祖拓跋弘(465—471 年在位)的嘉奖。《魏书·释老志》载:"东莱人王道翼,少有绝俗之志,隐韩信山,四十余年,断粟食荽,通达经章,书符录。常隐居深山,不交世务,年六十余。显祖闻而召焉。青州刺史韩颓遣使就山征之,翼乃赴都。显祖以其仍守本操,遂令僧曹给衣食,以终其身。"②《广弘明集·归正篇》中的记载与之略似,此不赘述。

(二)北齐时期山东道士由吾道荣

由吾道荣,山东琅琊人,幼年沉默寡言,"不通文,常爱独处"③。少好道法,兼习儒业,后来听说晋阳有人擅法术,寻而师之,遂学习了符水、咒禁、阴阳历数、天文、药性等许多知识和道家技法。后来声名鹊起,史书上留下了不少关于他的道法灵异之记载。《北史》卷八十九

---

① 《道藏》(第 28 册),文物出版社、上海书店、天津古籍出版社 1988 年版,第 180 页。
② (北齐)魏收:《魏书》,中华书局 1974 年版,第 3054—3055 页。
③ 《道藏》(第 5 册),文物出版社、上海书店、天津古籍出版社 1988 年版,第 290 页。

记载：

> 由吾道荣，琅琊沭阳人也。少为道士，入长白山、太山，又游燕、赵间。闻晋阳有人，大明法术，乃寻之。是人为人家佣力，无名者，久求访始得。其人道家，符水禁咒、阴阳历数、天文药性，无不通解。以道荣好尚，乃悉授之。岁余，是人谓荣云："我本恒岳仙人，有少罪过，为天官所谪。今限满将归，卿宜送吾至汾水。"及至汾河，遇水暴长，桥坏，船渡艰难。是人乃临水禹步，以一符投水中，流便绝。俄顷，水积将至天。是人徐自沙石上渡。唯道荣见其如是，傍人咸云："水如此长，此人遂能浮过。"共惊异之。如此法，道荣所不得也。
>
> ……（道荣）又善洞视，萧轨等之败于江南，其日，道荣言之如目见。其后乡人从役得归者，勘问败时形势，与道荣所说符同。寻为文宣追往晋阳，道荣恒野宿，不入逆旅。至辽阳山中，夜初马惊，有猛兽去马止十余步，所追人及防援者并惊怖将走。道荣徐以杖画地成火坑，猛兽遽走。道荣至晋阳，文宣见之甚悦。后归乡里。隋开皇初，备礼征辟，授上仪同三司、谏议大夫、沭阳县公。从晋王平陈还，苦辞归。至乡卒，年八十五。[①]

《北齐书》卷四十九《由吾道荣传》载：

> （由吾道荣）与其同类相求入长白、太山潜隐，具闻道术。仍游邹、鲁之间，习儒业。晋阳人某……谓道荣云："我本恒岳仙人，有少罪过，为天官所谪。今限满将归，卿宜送吾至汾水。"及河，值水暴长，桥坏，船渡艰难。是人乃临水禹步，以一符投水中，流便绝。俄顷水积将至天，是人徐自沙石上渡。唯道荣见其如是，傍人咸云水如此长，此人遂能浮过，共惊异之。道荣仍归本部，隐于琅邪山，辟谷，饵松术茯苓，求长生之秘。寻为显祖追往晋阳。至辽阳山中，有猛兽去马十步，所追人惊怖将走。道荣以杖画地成火坑，猛兽遽走。

---

① （唐）李延寿：《北史》，中华书局 1974 年版，第 2930—2931 页。

俄值国废，道荣归周。隋初乃卒。①

（三）北周时期山东道人徐则

《北史》卷八十八《徐则传》记载了山东郯城道人徐则的事迹："徐则，东海郯人也。幼沈静，寡嗜欲，受业于周弘正，善三玄，精于论议，声擅都邑。"②

徐则的授业恩师周弘正（496—574），字思行，是汝南安城人（安城，今属山东省枣庄市市中区税郭镇）。《南史》卷三十四载："（周）弘正博物，知玄象，善占候。"梁武帝大同（535—546）末年，周弘正曾预知侯景之乱。又载其"善清谈，梁末为玄宗之冠"③。可见周弘正也是一位道家人物，兼擅玄学。

在周弘正的指导下，徐则也成为一名道玄兼长的著名人物。《北史》记载了有关徐则的一些神异事件：

> （徐）则叹曰："名者实之宾，吾其为宾乎！"遂怀栖隐之操，杖策入缙云山。后学者数百人苦请教授，则谢而遣之。不娶妻，常服巾褐。陈太建中，应召来憩于至真观。期月，又辞入天台山。因绝粒养性，所资唯松水而已，虽隆冬冱寒，不服绵絮。太傅徐陵为之刊山立颂。
>
> 初在缙云山，太极真人徐君降之曰："汝年出八十，当为王者师，然后得道也。"晋王广镇扬州，闻其名，手书召之。……则谓门人曰："吾今年八十一，王来召我，徐君之旨，信而有征。"于是遂诣扬州。
>
> 晋王将请受道法，则辞以时日不便。其后夕中，命侍者取香火，如平常朝礼之仪，至于五更而死。支体柔弱如生，停留数旬，颜色不变。……
>
> 是时，自江都至天台，在道多见则徒步，云得放还。至其旧居，取经书道法，分遣弟子，仍令净扫一房，曰："若有客至，宜延之于

---

① （唐）李百乐：《北齐书》，中华书局1972年版，第674页。
② （唐）李延寿：《北史》，中华书局1974年版，第2915页。
③ （唐）李延寿：《南史》，中华书局1975年版，第899页。

此。"然后跨石梁而去,不知所之。须臾尸柩至,知其灵化,时年八十二。晋王闻而益异之,赠物千段,遣画工图其状,令晋为之赞。①

这些传说虽然可能有许多夸大不实之处,但也在客观上表现了当时徐则在朝野的名气,他崇尚隐逸、避世自守的作风,以及他与当政者交往的独特技巧。

第五节 魏晋南北朝时期的山东道教名山

魏晋南北朝时山东道教的演化离不开山东境内的名山作为依存,其中与山东道教的生存发展最为相关的山是泰山、大基山、峄山、崂山等。下面分而述之。

一 泰山

自古泰山就是高道逸士、文人墨客的聚集地。三国魏诗人曹植曾写过泰山游仙诗《飞龙篇》,写道:"晨游泰山,云雾窈窕。忽逢二童,颜色鲜好。乘彼白鹿,手翳芝草。我知真人,长跪问道。西登玉堂,金楼复道。授我仙药,神皇所造。教我服食,还精补脑。寿同金石,永世难老。"② 晋朝张忠,"永嘉之乱,隐于泰山,恬静寡欲清虚服气,餐芝饵石,修导养之法"③。后前秦苻坚派人请他去长安做官,他辞谢回山,走到华山而逝,苻坚赐其谥号"安道先生"。④ 北齐由吾道荣曾入"太山潜隐,具闻道术"⑤。

随着帝王封禅的兴起,泰山庙观林立,神祇众多,因此泰山有"神府""神山"之称。泰山今存有大量的历代碑碣和摩崖刻石,其中,道教碑刻有晋朝的《孙夫人碑》等。道教视泰山为神仙之洞府和道士理想的修行圣地,泰山在道教的洞天福地中,被称为三十六洞天之第二洞天。六

---

① (唐)李延寿:《北史》,中华书局1974年版,第2915—2916页。
② (宋)郭茂倩:《乐府诗集》,聂世美、仓阳卿校点,上海古籍出版社1998年版,第706页。
③ (唐)房玄龄:《晋书》,中华书局1974年版,第2451页。
④ 同上书,第2452页。
⑤ (唐)李百乐:《北齐书》,中华书局1972年版,第674页。

朝之《茅君传》称："仙家凡三十六洞天，泰山周回三十余里，名三官空洞之天。"① 帝王封禅泰山，使道、儒、释三教相继传入泰山，泰山也逐渐成为儒道释合流的名山。

魏晋南北朝时期，泰山佛教进入繁盛期，泰山道教深受佛教影响。《高僧传》卷五曰："竺僧朗以伪秦苻健皇始元年移卜泰山，与隐士张忠为林下之契，每共游处……朗乃于金舆谷昆仑山中别立精舍，犹是泰山西北之一岩也。峰岫高险，水石宏壮。朗创药房室，制穷山美。内外屋宇，数十余区，闻风而造者百有余人，朗孜孜训诱，劳不告倦。"②

据现有资料，泰山庙宇自魏始立。《重修东岳庙记》记载："古之祠祭岳神，设以坛土壝，自魏始立以庙。"③ 北魏郦道元《水经注疏》中有该庙早期情况的记载，卷二十四引《从征记》云："泰山有下、中、上三庙，墙阙严整，庙中柏树夹两阶，大二十余围，盖汉武所植也。……门阁三重，楼榭四所，三层坛一所，高丈余，广八尺。树前有大井，极香冷，异于凡水，不知何代所掘。……中庙去下庙五里，屋宇又尝丽于下庙。庙东西夹涧。上庙在山顶，即封禅处也。"④

魏晋志怪小说中关于泰山神女、得道成仙的描写很多。如东晋干宝《搜神记》中的《胡母班》《蒋济亡儿》等。南北朝的著名书法家、泰山人羊欣曾以符水治病。晋代陆机诗歌《泰山吟》载："幽途延万鬼，神房集百灵。"南朝诗人周弘让《春夜醮五岳图文》记载了帝王泰山醮祭的情景："夜静琼筵谧，月出杏坛明。香烟百和吐，灯色九微清。五岳移龙驾，十洲回凤笙。目想灵人格，心属羽衣轻。蕙肴荐神享，桂醑达遥诚。熙然聊自得，挹酒念浮生。"⑤ 十六国私学中也融入了道教因素。张忠永嘉之乱隐于泰山后，"无琴书之适，不修经典，劝教但以至道虚无为宗。其居依崇岩幽谷，凿地为窟室。弟子亦以窟居，去忠六十余步，五日一朝。其教以形不以言，弟子受业，观形面退。立道坛于窟上，每旦朝拜

---

① 《道藏》（第35册），文物出版社、上海书店、天津古籍出版社1988年版，第682页。
② （梁）释慧皎：《高僧传》，中华书局1992年版，第190页。
③ 陈垣：《道家金石略》，文物出版社1988年版，第1262页。
④ （后魏）郦道元：《水经注疏》，（清）杨守敬、熊会贞疏，江苏古籍出版社1989年版，第2063—2064页。
⑤ 逯钦立：《先秦汉魏晋南北朝诗》（全3册），中华书局1983年版，第2465页。

之"①，这说明张忠是一个道教私学家。

公元574年，北周武帝宇文邕（543—578）在位18年"初断佛、道二教，经像系毁，罢沙门、道士，并令还俗。并禁诸淫祀，非祀典所载者，尽除之"②。两晋南北朝时期的天师道世家，大抵也与滨海地域有关。青徐数州等实为天师道传教区，如山东琅琊人王氏、王吉、王祥等都曾在山东传教，③对泰山道教的兴盛产生了一定的影响。应劭《风俗通义》中有关泰山神性云："俗说岱宗上有金箧玉策，能知人年寿修短。孝武皇帝时，齐人公孙卿言：'汉之圣者在高祖之孙，今历正值黄帝之日，圣主亦当上封，则能神仙矣。'"④《博物志》记载："泰山一曰天孙，言为天帝孙也。主召人魂魄。东方万物始成，知人生命之长短。"⑤ 对于泰山神的崇拜和信仰，陆机《太山吟》云："太山一何高，迢迢造天庭。峻极周已远曾云郁冥冥。"⑥ 魏晋道经《五岳古本真形图》云："东岳泰山君，领群神五千九百人，主治死生，百鬼之主帅也"⑦，"子有《东岳真形》令人神安命延，存身长久，入山履川，百芝自聚"⑧。陶弘景《真灵位业图》称其为"泰山君"，被列在"丰都北阴大帝"的右位，⑨ 泰山神成为主治死生、掌管冥间的官吏。《抱朴子》把泰山列为可以合药的名山等。⑩ 这些都说明泰山在魏晋南北朝时期道教发展和演变中的影响和作用。

二 大基山

大基山又称"太极山""太基山"（"太"和"大"古字通），在山东莱州，东接崮山，南连寒同山。大基山逐渐成为中国道教圣地，人们称此地为"道士谷"。此山山势奇特，由十座山峰组成，因鸟瞰其山势形同"太极图"而得名，大基山充满着神秘色彩，被传为神仙居住的地方。

---

① （唐）房玄龄：《晋书》，中华书局1974年版，第2451页。
② （唐）李延寿：《北史》，中华书局1974年版，第360页。
③ 陈寅恪：《金明馆丛稿初编》，上海古籍出版社1980年版，第15—34页。
④ 应劭：《风俗通义》，天津人民出版社1980年版，第54页。
⑤ 张华：《博物志》，中华书局1980年版，第10页。
⑥ 逯钦立：《先秦汉魏两晋南北朝诗》，中华书局1983年版，第660页。
⑦ 《道藏》（第6册），文物出版社、上海书店、天津古籍出版社1988年版，第735页。
⑧ （宋）张君房：《云笈七签》（全5册），李永晟点校，中华书局2003年版，第1790页。
⑨ 《道藏》（第3册），文物出版社、上海书店、天津古籍出版社1988年版，第281页。
⑩ 王明：《抱朴子内篇校释》，中华书局1980年版，第76页。

《史记·孝武本纪》记载："天下名山八，而三在蛮夷，五在中国，中国华山、首山、太室、泰山、东莱，此五山黄帝之所长游，与神会。"① 在中国的是华山（在陕西潼关西）、首山（在山西永济市东南）、太室（河南嵩山东峰）、泰山（在山东泰安）、东莱山（在莱州城东）。这里说的东莱山就是大基山。

从秦至晋，不断有高道从这里走出。成公兴，北魏胶东（今山东平度东南）人，十六国时算学家，学通儒道。与寇谦之历游名山，被奉为"仙人"、"有遁大儒"。② "王道翼，北魏道士，东莱（今山东莱州市）人。少有绝俗之志，隐韩信山四十余年，断粟食荬，通达经章，书符箓，不交世务。年六十余，召为青州刺史，遣使就山征之，翼乃赴都。显祖听其仍守本操，令僧官给衣食，终其身。"③

莱州的道教活动历来比佛教兴盛。早在秦汉时期，黄老之说便遍传境内，秦皇汉武均曾受成仙的诱惑，驾临三山以求长生不老之药。魏太武帝把道教作为麻痹汉民族意识的工具，于太平真君七年（446），下诏兴道灭佛。一时间，信奉五斗米道成为时尚。北魏永平三年（510），光州（今莱州市）刺史王琼因受贿被劾，免官回京，司州大中正郑道昭④接替王琼，出任光州刺史兼平东将军。郑道昭很喜欢炼气化丹、修身养性，曾于延昌元年（512）在大基山道士谷依东、西、南、北、中虚设"青烟寺"、"白云堂"、"朱阳台"、"玄灵宫"、"中明坛"五坛为修炼之处。⑤

郑道昭主持或指定的题刻，按东南西北中、前后山门的位置分布，如同当时的建筑模式，四方之神定四面之位，并分别作了相应的改造。比如他将东面主峰太基顶称作"青烟寺"（取东方方位神青龙之首字），南面主峰为朱阳台，西面曰白云堂，北面名玄灵宫，中间的则叫作中明坛，并刻字志之。大基山自山谷至山顶共分布历代摩崖石刻 24 处，北魏光州刺

---

① （汉）司马迁：《史记》，中华书局 1982 年版，第 468 页。
② 胡守为、杨廷福：《中国历史大辞典·魏晋南北朝史卷》，上海辞书出版社 2000 年版，第 236 页。
③ 张志哲：《道教文化辞典》，江苏古籍出版社 1994 年版，第 174 页。
④ 郑道昭（455—516），字僖伯，北魏著名书法家、诗人，自号"中岳先生"。荥阳开封（今属河南）人。曾任秘书监、荥阳邑中正。又外任光州刺史、青州刺史。死后追赠镇北将军、相州刺史，谥号"文恭"。他在任光州、青州刺史期间，"政务宽厚，不任威刑，为吏民所爱"。参见（唐）李延寿《北史》，中华书局 1974 年版，第 1305 页。
⑤ 山东省莱州市史志编纂委员会：《莱州市志》，齐鲁书社 1996 年版，第 667 页。

史、著名书法家郑道昭于公元512年在此山留下珍贵题刻12处。主要刻石有《登大基山诗》《中明之坛》等，同云峰山郑道昭石刻成为一体。北魏光州刺史郑道昭的刻石是道士谷最早有纪年的刻石。这些刻石无疑反映了郑道昭当时的宗教信仰和情感。①

郑道昭为纪念其父郑羲刻《郑文公碑》。《郑文公碑》分上、下两碑，北魏永平四年（511），上、下碑分别刻于天柱山顶（山东平度）和云峰山（山东莱州，旧称掖县）东面的寒洞山。《论经书诗》为永平四年（511）所刻，位于胶东掖县云峰山之北，为郑道昭所作五言论经诗。字有六七寸，为摩崖大字，共300余字，气势壮观。与《郑文公碑》相比，其书更为雄浑，以篆籀笔力，隶书体势，行草跌宕风格，结合楷书端庄的风格，博采众长。《语石》云：" 郑道昭云峰山上下碑及《论经书诗》诸刻，上承分篆，化北方之乔（通骄）野，如筚路蓝缕，进于文明。其笔力之健，可以刓犀兕，搏龙蛇，而游刃于虚，全以神运。"②

三　峄山

据《邹城市志》载："汉朝时创立道教，尊老子为教主。东汉末年传入邹县，主要集中在峄山。时有方士郗俭在峄山南华观东华阳楼阁修炼。创建太平道的黄巾起义军也曾驻过峄山。峄山上的大龙口、漏灵台、点将台、万忠沟等都与黄巾军有关。起义军失败后，有的隐于峄山修道。北魏太武帝拓跋焘崇道排佛，在峄山大兴土木，修建起天师堂。"③ 峄山有庙宇二百八十八座，名洞一百四十四孔，皆立有神，大抵在唐朝以前多就自然洞穴立庙，极为简单，神像也多数就石雕成。成为魏晋南北朝时期山东道教建筑最多的地区之一。该时期道教宫观统计如下：

---

① 《道家金石略》记有郑道昭碑刻，文曰："一高七尺二寸，广二尺六寸，三行，行五字。一高四尺，广一尺四寸，一行，四字。俱正书，在益都北峰山北。中岳先生荥阳郑道昭游槃之山谷也。此白驹谷。"（陈垣：《道家金石略》，文物出版社1988年版，第18页）

② 萧枫、李楠：《话说中国》（第4辑），中国戏剧出版社2005年版，第22—23页。

③ 山东省邹城市地方史志编纂委员会：《邹城市志》，中国经济出版社1995年版，第727—731页。

表 3—1 峄山宫观统计①

宫观名称	建立时代	宫观位置
小阿房宫	秦始皇二十八年（前219）建，北魏修葺一次，毁于金初	仙人棚东百米
直符庙	魏嘉平五年（253）	奎星阁西
丹神洞	魏时开创	插花石南
老君洞	西晋永嘉三年（309）	九天街下百步
五老棚	西晋永嘉三年（309）	玉帝殿西下二十米
玉皇大殿（五华白云宫）	西晋永嘉五年（311）	玉皇洞前
来鹤庵	西晋永嘉年间（307—313）	祖龙洞南三十米
青峰亭洞	西晋永嘉年间（307—313）	太监林南
圣水泉洞	西晋永嘉年间（307—313）	白云宫右侧
甘露池洞	西晋永嘉年间（307—313）	皇经阁下
飞来洞	西晋永嘉年间（307—313）	观海石北
净室庵	西晋永嘉年间（307—313）	在净石下
天皇洞	西晋永嘉年间（307—313）	断虹崖前
地皇洞	西晋永嘉年间（307—313）	断虹崖前
人皇洞	西晋永嘉年间（307—313）	断虹崖前
龙堂洞	西晋永嘉年间（307—313）	断虹崖前
玄皇洞	西晋永嘉年间（307—313）	断虹崖前
南华观	西晋永嘉年间（307—313）	真人阁南下二里
王母洞	西晋永嘉年间（307—313）	南华观东偏上
蟠桃洞	西晋永嘉年间（307—313）	真武殿后
碧云宫	西晋永嘉年间（307—313）	南华观南半里
通灵洞	西晋永嘉年间（307—313）	象牙石北半里

---

① 张奎玉、田振铎：《峄山索录（上）峄山风情轶事》，山东省出版总社济宁分社1990年版，第248—259页。

续表

宫观名称	建立时代	宫观位置
老君堂	西晋永嘉年间（307—313），北魏始光年间重修	炉丹峪主殿
万人洞	西晋永嘉年间（307—313）	炉丹峪西南偏
峄阳观	西晋永嘉年间（307—313）	甘泉洞上
西华宫	西晋永嘉年间（307—313）	五华峰后下
东华宫	西晋永嘉年间（307—313）	五华峰后下
斗鸡台古庙	西晋永嘉年间（307—313）	五华峰后下
混元洞	西晋永嘉年间（307—313）	大龙口西北半里
水府三宫洞	西晋永嘉年间（307—313）	混元洞上半里
银钱宝洞	西晋永嘉年间（307—313）	峄阳观上
郗公祠	东晋咸康六年（340）	在白衣殿南下
羲之祠	东晋咸康六年（340）	在白衣殿南下
石田洞创	晋时	莲花池西五米
王母祠	北魏始光二年（425）	来鹤庵前二十米
玉皇洞	北魏始光二年（425）	皇经阁前
隐仙洞	北魏始光年间（424—428）	凤翔右东北上二百米
天师宫（迎仙宫）	北魏始光年间（424—428）	马嘴石西北半里
妖精洞	北魏初创	吕公堂西五十米

四　崂山

崂山位于山东半岛东南隅黄海之滨，居即墨东南六十里，青岛东四十余公里，东南皆海。晏谟《齐记》云："泰山自言高，不如东海崂。"崂山神奇环玮，突兀连绵，重冈重岭，万窍千仞，陡绝入海，或现或隐，古称"蓬岛仙山""神仙窟穴"。自古以来，崂山就以其仙山异境之景与道教结下了不解之缘。西晋太安元年（302），崂山境内即墨最早的道观高真宫（位于潮海街道东关村北）建立，道教的传入应早于此时。①

---

① 即墨市史志编纂委员会：《即墨市志》，方志出版社2007年版，第79—83页。

魏晋南北朝时期崂山道教应该属于太平道及寇谦之改革后的天师道。在两晋玄学、经学迅速发展的大背景下，崂山道教吸收了玄学和经学的思想内容，形成了具有山东地域特点的道教思想和文化。经学家郑玄曾来到崂山，并在山下招徒讲学，《崂山名胜志略》记载：

> 盖昔郑康成先生传经于此，故迹在焉。欲即山，以得先生之所以栖息俯仰者，而旷然千古也。先生食贫山居，负笈虽众。所谓书院，不过茅茨修洁耳，岂能至今存，而人之宗先生者，不以茅茨也，即无故迹，而先生之精气自在山川，闻其人不妄有相与为遇者矣。①

崂山康成书院之名称即来自于郑玄之字"康成"，郑玄讲学时"从学者盈万"，著称海内。明僧绍②"明经有儒术"③，刘宋时避功名不就，隐居长广郡崂山，聚徒立学。北齐弘农人杨愔，从兄幼卿为岐州刺史，以直言忤旨见诛。遂弃冠，改名姓，自称刘士安，入嵩山，又潜至东莱，乐入田横岛，以讲诵为业，海隅之士，谓之刘先生。④ 郑玄、明僧绍、杨愔等经学家来崂山讲学，对于崂山道教的发展也起到了一定促进作用，有利于崂山道教与儒学、经学相结合，迎合了魏晋南北朝时期道教士族化的发展趋势。

魏晋南北朝时期，崂山道教音乐已经发展到一定水平。崂山道教音乐萌芽于西汉时期，主要由从事求神、祈雨、医卜、占星等祭祀活动的巫女方士们编制而成，同时，配上当地流行的山号子、民歌等曲调的词，如《太白歌》《太岁咒》《太乙咒》，及流行在不其城⑤的一些齐国雅乐曲等。

---

① 见清嘉庆十三年《崂山名胜志略·不其山》。
② 明僧绍（？—483），字休烈，平原禹人，一字承烈。南朝宋、齐隐士、经学家。其先吴太伯之裔，百里奚子孟明，以名为姓，其后也。
③ 见（梁）萧子显《南齐书》卷五十三《明僧绍传》，影印文渊阁四库全书本。
④ 见（明）黄宗昌《崂山志》卷四《栖隐》，民国五年（1916）十月即墨黄于斯堂排印本。
⑤ 不其城（或不其县），位于崂山西北部，后改属东莱郡。

据传，西汉张廉夫①将当时流行于崂山地区的民间音乐，如江南民歌、曲牌相互融合，形成了太清宫沿用至今的经韵曲，并被太清宫道士称为"南韵"。东汉末年，郑玄避难于崂山康成书院招徒讲学，并创制了道教经韵曲牌，如《迎神歌》《拜北斗》等，在崂山各庙和民间传唱，郑玄也被认为是崂山道教音乐的始祖之一。至魏晋南北朝时期，崂山道教音乐更加复杂多样，晋代太清宫的道场敬神祭天，道众多以诵经练气功及炼金丹为常业，道教音乐也得到了一定发展且影响到太清宫以外的地区。同时，郭璞《葬经》传至崂山，其韵牌对后世崂山外山庙庵宫观的应风派道士的"度亡灵"之类的韵牌，起到了奠基作用。②

东晋隆安三年（399）名僧法显去狮子国（今印度一带诸国）学法取经，归国时，至台湾巴士海峡遇到台风，漂泊至崂山栲栳岛，在崂山和青州等地居留期间，在传经说法之时，他把从印度带回的佛教经曲传给了崂山许多庙观，使佛道两教的经韵曲牌互相影响，形成了崂山特有的僧道合一的崂山道乐，如《大赞》《六句赞》等。其中如《赞佛偈》《炉香赞》《三清诰》表达了崂山特有的佛道合一的音乐魅力。北魏时期寇谦之为革除"伪法"、加强科律，非常强调音乐在仪式中的渲染感化作用，并建立了一套崭新的音乐仪式。其道教音乐典籍的代表是《云中音诵新科之戒》等经书。据传"魏明元皇帝神瑞二年（415）十月乙卯，忽有二神人衣翠羽之衣，冠紫金之冠，乘龙持节告谦之曰：'太上老君至矣'。须臾闻音乐之声。……赐汝《云中音诵新科之戒》"③，使该音乐经书具有神秘色彩。北魏时期寇谦之开始创编"祭祀""祈祷""度亡灵"等坛场经乐，并影响了太虚宫殿坛功课经韵曲牌的四大经曲，即《大澄清》《小澄清》

---

① 据崂山《太清宫志》记载：张廉夫字静如，号乐山，江西瑞州府高安县人，文帝九年庚午（前170）七月初十日生。中元三年甲午（147），举文学茂才得一等，仕至上大夫，因妨碍权要，随弃职入道，精研玄学，不涉及世俗利禄。嗣入终南山学道数载，得师传道，遨游天涯。六年后，于汉武帝建元元年（前140），来崂山之阳，临海之滨，建茅庵一所，供奉三官（即天官、地官、水官）大帝神位，名为三官庙；自称乐山居士，开垦山麓，自食其力。至建元三四年左右，又建筑殿宇一所，供奉三清神像，名"太清宫"。至始元二年丙申（前85），委弟子刘方清、赵冲虚、冯若修等，继续庙事，自回江西，潜居龟谷子三元宫。后曾屡来崂山，云游东海诸名胜，每次都带来江南各道庙的经书和经韵曲牌，充实太清宫的经书。所以太清宫的经乐和经韵牌历史很早，内容也很丰富。张公年逾百令，精神不衰，鹤发童颜，后不知其所终。
② 陈振涛：《崂山道教音乐考察记》，《中国道教》1991年第4期。
③ 《道藏》第17册，文物出版社、上海书店、天津古籍出版社1988年版，第852页。

《大赞》《小赞》。① 这个时期崂山各庙的经韵曲牌已居正统之列，不但内容丰富，而且曲调和词牌也有创新和发展，在一些重要节日的咏颂上界或师祖时，不单纯用功课经的各种赞和诰，而且用正统的安世歌。这类韵曲在曲式上虽然也采用拜诰式的表现形式，但是在曲调上已经有所突破和创新，已经脱离了陈旧的羽调，而采用了羽宫或商宫的相关曲调，其内容采用经文的形式也有从原先的刻板式的单一七言和四言句，变换为有变格的词牌形式。② 崂山韵的《大赞》《六句赞》等一些乐句、音乐韵味和佛教的《赞佛偈》等相似处很多，而佛教的《炉香赞》又与崂山道教音乐《三清诰》的音乐有类似之处。③

秦汉时期崂山道教伴随着方仙道、黄老道的发展而逐渐产生，诸多方士来到崂山修建了不少专供道士修炼、祭仙的活动场所，为崂山道教音乐的演奏、弘扬提供了重要的场所，对崂山道教及其音乐的兴盛起到了重要促进作用。魏晋南北朝时期崂山道教及音乐适应了当时道教改革的趋势，配合道教斋醮科仪发展的需要，融合了经学、玄学的相关内容，使该时期崂山道教音乐获得了初步发展，并逐渐形成了自己的特色。

综上所述，魏晋南北朝时山东道教受五斗米道教徒南北迁移的影响，出现了琅琊王氏、孙氏、徐氏、高平郝氏，以及清河崔氏、曲阜孔氏、泰山羊氏、东海鲍氏等信奉天师道的名家望族。山东道教经过与儒教、佛教的相互融合而发展起来，不但出现了道教上层化和民间化两种倾向，而且道教内部也产生了一系列的变革，孕育出了一批思想杂糅三教或两教的学者，从而使这一时期兼容并蓄的山东籍学者增多，并在三教争论中扮演重要角色。新天师道、楼观道的崛起对魏晋南北朝时期山东道教的发展起到了重要影响。魏晋南北朝时期，在山东道教的影响下发生了如"八王之乱"、王弥起义、李弘起义，以及以孙恩、卢循为领袖的贵族起义和群众起义，皇权在群众心目中的神秘性已逐渐丧失，道教的世俗化倾向不断深入人心。魏晋南北朝时还产生了许多高道大德，其中以山东任城籍女冠魏华存及葛氏道传承中葛玄、郑隐，以及琅琊籍

---

① 中国人民政治协商会议崂山县文史资料研究委员会编：《崂山餐霞录》（第1集），1986年4月编，第224页。

② 陈振涛：《崂山道教音乐考察记》，《中国道教》1991年第4期。

③ 青岛市史志办公室编：《崂山志丛》（第2辑），1989年，第76页。

高道鲍靓、东莱道士王道翼、北齐道士由吾道荣、周弘正、徐则为代表。魏晋南北朝时期山东泰山、大基山、峄山、崂山等对道教的传承与发展起到了重要影响。泰山作为五岳之首不但成为高道逸士、文人墨客的聚集地，而且被道教视为神仙之洞府和道士理想的修行圣地。大基山因山势形同"太极图"而得名，又称之为"道士谷"，被传为神仙居住的地方。峄山在魏晋南北朝时期修建了大量的宫观庙堂，成为该时期山东道教建筑最多的地区之一。魏晋南北朝时期崂山道教属于太平道及寇谦之改革后的天师道，该时期崂山道教音乐在吸收佛道两教经韵曲牌的基础上，形成了特有的僧道合一的崂山道乐，使崂山道教音乐发展到了一定水平，并逐渐形成了自己的特色。

第四章

隋唐五代时期的山东道教

隋唐时期，在三教并立、内外并蓄的文化政策下，文化发展达到了一个新的高峰。[①] 由于统治者推行崇道政策，信奉道教，重用道士，道教在唐代达到了鼎盛，山东道教伴随着中国道教的发展而进入一个较为繁荣的时期。主要表现在道教仪法初具规模，道教科仪、经戒法箓传授更加趋于规范，道教教派由纷立逐渐走向统一。斋醮仪式、符箓咒术、文学艺术、道籍整理等方面得到较快发展，道教文学艺术等发展到历史的最好时期。道教音乐则出现了大量同曲异名的乐曲，并对后世佛、道音乐的发展产生了深远的影响。形成了以泰山、崂山、沂山、蒙山、昆嵛山、峄山等为核心的道教名山，涌现了王远知、潘师正、由吾道荣、徐则、王希夷、刘道合、张炼师等一大批著名道教人士，修扩了岱庙、王母池、崂山太清宫、崂山通真宫、丹崖山蓬莱阁、东明庄子观等道教宫观。并留有泰山双束碑，太一、真武二像碑，祀封禅颂碑，神宝寺碑，峄县马君碑，泰山摩崖石刻，崂山石刻等摩崖石刻、碑刻及大量的石窟造像。唐末五代时期，山东道教呈现出衰败的局面，以至于"奉道者千万人中一二矣"[②]。

第一节 隋唐时期的道教政策

隋唐对道教采取推崇的政策，具体表现为隋文帝任命道士张宾制定历法，隋炀帝信奉道教，重用道士，以及唐高祖、太宗推崇道教，抑制佛教。玄宗李隆基、睿宗李旦大兴道教；唐武宗李炎立志修仙，好道术；僖

[①] 安作璋主编：《山东通史》（隋唐五代卷），人民出版社2009年版，第3页。
[②] 曾枣庄、刘琳：《全宋文》（第22册），上海辞书出版社2006年版，第420页。

宗李儇崇道活动尤多；昭宗李晔时道士出入宫廷，参与政治；哀帝李柷在唐朝政权风雨飘摇之际，寄希望以道教斋醮保佑其政权稳固，都反映了隋唐道教的作用和影响。

一　隋文帝、炀帝信奉道教，重用道士

隋文帝任命道士张宾制定历法。北周静帝大象元年（579），"时高祖（李渊）作辅，方行禅代之事，欲以符命曜于天下。道士张宾揣知上意，自云玄相，洞晓星历，因盛言有代谢之征，又称上仪表非人臣相。由是大被知遇，恒在幕府。及受禅之初，擢宾为华州刺史……议造新历"①。道教徒焦子顺曾帮助隋文帝夺取北周政权。文帝即位后，尊焦子顺为天师，经常和其商议军国大事，"能役鬼神，告隋文受命之符"。②特建五通观供其安居。文帝的"开皇"年号，和道教有着一定联系。《隋书·经籍志四》载：

> 道经者，云有元始天尊，生于太元之先，禀自然之气，冲虚凝远，莫知其极。所以说天地沦坏，劫数终尽，略与佛经同。以为天尊之体，常存不灭，每至天地初开，或在玉京之上，或在穷桑之野，授以秘道，谓之开劫度人。然其开劫，非一度矣，故有延康，赤明，龙汉、开皇，是其年号。③

隋文帝还下令保护道家经像。开皇二十年（600）十二月，文帝诏曰：

> 佛法深妙，道教虚融，咸降大慈，济度群品，凡在含识，皆蒙覆护。所以雕铸灵相，图写真形，率士瞻仰，用申诚敬。其五岳四镇，节宣云雨，江、河、淮、海，浸润区域，并生养万物，利益兆人，故建庙立祀，以时恭敬。敢有毁坏偷盗佛及天尊像，岳镇海渎神形者，

---

① （唐）魏征：《隋书》，中华书局1973年版，第420—421页。
② （宋）王溥：《唐会要》，中华书局1955年版，第876—877页。
③ （唐）魏征：《隋书》，中华书局1973年版，第1091页。

以不道论。沙门坏佛像，道士坏天尊者，以恶逆论。①

上述记载反映了隋文帝对道教的诚信态度。隋文帝笃信道教方术，"雅好符瑞，暗于大道"②，"以年龄晚暮，尤崇尚佛道，又素信鬼神"③。开皇十五年（595）六月，宫人向隋文帝报告宫门前发现野鹿多次，隋文帝以为是祥瑞之兆，便下《鹿祥制》："朕比临朝听政，乃是群鹿来游，驯扰宫门，前后非一，逼近人众，安然不惊。但往经离乱，年世久远，圣人之法，败绝不行，习俗生常，专事杀害。朕自受灵命，抚临天下，遵行圣教，务存爱育。由王公等用心，助朕宣扬圣法，所以山野之鹿，今遂来驯。"④ 隋文帝勤俭、体恤天下百姓，与老子治国"三宝"⑤（即一曰慈，二曰俭，三曰不敢为天下先）的精神也极为相近。

隋炀帝即位后，对道士依然非常重视。隋炀帝曾拜茅山道士王远知为师。"炀帝幸涿郡，遣员外郎崔凤举就邀之，远知见于临朔宫，炀帝亲执弟子之礼，敕都城起玉清玄坛以处之。"⑥《隋书·隐逸传》载："时有建安宋玉泉、会稽孔道茂、丹阳王远知等，亦行辟谷，以松水自给，皆为炀帝所重。"⑦ 炀帝还将道士薛颐"引入内道场，亟令章醮"⑧，将道士马赜"引入玉清观，每加恩礼，召令章醮"⑨。道士徐则去世后，隋炀帝下书为其处理丧事，还"遣画工图其状貌，令柳䛒为之赞"⑩。隋炀帝还积极修建道观，广度道士。"炀帝迁都洛阳，复于城内及畿甸造观二十四所，度道士一千一百人。"⑪ 总之，无论是隋文帝还是隋炀帝对道教都是扶持尊崇，道教在隋朝时获得很高的地位。

---

① （唐）魏征：《隋书》，中华书局1973年版，第45—46页。
② 同上书，第55页。
③ 同上书，第715页。
④ （隋）费长房：《历代三宝纪》卷十二。
⑤ （春秋）李耳：《老子道德经》，王弼注，中华书局1985年版，第65页。
⑥ （后晋）刘昫：《旧唐书》，中华书局1975年版，第5125页。
⑦ （唐）魏征：《隋书》，中华书局1973年版，第1760页。
⑧ （后晋）刘昫：《旧唐书》，中华书局1975年版，第5089页。
⑨ 《册府元龟》，中华书局1960年版，第9768页。
⑩ （唐）魏征：《隋书》，中华书局1973年版，第1759页。
⑪ 《道藏》（第11册），文物出版社、上海书店、天津古籍出版社1988年版，第1—2页。

二　唐高祖、太宗推崇道教，抑制佛教

从唐高祖李渊开始的历代唐朝统治者，均实行崇道政策。李渊晋阳起兵就得惠于道教，夺取政权后，他用老子来神化唐王朝，自称是老子的后裔，尊老子为"圣祖"，对道教倍加青睐。"武德三年五月，晋州人吉善行于羊角山，见一老叟乘白马朱鬣，仪容甚伟，曰：'谓吾语唐天子，吾汝祖也，今年平贼后，子孙享国千岁。'高祖异之，乃立庙于其地。"① 李渊宣称"李氏将兴，天祚有应"②，"历数有归，实为天命"③。这样，就确立了李氏与道教创始人李耳的祖孙关系，道教在唐代得到长足发展。唐朝初叶，朝廷对道教十分推崇。唐武德八年（625），高祖李渊亲自颁布"老先，次孔，末后释宗"④的诏令，强制性地规定了儒、道、释三者地位的高低。

唐太宗李世民继承了李渊的崇道政策，进一步尊道抑佛。李世民登基之前，曾拜访茅山派道士王远知，远知密告符命曰："方作太平天子，愿自惜也。"贞观九年（635），李世民为了表示对王远知的崇敬，"敕润州于茅山置太受观，并度道士二十七人"⑤。贞观十一年（637），太宗李世民继高祖之后又明确宣称李耳是自己的祖宗，太上老君名位应在释迦牟尼之上，道士地位应在僧尼之上。《全唐文》卷六《令道士在僧前诏》有"至于称谓，其道士女冠，可在僧尼之前"⑥的记载。

唐高宗李治继续崇道政策。乾封元年（666）二月，唐高宗"幸老君庙，追号曰太上玄元皇帝，创造祠堂，其庙置令、丞各一员，改谷阳县为真源县，县内宗姓特给复一年"⑦，开了唐王朝给老君册封尊号的先河。仪凤三年（678）五月，高宗诏令："自今已后，《道德经》、《孝经》并为上经，贡举皆须兼通。"⑧ 唐高宗还请尹文操⑨于老君庙修功德，皇宫贵

---

① （宋）王溥：《唐会要》，中华书局1955年版，第865页。
② （后晋）刘昫：《旧唐书》，中华书局1975年版，第8页。
③ （宋）欧阳修、宋祁：《新唐书》，中华书局1975年版，第7页。
④ 陈士强：《大藏经总目提要（文史藏二）》，上海古籍出版社2008年版，第344页。
⑤ （后晋）刘昫：《旧唐书》，中华书局1975年版，第5125页。
⑥ （清）董诰：《全唐文》，中华书局1983年版，第73页。
⑦ （后晋）刘昫：《旧唐书》，中华书局1975年版，第90页。
⑧ （宋）王溥：《唐会要》，中华书局1955年版，第1373页。
⑨ 尹文操（？—688）字景先，陕西天水（今甘肃天水）人，唐初著名道士。

族均亲往祭拜。因此，在武则天主政前，道教的优势十分明显。在上述政策的影响下，山东道教有了长足发展，出现了一批著名道士，同时也修建和扩建了大量道观。

武则天主政后，实行抑道政策。在这一政策的影响下，山东道教暂时处于低潮。《旧唐书》记载：天授二年（691），她改变以往唐朝帝王的崇道政策，"令释教在道法之上，僧尼处道士女冠之前"①。到长寿二年（693），武则天"自制《臣轨》两卷，令贡举人为业，停《老子》"②。但武则天时期，仍让道士为其斋醮投龙做功德，令道士合药，道教也有所发展。

三　唐睿宗至哀帝大兴道教、斋醮祈禳

唐睿宗时期，"天下滥度僧尼、道士、女冠并依旧"③，道教又得到恢复发展，道教地位上升，重新占据了优势。到了玄宗李隆基时期，大兴道教，重用道士，道教取得长足发展。开元十三年（725），唐玄宗东封泰山时，"封泰山神为天齐王，礼秩加三公一等"④。开元十九年（731），他召令"两京及天下诸州各置太公尚父庙""五岳各置老君庙"⑤。开元二十五年（737）春，玄宗宣布："道士、女冠宜隶宗正寺，僧尼令祠部检校，百司每旬节休假，并不须入曹司，任游胜为乐。"并加封"道士尹愔为谏议大夫、集贤学士兼知史馆事"⑥。唐朝由宗正寺负责管理皇族，把道教抬高到皇家宗教的地位。开元二十九年（741），玄宗"制两京、诸州各置玄元皇帝庙并崇玄学……令习《老子》、《庄子》、《列子》、《文子》，每年准明经例考试"⑦。唐天宝元年（742），玄宗尊"庄子号为南华真人，文子号为通玄真人，列子号为冲虚真人，庚桑子号为洞虚真人。其四子所著书改为真经。崇玄学置博士、助教各一员，学生一百人"⑧。

---

① （后晋）刘昫：《旧唐书》，中华书局1975年版，第121页。
② 同上书，第918页。
③ 同上书，第157页。
④ 同上书，第188—189页。
⑤ 同上书，第196—197页。
⑥ 同上书，第207页。
⑦ 同上书，第213页。
⑧ 同上书，第215页。

天宝二年（743），玄宗加封李耳为"大圣祖玄元皇帝……改西京玄元庙为太清宫，东京为太微宫，天下诸郡为紫极宫"①。玄宗正式把道教教育纳入科举体系，为唐朝大兴道教培养了许多人才。

唐肃宗、代宗时期，道教仍然保持较高的地位。肃宗李亨颇有其父玄宗崇道之风，尤好斋醮祈禳。《历代崇道记》中说："乾元二年（759），帝夜梦二青童导从，至一宫阙，谒见混元。"又云："见混元须发皆黑。及明，宣下两街，访诸瑞像，于务本坊光天观圣祖院，果获黑髭老君之像，图写以进，帝大悦，一如梦中所睹。乃出帝真容，令侍立于混元之后，仍颁示于天下，普令供奉。"②代宗李豫即位后，宠信道士李国祯，大搞祭祀活动，崇敬道教。据史书记载："广德二年八月，道士李国祯以道术见，因奏皇室仙系，宜修崇灵迹，请于昭应县南三十里山顶置天华上宫露台、大地婆父、三皇、道君、太古天皇、中古伏义娲皇等祠堂，并置扫洒宫户一百户。又于县之东义扶谷故湫置龙堂，并许之。"③

唐武宗李炎立志修仙，好道术，独尊道教，道教胜于佛教的局面重新出现。"帝在藩时，颇好道术修摄之事，是秋，召道士赵归真等八十一人入禁中，于三殿修金箓道场，帝幸三殿，于九天坛亲受法箓。"④

僖宗李儇执政后崇道活动尤多。他企图依靠"大圣祖"的威力达到消灭农民起义军的目的。道士杜光庭曾于《皇帝为老君修黄箓斋词》中写道："今则方命师徒，将平凶丑，犹资道力，俾殄枭巢，借丰隆列缺之威，扫凿齿贪狼之族。"⑤僖宗还宠信道士。他授茅山道士吴法通大洞箓，"遥尊称为度师，赐先生号"⑥；赐道士杜光庭紫服象简，"充麟德殿文章应制，为道门领袖"⑦；道士李无为设醮祈真有功，赐紫并缣帛三百匹；⑧道士范希越因道术高超，被僖宗召封，问以"逆寇诛锄、宫城克复之事"，命于内殿奏醮。⑨

---

① （后晋）刘昫：《旧唐书》，中华书局1975年版，第216页。
② 《道藏》（第11册），文物出版社、上海书店、天津古籍出版社1988年版，第4页。
③ （后晋）刘昫：《旧唐书》，中华书局1975年版，第3618页。
④ 同上书，第585—586页。
⑤ 周绍良：《全唐文新编》（第5部第1册），吉林文史出版社2000年版，第12809页。
⑥ 《道藏》（第5册），文物出版社、上海书店、天津古籍出版社1988年版，第603页。
⑦ 同上书，第330页。
⑧ 《道藏》（第11册），文物出版社、上海书店、天津古籍出版社1988年版，第6页。
⑨ （宋）张君房：《云笈七签》，李永晟点校，中华书局2003年版，第2651页。

唐昭宗李晔执政时，道士出入宫廷，参与政治。据载：昭宗时，"诸方士出入禁庭，眩惑圣听"①。道士许岩士向昭宗荐朱朴，说朱朴有经济才。昭宗连日召对，朱朴对答如流，昭宗高兴地说："朕虽非太宗，得卿如魏徵矣！"②

唐哀帝李柷在唐朝政权风雨飘摇之际，还寄希望以道教之斋醮保佑其政权稳固。

《旧唐书》卷二十《哀帝本纪》载：天祐二年（905）五月，以星变不视朝，敕曰："天文变见，合事祈禳，宜于太清宫置黄箓道场，三司支给斋料。"③同年，又将北邙山之玄元观"拆入都城，于清化坊内建置太微宫，以备车驾行事"。④"修建太清宫，并建置太微宫，以便其朝谒大圣祖。"

在唐代，道教得到皇帝的重视，拥有很高的地位。从被誉为初唐四杰之一的卢照邻所撰碑文中的一段话也可以看出唐朝皇帝对道教之重视：

> 皇家纂戎牝谷，乘大道而驱除；盘根濑乡，拥真人之阀阅。高祖以汾阳如雪，当金阙之上仙；太宗以峒山顺风，属瑶京之下视。……呜呼！岂非道风幽赞之效与！乃回奥诏晔，亲幸谯若，奉策老君为太上皇帝，仍令天下诸州各置观一所。⑤

纵观隋唐王朝，统治者借助道教来神化、巩固自己的统治；道教信奉清静无为、与世无争，基层民众信仰道教、受道教清规教义的约束，有利于巩固帝王统治和维护社会安定；道教提出的修炼今生即可得道成仙的主张，迎合了帝王追求长生不老的愿望；隋唐时期经济的繁荣为道教的兴盛提供了良好的物质条件。因此，在隋唐三百多年的统治中，中国道教得到快速发展，并进入了繁盛时期。

---

① （宋）司马光：《资治通鉴》，中华书局1956年版，第8498页。
② 同上书，第8492页。
③ （后晋）刘昫：《旧唐书》，中华书局1975年版，第793页。
④ 同上书，第796页。
⑤ （唐）卢照邻：《卢照邻集》，徐明霞点校，中华书局1980年版，第88页。

第二节　隋唐时期道教政策对山东道教的影响

魏晋南北朝以来对道教的改革逐渐确立的以"原始天尊"为最高信仰的教理、教义，特别是隋唐帝王对道教的重视，改"太上老君"为道教的最高尊神，为道教在隋唐时期的发展奠定了基础。唐朝实行崇道政策，非常重视道教教义教理的丰富和发展。道士特别是道士女冠在隋唐时期具有较高的地位，使崇道和重用道士的风气遍布山东各地。随着隋唐时期道教的繁荣和发展，山东的道教宫观庙宇、道教经籍的研究整理、道教的斋醮科仪、炼丹术，以及文学艺术等方面都取得了长足的进步，使山东道教进入了一个兴旺繁荣时期。

一　斋醮祭祀及宫观建设

隋唐时，隋唐帝王多次在山东各地斋醮祭祀，并屡有诏封。贞观十一年（637）七月，唐太宗李世民曾"修老君庙于亳州，宣尼庙于兖州，各给二十户享祀焉"①。乾封元年（666）一月，高宗李治诏令于泰山以南的兖州界建立紫云、仙鹤、万岁三处道教宫观，诏令"天下诸州置观、寺一所"②，"诏立登封、降禅、朝觐之碑，各于坛所。又诏名封祀坛为舞鹤台，介丘坛为万岁台，降禅坛为景云台，以纪当时所见之瑞焉"③。在古代航海活动中，有"海神"和"天后"崇拜。无论捕鱼、航行、造船、从南、行军，均拜祭海神，唐朝时的张亮征高丽时，即在登州海域砣矶岛立"敬海龙王庙碑"④。唐朝时，五岳、四镇，岁一祭，各以五郊迎气日祭之。祭东海于莱州。⑤ 唐天宝十载正月，"四海"封王，封东海为"广德王"，并遣"太子中允李随祭东海广德王"⑥。

隋唐时，山东各地修建了大量宫观庙宇。据各地资料记载，整理统计如下：

---

① （后晋）刘昫：《旧唐书》，中华书局1975年版，第48页。
② 同上书，第90页。
③ 同上书，第888页。
④ 《登州古港史》编委会：《登州古港史》，人民交通出版社1994年版，第239页。
⑤ （宋）欧阳修、宋祁：《新唐书》，中华书局1975年版，第380页。
⑥ （后晋）刘昫：《旧唐书》，中华书局1975年版，第934页。

表 4—1　　　　　　　隋唐山东道教宫观庙宇统计表

朝代	所在地	所建宫观庙宇	资料来源
隋	苍山县	塔山岿然观和文峰山道观群	苍山县志编纂委员会办公室：《苍山县志》，中华书局1998年版，第670页
	沂水县	端云宫	山东省地方史志编纂委员会：《山东省志·宗教志》，山东人民出版社1998年版，第394页
唐	金乡县	白鹤观	金乡县志编纂委员会：《金乡县志》，生活·读书·新知三联书店1996年版，第486页
唐	乳山市	麻姑观	山东省乳山市地方史志编纂委员会：《乳山市志》，齐鲁书社1998年版，第834页
唐	无棣县	白鹤观	山东省无棣县县志编纂委员会：《无棣县志》，齐鲁书社1994年版，第575页
唐	平阴县	城隍庙	平阴县地方史志编纂委员会：《平阴县志》，济南出版社1991年版，第382页
唐	沂南县双堠乡小菜峪村	回龙庙	山东省沂南县地方史志编纂委员会：《沂南县志》，齐鲁书社1997年版，第638页
唐	诸城县凡华镇	财神庙	山东省地方史志编纂委员会：《山东省志·宗教志》，山东人民出版社1998年版，第396页（唐朝潍坊各县城城隍庙中的神仙已升格为各城池的最高神，是普遍受尊崇的地方神，百姓赋予他们保护城池并掌管冥籍和占卜水旱吉凶的职能）
	诸城相州镇	东岳庙	
	寿光县	灵寿观	
唐	五莲山区大仲崮	雹泉庙	山东省地方史志编纂委员会：《山东省志·宗教志》，山东人民出版社1998年版，第396页
	五莲山区大古家沟	真武庙	
	五莲山区寨山	青云观	

续表

朝代	所在地	所建宫观庙宇	资料来源
唐	沂南县	沂源织女洞道观群体	山东省地方史志编纂委员会：《山东省志·宗教志》，山东人民出版社1998年版，第396页
唐	淄博市柳行村	正宫庙	山东省地方史志编纂委员会：《山东省志·宗教志》，山东人民出版社1998年版，第396页
	淄博市石峪村	兴隆庵	
	淄博市南神头	八乾庙	
唐	青岛	明道观、塘子观、寿阳庵、古北庵、竹子庵	山东省地方史志编纂委员会：《山东省志·宗教志》，山东人民出版社1998年版，第396页
唐	邹城市	玉皇庙	
唐	峄城县北五十里	常清观、龙门观	枣庄市地方史志编纂委员会：《枣庄市志》，中华书局1996年版，第1667页
唐	莒南县	马髻山敬龙观和集鹿山（今名大山）三教堂	山东省莒南县地方史志编纂委员会：《莒南县志》，齐鲁书社1998年版，第757页
唐	郯城县李庄	关帝庙	山东省郯城县地方史志编纂委员会：《郯城县志》，深圳特区出版社2001年版，第905页
	郯城县郯城镇八庙村	八腊庙	
隋唐时期	平原县城东关	东岳庙	山东省平原县志编纂委员会：《平原县志》，齐鲁书社1993年版，第697页
	平原县大芝坊	药王庙	
	平原县桃源村	三义庙	
始建于秦，唐重修	泰安市城内	岱岳观庙	王洪军：《隋唐时期道教在齐鲁地区的发展》，载山东师范大学齐鲁文化研究中心编《齐鲁文化研究总第3辑》，山东文艺出版社2005年版，第135页
约始建于三国时期	泰安市泰山岱宗坊北	王母池道庵	同上
唐	泰安市普照寺西北	栖真观	同上

续表

朝代	所在地	所建宫观庙宇	资料来源
具体朝代不详	泰安市新泰市徂徕山南	二圣宫	同上
汉建元元年（前140）	青岛市崂山东南角	太清宫	同上
东汉末年	青岛市崂山区惜福镇	通真宫	同上
唐	青岛市四方区错埠岭村	黄道庵	同上
唐	青岛市崂山东部	白云观	同上
唐	青岛崂山区沙子口镇巨峰南麓	白云庵（又名上庵）	青岛市史志办公室：《青岛市志·崂山志》，新华出版社1999年版，第333页
唐	青岛城阳区惜福镇东葛家村	林花庵	青岛市史志办公室：《青岛市志·崂山志》，新华出版社1999年版，第333页
贞观二年（628）	菏泽市东明县菜园集乡	南华观	王洪军：《隋唐时期道教在齐鲁地区的发展》，载山东师范大学齐鲁文化研究中心编《齐鲁文化研究总第3辑》，山东文艺出版社2005年版，第135页
唐武德二年（619）	东明县	文庙大成殿	赵浦根、朱亦：《山东寺庙塔窟》，齐鲁书社2002年版，第264页
唐代重修	日照市莒县西北13公里	玉皇山玉皇庙	同上
唐朝初年	滨州市邹平县石樊鲁村	唐李庵	同上
唐	枣庄市山亭区新城西南	长春观	同上
汉朝	济南市长清区张夏镇南	娄敬洞山宫观	同上
唐开元年间（713—741）	烟台	三清殿	山东省地方史志编纂委员会：《山东省志·宗教志》，山东人民出版社1998年版，第474页
唐贞观五年（631）	烟台蓬莱市	龙王宫	赵浦根、朱亦：《山东寺庙塔窟》，齐鲁书社2002年版，第265页

二　道士修炼与道教典籍

隋唐时有不少著名道士在山东各地修炼。唐代茅山派第十代宗师王远知及其弟子王轨都是琅邪（今山东临沂）人。王希夷道士曾在徂徕山修炼，被唐玄宗封为守国子博士、朝散大夫。由吾道荣少为道士，隋开皇初，拜谏议大夫，由吾寺建立在郯城县东南30里由吾洞上（今大尚庄乡黑龙潭水库处）①。唐黑虎禅师，居莱山麓筑洞演法。② 唐朝李元枝，居泗水南天花桥，少读书不第，乃游四方，59岁还乡，应考获中，值妻死，遂弃家游于黄山西峪，后结茅于兹山。③

隋唐时，山东道教在道籍的整理研究、道教的斋醮科仪、炼丹术、文学艺术等方面都取得了长足的进步。隋朝设立玄都观，整理道教教义，当时编纂的《玄门大义》体系较完备。隋代共有道书377部，计1216卷。④ 由于唐朝皇帝和老子同姓，为了提高李唐皇室的地位，把老子放在了至高无上的尊位。上至王公大臣，下至普通儒生、道士纷纷注疏研究道家经典著作《老子》《庄子》等，使道教形成了较为系统的理论体系。唐玄宗积极开展对道经的收集、整理，编纂成《道藏》一书，影响深远。至唐玄宗开元中，有道书3744卷（或5700卷）。至代宗大历年间，道书增至7000卷。⑤

隋唐时期，山东地区整理、编撰的道籍有很多，如《升玄子造化伏贡图》1卷（升玄子或即王远知）、王仲丘撰《摄生纂录》1卷、吴筠《神仙可学论》1卷、吴筠《玄纲论》1卷、《明真辨论》1卷、《辅正除邪论》1卷、《辨方正惑论》1卷、《道释优劣论》1卷、《心目论》1卷、《复淳化论》1卷、《著生论》1卷、《形神可固论》1卷、《契真刊谬论》（吴筠撰）等，多为抑佛扬道之作。⑥

道教斋醮科仪方面，南北朝时，道教仪法已初具规模。到唐朝，道

---

① 山东省郯城县地方史志编纂委员会：《郯城县志》，深圳特区出版社2001年版，第904页。
② 山东省龙口市史志编纂委员会：《龙口市志》，齐鲁书社1995年版，第773页。
③ 山东省邹平县地方史志编纂委员会：《邹平县志》，中华书局1992年版，第878页。
④ 陈国符：《道藏源流考》，中华书局1963年版，第112页。
⑤ 同上书，第114、125页。
⑥ 安作璋主编：《山东通史》（隋唐五代卷），人民出版社2009年版，第342页。

教斋醮科仪、经戒法箓传授又经道士的系统整理、修改，在山东地区的发展更加趋于规范，斋醮仪式渐渐与世俗节令仪式系统剥离、把"心斋"作为所行的斋法等，道教教派由纷立逐渐走向统一。炼丹术方面，由于隋唐朝统治者相信服用金丹可以长生不老，不惜投入大量的财力，使金丹术获得了发展，炼丹术在山东也发展较快，出现了大量的炼丹术术士。道教文学艺术方面，出现了大量受道家思想影响的文学作品和艺术作品，道教音乐经隋至唐进入鼎盛时期。唐玄宗诏著名道士及乐工仿佛教音乐制作了大量的道调，如司马承祯制《玄真道曲》，宫中大臣贺知章制《紫清上圣道曲》，太常卿韦绍制《景云》《九真》《紫极》，还制有《小长寿》《承天》《顺天乐》等曲。玄宗设立了演奏道教音乐的梨园乐团，并亲自指挥排练与演出。据杜佑《理道要诀》及《唐会要》记载：唐玄宗十三年（725）七月，将一部分佛曲改为道曲或具有道教色彩的名称，其曲目为《金华洞真》《钦明引》《紫云腾》《归真》《合浦明珠》《急金华洞真》《泛金波》《布阳春》《怀思引》《大仙都》《芳林苑》《泛竺丛》《琼台花》《宝廷引》《神仙》《升朝阳》《芳苑虚》《祥云飞》《静边引》《霓裳羽衣曲》《金方引》《三辅安》《洞灵章》《紫府洞真》等。玄宗还亲制道曲《紫云回》《凌波仙》，至此，道教音乐出现了大量的同曲异名的乐曲，并对后世佛、道音乐的发展产生了深远的影响。其中比较有代表性的是天宝年间诗人李白、孔巢父，以及道士吴筠等在崂山创作的《清平调》，其为太清宫等内山庙一直沿用至今的《步虚》殿坛经韵曲牌。

第三节　隋唐五代时期山东道教同儒、释的冲突与融合

隋唐五代时期，儒、道、释三教虽然存在着某些冲突，但其相互融合、相互吸收已经成为道教发展的重要趋势，加之统治者对儒、道、释采取了三教并用的政策，儒、道、释三教融合的局面已经成为该时期道教发展的基本态势。尽管在某些地区儒、道、释三教还存在着这样或那样的矛盾和冲突，但三教趋于融合的态势仍然继续，呈现出三教合流的趋势。当然，儒、道、释三教的相互冲突或相互融合与统治者实施的宗教政策密切相关。当统治者实行儒、道、释三教并行的政策时，就有利于促进儒、

道、释三教的融合，而当统治者对三教进行排位或者下令限制某一教派的发展时，三教之间的矛盾冲突也就增加了。但正是三教的融合和冲突，又促进了当时儒、道、释三教的发展。

一 隋唐五代时期山东儒、道、释之争

隋唐时期三教之间的冲突在山东表现得比较突出。自唐以后，潍坊道佛之争日渐明显，道佛两教大规模兴建寺观以抢占地盘。像灵山、常令公山、凤凰山、太公堂山和穆村、眉村、辛冬、张路院、治浑衡等都建有佛道寺观，几乎村村有土地庙、族族设祠堂，① 山东潍坊道佛之争进入白热化程度。唐以后，山东青州道教兴盛，随之而来的就是道佛之争日显。佛道两家争相抢地牌建庙观，驼山顶的"昊天宫"建筑群是道家对抗佛教的杰作。② 天宝末年，山东临朐道主规德与儒家往来频繁，引起沙门嫉妒，道教受到佛教排挤。③ 在武则天统治时期，山东济宁峄山爆发了一次剧烈的佛道之间的冲突。当时佛教5000余僧徒攻打峄山，遭到峄山仙人棚、万寿宫道长率千余道士反击，僧徒由于不熟悉地理环境而遭遇失败。④ 尽管隋唐时期山东儒道释三教之争比较频繁，但也间接推动了三教间的融合，为宋及以后山东儒道释的进一步融合打下了基础。

二 隋唐五代时期山东儒、道、释三教的融合

道教与佛教、儒家思想的融合，主要表现在融儒入道、融佛入道、融道入佛、融道入儒、主张儒道释"三教合流"等方面。《坐忘论》吸收了儒家诚意正心、佛教禅定等思想，突出表现了隋唐时期融儒入道和融佛入道的文化趋势。如其中的"信者道之根""敬者德之蒂"有儒家"礼""信"思想的痕迹，是为融儒入道。而其中的"净除心垢""与道冥合"

---

① 潍坊市坊子区地方史志编纂委员会：《坊子区志》，山东友谊出版社1997年版，第712页。
② 青州市志编纂委员会：《青州市志》，南开大学出版社1989年版，第963—964页。
③ 中国人民政治协商会议山东省临朐县委员会：《文史资料选辑》（第11辑），潍坊市新闻出版局，1993年，第153页。
④ 山东省邹城市地方史志编纂委员会：《邹城市志》，中国经济出版社1995年版，第728页。

等思想则明显带有佛教思想的痕迹，是为融佛入道。①

隋唐五代时期山东儒道释三教的融合具有一定的代表性，如相传吕洞宾唐末乾符年（874—879）传道至山东沂山，主张儒佛合流。② 至五代吕洞宾的三教合一思想臻于成熟。如他提出"人若能忠于国，孝友于家，信于交友，仁于待下，不慢自心，不欺暗室，以方便济物，以阴骘格天，人爱之，鬼神敬之。即此一念，已与吾同，虽不见吾，犹见吾也"③。这是融儒入道。"忠、孝、信、仁"乃儒家所主张的观点，吕洞宾赞同支持这些观点，也说明了儒道之间观点的共同性。道士王远知曾至山东临朐紫云观、沂山明道寺传道，主张儒、道、释三教合流，提出薄名利、教政相辅的思想。④ 这其实吸收了儒家的义利等思想。唐代，主张融通儒、道、释三家学说，山东莒南县集鹿山（今名大山）时建有三教堂。⑤

隋唐时期，山东境内流行融道入佛，佛教派别如禅宗等深受道家思想的影响。此一时期，山东境内的佛教派别禅宗分布较广，主要分布在山东的泰安⑥、临沂⑦、潍坊⑧、青岛⑨等地。禅宗反对佛教传统的修行方法而主张"真心遍在，任运自然"⑩的修行方法，体现了道家所主张的"道法自然"思想。山东士大夫阶层兼习三教或两教的人数较多，主张融道入儒，如道士吴筠为待诏翰林，长期在山东传道常与诗人李白、孔巢父等唱和。李白曾被召至长安，供奉翰林，受道家和儒家思想影响都很深，其作品《寄王屋山人孟大融》《访道安陵遇盖寰为余造真箓临别留赠》《奉饯

---

① 《道藏》（第22册），文物出版社、上海书店、天津古籍出版社1988年版，第892—898页。

② 中国人民政治协商会议山东省临朐县委员会：《文史资料选辑》（第11辑），潍坊市新闻出版局，1993年，第154页。

③ （唐）吕洞宾：《吕洞宾全集》，（清）刘体恕汇辑，华夏出版社2009年版，第11页。

④ 中国人民政治协商会议山东省临朐县委员会：《文史资料选辑》（第11辑），潍坊市新闻出版局，1993年，第151—152页。

⑤ 山东省莒南县地方史志编纂委员会：《莒南县志》，齐鲁书社1998年版，第757页。

⑥ 泰安市泰山区、郊区地方史志编纂委员会：《泰安市志》，齐鲁书社1996年版，第602页。

⑦ 临沂市地方史志编纂委员会：《临沂地区志》，中华书局2001年版，第1568页。

⑧ 山东省潍坊市潍城区史志编纂委员会：《潍城区志》，齐鲁书社1993年版，第769页。

⑨ 即墨市史志编纂委员会：《即墨市志》，方志出版社2007年版，第80页。

⑩ 单正齐：《佛教的涅槃思想》，宗教文化出版社2009年版，第318页。

高尊师如贵道士传道箓毕归北海》《草创大还赠柳官迪》等蕴含了文人士大夫特有的文化气质，将儒家思想与道家思想融为一体、并充满了对道家生活的向往。这也从侧面反映出隋唐时期山东多元信仰的精神生活已被社会日益接受。

以上事例表明，隋唐时期山东儒、道、释三教之间的融合是全方位的。儒、道、释通过相互学习彼此的优点、长处，推动了本教派的进一步发展。儒、道、释三教之间互动频繁、相互融合、相互促进和发展，从而推动了山东地区"三教合流"思潮的兴起。

第四节　隋唐五代时期的山东道教名山

隋唐五代时期山东道教已经有了较大的发展，由于唐朝廷对于道教的尊崇和对道教宫观建设的重视，泰山、沂山、崂山、峄山、昆嵛山和蒙山等成为山东乃至全国的道教名山。不但道教宫观星罗棋布，而且还出现了一些在全国有较大影响的道教人物。同时，山东道教诗歌、道教音乐等文学艺术以及道教宫观建设也进入了历史上较好的发展时期。隋唐五代时期的道教名山不但是山东道教产生和发展的重要区域，而且还承载了中国道教思想文化发展、繁荣与传播的重要任务，对中国道教的发展和道教思想文化的传播起到了重要作用，成为隋唐五代时期道教繁荣与发展的重要标志。

一　泰山

泰山道教在隋唐时期获得了充分的发展，并彰显了该时期以泰山道教为代表的山东道教发展的繁荣与兴盛。唐司马承祯在《天地宫府图·三十六小洞天》云："第二东岳太山洞，周回一千里，名曰蓬玄洞天，在兖州乾封县属，山图公子治之。"[①] 泰山被视为一座可以通天的神山，被称为三十六洞天之第二洞天。隋唐对泰山神的崇拜和信仰达到了高潮，泰山封禅、泰山斋醮科仪的发展，以及民间对于泰山的信奉和祭祀等，都使泰山成为隋唐时期中国道教第一名山。

---

① 《道藏》（第22册），文物出版社、上海书店、天津古籍出版社1988年版，第199页。

（一）泰山信仰

隋唐以后，帝王泰山祭祀更加频繁，民间泰山祭祀也逐渐增多。此时，几乎全国各地都有东岳庙、东岳大帝信仰，即泰山神开始被全国各地百姓所信仰，泰山信仰成为全国性的信仰。

关于泰山神东岳大帝的来历有太昊说、金虹氏说、盘古化身说、上清真人说、山图公子说、天帝之孙说等。关于太昊说，《元始上真众仙记》有载："太昊氏为青帝，治岱宗山；颛顼氏为黑帝，治太恒山；祝融氏为赤帝，治衡霍山；轩辕氏为黄帝，治嵩高山；金天氏为白帝，治华阴山。"① 关于金虹氏说，《三教源流搜神大全·东岳》有载："昔盘古氏五世之苗裔曰赫天氏，赫天氏子曰胥勃氏，胥勃氏曰玄英氏，玄英氏子曰金轮王。金轮王弟曰少海氏，少海氏妻曰弥轮仙女也。弥轮仙女夜梦吞二日，觉而有娠，生二子，长曰金蝉氏，次曰金虹氏。金虹氏者，即东岳帝君也。"② 关于盘古化身说，《述异记》载："昔盘古氏之死也，头为四岳，目为日月……秦汉间俗说：盘古氏头为东岳，腹为中岳，左臂为南岳，右臂为北岳，足为西岳。"③ 关于上清真人说，《旧唐书》卷一百九十二载："五岳皆有洞府，各有上清真人降任其职。"④ 关于山图公子说，唐代道士司马承祯《天地宫府图·三十六小洞天》载："第二东岳太山洞，周廻一千里，名曰蓬玄洞天，在兖州乾封县，属山图公子治之。"⑤ 关于天帝之孙说，《孝经援神契》载："泰山天帝孙，主召人魂。"⑥ 又《三教源流搜神大全·东岳》载："泰山者，乃群山之祖，五岳之宗，天帝之孙，神灵之府也。"⑦

人们信奉泰山神东岳大帝，是因为他能主人死生。《云笈七签》云："太山君领群神五千九百人，主治死生，百鬼之主帅也，血食庙祀所宗者也。"⑧ 人们信奉泰山神东岳大帝，还因为人们相信他能固国安民，使人

---

① 《道藏》（第3册），文物出版社、上海书店、天津古籍出版社1988年版，第270页。
② 《绘图三教源流搜神大全（外二种）》，上海古籍出版社1990年版，第46页。
③ （南朝梁）任昉：《述异记》，中华书局1985年版，第1页。
④ （后晋）刘昫：《旧唐书》，中华书局1975年版，第5128页。
⑤ 《道藏》（第22册），文物出版社、上海书店、天津古籍出版社1988年版，第199页。
⑥ 安居香山、中村璋八：《纬书集成》（全3册），河北人民出版社1994年版，第961页。
⑦ 《绘图三教源流搜神大全（外二种）》，上海古籍出版社1990年版，第46页。
⑧ （宋）张君房：《云笈七签》（全5册），李永晟点校，中华书局2003年版，第1791页。

长生不老。从历代帝王到泰山封禅的情况不难看出，帝王封禅大都祈祷天下太平、皇帝万寿无疆。对普通百姓来说，只要"上泰山，见仙人，食玉英，饮醴泉，驾交龙，乘浮云，白虎引分，直上天"，即可"受长命，寿万年，宜官秩，保子孙"①。

泰山石敢当信仰，是泰山信仰的重要组成部分。中国古代有以石驱邪的习俗。泰山石敢当信仰大概始于唐宋时期。由于唐代东岳庙会的兴起，泰山信仰开始深入民间，人们容易把"石敢当"信仰与泰山联系起来。"石敢当信仰"属于"灵石信仰"，泰山在当时被誉为五岳之尊，而帝王屡次泰山封禅、祭祀都使泰山变得更富有灵性、神秘，人们借助泰山的威严和灵性达到威慑鬼魅邪祟之效果，从而形成"泰山石敢当信仰"。人们对泰山石的崇拜和信仰以及这种崇拜和信仰在当时全国各地的广泛传播，对"泰山石敢当信仰"的形成具有重要作用。晚唐宰相李德裕的《平泉山庄草木记》记有"复有日观、震泽、巫岭、罗浮、桂水、严湍、庐阜、漏泽之石在焉"，其中"日观"即"泰山石"，"兖州从事所寄"等。② 可见在唐代"泰山石"已经全国闻名了，并成为人们对泰山、泰山神崇拜和信仰的象征。因此，唐代形成"泰山石敢当信仰"是泰山及泰山神信仰的体现与发展。直到今天，全国各地还有以"泰山石敢当"驱邪的习俗，使"泰山石敢当信仰"成为人们对泰山及泰山神信仰的重要表达方式之一。

（二）泰山封禅

隋唐时期是中国历史上封建社会的繁荣时期。隋帝王曾东巡泰山为唐朝皇帝泰山封禅打下了基础。而唐帝王多次东巡泰山并在泰山举行了封禅活动。

隋文帝杨坚统一天下后，开皇九年（589）六月，朝野都希望文帝登封泰山。开皇十五年（595），隋文帝来泰山行祭天之礼。"至十五年，行幸兖州，遂于太山之下，为坛设祭，如南郊之礼，竟不升山而还。"③ 炀帝尤崇道教，在平陈之时，还让众多的道士随从，其中泰山的由吾道荣，

---

① 刘建臻：《焦循著述新证·古铜镜录》，社会科学文献出版社2005年版，第279页。
② 陈植、张公弛：《中国历代名园记选注》，安徽科学技术出版社1983年版，第11、13页。
③ （后晋）刘昫：《旧唐书》，中华书局1975年版，第881页。

直到平陈后才离开。

唐朝皇帝高宗封禅泰山，多重用道士。据《旧唐书》记载，在唐朝封禅活动中，多有道士参与，并发挥了很大作用。贞观十五年（641），太宗将东封泰山，"车驾至洛阳宫，会有彗星之变。"[1] 道士薛颐因言："考诸玄象，恐未可东封。"[2] 又有褚遂良谏曰："此天意有所未合。"[3] 帝乃下诏罢其事。唐高宗将封禅泰山，雨不止，"帝令道合禳祝，俄而霁，乃令驰传先行太山祈袚"。[4]

在最高统治者封禅、斋醮崇道的影响下，隋唐时期的泰山已是道教名山。隋唐时，泰山道教宫观纷纷建立并汇集了不少得道高士和文人雅士。所建道观如玉皇庙、三皇庙、岱岳观、升元观、青帝观、玉皇观等。而得道高士和文人雅士如道士周朴等在岱阳建栖真观，潜心修炼。道士王希夷于泰山南麓的徂徕山修炼，饵松柏之叶及杂花散以养身，是一位颇有名望的道人。女冠张炼师居岱顶住持玉女祠，为世人称道，李白《游泰山六首》，每首的字里行间都显示着道教对他的影响及他对泰山的久慕之情。李白《赠嵩山焦炼师并序》云："嵩丘有神人焦炼师者，不如何许妇人也。又云生于齐梁时，其年貌可称五六十。常胎息绝谷，居少室庐，游行若飞，倏忽万里。世或传其入东海，登蓬莱，竟莫能测其往也。"[5] 王维也曾留有《赠东岳焦炼师》的著名诗篇，该诗字里行间，都可让我们感受到泰山道教的繁荣。其诗曰：

> 先生千载余，五岳遍曾居。遥识齐侯鼎，新过王母庐。不能师孔墨，何事问长沮。玉管时来凤，铜盘即钓鱼。竦身空里语，明目夜中书。自有还丹术，时论太素初。频蒙露版诏，特降款轮车。山静泉逾响，松高枝转疏。支颐问樵客，世上复何如。[6]

历代帝王的封禅和对"泰山神"的崇拜，促进了泰山道教的迅速发

---

[1] （后晋）刘昫：《旧唐书》，中华书局1975年版，第884页。
[2] 同上书，第5089页。
[3] （宋）欧阳修、宋祁：《新唐书》，中华书局1975年版，第4025页。
[4] 同上书，第5605页。
[5] 《全唐诗》（全25册），中华书局1960年版，第1739—1740页。
[6] 同上书，第1288页。

展，并影响到国外。唐代帝王封禅皆邀请蕃夷客使从封，如日本使节曾两次赴泰山参加封禅大典。一批批的遣唐使来华，这就使泰山成为一个重要的外交场合。频繁的外交活动发生在泰山，也无疑为泰山与域外文化交流提供了一个历史契机。唐朝时的突出表现就是泰山神东渡日本，①"泰山神"崇拜渐渐流传到日本民间，②对日本文化产生了深远的影响。

（三）泰山斋醮

隋唐皇帝多次到泰山斋醮祭祀，众多名道来泰山修炼，泰山道教宫观也大量出现。开皇十五年（595），隋文帝来泰山行祭天之礼。麟德二年（665）十二月，高宗"命有司祭泰山"③。乾封元年（666），高宗李治命于泰山王母池西侧的岱岳观祭祀老子，俗称老君堂。④乾封元年（666）一月，高宗偕武则天到泰山祭祀昊天上帝。乾封元年（666）四月，高宗"车驾至自泰山，先谒太庙而后入"⑤。武则天和唐高宗于显庆六年（661），派道士郭行真到泰山建醮造像，在岱岳庙立"双束碑"，上刻着唐代六帝一后斋醮造像。为了封禅泰山，令道士刘道合"驰传先行太山祈祓"⑥。永淳二年（683），高宗"仍令天下诸州置道士观"⑦。自天授元年（690）武则天改唐为周的十五年间，先后七次遣使者到泰山斋醮造像。唐玄宗笃信道教，与道教茅山宗的关系密切。开元十五年（727），依茅山宗名道司马承祯的建议，"敕五岳各置真君祠一所，其形象制度，皆令承帧推按道经，创意为之"⑧。继高宗、武则天之后，开元十三年（725），玄宗也到泰山进行封禅大典。这次禅社首祭地祇的乐章，由贺知章作词。贺知章为人旷达不羁，善饮，与李白等合称为"饮中八仙"，还乡后即为道士。"天宝初，病梦游帝居，数日寤，乃请为道士，还乡里，

---

① ［日］虎关师练：《元亨释书》，日贞治三年（1364）活字本01，卷三《释圆仁传》。
② 周郢：《泰山文化和日本》，《泰安师专学报》1999年第4期。
③ （后晋）刘昫：《旧唐书》，中华书局1975年版，第87页。
④ 泰安市泰山区、郊区地方史志编纂委员会：《泰安市志》，齐鲁书社1996年版，第599页。
⑤ （后晋）刘昫：《旧唐书》，中华书局1975年版，第90页。
⑥ （宋）欧阳修、宋祁：《新唐书》，中华书局1975年版，第5605页。
⑦ （清）董诰：《全唐文》（全11册），中华书局1983年版，第162页。
⑧ （后晋）刘昫：《旧唐书》，中华书局1975年版，第5128页。

诏许之，以宅为千秋观而居。"①

斋醮最早从巫觋仪式及坛祭形式发展而来，具有久远的历史。斋醮是道教设坛祭祀的一种仪式。斋醮，亦称作道场，祈祷免灾获福。关于斋，《大唐六典》载：

> 斋有七名：其一曰金箓大斋：调和阴阳，消灾伏害，为帝王国土延祚降福；其二曰黄箓斋：并为一切拔度先祖；其三曰明真斋：学者自斋齐先缘；其四曰三元斋：正月十五日天官，为上元，七月十五日地官，为中元，十月十五日水官，为下元，皆法身自忏譬罪焉；其五曰八节斋：修生求仙之法；其六曰涂炭：通济一切急难；其七曰自然斋：普为一切祈福。②

关于醮，《隋书》卷三五《经籍志四》载：

> 夜中，于星辰之下，陈设酒、脯、饼、饵、币物，历祀天皇太一，祀五星列宿，为书如上章之仪以奏之，名之为醮。③

修斋建醮是道教人神沟通的重要形式之一，也是道教徒的主要宗教活动。早在南朝时，帝王斋醮泰山就呈现一派繁荣景象。南朝诗人周弘让《春夜醮五岳图文》描述了当时帝王祭醮五岳的情景，可以想象泰山斋醮之盛。隋唐特别是唐朝有关泰山斋醮之事，主要由皇帝亲自前来，或由皇帝遣派人来泰山行斋醮之礼为多。

隋开皇十五年（595），高祖杨坚"行幸兖州，遂次岱岳"④，曾建坛设醮。唐高宗曾敕令道士分别于显庆六年（661）、仪凤三年（678）两次于泰山斋醮。武则天得宝图于洛水，称之曰"天授图"，其后遂废唐改国号为周，改元天授，又加尊号圣神皇帝。后武则天分别于周天授二年（691）、大周万岁通天二年（697）、大周圣历元年（698）、大周久视二年

---

① （宋）欧阳修、宋祁：《新唐书》，中华书局1975年版，第5607页。
② （唐）李隆基：《大唐六典》，李林普注，三秦出版社1991年版，第101—102页。
③ （唐）魏征：《隋书》（第4册），中华书局1973年版，第1092—1093页。
④ （唐）魏征、令狐德棻：《隋书》，中华书局1973年版，第140页。

(701)、长安元年（701）、大周长安四年（704），敕令道士、官员等来泰山行道斋醮。马友麈《早春陪敕使麻先生祭岳》的石刻记载了武则天当年在岱岳醮祭的盛况：

> 我皇盛文物，道化天地先。鞭挞走神鬼，玉帛礼山川。忽下元洲使，来游紫洞前。青阳得处所，白鹤怪时年。虔恳飞龙记，昭彰化鸟篇。岩风半山水，炉气总云烟。光抱昇中日，霞明五色天。山横徽外，室在绿潭边。缇幕灰初暖，焚林火欲然。年光著草树，春色换山泉。伊水来何日，嵩岩去几千。山疑小天下，地是会神仙。叶令乘凫入，浮丘驾鹤旋。麻姑几年岁，三见海成田。①

武则天偏爱佛门，但在位期间也频繁遣使东来泰山行道。她改周共有十五年，在泰山斋醮投龙之事竟有七次之多。仅在长安四年（704）一年中竟有两次来泰山。这从侧面反映出她复杂的心理状态。长寿安国，是她称帝后的最大心愿，为达此目的无论佛道，都在她尊崇之列。

唐中宗敕令道士、官员等分别于神龙元年（705）、景龙二年（708）、景龙三年（709）来泰山行道斋醮。唐景云二年（711），睿宗皇帝敬遣太清观道士杨太希，于名山所烧香供养。② 唐景云二年（711），蒲州丹崖观上座吕皓仙等奉睿宗皇帝敕来泰山设斋醮并投龙。③ 开元年间，唐玄宗"有意于神仙，敕使正议大夫内给事梁思陀、寺伯俱元明等，与道士任无名，于东岳泰山投龙合练"④。后玄宗又于开元十九年（731）派遣道士于太岳修斋三天三夜。

唐代宗曾分别于大历七年（772）、大历八年（773），遣员来泰山行道斋醮。

唐朝皇帝进行的泰山斋醮活动，所设的多是金箓大醮。如唐《双束碑》记载：大周久视二年（701）的皇帝斋醮祈求的是"我皇万福，宝业恒隆"。大周长安四年（704）的陈设醮礼，意在"表圣寿之无穷者也"。

---

① 孟昭水：《岱览校点集注》（上），泰山出版社2007年版，第385—386页。
② 同上书，第388页。
③ 同上。
④ 同上书，第389页。

唐景龙三年（709）的河图大醮，更祈后福，告请"寿延千载之君"等。而在景云二年（711），睿宗遣太清观道士杨太希于岱岳观烧香供养，为的是"溟宇常安，朕躬男女六姻，永保如山之寿"。开元八年（720），梁思陀等与道士任无名在东岳的投龙合练，更是旨在"我皇有意于神仙"。据《大唐六典》卷四载："斋有七名，其一曰金箓大斋，调和阴阳、消灾伏害、为帝王国王（注：王应当为土）延祚降福。"① 认为金箓斋法是救助帝王和国土的斋法。由此看来，唐朝六帝一后的泰山斋醮主要目的在于祈求帝王身体健康长寿、江山永固。

泰山斋醮活动的施道者均是当时道教界颇有名望、并有一定社会地位的高功法师。在显庆六年（661）的泰山首次斋醮中，有东岳道士郭行真及其弟子施道。据《资治通鉴》卷二百一载：麟德元年（664），"有道士郭行真，出入禁中，尝为厌胜之术"②。仪凤三年（678），由大洞三景法师叶法善主持设醮。叶法善"自曾祖三代为道士，皆有摄养占卜之术。法善少传符箓，尤能厌劫鬼神。……法善自高宗、则天、中宗历五十年，常往来名山，数召入禁中，尽礼问道。……当时尊宠，莫与为比"③。可见他的影响之大。显庆时，玄宗闻其名，曾征诣京师，将加爵位，固辞不受，求为道士。因他尤善设坛醮祭之术，所以能来东岳做道场。天授二年（691），来泰山投龙作功德的马元贞，也是一位深受帝王赏识的有名道士。对于诸法师来泰山斋醮之情形，公孙杲曾刻文记曰："驾鹤排□雾，乘鸾入紫烟。凌晨味谭菊，薄暮玩峰莲。玉叶低梁下，金鼺列窗前。啸傲云霞际，留情鳞羽年。"④ 斋醮、消灾度厄法及其仪式为：

> 其洁斋之法，有黄箓、玉策、金箓、涂箓等斋。为坛三成，每成皆置锦葩，以为限域。傍晚各开门，皆有法象。斋者亦有人数之限，依次入于锦葩之中，鱼贯面缚，陈说愆咎，告白神祇，昼夜不息或一二七日而止。其斋数之外有人者，并在锦葩之外，谓之斋客，但拜谢

---

① （唐）李隆基：《大唐六典》，李林普注，三秦出版社1991年版，第101页。
② （北宋）司马光：《资治通鉴》，中华书局1956年版，第6342页。
③ （后晋）刘昫：《旧唐书》，中华书局1975年版，第5107—5108页。
④ 孟昭水：《岱览校点集注》（上），泰山出版社2007年版，第386页。

而已，不面缚焉。而又有诸消灾度厄之法，依阴阳五行术数，推人年命书之，如章表之仪，并具贽币，烧香陈读。云奏上天曹，请为除厄，谓之上章。夜中，于星辰之下……祀五星历宿，为书如上章之仪以奏之，名之为醮。又以木为印，刻星辰日月于其上，吸气执之，以印疾病，多有愈者。有能登刀入火而焚救之，使刃不能割，火不能热。而又有诸服耳、辟谷、金丹、玉浆、云英、蠲除滓秽之法，不可殚记。①

当时的人们经常会遇到一些难以解决的生老病死和天灾人祸，他们就请道士设斋建醮以求得心灵的慰藉，认为只要虔诚地设斋建醮，就可以消灾免祸、治病增寿、免灾祸福，就可以风调雨顺、国泰民安。上至皇宫贵族，下至平民百姓都热衷于斋醮活动。据《法苑珠林》卷六十二载："唐兖州曲阜人倪氏，买得妻皇甫氏。为有疾病，祈祷泰山，稍得瘳愈。"②又据唐代薛用弱著《集异记》载："贞元初，平卢帅李纳病笃，遣押衙王祐祷于岱岳，斋戒而往。"③唐代的斋醮法事都是按照特定的仪式进行的，如下表所示：

表4—2　　　　　　　　唐朝时山东道教斋醮统计表④

序号	年号	斋醮道士	主要斋醮内容	地点
1	显庆六年（661）	郭行真弟子陈兰茂、杜知古、马知止	皇帝皇后七日行道并造素像一躯	泰安
2	仪凤三年（678）	大洞三景法师叶法善	奉敕于岱岳观修斋设河图大□一□，敕敬造壁书元始天尊万福，德既毕，勒石纪年	泰安

---

① （唐）魏征：《隋书》（第4册），中华书局1973年版，第1092—1093页。
② （唐）道世：《法苑珠林》，上海古籍出版社1991年版，第455页。
③ （唐）薛用弱：《集异记》，中华书局1980年版，第40页。
④ （清）王昶辑：《金石萃编》，卷五十三《岱岳观碑》；中国书店1985年版。

续表

序号	年号	斋醮道士	主要斋醮内容	地点
3	大周天授二年（691）	金台观主马元贞、弟子杨景□、郭希丽	往五岳四渎投龙作功德，于东岳行道章醮投龙①做功德一十二日夜	泰安
4	万岁通天二年（697）	东明观道士孙文偆	奉天册金轮圣神皇帝肆月□日敕，将侍者姚钦元诣此岳观祈请行道事毕，敬天造石天尊像壹躯	泰安
5	大周圣历元年（698）	大□道观桓道彦、弟子晁白揣	奉敕于此东岳设金箓宝斋河图大醮，七日行道，两度投龙，遂感庆云叁见②，用斋醮物奉为一天尊金轮壁神，皇帝敬造等身老君像壹躯	泰安
6	唐久视二年（701）	神都青元观主麻慈力	神都青元观主麻慈力亲承圣旨，内赍龙壁、御词、缯帛及香等物诣此观中斋醮功毕，伏愿我皇万福，宝业恒隆，敬勒昌龄，冀同砺而无朽	泰安
7	长安元年（701）	金台观主赵敬、刘守真、王怀亮等	岱岳观灵坛修金箓宝斋三日三夜，又□观侧灵场之所设五岳一百廿槃醮礼金龙玉璧并投山讫等	泰安
8	大周长安四年（704）	威仪师道士邢虚应、法师阮孝波等	奉敕于岱岳观建金箓大斋四十九日行道设醮，奏表投龙荐璧。敬书本际经一部，度生经千卷，以兹功德奉福圣躬其月四日巳前行道之时，忽见日月扬光加以抱戴，俄顷之际，云色顿殊，遂有紫霞□起黄云耳，兴遍满□场善成功德，观斯嘉瑞，敢不书之，斋醮既终，勒文于石	泰安

---

① 投龙，薛驹在《东斋纪事》解释为：道家有金龙玉简，学士院撰文，具一岁斋醮，投于名山洞府。金龙以铜制，玉简以阶石制，故谓之投龙也。

② 在唐朝斋醮仪式中，有金箓斋、黄箓斋、玉箓斋之分。唐国师潘师正《道门经法相承次序》云："金箓，上元，主天。天者乾，为天，金箓主之，故销天灾也。黄箓，下元，主地，地者坤，坤色黄，故黄箓主之……玉箓，中元，主人。人出箓者，资于德。玉备德，故玉箓主王公。"两度投龙，所行的又是"金箓宝斋河图大醮"，可见此次斋醮造像比以前的法事隆重。

续表

序号	年号	斋醮道士	主要斋醮内容	地点
9	神龙元年（705）	法师阮孝波、道士刘思礼等	奉敕于岱岳观建金箓宝斋，四十九人九日九夜行道并设醮投龙，功德即毕	泰安
10	景龙二年（708）	大龙兴观□□□□	东岳陈章醮、荐龙璧，以其月二十七日于岱岳观设并□□□□金箓行道九日九夜，烧香燃灯□□并设五岳名山河图等醮……皇猷永固，与灵岳而恒安，国祚长隆等	泰安
11	景龙三年（709）	龙兴观主杜太素、蒲州丹崖观吕皓仙、京景龙观曹正一等	岱岳观建金箓大斋，报答前恩，追济、衮等州大德四十九人七日七夜，转经行道，设河图大醮，更祈后福以申告请，七日之中遂呈四瑞，白鹤腾辉，拂霞莊而矫色，黄云霭彩映崖穴，以通光丝雨飞	泰安
12	景云二年（711）	太清观道士杨太希	名山斫烧供养	泰安
13	景云二年（711）	蒲州丹崖观上座吕皓仙等	东岳、莱州东海投龙修功德，蒲州灵仙观道士杜含光、丹崖观王元庆、孙藏晖于此三日三夜四十九人金箓行道设斋醮并投龙	泰安 莱州
14	开元八年（720）	任无名	东岳泰山投龙合练，笼以紫绋①，送以绀钱	泰安
15	开元十九年（731）	都大口道观张游雾、京景龙观大德杨珹连	立真君于此修斋三日三夜	泰安

---

① "紫绋"是皇帝赏赐给重臣或对国家做过贡献的官员一种"殊荣"，墓主去世后，皇帝亲自撰写碑文，赐"御制"神道碑，立在他的墓前。

续表

16	大历七年（772）	魏成信（内侍）	岱岳观修金箓斋醮及于瑶池投告事毕	泰安
17	大历八年（773）	王端静	岱岳观金箓行道七日七夜及□瑶池投告□□。	泰安

（四）泰山祭祀

古代帝王原祀泰山自然神，汉武帝定五岳后，方祀泰山神。保留原始宗教的山岳崇拜，拥有大批山神是泰山祭祀的特点之一。而泰山神是道教最重要的山神，道教宣扬泰山神掌管人间生死。其后又拟人化，取姓氏名讳，婚配子女。隋唐时期泰山道教繁荣的标志是祭祀活动的盛行。在《古今图书集成·博物汇编·神异典》卷二十二《东岳泰山之神部外编》和《东岳泰山之神部纪事》，以及后晋刘昫《旧唐书》玄宗《纪泰山铭》中记载了泰山各种祭祀活动的情况。

泰山神即泰山府君，是地狱之神，掌管人间生死。历朝封建统治者为了实现长久和平，为泰山神加官晋爵，希望借助神道以教化天下百姓。泰山神被认为是掌管万物生死的司命神，在魏晋时期就已经基本确立了下来。唐道世撰集《法苑珠林》把泰山神进一步的神圣化、神秘化，其卷六曰："道者被天帝，总统六道，是谓天曹。阎罗王者，如人间天子，太山府君如尚书令录……《赵泰传》云：泰曾死而绝，有使二人，扶而从西入趣宫治，合有三重黑门，周币数千里，高梁瓦屋。是日亦有同死者，男女五六千人，皆在门外，有吏著帛单衣，持笔疏人姓名，男女左右别记……当将汝入呈太山府君……府君西向坐，边有持刀直卫左右，主者案名一一呼入，至府君所依罪轻重，断之入狱。"[1] 开元十三年（725），唐玄宗东封泰山时，"封泰山神为天齐王，礼秩加三公一等，仍令所管崇饰祠庙，环山十里，禁其樵采，给近山二十户复，以奉祠神"[2]。唐时，泰山年别一祭，以五郊迎气日祭于兖州。[3] 玄宗曾制《纪泰山铭》，御书勒

---

[1] （唐）道世：《法苑珠林》，上海古籍出版社1991年版，第45页。
[2] （后晋）刘昫：《旧唐书》，中华书局1975年版，第901页。
[3] 同上书，第910页。

于山顶石壁之上，不但表达了对泰山神灵的崇敬，还把泰山神的形成过程、人们对泰山神的信奉和崇拜进行了叙述，同时表达了对泰山封禅各种祭祀方式的赞誉和钦佩。

（五）泰山庙会

泰山庙会的形成与泰山斋醮、泰山封禅密切相关。泰山庙会是在特定日期举行的集祭祀、贸易、娱乐等于一体的以泰山神为主要信仰对象，且平民百姓广泛参与的综合性活动。泰山庙会具有悠久的历史，已成为泰山文化的重要组成部分。

泰山东岳庙会，最早可追溯至汉朝。① 《盐铁论》卷六《散不足》云："古者庶人鱼菽之祭，士一庙，大夫三，以时有事于五祀，无出门之祭。今富者祈名岳，望山川，椎牛击鼓，戏倡舞像。"② 此处"名岳"当包括泰山。汉代泰山已被尊为"五岳之长"③，可知在汉代泰山就已名声远播。而"祈""望""椎牛击鼓""戏倡舞像"，则表明当时的祭祀人数之多及大型活动的存在。这符合集神秘性、区域性、季节性、集体性等于一体的庙会特征。因此，汉朝时泰山东岳庙会已具雏形。但此时还没有形成严格意义上的泰山庙会。这是因为在泰山祭祀活动的早期，祭祀被统治者专权，限制了平民百姓的参与，因而也就不可能出现正式的庙会。随着泰山崇拜和泰山神的影响，泰山信仰开始逐渐渗透到社会各阶层，到泰山朝拜的全国各地百姓逐年增多。

魏晋至唐，是泰山信仰迅速发展的时期，泰山信仰普遍地扩展到民间，参与泰山庙会活动的平民百姓人数不断增加，积极性得到极大提高。④ 唐朝时，泰山宫观道院叠起，泰山道教斋醮进入繁荣时期。参加斋醮的人员除上至王公贵族，下至平民百姓，还有海外番邦，规模庞大。唐高宗显庆六年（661），武则天泰山斋醮，善男信女云集到贺。唐玄宗封泰山神为"天齐王"，开辟了泰山历史地位的新时代，同时也开始了泰山神人格化的进程。由于泰山斋醮有皇帝参加，又是从早期民间的巫觋及坛祭发展而来的，做道场时有为数众多的道士参加，所举行的斋醮仪式时间

---

① 周郢：《泰山与中华文化》，山东友谊出版社2010年版，第230页。
② 王利器：《盐铁论校注》，中华书局1992年版，第351页。
③ （东汉）应劭撰，吴树平校释：《风俗通义校释》，天津人民出版社1980年版，第366页。
④ 刘慧：《泰山庙会》，山东教育出版社1999年版，第28—29页。

跨度又较长，还有众多的蕃国参与，仪式生动形象，极大地吸引了平民百姓。众多善男信女、平民百姓从四面八方云集而来，为泰山庙会的真正形成奠定了坚实的基础。但是，当时虽然有许多善男信女云集而来，由于它并没有以泰山神为主要信仰对象，且活动日期也不固定，只是随斋醮活动而临时成会，没有形成定例。另外，限于皇家之事，平民百姓只能翘首观望，并不能真正参与其中，① 且仅仅是庆贺岱岳观造成的神像，因此，这还不是真正意义上的泰山庙会。直至唐末五代，才开始形成真正意义上的泰山庙会。据《野人闲话》记载："灌口白沙有太山府君庙，每至春三月，蜀人多往设斋，乃至诸州医卜之人，亦尝集会。"② 唐代，泰山神行祠开始在全国出现。如唐朝时，泰山府君祠在鱼台县西十二里。③ 滕州东岳庙，创建于唐末五代时。④ 由于泰山神行祠是从泰山传至全国各地的，五代时的四川灌口白沙每年春三月"集会"，因此我们可以据此推断当时的泰山东岳庙也会有此风俗。所以，真正意义上的泰山庙会可以追溯至唐末五代时期。全国各地东岳庙的创建及东岳庙会的举行，也说明了唐末五代时期泰山信仰在全国的发展。

总之，隋唐最高统治者的崇道活动，尤其是帝王的封禅及皇室的修斋建醮，直接刺激着泰山道教的发展，再加上当时不少道士、官员、平民百姓或奉皇室旨意，或主动前来烧香祭祀，泰山道教进入繁荣阶段。隋唐时期泰山道教的发展的鲜明特点，就是始终受到封建统治者的大力扶持，且与泰山崇拜有着十分密切的联系。

二 崂山

隋唐时期亦是崂山道教发展的重要时期，这一时期崂山修建了许多著名的道教宫观，聚集了一大批像刘若拙、李玄哲等的知名道士，从而使崂山成为全国著名的道教名山，在山东道教发展史上具有重要地位。

---

① 刘慧：《泰山庙会》，山东教育出版社1999年版，第30页。
② 傅璇琮、徐海荣、徐吉军：《五代史书汇编》，杭州出版社2004年版，第5999页。
③ （唐）李吉甫：《元和郡县图志》（全2册），贺次君点校，中华书局1983年版，第266页。
④ （元）虞集撰：《道园学古录》卷四十六《滕州新修东岳庙记》，见《四部丛刊·集部》，上海涵芬楼景印，明景泰翻元小字本。

（一）崂山名道

隋唐时期由于皇帝重视道教，崂山地区的道教也出现了繁荣局面，尤其是孙昙、王旻、李华周等道士更是奉皇帝之命来崂山采药、炼丹，这就更加扩大了崂山在全国道教名山中的影响力，一时间聚集了许多闻名全国的道士。当时来崂山修炼的道士主要有：

1. 姜抚

姜抚，宋州人。"自言通仙人不死术，隐居不出。开元末，太常卿韦縚祭名山，因访隐民，还白抚已数百岁。召至东都，舍集贤院。因言：'服常春藤，使白发还鬒，则长生可致。藤生太湖最良，终南往往有之，不及也。'帝遣使者至太湖，多取以赐中朝老臣。因诏天下，使自求之。宰相裴耀卿奉觞上千万岁寿，帝悦，御花萼楼宴群臣，出藤百奁，遍赐之。擢抚银青光禄大夫，号冲和先生。抚又言：'终南山有旱藕，饵之延年。'状类葛粉，帝作汤饼赐大臣。右骁卫将军甘守诚能诐药石，曰：'常春者，千岁蘽也。旱藕，杜蒙也。方家久不用，抚易名以神之。民间以酒渍藤，饮者多暴死。'乃止。抚内惭悸，请求药牢山，遂逃去。"①

2. 孙昙

孙昙，唐代道士，唐天宝二年（743），被唐玄宗李隆基派到崂山祭海、求仙、采药。②

3. 王旻

王旻，号太和先生，居衡山，③唐玄宗时道人，天宝四年受唐玄宗御旨，来崂山采药炼制长生不老之药，并得玄宗恩准，把崂山改为"辅唐山"。④据《太平广记》载："王旻，得道者也。常游名山五岳，貌如三十余人。其父亦道成，有姑亦得道，道高于父。旻常言：'姑年七百岁矣'。有人知其姑者，常在衡岳，或往来天台罗浮，貌如童婴。其行比陈夏姬，唯以房中术致不死，所在夫壻甚众。天宝初，有荐旻者，诏征之，至则于内道场安置。学通内外，长于佛教。帝与贵妃杨氏旦夕礼谒，拜于床下，访以道术，旻随事教之。然大约在于修身俭约，慈悲为本，以帝不

---

① （宋）欧阳修、宋祁：《新唐书》，中华书局 1975 年版，第 5811—5812 页。
② 中国人民政治协商会议青岛市崂山区委员会、青岛市崂山风景区管理委员会：《海上名山第一——崂山》，青岛出版社 1992 年版，第 104 页。
③ （清）乾隆《大清一统志》卷二百八十一《衡州府》，影印文渊阁四库全书本。
④ 张崇纲：《崂山道士》，青岛市李沧区文化局，1999 年，第 374 页。

好释典，旻每以释教引之，广陈报应，以开其志。帝亦雅信之。旻虽长于服饵，而常饮酒不止，其饮必小爵，移晷乃尽一杯，而与人言谈，随机应对，亦神者也。人退皆得所未得。其服饰随四时变改。或食鲫鱼，每饭稻米，然不过多，至葱韭荤辛之物、咸酢非养生者，未尝食也。好劝人食芦菔根叶，云：'久食功多力甚，养生之物也'。人有传世世见之，而貌皆如故，盖及千岁矣，在京多年。天宝六年，南岳道者李遐周，恐其恋京不出，乃宣言曰：'吾将为帝师，授以秘箓'。帝因令所在求之。七年冬而遐周至，与旻相见，请曰：'王生恋世乐，不能出耶？可以行矣'。于是劝旻令出。旻乃请于高密牢山合炼。玄宗许之，因改牢山为辅唐山，许旻居之。旻尝言：'张果天仙也，在人间三千年矣；姜抚地仙也，寿九十三矣。抚好杀生命，以折己寿，是仙家所忌，此人终不能白日升天矣'"。① 另据周至元《崂山志》载："王旻，得道人也，常游五岳，貌如三十许人。沈潜佛教，玄宗时，诏至阙。天宝四年，同南岳道士李华周，请高密崂山为上炼长生之药。玄宗许之，改崂山为辅唐山。"②

4. 李哲玄

李哲玄，字静修，号守中子，唐河南道陈留县（今河南省兰考县）人。《崂山志》载：李哲玄生于唐代大中元年（847）二月二十七日，幼年聪敏异常，诵读不忘，15岁场试中选，旋登进士第。惟性好清淡，无意仕途，喜阅道书，厌世弃俗，遂云游四方，访求至道，多年未遇，不懈初志，迨遇罗浮道士，随其入罗浮山，潜修多年，得其玄妙。唐天祐元年（904），李哲玄东游海岛至崂山，与张道冲、郑道坤、李志云、王志诚诸公相投契，遂留居崂山，在今太清宫处筑茅庐，名"三皇庵"，供奉三皇神像，居此养真修道。③ 后唐同光二年（924），道人刘若拙自四川来崂山，李哲玄与之相谈甚契，极为投合。后周广顺三年（953），李哲玄赴京城被敕封为"道化普济真人"，回归崂山后，自居山庵，日阅《黄庭经》以为常。后周显德六年（959）八月十二日，李哲玄卒于崂山，年115岁，葬于太清宫东山之阳。④ 太清宫拜斗台上至今仍留有"本宫始祖

---

① （宋）李昉：《太平广记》，中华书局1961年版，第447—448页。
② 周至元：《崂山志》，齐鲁书社1993年版，第162页。
③ 青岛市史志办公室：《青岛市志·崂山志》，新华出版社1999年版，第471页。
④ 青岛市史志办公室：《青岛市志》，五洲传播出版社2002年版，第314页。

李真人哲玄号守中子敕封道化普济真人于唐天祐元年甲子至本宫拜北斗于此"的刻石。① 由《崂山志》载李玄哲生平事迹可知，李玄哲初入道罗浮山，罗浮山为丹鼎派的重要发源地之一，他在罗浮山修道多年后来到崂山，将内丹术传播到了崂山。

5. 常修安

常修安（女），唐天宝十五年（742），从陕西来崂山玉清宫出家当了道姑，并献出大宗金、银、宝珠，重修玉清宫，使破旧濒临倒塌的玉清宫焕然一新：顶盖琉璃瓦，神像镀金身。相传，她是杨贵妃在马嵬坡用宫女做替身后，逃生来崂山改名换姓当了道姑，安度终生。死后，葬入宫边道莹。②

6. 吴筠

吴筠，鲁中之儒士也通经善属文，举进士不第，性高洁，不奈流俗，乃入嵩山依潘师正为道士，传正一之法，苦心钻研，尽通其术。南游金陵，访道茅山，后游天台山，与名士相娱。

天宝年间（713—741），吴筠同诗人李白、孔巢父等东游崂山，至太清宫，在蟠桃峰下饮酒唱和，为峰顶的王母瑶池咏叹抒怀，共创一曲《清平调》，随之传给道士，此曲即为太清宫等内山庙一直沿用至今的《步虚》殿坛经韵曲牌。③ 吴筠与李白在同游崂山时，还曾写下了著名诗句："碧海广无际，三山高不及。金台罗中天，羽客恣游息。霞液朝可饮，虹芒晚堪食。啸歌自忘心，腾举宁假翼。保寿同三光，安能四千亿。"④

由上可知，隋唐时期崂山涌现出许多知名道士，他们的到来不仅为崂山道教带来了新的道教理念、经典，如李哲玄到崂山后传扬内丹派的要籍《黄庭经》，《黄庭经》也是茅山上清派所信奉的一部典籍，而且还修建了不少道教宫观，扩大和提高了崂山在全国道教名山中的影响和地位。

(二) 崂山道教宫观

隋唐时，崂山道教宫观发展较快。开皇二年（582），重修崂山古老

---

① 青岛市史志办公室：《青岛市志》，五洲传播出版社2002年版，第241页。
② 张崇纲：《崂山道士》，青岛市李沧区文化局，1999年，第374页。
③ 朱越利：《中国道教宫观文化》，宗教文化出版社1996年版，第106页。
④ 曹学佺：《石仓历代诗选》卷一百四《方外一·吴筠》，影印文渊阁四库全书本。

寺院慧炬院。开皇十六年（596），复置不其县，当年废，并入即墨县。开皇年间（581—600），重修崂山狮莲院。① 唐初，由于李氏皇室的推崇，道教一度被定为国教，崂山道教在此时也出现了新的发展趋势。尉迟敬德于武德乙酉年（625）奉旨在崂山修建了东华宫。唐贞观年间，在崂山凤山建玉皇庙（后称通明宫），后又在通明宫西建延寿宫，这是最早由皇帝在崂山敕封或敕建的庙宇。② 崂山东海中田横岛上的齐王庙（祀齐王田横）、崂山大妙山南麓之圣水庙（又名大庙，祀玉皇、圣水夫人）、崂山西部（今错埠岭村）的于姑庵（初为道庵，现为佛教庙宇）、崂山西部女姑山太乙元君祠（祀太乙元君）等也建于唐朝。③

1. 东华宫

东华宫的修建时间应该不早于唐武德乙酉年。"东华宫为尉迟敬德在胶东剿平王世充余部后，于武德乙酉年奉旨在崂山修建了东华宫（宋代改为铁瓦殿）。"④ "东华宫距上苑东二里许，祀东华帝君。邑人周日灿撰《重修碑记》，字画纤细，苔皴藓蚀，不可辨识。旧有钟鼓楼，今圮。迤北有北斗石，相传昔有道士礼北斗于此。自此而南里许为关帝庙，石碣嵌壁间，记重修岁月。再西南槐树洞。此皆属太平宫者。"⑤

2. 三皇殿

三皇殿为道士李哲玄所建，唐天祐元年，李哲玄东游至崂山，与张道冲、郑道坤、李志云等相投契，遂留居崂山，在今太清宫处筑茅庐，名"三皇庵"，供奉三皇神像，并居此养真修道。三皇殿后来成为太清宫的重要宫殿之一，供奉天、地、人三皇及十大神医。

3. 通明宫

该宫又称玉皇庙，现位于城阳区夏庄街道办事处西宅子头村北。传为唐代贞观年间建。⑥

---

① 青岛市史志办公室：《青岛市志》，新华出版社1999年版，第11页。
② 朱越利：《中国道教宫观文化》，宗教文化出版社1996年版，第94页。
③ 青岛市崂山文化研究会：《崂山研究》（第1辑），中国海洋大学出版社2006年版，第149—150页。
④ 孙常德：《山东崂山文化——碧海仙居医武齐民》，载朱赵利主编《中国道教宫观文化》，宗教文化出版社1996年版，第94页。
⑤ （清）黄肇颚：《崂山续志》卷八《补遗》，即墨市史志办公室点校本，山东省地图出版社2008年版，第315页。
⑥ 青岛市史志办公室：《青岛市志》，五洲传播出版社2002年版，第229页。

4. 延寿宫

该宫位于通明宫西,在今城阳区流亭街道办事处仙家寨村。据传建于唐代,无考。①

此外,文笔峰西麓有"塘子观",后又建成白云洞庙殿、大妙山圣水庙。后者位于大妙山,相传唐时所筑,殿祀玉皇及圣水夫人。②

综上所述,隋唐时期崂山道教宫观也日益得到发展,但由于历史久远,许多宫观今已经湮没。

(三)崂山道乐

唐朝,随着道教的兴盛,道教音乐也借助经济的繁荣和朝廷的偏爱,得到了空前发展。帝王不但令道士大臣进献道曲,还令内教坊乐工制作道调。唐玄宗还"于内道场亲教诸道士步虚声韵"③。同时,崂山道教音乐也随唐代道教音乐的发展而兴盛起来。唐王朝右府大将军尉迟恭于武德乙酉年(625)奉命至崂山敕建东华宫,在此期间唐宫廷的音乐大量传到崂山庙庵中。④崂山道韵亦向高雅的宫廷音乐发展。天宝年间(742—756),李白《寄王屋山人孟大融》诗中有"我昔东海上,劳山餐紫霞"⑤之名句,并曾和道士吴筠在崂山太清宫旅居饮酒作诗,咏叹抒怀。《清平调·咏王母蟠桃峰》被认为是李白和吴筠在崂山太清宫北山之阳"蟠桃峰"下共同所创,被认为是崂山韵殿坛经韵曲牌的代表作品。同时,李白与吴筠又把江南道家所用十方大型经韵曲牌《三涂五苦颂》传给崂山太清宫道长詹兆升及各庙道士。⑥

由于太清宫的道场在北方道教场中具有很高的地位,因此不断有各地方士、道人来崂山为道,促进了崂山道乐的繁荣。据《新唐书·礼乐志》载:"虞世南制《英雄乐曲》,帝之破窦建德也。乘马名黄骢骠……命乐

---

① 青岛市史志办公室:《青岛市志》,五洲传播出版社2002年版,第229页。
② 周至元:《崂山志》,齐鲁书社1993年版,第104页。
③ 任继愈:《中国道教史》(增订本),中国社会科学出版社2001年版,第955页。
④ 朱越利:《中国道教宫观文化》,宗教文化出版社1996年版,第94页。
⑤ 《全唐诗》(全25册),中健书局1960年版,第176页。
⑥ 《崂山道乐初探》中国人民政治协商会议崂山县文史资料研究委员会编:《崂山餐霞录》(第1集),1986年4月,第225页;陈振涛:《崂山道教音乐考察记》,《中国道教》1991年第4期。

工制《黄骢叠曲》。"① 因马累死于道，故制曲以纪。因此曲系唐初尉迟敬德②带来崂山，故后人亦将《英雄》《黄骢》等琴曲称为"尉曲"。唐朝时，济南府书香门第任新庭弃职还乡，抱琴携书来崂山白云洞出家三十余载，诵经练气，编曲弹琴。其创作的琴曲《秋山行旅》《鹊华春山》典雅抒情，富有唐代宫廷乐舞特色。③

隋唐时期，由于帝王崇信道教及一些宫廷道士被遣往崂山炼制丹药，崂山道士及宫观逐年增多，同时被用于道教斋醮仪式上的道教音乐也得以发展。这些均使得崂山在隋唐时期发展成为全国的道教名山之一。

三 沂山

沂山素有"五镇之首"之称。沂山主峰玉皇顶，海拔 1031.7 米，建有泰山祠，或曰玉皇庙，庙左有观景台。历史上，沂山受封由来已久，为历代帝王所重视。"夏、商有望秩之典，周有沉埋之祭，奉祀加车乘骝驹"。西汉武帝曾设祠于沂山亲自祭祀。沂山东镇庙原坐落于沂山主峰玉皇顶之巅，名曰"泰山祠"，始建于西汉武帝太初三年（前102）。当时，砌造简陋，有祠堂三楹，道舍二楹，山门一，无守庙道人。④ 自汉代以后历代皇帝多在此立祠祭祀，大兴土木，营造庙殿斋舍，并规定"岁时春秋二祭守土主之"。凡遇大典，如新皇登基，或"天时不顺、地道欠宁"，皇帝还亲自或派遣重臣赴东镇致祭。例如，魏文帝黄初二年（221），"六月庚子，初祀五岳四渎，咸秩群祀"⑤。由于历代朝廷有望秩之典⑥，加之沂山雄伟秀丽，文人墨客慕名而至，观光览胜，留下了大量的碑碣，遍布庙院内外，丛蠹如林，故有"东镇碑林"之称。自汉代以来，沂山道教不断发展。

到了隋朝，沂山道教进一步发展。隋文帝开皇十四年（594），立祠

---

① （宋）欧阳修、宋祁：《新唐书》，中华书局1975年版，第471页。
② 尉迟敬德，生于北周静帝大定五年（585），卒于唐高宗显庆三年（658），名恭，字以行，唐初著名大将。尉迟敬德的一生，是戎马生涯的一生，自隋末从军至去世之前，南征北伐，出生入死，为唐代前期的强大和巩固立下了汗马之劳。
③ 朱越利：《中国道教宫观文化》，宗教文化出版社1996年版，第108页。
④ 中国人民政治协商会议临朐县委员会：《临朐文物专辑》，潍坊市新闻出版局1997年版，第68—69页。
⑤ （晋）陈寿：《三国志》，中华书局1959年版，第78页。
⑥ 谓按等级望祭山川。《书·舜典》："岁二月，东巡守，至于岱宗，柴，望秩于山川。"

沂山。《隋书·礼志二》云："开皇十四年闰十月，隋文帝诏东镇沂山……并就山立祠。……并取侧近巫一人，主知洒扫，并命多莳松柏。"①唐代可以说是沂山东镇庙发展中的一个重要时期，这主要表现在以下两个方面。

（一）沂山被封为东安公

贞观十年（636），太宗诏封沂山为"东安公"，至此沂山神始有正式封号。这次册封对于沂山来说意义重大，因为这是它第一次真正得到帝王的册封，开帝王册封之先河，其后历代帝王皆仿效此，屡有加封。东镇庙现存《明洪武三年明太祖诏定岳镇海渎神号碑》云："考诸祀典，知五岳、五镇、四海、四渎之封起自唐世，崇名美号，历代有加。"唐玄宗时期，五岳、五镇、四海、四渎，五岳、四海皆被封王，五镇、四渎皆被封公。天宝年间，玄宗派员沂山祭祀，"太子率更令嗣道王炼祭沂山东安公"②。文宗开成年间（834—840），东镇沂山发生道、佛之争，泰山祠道士被驱逐出祠。但在后来的"会昌法难"③中，沂山佛寺遭到破坏，僧众减少，道士进驻紫云观，趁机发展教徒，扩大了影响。

（二）祀礼的常规化与制度化

隋开皇十四年（594）所建庙祠，即今沂山东镇庙的前身，这对沂山具有特别的意义。隋开皇十四年（594）立祠，为后世帝王致祭沂山提供了固定的祭祀场所，这为以后五镇礼祀的常规化、制度化打下了基础。《旧唐书·礼仪志四》云："五岳、四镇、四海、四渎，年别一祭，各以五郊迎气日祭之。东岳岱山，祭于兖州；东镇沂山，祭于沂州；东海，于莱州；东渎大淮，于唐州。南岳衡山，于衡州。南镇会稽，于越州；南海，于广州；南渎大江，于益州。中岳嵩山，于洛州。西岳华山，于华州；西镇吴山，于陇州；西海、西渎大河，于同州。北岳恒山，于定州；北镇医无闾山，于营州；北海、北渎大济，于洛州。其牲皆用太牢，笾、

---

① （唐）魏征：《隋书》，中华书局1973年版，第140页。
② （后晋）刘昫：《旧唐书》，中华书局1975年版，第934页。
③ 据《旧唐书·武宗》卷十八载：武宗李炎，崇信道士赵归真，赵归真排毁释氏，帝恶僧尼耗蠹天下。会昌五年（846）8月，武帝敕令拆天下佛寺4600余所，还俗僧尼26万人，拆招提兰若40000余所，收膏腴上田数千万顷。天下废寺，铜像、钟磬委盐铁使铸钱，其铁像委本州铸为农器，金银瑜石等像销付度支。这次毁像即历史上所说的"会昌法难"。

豆各四。祀官以当界都督刺史充。"① 自此之后，沂山东镇庙的祭祀列入国家祀典，成为常祭，每年一次，历代帝王皆遣使致祭，其庙制与祀礼也进一步规范化与制度化。因世远年湮，史料阙如，关于唐代沂山东镇庙的情况已无法考确。但宋赵明诚《金石录》著录了两块唐代东镇庙碑刻，可提供若干相关信息。《金石录》卷五云："周东镇沂山碑，房晋撰，韩景阳八分书。长安四年五月。"②《金石录》卷六云："唐修东镇沂山记，范正则撰并八分书。天宝元年三月。"③ 因《金石录》记载过于简略，对于第一块碑到底是致祭碑还是重修碑，已难以考知。然而，通过第二块碑可以知道，唐天宝元年（742）三月，沂山东镇庙曾重修。以上两碑现已不存，但东镇庙现存元至治二年《东镇沂山元德东安王庙神佑宫记碑》云："祀奠礼毕，读视天宝、大安等故碑之文，有曰：'庙之右神佑宫者，乃知庙道士叁礼之所也。庙之左馆驿者。乃祭者宿斋之处也'。又有赔庙之地四至：东至义道约叁里，南至大岭约叁里，西至黄泥户洞约二里，北至凤凰岭分水流处为界。知庙道士传度师杨道全立石。"④

隋唐时，沂山曾有大量道教庙碑。建于隋唐的庙碑主要有：开皇十四年（594）的隋文帝诏东镇沂山碑，大业七年（611）的张须陀代祀碑，贞观十年（636）的唐太宗诏封沂山东安公碑，中宗嗣圣元年（684）的尹思贞代祀东镇碑，周武氏长安四年（704）的武则天遣使"重修东镇沂山祠记"，开元□□年的李邕诗碑，天宝元年（742）的修东镇沂山记，天宝十年（751）的唐玄宗加封沂山东安公碑，至德二年（757）的邓景山代祀东镇碑等。⑤ 由于《祭告东镇东安公御制碑文》记载了唐代祭祀沂山的活动，对于我们深入研究隋唐沂山道教具有重要的史料价值，现把碑文内容记录如下：

祭告东镇东安公御制碑文
维长庆三年，岁时癸卯，己未月，上浣之六日，皇帝谨命平庐节度使薛平，及至东镇，虔祭于沂山东安公，曰：蒙皇天眷佑，荷公之

---

① （后晋）刘昫：《旧唐书》，中华书局1975年版，第910页。
② （宋）赵明诚：《金石录》，金文明校证，上海书画出版社1985年版，第85页。
③ 同上书，第118页。
④ 张孝友：《沂山石刻》，山东友谊出版社2009年版，第33页。
⑤ 潘心德：《东镇沂山》，济南出版社1998年版，第192—193页。

效灵荫庇，四裔归心，烽烟沉息。五方神祇辅佑，百谷岁稔相续。河清海晏，于今丽有六载，尽天锡诚祭之循礼也。大唐盛域，三□□□，臣藉君主，朕祈皋稽，天恩祀报，不可欺矣！兹岁务繁，不遑亲诣，特命平庐节度使薛平，奉香、牺牲，代行祀礼，惟公鉴之。谨告尚享。

大唐长庆三年，壬戌月，菊节，吉旦。①

四 蒙山

蒙山发脉于泰山，为山东道教圣地，绵延在山东省临沂市平邑、费县、蒙阴等县之间的1000余平方公里土地上，主峰龟蒙顶海拔1156米，仅次于泰山，故蒙山又称"亚岱"。蒙山层峦叠嶂，巍峨壮美，素有"三十六洞、七十二峰"之称。名道王远知、由吾道荣是琅琊人，都曾在蒙山修道。

蒙山道观大多始建于隋末唐初，后经历代增建。在蒙山龟蒙顶南麓，有祭祀蒙山的万寿宫遗址，为蒙山道士贾文改建。在蒙阳河东侧有一土坛，即周时颛臾祀蒙山处。现坛大部已被平毁，仅存约三米长的一小段，兀然峭立。坛为积土夯成，上面原有祠为蒙祠。北魏郦道元《水经注》载："琅邪有临沂县，有洛水注之东流，径蒙山下，有蒙祠。"② 古蒙祠中最早的石碑是《蒙山北齐天统碑》。该碑北齐天统五年（569）三月刻立，王思诚撰文，宋代赵明诚著录于其考古学名著《金石录》，《金石录·目录》载："北齐天统五年三月，王思诚八分书蒙山碑石。"从其著录看，此碑为八棱碑。③

《蒙山祠记碑》刻于唐天宝五年（746）十一月，记载了开元十三年（725）六月唐玄宗东封盛况，并说明蒙山享祭的由来。《蒙山祠记碑》石分八面，四正四侧，额题"蒙山祠记之文"。碑文为唐朝清大夫、守琅琊别驾赵郡李瑗之词，骈四俪六，优美华丽。碑文中有"曲阜起其壤，大庭张其域，地启二邾，途分两郓"，以及"疆亩错三齐，都鄙邻四履"等叙疆域；"日观仰乎天门，□楼俯乎雷泽"叙其形胜也；"老莱频驾以水

---

① 潘心德：《东镇沂山》，济南出版社1998年版，第229页。
② 王国维校：《水经注校》，上海人民出版社1984年版，第829页。
③ 临沂市地方史志办公室：《蒙山志》，齐鲁书社1999年版，第98—99页。

托，安期留舄以□□"叙侨寓也；"至德之本，子舆孝教于孔门，直道而行，澹台公崇于偃室……沂水之歌，动清风于春服"叙此之钟毓也，以及"仙师朝宾天上灵品行起"，"学坛昔胄，儒服遗人"，"方巡二月，高呼万岁"，"六宗洁享，众祇惇祭"等东封纪事。①

五 其他道教名山

（一）马山

马山，位于青岛即墨市区西隅4公里处，唐代又称"牛脾山"，因该山东西二峰并峙，自北或南遥望，形似马鞍，故又有马鞍山之称。峰峦秀拔，起伏连绵，有"天马贵人峰""崂山之最灵秀者"② 之称。马山的锦绣风光为道教提供了合适的场所，亦使马山成为即墨道教圣地之一。

马山道教最早可追溯到唐代。当时唐王朝以道教为国教，道教达到兴盛。唐人在此开山辟洞，大兴土木，建筑禅林、道观。清代李寅宾《马山志》载："唐之世，上建禅林"，但由于"代远人湮"，建庙碑记经"风雨浸寻"，已不知何年所建。即墨市政协编《马山志》载，唐贞观十七年（643），唐龙骧将军金杰在马山之阳大叱高丽将帅盖苏文，救出唐王李世民，并在此壮烈殉国，死后被封为忠勇王，并将其殉国处命名为大王沟，在沟侧建大王庙，以祭祀金杰。后来在马山建立了玉皇庙诸殿。③ 唐玄宗泰山封禅，封泰山神为"天齐王"，后人又在马山建"天齐庙"。马山尽管自古道观较多，但由于历史久远，许多唐代的庙观已不可考。

（二）昆嵛山

昆嵛山位于胶东半岛东部，跨文登、牟平、乳山三市区，逶迤百里，主峰泰礴顶海拔923米，为胶东第一高峰。昆嵛山古属齐国，自古是道家思想和知仙方、炼仙丹的方士集散中心，为海上诸山之祖。秦汉之际是方仙道兴盛时期，秦皇汉武求长生不死之药，均一再东巡，祠祀山川八神。据唐光化四年（901）岁次立昆嵛山《唐无染院碑》载："大唐登州牟平

---

① （清）《费县志·金石》卷十四（上），光绪二十五年（1899）。

② （清）李寅宾：《马山志》，《马鞍山重修真武庙碑》，即墨市文化局马山管理处点校本，青岛市新闻出版局1996年版，第73页。

③ 即墨市政协文史资料委员会：《马山志》，青岛市新闻出版局1999年版，第85页。

县昆嵛山无染院……其山乃号昆嵛，松萝深邃，岩谷幽奇，大川激沧海之波，极顶峭虚危之宿。"① 唐朝时，昆嵛山寺院林立，洞庵毗连，香火缭绕不断，是僧道修炼和传经布道之地。主峰泰礴顶旧有三皇宫，其北有岳姑殿、神清观，南有禅教寺、无染禅院，西南有圣水宫，东南有甘泉寺，东有六度寺、金水庵等，皆盛极一时，迄今遗迹犹存。②

昆嵛山，古时的名字叫姑余山，传说是因当年麻姑在此修炼升仙而留下的一座仙山，唐代有很多关于麻姑的传说。《牟平县志》引《山东通志》云："麻姑，王方平之妹，汉桓帝时，修道于牟平之姑余山，今姑余山一名昆嵛，仙迹俱存，唐太宗东征，军至邹平之昌阳镇，麻姑显异，运饷助军，军筑台表之。"又引《太平广记》云："唐玄宗长安大会道众，麻姑仙自昆嵛山三千余里往赴之，帝见其衣冠异常，问其所自，对曰：自东海。复问来几何时，对曰：卯兴而辰至。会间遣二使臣即其所，麻姑令二人入袍袖中闭目，二人入袖，但觉有如飞升者，适过莱阳，其一下闻市声，开目视之，遂坠，土人为立庙以祀之，号仆射庙云。"③

昆嵛山玉虚观，在尼姑顶东侧，亦称"圣水宫"，曾为道家圣地。据传唐贞观年间，唐太宗曾派尉迟敬德在此监修宫观，曰"圣水宫"。此说真伪无考，但"圣水宫"之名延续至今。从现存老祖殿内神台前一唐代风格的双层莲花卷草花纹石刻推断，唐时，这里有一定规模的殿宇建筑。④

（三）峄山

峄山，又称"绎山"。位于今邹城市城东南十公里处。道教在峄山发迹较早，汉末，曾为曹操官吏的方士郗鉴⑤在峄山南华观东华阳楼修炼。黄巾军起义前，在峄山隐身，起义后作为山寨或屯军地，起义失败后，有不少起义者改名换姓来峄山隐居、出家。现仍存大龙口、空中楼阁、漏灵

---

① 黄成助：《牟平县志》，成文出版社1968年版，第1449—1450页。
② 山东省地方史志编纂委员会：《山东省志·少数民族志·宗教志》，山东人民出版社1998年版，第464—465页。
③ 黄成助：《牟平县志》，成文出版社1968年版，第1582页。
④ 山东省文登市政协：《中国道教名山昆嵛山》，宗教文化出版社2005年版，第87页。
⑤ 郗鉴（269—339），东晋大臣。字道徽，汉族，高平金乡（今山东嘉祥南）人。生于晋武帝泰始五年，卒于晋成帝咸康五年，年七十一岁。少孤贫，博览经籍，躬耕吟咏，不应辟命。

谷、大将台、义台、万忠沟等遗迹。① 唐代，由于皇帝崇道，峄山成为一座道教仙山，为道家修炼之地。② 唐朝时，正谏大夫明崇俨③常走峄山，世人对他传得神乎其神，说他"能盛夏得雪，初春得瓜，尝得武则天信任。明谒见则天，陈时政，多论鬼神为言，并多言太子李贤对则天后的不忠不孝，武后视为心腹。明崇俨被盗贼杀害后，武则天疑谋出自李贤，密遣人查访。明崇俨在峄山有个同仁叫阴玉府，大肆谈论李贤。武则天遂废李贤为庶人，后迫令其自杀。"④

隋唐时，峄山建有大量道教宫观。隋仁寿三年（603），曾在八卦石后建元帝殿，唐乾符年间改名玄帝殿。唐开元十年（722），峄山曾建白云庵、皇经阁。白云庵又称升天庵、五华仙阁，标高处382.8米。皇经阁，又称藏经阁，建于甘露池上。晋永嘉五年（311），在玉皇洞前建有玉皇大殿，唐朝时更名为白云观。开元年间，曾在三官殿后建泰山行宫。龙朔三年（663），在小楼沟头建娘娘庙。万章读书洞，亦名三皇洞，有唐大历年间题名。升仙楼，在空中楼阁西。贞元四年（778），在玉皇行宫右三十米建观音堂。飞来洞，在观海石北，西晋建。洞中净灵台，有三官神灵。⑤ 杜甫曾在飞来洞即兴赋诗《咏峄山飞来洞》，并特书"灵通天府"四个大字。后人曾于该洞的玄天台正中为之立碑刻石。⑥

峄山之东山仙人宫后，一大片石岩自北向南倾斜坦卧，大约1200平方米，号称一亩八分三，南向一窦为门，上刻"如天宫"，为唐代十才子之一、亚泉山人吉中孚书，这就是列为峄山二十四景的仙人棚，亦称仙人洞。仙人棚在隋、唐时期都是道家修炼处所。⑦

（四）布金山

布金山，又名瀑布山，简称布山，位于泰山西南、肥城市东南部，在

---

① 山东省地方史志编纂委员会：《山东省志·少数民族志·宗教志》，山东人民出版社1998年版，第468页。

② 同上。

③ 明崇俨（646—?），洛州偃师人。唐高宗时期的政治人物。他的祖先是平原士族，世代在南朝为官，南朝梁国子祭酒明山宾五世孙。祖父明奉世，隋秘书大监。

④ 冯广鉴、张奎玉：《峄山奇观》，山东友谊出版社1996年版，第200—201页。

⑤ 张奎玉：《峄山风情轶事：峄山索录（上册）》，山东省出版总社济宁分社1990年版，第249—259页。

⑥ 同上书，第23页。

⑦ 冯广鉴、张奎玉：《峄山奇观》，山东友谊出版社1996年版，第26—27页。

边院镇西北四公里处，山清水秀，风景优美。主峰海拔447.9米，为玉皇顶。诗人李白曾三次住徂徕山，两住布金山，并留下了《赠别王山人归布山》的千古佳句："王子析道论，微言破秋毫。还归布山隐，兴入天云高。尔去安可迟，瑶草恐衰歇。我心亦怀归，屡梦松上月。傲然遂独往，长啸开岩扉。林壑久以芜，石道生蔷薇。愿言弄笙鹤，岁晚来相依。"①

云阳庵始建于隋唐时期，是布金山最早的道教建筑物。云阳庵，俗称上庵，位于布金山之玉皇顶之上。庵院内地势平坦，树木参天，三棵盘龙古树环绕庵内，使云阳庵犹如拔地而起的凌霄宝殿，其兴盛时弟子多达72人。

（五）玉皇山

玉皇山在莒县县城西北13公里处，海拔232米，为莒县名山之一。相传玉皇庙为唐代始建。山上原有玄都观、玉皇殿、老母殿、龙王翠等数十座殿堂。庙院内有银杏树一株，传系唐朝所植。唐贞观元年（627），□□□东征御叛，敕赐玄都观，贻赐香火地，永为山场维持之恩耳。老母殿东南有一清泉，名曰裴泉，泉畔岩石环抱，玲珑剔透，自然成趣，泉水从怪石嶙峋的岩洞中汩汩流出，甘洌清澈，聚而成潭。岩洞中有龙鱼，状如鲶鱼，长尺许，喜食豆虫、蝗虫之类，头生双耳，故乡民奉为神龙，在天旱时常来此祈雨。传说唐朝大将尉迟敬德奉诏东征，到莒县时军中发生瘟疫，将士死亡甚多。尉迟敬德大恐，至玉皇庙内祈求保佑。是夜，玉皇大帝托梦指点：将士保平安，火速去龙泉，痛饮此泉水，祛疫能延年。尉迟敬德梦中惊醒后照玉帝指点去做，不出三日，将士康复。②

（六）云翠山

云翠山位于今山东省平阴县境内，平阴之名始见于《左传》，因地处古东原北部群山之阴、古济水之南得名。东汉置平阴与卢县，属济北国，隋大业二年（606）设县。

云翠山地域遗存黄石仙迹，传说"黄石公"本为秦汉时代人，后得道成仙，被道教纳入神仙谱系。《黄石公祠记》阴文部分记载了"谷城下黄公祠实在济之东阿"，阳文部分有"我唐之兴有霍山之异""布衣赵郡李卓撰"，说明该碑文为唐代李卓所撰。

---

① 《全唐诗》（全25册），中华书局1960年版，第1787页。
② 赵浦根、朱亦：《山东寺庙塔窟》，齐鲁书社2002年版，第262—263页。

大隋开皇十三年（593）岁次皋月《曹植墓神道碑》，记述了曹植"禀于自然，博愍由于天，纵佩金华，以迈四气"等崇尚自然的道家文化情结。碑文如下：

> 王讳植，字子建，沛国谯人也。洪源与九泉竞深，崇塞与三山比俊，自权与名胜乃兴焉。其后建国开基，左右周室，显露业于东都彰茅，封于谯邑。……魏高祖文皇帝，绍即四海，光泽五都，负扆明堂，朝宗万国，允武允文，庶绩咸熙，正践升平，时称宁宴，致黄龙表瑞，验兆彰滨，玉虎金鸡，恒纶宇县，王乃黄内，通理温淑，含英睿哲，禀于自然，博愍由于天，纵佩金华，以迈四气。抱玉藻以忽风霜，缀瞻藻于子亥年，摄酉仆于儒岁。寻声制赋，膺诏题诗，词彩照灼，子云遥惭于吐风，文华理富仲舒愧于怀龙。又能诵万卷于三冬。观千言于一见，才比山薮，思并江湖，清词苑苑，若聚葩之蔚……①

第五节　隋唐五代时期的山东道教名流

隋唐山东道教的发展不但在于形成了以泰山、崂山、沂山、蒙山为中心的道教名山，以及大量的宫观庙宇，而且还涌现出了大量的山东籍或传道于山东的著名道教人士。他们在山东区域开展了各种具有代表性的传道、弘道活动，对丰富山东道教的思想和学说、弘扬道教文化传统以及促进中国道教的发展产生了重要影响。

一　王远知等名道的道教活动、思想与影响

隋唐时期，由于统治者对道教的重视，道教不断发展和繁荣，并出现了一大批在全国具有重要影响的道教人士，其中不但包括祖籍山东，在山东修道、布道的一代名道，而且还包括祖籍河南、江西等非山东籍道士。他们不但在山东各地修道、弘道，而且还经常云游全国，对山东道教乃至中国道教的思想文化和法术理论等都做出了重要贡献。

（一）王远知

王远知，隋唐著名道士，琅琊（今山东临沂）人。《旧唐书》卷一百

---

① 黄贵生主编：《崮谷摩崖碑刻珍藏集》，银河出版社2008年版，第28页。

九十二《隐逸传》载:"王远知,祖景贤,梁江州刺史,父昙选,陈扬州刺史。远知少聪敏,博览群书。初入茅山,师事陶弘景,传其道法。后又师事宗道先生臧兢。陈主闻其名,召入重阳殿,令讲论,甚见嗟赞。及隋炀帝为晋王,镇扬州,使王子相、柳顾言相次召之,远知乃来谒见,斯须而须发变白,晋王惧而遣之,少顷又复其旧。炀帝幸涿郡,遣员外郎崔凤举就邀之,远知见于临朔宫,炀帝亲执弟子礼,敕都城起玉清玄坛以处之。及幸扬州,远知谏不宜远去京国,炀帝不从。高祖之龙潜也,远知尝密传符命。武德中,太宗平王世充,与房玄龄微服以谒之,远知迎谓曰:'此中有圣人,得非秦王乎?'太宗因以实告。远知曰:'方作太平天子,愿自惜也'。太宗登极,将加重位,固请归山。至贞观九年(635),敕润州于茅山置太受观,并度道士二十七人。……卒,年一百二十六岁。高宗调露二年,追赠远知太中大夫,谥曰昇真先生。则天临朝,追赠金紫光禄大夫。天授二年,改谥曰昇玄先生"。①

(二)潘师正

潘师正,赵州赞皇人(今河北石家庄)。据《旧唐书》载:"少丧母,庐于墓侧,以至孝闻。大业中,度为道士,师事王远知,尽以道门隐诀及符箓授之。师正清净寡欲,居于嵩山之逍遥谷,积二十余年,但服松叶饮水而已。高宗幸东都,因召见与语,问师正:'山中有何所须'?师正对曰:'所须松树清泉,山中不乏'。高宗与则天皇后甚尊敬之,留连信宿而还。寻敕所司于师正所居造崇唐观,岭上别起精思观以处之。初置奉天宫,帝令所司于逍遥谷口特开一门,号曰仙游门,又于苑北面置寻真门,皆为师正立名焉。时太常奏新造乐曲,帝又令以祈仙、望仙、翘仙为名。前后赠诗,凡数十首。师正以永淳元年卒,时年九十八。高宗及则天后追思不已,赠太中大夫,赐谥曰体玄先生"。②

(三)徐则

徐则,隋时期道士,东海郯(今山东郯城县)人。据《隋书》记载:"幼沈静,寡嗜欲。受业于周弘正,善三玄,精于议论,声擅都邑,则叹曰:'名者实之宾,吾其为宾乎!'遂怀栖隐之操,杖策入缙云山。后学数百人,苦请教授,则谢而遣之。不娶妻,常服巾褐。陈太建(568

---

① (后晋)刘昫:《旧唐书》,中华书局1975年版,第5125—5126页。
② 同上书,第5126页。

时，应召来憩于至真观。期月，又辞入天台山，因绝谷养性，所资唯松水而已，虽隆冬沍寒，不服绵絮。太傅徐陵为之刊山立颂。初在缙云山，太极真人徐君降之曰：'汝年出八十，当为王者师，然后得道也'。"①

（四）王希夷

王希夷，徐州滕县（今山东滕州）人，据《旧唐书》记载：孤贫好道，少隐嵩山，后移居徂徕山，"与道士刘玄博为栖遁之友，好《易》及《老子》，尝饵松柏叶及杂花散，景龙中，年七十余，气力益壮。刺史卢齐卿就谒致礼，因访以宇人之术，希夷曰：'孔子称己所不欲，勿施于人，可以终身行之矣'。开元十三年（726），玄宗东封泰山，敕州县（官）以礼征召至驾前，年已九十六。上令中书令张说访以道义，宦官挟入宫中，与语甚悦。开元十四年，下制曰：'徐州处士王希夷，绝学弃智，抱一居贞，久谢嚣尘，独往林壑，朕为封峦展礼。侧席旌贤，责然来思，克应嘉召。虽纤绮季之迹，已过伏生之年，宣命秩以尊儒，俾全高以尚齿，可朝散大夫，守国子博士，听致仕还山，州县春秋致束帛酒肉，仍赐衣一副，绢一百匹。'寻寿终"②。又："王希夷隐居之处，在徂徕山西紫烟洞，元人曾刻王希夷《王野人诗》于故址巨石上，诗云：'徂徕山下是我家，吸露嘘风卧紫霞。几百年来无个事，朝朝座对老松花。'以此可知，至玄宗开元十三年（726）封泰山前后，王希夷知名度已很高"。③

（五）徐钧

徐钧，自称东海蓬莱（今属山东）人。据《历世真仙体道通鉴》载："言谈清爽，皆引子史，捷而能文。每自吟曰：曾见秦皇架石桥，海神忙迫涨惊潮。蓬莱隔海虽难到，直上三清却不遥。腰常挂一葫芦，棹扁舟……经五湖。每将鱼就沿江市井博酒，与人吟话而去。……好事者言识之数十年矣，而颜貌不改。或戏留之，约名目斤数。钓鱼须臾，得鱼如其约，人皆异之。又见人有疾，即葫芦内取药救之。其药如麻粟大，不许人服食，唯以酒研，涂心腹间，其疾便愈，无不神验。人有问之：'药可服食不？'曰：'可，只是入口便憎饭去。'好道者服其药一粒，十年绝食而常须饮酒，吃水助之。颜亦红白，齿发不衰。得其药者甚多，寿皆八九

---

① （唐）魏征：《隋书》，中华书局1973年版，第1758页。
② （后晋）刘昫：《旧唐书》，中华书局1975年版，第5121页。
③ 山东省地方史志编纂委员会：《山东省志·泰山志》，中华书局1993年版，第173页。

十。庐山钱朗累服其药，极得长年。今江湖渔人时有见者，逐之，舟去如飞，不可近，乃水仙也。"①

（六）钱朗

钱朗，字内光，洪州南昌人。据《历世真仙体道通鉴》载："少居西山，读书精勤，有节操。五经登科，累历世宦，清直著称，去有遗爱，时论美之。唐文宗时，为安南都副使，后为光禄卿，归隐庐山。情澹好道，师于东岳道士徐钧，得补脑还元、服炼长生之术。昭宗世，钱塘彭城王钱镠慕朗得道长年，乃迎就钱塘师事之。时朗已一百五十余岁，童颜轻健。玄孙数人，皆以明经进身，仕为宰官，已皓首矣。朗忽一日告别言：'我处世多年，适为上清所召，今须去矣'。俄气绝。数日颜色怡畅如生，举之就棺，身轻若空衣然，已尸解。其玄孙谓人曰：'吾之高祖年一百七十余岁。'"②

（七）谭紫霄

谭紫霄，一云子雷，号金门羽客。北海（今山东潍坊）人士。他精通六经诸子、秘典灵籍。入玉笥山为道士，遇异人授以魁罡斗极观灯飞符之术，名倾江湖。闽主王审知厚礼以待，一命洞玄天师，再命左街道门威仪贞一先生。从学者百余人。他认为《庄子》《列子》的宗旨是悟明真性，其说与释氏相合，若能以佛教经书作为参考，则《庄子》《列子》的本意更容易明白，并称："吾幼时于金刚、圆觉诸经无所不读，以是吾于本来真性无不了悟。今时人自谓道家，便与释氏互相矛盾，不知真心求道者不如是也。况但拾其绪余土苴、有迹之事，以是为道，非惟不悟真性，亦且背老庄之本意万万矣。"③ 故其室中道、释、儒书皆有。援儒、释之说入道，推动了道教义理的发展。

（八）王轨

王轨，字洪范，山东临沂人也。据《历世真仙体道通鉴》载："轨年二十岁，事法主王远知，执巾瓶之礼凡十六年。每坐下听《道德》《西升》《灵宝》《南华》诸经，退席为人曲讲。又摹写《上清尊法》《洞玄、洞神符图秘宝》，封于石室，以镇山岳。饵术餐松，积有日矣。斋讲传授

---

① 《道藏》（第5册），文物出版社、上海书店、天津古籍出版社1988年版，第359页。
② 同上书，第359—360页。
③ 同上书，第348页。

有所得，惟造像周急为先。唐太宗知其名，常咨访道要。唐高宗乾封二年（667）十一月旦，谓门人曰：'吾昨夜梦三人，羽衣执简，前日华阳天官用师为神仙主者，兼知校领省官。吾昔在桐柏山，已感斯梦，辞不获，今乃复然，殆将去矣'。戒门人修道之要，经书秘诀，各有所付。至八日，沐浴衣冠，翌日坐笏而化。及就梓，但空衣结带而已。"①

（九）田虚应

田虚应，隋唐道士，字良逸，齐国（今属山东）人。据《历世真仙体道通鉴》载：田虚应为性朴拙，直言无忌。"隋文帝开皇中，侍亲于攸县。以喧究迁南岳，躬耕于紫盖峰，以尽子职，凡五十余年。母亡乃游历名山大川，放志江湖。唐高宗龙朔中，州牧田侯于南岳构降真堂以居之，田千乘赞以粉壁。师从薛季昌学道法，得授《上清大洞秘法》。既承道要，涉历云水，曾与道士蒋含洪友善。时吕渭、杨冯使湖南，尝就访高论。潭州旱，祈之久不获，召虚应。虚应鬓发弊衣至郡，无言而雨自降。又尝久雨不止，郡守建坛于岳观，亦默然岸帻而坐，泊升坛，即霁。唐宪宗元和中，东入天台不复出。宪宗诏，不起。有欧阳平者，道学亦高，尝兄事之。一夕梦三神人各持金炉自天而降，若有所召，密为人曰：'二先生不久去矣'，我必继之。未几虚应果羽化，蒋亦继往。门弟子以栖瑶冯惟良、香林陈寡言、方瀛徐灵府为著。"②

（十）刘道合

刘道合，陈州宛丘（今河南淮阳县）人。"初与潘师正同隐于嵩山。（唐）高宗闻其名，令于隐所置太一观以居之。召入宫中，深尊礼之。及将封太山，属久雨，帝令道合于仪鸾殿作止雨之术，俄而霁朗，帝大悦。又令道合驰传先上太山，以祈福祐。前后赏赐，皆散施贫乏，未尝有所蓄积。高宗又令道合合还丹，丹成而上之。咸亨中卒。及帝营奉天宫，迁道合之殡室，弟子开棺将改葬，其尸惟有空皮，而背上开坼，有似蝉蜕，尽失其齿骨，众谓尸解。高宗闻之不悦，曰：'刘师为我合丹，自服仙去。其所进者，亦无异焉'。"③

（十一）张炼师

张炼师，相传为唐玄宗时人，居岱顶玉女祠。早先张炼师曾与李某同

---

① 《道藏》（第5册），文物出版社、上海书店、天津古籍出版社1988年版，第245页。
② 同上书，第327页。
③ （后晋）刘昫：《旧唐书》，中华书局1975年版，第5127页。

至泰山学道，后来李某借家有妻妾为由辞别而归，官至大理丞。安禄山叛乱时，李某携妻至襄阳，后又独去扬州，途中与张炼师相遇，张邀其至家中。李某见门庭壮丽，殿宇巍峨，舞伎婆娑，中有持筝者酷似家妻。歌舞毕，张炼师呼持筝者，奖赏沙果，并系于裙带之上，遂散去。次日，李某复至门庭，只见荒秽无人迹，速回襄阳寻其妻，果见裙带系沙果，问其故，妻子答曰，梦中曾有舞伎追赶我说张大仙唤你去拨筝，我便同去，临别仙人以沙果系于我裙带之上。李某这才得知"张已得仙矣"。[①] 张炼师在泰山道教中占据了一定地位。刘禹锡有诗《赠东岳张炼师》，唐代宗大历八年（773）张炼师曾陪京都大臣朝拜岱岳，至今泰山万仙楼后桃花涧断崖上仍存有其题刻。

（十二）萧静之

萧静之，隋唐时期兰陵（今山东临沂）人。"举进士不第。性颇好道，委书策，绝粒炼气，结庐漳水之上，十余年而颜貌枯悴，齿发凋落。一旦引镜而怒，因迁居邺下，逐市人求什一之利。数年而资用丰足，乃置地葺居。掘得一物，类人手，肥而且润，其色微红。叹曰：'岂非太岁之神，将为祟耶？'即烹而食之，美，既食尽。逾月而齿发再生，力壮貌少，而莫知其由也。偶游邺都，值一道士，顾静之骇而言曰：'子神气若是，必尝饵仙药也'。求诊其脉焉，乃曰：'子所食者肉芝也，生于地，类人手，肥润而红。得食者寿同龟鹤矣'。然当深隐山林，更期至道，不可自混于臭浊之间。静之如其言，舍家云水，竟不知所之"。[②]

（十三）司马承祯

司马承祯，字子微，周晋州刺史、琅邪公裔玄孙。少好学，薄于为吏，遂为道士。"事潘师正，传其符箓及辟谷导引服饵之术。师正特赏异之，谓曰：'我自陶隐居传正一之法，至汝四叶矣'。承祯尝遍游名山，乃止于天台山。则天闻其名，召至都，降手敕以赞美之。及将还，敕麟台监李峤饯之于洛桥之东。景云二年（711），睿宗令其兄承祎就天台山追

[①] （明）查志隆：《岱史》卷八《遗迹纪·列仙遗迹》，汤贵仁、刘慧主编《泰山文献集成》（第2卷），泰山出版社2005年版，第91页。

[②] 李昉：《太平广记》，中华书局1961年版，第162—163页。

之至京，引入宫中，问以阴阳术数之事。"① "上（玄宗）封泰山回，问承祯五岳何神主之，对曰：'岳者山之巨镇，而能出云降雨，为国之望。然灵仙所隐，别有仙官主之'。于是诏五岳别立仙官庙。时女真焦静真泛海，诣蓬莱求师。至一山，见道者，指言曰：'天台山司马承祯，名在丹台，身居赤城，真良师也。静真既还，诣承祯求度，未几升天'。尝降谓薛季昌曰：'先生得道，高于陶都水之任，当为东华上清真人'。开元中，文靖天师与承祯赴长生殿千秋节斋直，中夜行道。……尝撰《修真秘旨》《天地宫府图》《坐忘论》《登真系》等，行于世。臣道一曰：'司马承祯藐视轩裳，栖身洞府，心地之高迈，学问之渊源，不易及也'。其答唐睿宗之问曰：'国犹身也，故游心于淡，合炁于漠，与物自然而无容私焉，则天下治'。此诚得太上之深旨。《道德经》云：'我无为而民自化，我好静而民自正，我无事而民自富，我无欲而民自朴'。即此义也。"②

（十四）吕才

吕才，博州清平（今聊城）人。"少好学，善阴阳方伎之书。贞观三年，太宗令祖孝孙增损乐章，孝孙乃与明音律人王长通、白明达递相长短。太宗令侍臣更访能者，中书令温彦博奏才聪明多能，眼所未见，耳所未闻，一闻一见，皆达其妙，尤长于声乐，请令考之。侍中王圭、魏征又盛称才学术之妙，征曰：'才能为尺十二枚，尺八长短不同，各应律管，无不谐韵。'太宗即征才，令直弘文馆。太宗尝览周武帝所撰《三局象经》，不晓其旨。太子洗马蔡允恭年少时尝为此戏，太宗召问，亦废而不通，乃召才使问焉。才寻绎一宿，便能作图解释，允恭览之，依然记其旧法，与才正同，由是才遂知名。累迁太常博士。太宗以《阴阳书》近代以来渐致讹伪，穿凿既甚，拘忌亦多，遂命才与学者十余人共加刊正，削其浅俗，存其可用者。勒成五十三卷，并旧书四十七卷，十五年书成，诏颁行之。才多以典故质正其理，虽为术者所短，然颇合经义。著有《叙宅经》《叙禄命》《叙葬书》等。"③

---

① （后晋）刘昫：《旧唐书》，中华书局1975年版，第5128页。
② 《道藏》（第5册），文物出版社、上海书店、天津古籍出版社1988年版，第246—247页。
③ （后晋）刘昫：《旧唐书》，中华书局1975年版，第2719—2720页。

二　李白等的道教情缘及在山东的寻道活动

唐代是中国历史上道教文学繁荣的一个朝代，道教对李白的生活、创作等方面都产生了非常重要的影响。李白在山东的道教诗歌创作，不仅促进了道教思想与文人情怀相互融合，促进了中国诗歌文学的发展，而且进一步影响和丰富了山东道教的思想和文化，为中国道教的发展增添了新的内容，同时，对不断丰富山东道教文学内容做出了重要贡献，成为中国道教文学发展史上重要的里程碑。

（一）李白的道教情缘

李白，字太白，号青莲居士。早年时期，李白即对道教有深厚的兴趣。李白早年生活于蜀中地区，而蜀中地区乃是五斗米道的发源地，创始人张陵曾在鹤鸣山隐居，自古以来道教对四川民众的影响就较为深厚。李白在浓厚的崇道之风中与道教结下了不解之缘。李白《上安州裴长史书》云："五岁诵六甲，十岁观百家。"[①]"六甲"即为道教术数一类的书籍。此后，李白的崇道热情逐渐增强，李白的《感兴》中有"十五游神山，仙游未曾歇。吹笙坐松风，泛瑟窥海月。西山玉童子，使我炼金骨。欲逐黄鹤飞，相呼向蓬阙"[②]的诗句，道出了他自幼好道，愿遍访天下道高之人的心情及对神仙世界的强烈向往。"炼金骨"，即为炼丹。李白的《谒老君庙》云："先君怀圣德，灵庙肃神心。草合人踪断，尘浓鸟迹深。流沙丹灶灭，关路紫烟沈。独伤千载后，空余松柏林。"[③]李白喜欢结交求仙学道的朋友。其诗歌《冬夜于随州紫阳先生餐霞楼送烟子元演隐仙城山序》云："吾与霞子元丹，烟子元演，气激道合，结神仙交，殊身同心，誓老云海，不可夺也。"[④]其中"结神仙交"体现了李白交友的偏好。这些也都反映出李白受道教影响之深。李白曾与上清派著名道士司马承祯来往，司马承祯赞其为"有仙风道骨，可与神游八极之表"[⑤]。此外，李白对道教神仙生活的向往也体现在他对道教书籍的学习上。"清斋三千

---

① （唐）李白：《李太白全集》，（清）王琦注，中华书局1977年版，第1243页。
② 《全唐诗》（全25册），中华书局1960年版，第1864页。
③ 同上书，第1835页。
④ （唐）李白：《李太白全集》，（清）王琦注，中华书局1977年版，第1293页。
⑤ 同上书，第2页。

日，裂素写道经"①及"我闭南楼看道书，幽帘清寂若仙居"②等诗句，都体现了李白习道之虔诚和对神仙生活的向往。

李白的道教信仰主要包括以下几个方面：

首先，相信"道"是万物的本源。李白诗《草创大还赠柳官迪》云："天地为橐籥，周流行太易。造化合元符，交媾腾精魄。自然成妙用，孰知其指的。""橐籥""造化"体现了道教所主张的"道"是宇宙主宰，是万物本源的观点。李白又有诗《长歌行》曰：

> 桃李得日开，荣华照当年。东风动百物，草木尽欲言。
> 枯枝无丑叶，涸水吐清泉。大力运天地，羲和无停鞭。③

其中"大力"，即是"道"。李白有此信念，说明了他从骨子里所表现出的对道教思想的信仰。同时，相信万事万物都处于运动之中。李白有诗《送岑徵君归鸣皋山》曰："贵道皆全真，潜辉卧幽邻。探元入窅默，观化游无垠。"④《赠僧崖公》曰："冥机发天光，独朗谢垢氛。虚舟不系物，观化游江濆。"⑤ 其中"观化"即体现了李白的宇宙观是运动的思想。

其次，信奉道家"道法自然""贵生爱身"思想，并加以赞颂。其诗歌《日出入行》有体现：

> 日出东方隅，似从地底来，历天又入海，六龙所舍安在哉？其始与终古不息，人非元气安得与之久徘徊？草不谢荣于春风，木不怨落于秋天，谁挥鞭策驱四运，万物兴歇皆自然。羲和羲和，汝奚汩没于荒淫之波，鲁阳何德，驻景挥戈？逆道违天，矫诬实多，吾将囊括大块，浩然与溟涬同科。⑥

其中"万物兴歇皆自然""逆道违天"即道家所主张的"道法自

---

① 《全唐诗》，中华书局1960年版，第1823页。
② 同上书，第1813页。
③ 同上书，第215页。
④ 同上书，第1802页。
⑤ 同上书，第1746页。
⑥ 同上书，第1687—1688页。

然"。如李白诗歌《沐浴子》云："沐芳莫弹冠，浴兰莫振衣。处世忌太洁，志人贵藏辉。沧浪有钓叟，吾与尔同归。"① 其诗歌《拟古》又云：

> 月色不可扫，客愁不可道。玉露生秋衣，流萤飞百草。日月终销毁，天地同枯槁。蟪蛄啼青松，安见此树老。金丹宁误俗，昧者难精讨，尔非千岁翁，多恨去世早。饮酒入玉壶，藏身以为宝。②

其三，渴望道家"神仙"生活，追求长生不死。李白《古风》中"吾当乘云螭，吸景驻光彩"③ 的诗句及其《庐山谣寄卢侍御虚舟》中"早服还丹无世情，琴心三叠道初成"④ 的诗句以及李白诗歌《留别广陵诸公》中"炼丹费火石，采药穷山川"⑤ 的诗句，都体现了李白追求神仙似的生活及渴望长生不老的思想。⑥

（二）李白在山东的寻道活动

李白在山东居住了相当长一段时间，到过山东许多地方，因此对山东颇为熟悉。有诗作证。《客中行》云："兰陵美酒郁金香，玉碗盛来琥珀光。但使主人能醉客，不知何处是他乡。"⑦ "兰陵"，据郑修平⑧先生考证，地处今山东苍山县兰陵镇附近。⑨《早秋单父南楼酬窦公衡》《单父东楼秋夜送族弟沈之秦》中的"单父"即为山东单县，说明李白曾到过山东单县。此外李白诗歌《鲁中都东楼醉起作》《五月东鲁行答汶上翁》《沙丘城下寄杜甫》《酬中都小吏携斗酒双鱼于逆旅见赠》中的"鲁中"

---

① 《全唐诗》，中华书局1960年版，第363页。
② 《全唐诗》（全25册），中华书局1960年版，第1862—1863页。
③ 同上书，第1672页。
④ 同上书，第1773页。
⑤ 同上书，第1782页。
⑥ 李长之：《李白传》，百花文艺出版社2003年版，第135—149页。
⑦ 《全唐诗》，中华书局1960年版，第1842页。
⑧ 郑修平，1936年11月生，山东兖州人，1960年毕业于山东艺术专科学校，主要从事文博工作，著有《济宁名胜古迹》《济宁汉碑考》《山东运河》《僧格林沁碑识文》等。1978年后专门从事李白研究，著有《太白楼与李白》《李白在山东》《李白在山东论丛》等，曾任济宁市政协委员、中国李白学会理事、济宁市李白学会理事兼秘书长。
⑨ 郑修平：《李白在山东论丛》，山东友谊出版社1991年版，第122页。

"东鲁""沙丘城",据王伯奇①考证皆指鲁郡兖州。② 而"中都"即今汶上县。郑修平先生对李白在山东的行迹详加考证后,制作了《李白在山东活动年表》。③ 该表按照时间顺序详细说明了李白在开元二十四年(736)至天宝十二年(753)在山东的活动情况,反映了其入道求仙的生命轨迹,是李白在山东发展和生活的真实记录。山东不但对李白的一生产生了深远影响,而且其浓郁的地域文化和思想传统对李白诗歌风格的形成起到了重要作用。

1. 李白在济宁

济宁为李白在山东居住时间最长的地方。据王伯奇先生考证,李白于开元二十四年(736)移家山东后,在东鲁定居直到天宝十五年(756)。④ 清代王琦在《李太白全集·年谱》中说:李白"未至京师之前,寓家东鲁……泊去京师之后,至天宝之末,犹寓家东鲁"⑤。胥树人在《李白和他的诗歌》一书中也说:"他于725年离蜀,727年定居安陆,十年后迁居鲁中,在那里住了将近二十年。"⑥ 因此人们多称山东任城(今山东济宁)是李白的"第二故乡"。⑦ 山东任城也是李白遗留诗文较多的地方。如《鲁中都东楼醉起作》《五月东鲁行答汶上翁》《沙丘城下寄杜甫》《酬中都小吏携斗酒双鱼于逆旅见赠》《鲁中送二从弟赴举之西京》《东鲁见狄博通》《鲁郡⑧尧祠送张十四游河北》《鲁郡东石门送杜二甫》《秋日鲁郡尧祠亭上宴别杜补阙范侍御》《鲁郡尧祠送吴五之琅琊》《鲁郡尧祠送窦明府薄华还西京》等。开元二十六年(738),东平道士赵叟至任城拜访,李白作《送方士赵叟之东平》:"长桑晓洞视,五藏无全牛。赵叟

---

① 王伯奇1952年出生于山东兖州,中国李白研究会会员,中国杜甫研究会会员。兖州市历史文化研究会副会长,兖州市李白研究会副会长,曾任政协兖州市十一届常委。研究成果收入《中国李白研究》《杜甫研究论集》等数十种书刊。
② 武秀:《李白在兖州》,山东友谊出版社1995年版,第5—10页。
③ 郑修平:《李白在山东论丛》,山东友谊出版社1991年版,第122页。
④ 武秀:《李白在兖州》,山东友谊出版社1995年版,第3页。
⑤ (唐)李白:《李太白全集》,(清)王琦注,中华书局1977年版,第1614页。
⑥ 胥树人:《李白和他的诗歌》,上海古籍出版社1984年版,第42页。
⑦ 郑修平:《李白在山东论丛》,山东友谊出版社1991年版,第37页。
⑧ 《旧唐书·地理一》载:兖州上都督府,隋鲁郡;唐武德五年(623),置兖州,领任城、瑕丘等七县;贞观十四年(641),置都督府,管兖、泰、沂三州;天宝元年(742),改兖州为鲁郡;乾元元年(758),复为兖州。瑕丘,郭下。宋置兖州于鲁瑕邑故治,隋因置瑕丘县[(后晋)刘昫:《旧唐书》,中华书局1975年版,第1446页]。

得秘诀，还从方士游。西过获麟台，为我吊孔丘。念别复怀古，潸然空泪流。"①

此一时期，他寄情山水，游仙方外，受箓入道，吞金服砂，以寻求精神上的超脱。唐代范传正《唐左拾遗翰林学士李公新墓碑》早就指出："好神仙非慕其轻举，将不可求之事求之，欲耗壮心，遣余年也。"② 可谓见髓入骨。李白遭放逐后，其游仙思想较之前更为执着、强烈，其游仙诗歌无论是思想抑或艺术都发生了质的变化。他后来所写的《留别广陵诸公》一诗真实地记录了自己从求仕从政到游仙出世的心路历程："中回圣明顾，挥翰凌云烟。骑虎不敢下，攀龙忽堕天。还家守清真，孤洁励秋蝉。炼丹费火石，采药穷山川。"③ 现位于古运河之滨的济宁市太白楼，为纪念李白所建。据《太平广记》载："（李白）自幼好酒，于兖州习业，平居多饮。又于任城县构酒楼，日与同志荒宴其上，少有醒时。邑人皆以白重名，望其重而加敬焉。"④

2. 李白在济南、德州

天宝四年（745），李白接受道箓，加入道士行列。据《李白年谱》，天宝年间李白离京来山东，请北海（今山东胶东一带）高天师授道箓于齐州紫极宫。⑤ 他想通过学习道教来寻求精神的寄托，也想借以求仙脱俗。李白终于在齐州（济南）的道教宫观紫极宫反剪双手，走上法坛，向神灵忏悔自己的罪过，成为一名名副其实的道士。这位高天师在给李白授完道箓后，便归北海游仙去了。李白为答谢他，特地写下了诗歌《奉饯高尊师如贵道士传道箓毕归北海》相送。诗云："道隐不可见，灵书藏洞天。吾师四万劫，历世递相传。别杖留青竹，行歌蹑紫烟。离心无远近，长在玉京悬。"⑥

据《洞玄灵宝三洞奉道科戒营始》记载，道箓的传授颇为严格，其中有十八个等级，各个不同的等级传授不同的经箓，授予不同的称号，依次渐进，不得有误，授了道箓，才算正式入道。李白此前是否授过道箓，

---

① 《全唐诗》（全25册），中华书局1960年版，第1791页。
② 林庚：《诗人李白》，古典文学出版社1956年版，第126页。
③ 王友胜：《李白道教活动述评》，《中国道教》2000年第4期。
④ （宋）李昉：《太平广记》，中华书局1961年版，第1512页。
⑤ 《全唐诗》（全25册），中华书局1960年版，第1782页。
⑥ 同上书，第1800页。

我们不得而知。高天师很可能是仰慕李白的诗名,了解他"十五游神仙""结发受长生"的资历,才给他授下这个道箓的。① 入了道,李白颇为自豪,他的《草创大还赠柳官迪》诗:

> 天地为橐籥,周流行太易。造化合元符,交媾腾精魄。自然成妙用,孰知其指的。罗络四季间,绵微无一隙。日月更出没,双光岂云只。姹女乘河车,黄金充辕辄。执枢相管辖,摧伏伤羽翮。朱鸟张炎威,白虎守本宅。相煎成苦老,消铄凝津液。仿佛明窗尘,死灰同至寂。捣冶入赤色,十二周律历。赫然称大还,与道本无隔。白日可抚弄,清都在咫尺。北酆落死名,南斗上生籍。抑予是何者,身在方士格。才术信纵横,世途自轻掷。吾求仙弃俗,君晓损胜益。不向金阙游,思为玉皇客。鸾车速风电,龙骑无鞭策。一举上九天,相携同所适。②

从诗中所描写铅(河车)、水银(姹女)、丹砂(朱鸟)及矾石(白虎)等矿物质在烧炼过程中的化学反应(张炎威、守本宅、凝津液)来看,李白的确深谙炼丹之道。③

李白还曾到过济南鹊山湖,有诗作《陪从祖济南太守泛鹊山湖④三首》为证:"初谓鹊山近,宁知湖水遥。此行殊访戴,自可缓归桡。湖阔数千里,湖光摇碧山。湖西正有月,独送李膺还。水入北湖去,舟从南浦回。遥看鹊山转,却似送人来。"⑤ 济南华不注山则成为历史名山、仙山,后被历代文人墨客所青睐,或吟诗作赋,或泼墨作画。⑥ 李白游历后曾留

---

① 罗宗强:《李白与道教》,《文史知识》1988 年第 6 期。
② 《全唐诗》(全 25 册),中华书局 1960 年版,第 1745 页。
③ 按罗宗强《李白的神仙道教信仰》一文认为李白此诗所叙为魏伯阳《周易参同契》之意,当写其修炼内丹的情形。
④ 据《隋书·地理志》云,鹊山在齐郡历城〔(唐)魏征:《隋书》,中华书局 1973 年版,第 861 页〕。《嘉庆重修统一志》卷一百六十二云:鹊山,在历城县北二十里泺口镇,亦名崿山,因扁鹊炼丹于此故名。鹊山湖,在历城县北二十里,湖北岸有鹊山故名(《嘉庆重修统一志》,上海书店 1984 年版,第 7720、7746 页)。
⑤ 《全唐诗》(全 25 册),中华书局 1960 年版,第 1826 页。
⑥ 王晶、张幼辉:《华阳宫》,济南出版社 2008 年版,第 6 页。

有《五古·古风其二十》①诗篇。后李白访道北上，到达安陵（在今山东德州），请盖寰道士为他书写真箓，这在道教徒看来是一件大事，故李白写诗《访道安陵遇盖寰为余造真箓临别留赠》②纪念。

3. 李白在曹县

天宝三年（744），李白被唐玄宗"赐金放还"，从政之梦破灭后更是一心服药。在唐代，药有两种，一是草药（如灵芝、菖蒲），一是丹药（如金丹）。李白对这两种药都有所尝试。不过，放逐后，入了道，似乎更倾心于丹药。在很长的时间里，他多次提到过炼丹的事，如"弃剑学丹砂，临炉又玉童"；"炼丹费火石，采药穷山川"；"倾家事金鼎，年貌可长新"③等诗句，都表现了李白对道教采药炼丹的关注。丹是以硫化汞为基础，掺杂别的矿石粉末，用火化炼出来的药物。硫化汞呈红色，故称"丹砂"；经过火化后，只剩下水银，呈白色，叫"金丹"。李白此期炼丹最重要的地方应是曹南（今山东曹县）。去曹南的时候，李白已是满身道家气。其挚友独孤及《送李白之曹南序》云："是日也，出车桐门，将驾于曹。仙药满囊，道书盈箧。"④到了曹南，诗人炼丹的态度颇为虔诚，其《留别曹南群官之江南》诗云："闭剑琉璃匣，炼丹紫翠房。身佩豁落图，腰垂虎盘囊。仙人借彩凤，志在穷遐荒。"⑤"豁落图"全称"豁落七元真箓"，"七元"即日、月与五星。李白将宝剑抛在一边，身佩豁落图，腰垂虎盘囊，不惜财力，大炼金丹，俨然一副道士形象。⑥

4. 李白在泰山

天宝元年（742）四月，李白从故御道登泰山。在泰山上，诗人登高望远，神思飞扬，创作了大量关于向往神仙生活的诗篇。如《泰山吟六首》等。后李白由泰山南游徂徕山，与孔巢父等人隐居。据《旧唐书·文苑传》载：李白"与鲁中诸生孔巢父、韩沔、裴政、张叔明、陶沔等隐于徂徕山，酣歌纵酒，时号'竹溪六逸'"⑦。竹溪遗址在徂徕山乳山之

---

① 《全唐诗》（全25册），中华书局1960年版，第1673—1674页。
② 同上书，第1742页。
③ 同上书，第1756、1782、1866页。
④ （唐）李白：《李太白集注》，（清）王琦注，上海古籍出版社1992年版，第574页。
⑤ 同上书，第274页。
⑥ 王友胜：《唐宋诗史论》，上海古籍出版社2006年版，第50页。
⑦ （后晋）刘昫：《旧唐书》，中华书局1975年版，第5053页。

下，今尚留有李白"独秀峰"题刻。《旧唐书》中也有关于孔巢父的典故。《旧唐书》载："永王璘起兵江淮，闻其贤，以从事辟之。巢父知其必败，侧身潜遁，由是知名。"① 李白的诗《送韩準、裴政、孔巢父还山》②，当是春作于徂徕山西南隅鲁门附近。

5. 李白在崂山

李白到崂山后，被波澜壮阔的大海所感染和震撼。尤其当早晨他见到海面上升起的紫气云霞，想到自称安期生的隐士，看到当地产的大枣和飘然如仙的道士，感觉好像来到仙境。又想到自身已过天命之年，白发见生，但仍未被重用，于是见景生情，挥笔写下称颂崂山的著名诗篇《寄王屋山人孟大融》③："我昔东海上，劳山餐紫霞。亲见安期公，食枣大如瓜④。中年谒汉主，不惬还归家。朱颜谢春晖，白发见生涯。所期就金液，飞步登云车。愿随夫子天坛上，闲于仙人扫落花。"⑤ 既然平生抱负不能实现，还不如修仙炼道，乘云车，饮金液，到天上去过自由自在的生活，何必在人间"摧眉折腰事权贵，使我不得开心颜"呢？同游的吴筠也写下了著名的崂山游仙诗："碧海广无际，三山高不及。金台罗中天，羽客恣游息。霞液朝可饮，虹芒晚堪食。啸歌自忘心，腾举宁假翼。保寿同三光，安能四千亿。"⑥ 两位诗人对崂山神仙般境界的描写，显示出唐朝时崂山道教之繁荣。

（三）其他地方士绅的道教信仰与崇拜

隋唐两代尤其是唐代，对道教推崇备至，李氏皇帝为把其统治神圣化，更自认是老子的后裔，尊老子为国祖，立祠奉祀。这种风气也影响到

---

① （后晋）刘昫：《旧唐书》，中华书局1975年版，第4095页。

② 《全唐诗》（全25册），中华书局1960年版，第1791页。

③ 天宝三年（744）冬，李白与杜甫一起渡过黄河，去王屋山（在今河南省济源市西北，自古为道教圣地，号称"清虚小有洞天"，位居道教十大洞天之首）寻访道士华盖君，但没有遇到。这时他们遇到了一个叫孟大融的人，志趣相投，所以李白挥笔给他写了《寄王屋山人孟大融》这首诗。

④ 据《史记》卷二十八《封禅书》载："少君言于上曰：'祠灶则致物，致物而丹砂可化为黄金，黄金成以为饮食器则益寿，益寿而海中蓬莱仙者乃可见，见之以封禅则不死，黄帝是也。臣尝游海上，见安期生，安期生食臣枣，大如瓜。安期生仙者，通蓬莱中，合则见人，不合则隐。'于是天子始亲祠灶，而遣方士入海求蓬莱安期生之属，而事化丹砂诸药齐为黄金矣。"

⑤ 《全唐诗》，中华书局1960年版，第1769页。

⑥ 见吴筠《游仙诗二十四首》，其七。

了住居山东的士族家庭，他们中信道、崇道者颇多。

李士谦，隋代山东高门，重视道教。《隋书·李士谦传》载："李士谦字子约，赵郡平棘人也……客又问三教优劣，士谦曰：'佛，日也；道，月也；儒，五星也。'客亦不能难而止……其妻范阳卢氏，亦有妇德。"① 李士谦把道教比作"月"，以说明道教对人们日常生活的影响，认为儒道释三教不分优劣，都有存在的必要。

王通，隋代山东大儒，对道教有着独特的看法。王通在《中说·问易》中谈到儒道释三教："程元曰：'三教何如？'子曰：'政恶多门久矣。'曰：'废之何如？'子曰：'非尔所及也。'……子读《洪范谠议》曰：'三教于是乎可一矣。'程元、魏徵进曰：'何谓也？'子曰：'使民不倦。'"②"子曰：'虚玄长而晋室乱，非老庄之罪也。《易》不云乎，苟非其人，道不虚行。'"③

卢蔚，"范阳卢蔚，弱冠举进士……蔚素崇香火，勤予修醮，未尝辍焉。"④ 卢蔚精通道教中的祈命延生之术。

郑遨，《词话丛编》载："郑遨字云叟，滑州白马人，昭宗时举进士不第，弃妻子入少室山。其妻数以书劝归，辄投于火。好为词以见意，惜词多不传。闻华山有五粒松，脂沦入地，千年化为药，能去三尸。因徙华阴，欲求之。与道士李道殷、罗隐之善。遨种田，隐之卖药自给，殷有钓鱼术，钓而不饵。世目为三高士。"⑤

李德裕，山东高门，唐武宗时大权在握，参与了"会昌灭佛"事件。据宋人陈善著《扪虱新话》卷十《唐武宗、李德裕深信道家之说》载：李德裕本人深信道家之说，常于便殿对武宗言及方士，在其《茅山三像记》中，李德裕自称"上清玄都大阙"⑥。其妻刘氏传上清法箓，⑦ 为道士。其妾徐氏也为滑州瑶台观道士。⑧

---

① （唐）魏征：《隋书》，中华书局 1973 年版，第 1752—1754 页。
② 《二十二子》，上海古籍出版社 1986 年版，第 1318 页。
③ 同上书，第 1317 页。
④ （宋）张君房：《云笈七签》（全 5 册），李永晟点校，中华书局 2003 年版，第 2654 页。
⑤ 唐圭璋：《词话丛编》（全 5 册），中华书局 1986 年版，第 1128—1129 页。
⑥ （宋）陈善：《扪虱新话》，上海书店 1990 年版。（据涵芬楼旧版影印）
⑦ 李德裕撰：《唐茅山燕洞宫大洞炼士彭城刘氏墓志铭并序》，周绍良：《全唐文新编》（第 4 部）（第 2 册），吉林文史出版社 2000 年版，第 9506—9507 页。
⑧ 岑仲勉：《唐史馀渖》，中华书局 2004 年版，第 191—193 页。

崔玄亮，山东磁州（今山东淄博）人，"贞元十一年登进士第，从事诸侯府。性雅淡，好道术，不乐趋竟，久游江湖"①。

清河张氏"雅好玄寂，臻道之深，自受道箓，修行匪懈。每闻楚词'乘彼白云，至于帝乡'，则悠然长想。时或居闲无人，整容静处，飘飘然冲虚之意深焉"②。

总之，无论是山东当地还是外迁至山东的士族，由于长期居住于山东，受儒家文化的熏陶，其家庭宗教信仰中也必定带有浓厚的儒家思想色彩。加之唐统治者对道教的重视，以整个家庭或单个家庭成员为单位参加道教活动的士族家庭必然会把家族伦理关系也带入道教活动中，使儒道思想相互融合、相互影响对推动道教发展起到一定积极作用。

三 吕洞宾及其性命双修思想

吕岩，唐末五代、宋初著名道士，又称吕洞宾，号纯阳子，道教全真派奉其为北五祖之一，称吕祖，世传"八仙"之一。相传祖籍为郓州（今山东东平）。山东东平为吕氏郡望，故吕氏后裔迁至河中府者，仍自称东平人。还有一说认为其为河中府蒲坂县永乐镇（今属山西芮城县永乐镇）人。③

国内外关于吕洞宾的研究由来已久，并发表了众多的研究成果，比较有代表性的如：马晓宏的《吕洞宾神仙信仰探源》（《世界宗教研究》1986年第3期），法国弗雷泽·巴德里安·侯塞因（Farzeen Baldrian – Husscin）《北宋文献中的吕洞宾》（《远东亚洲丛刊》1986年第2期），美国景安宁的《吕洞宾与永乐宫纯阳殿壁画》（林富士、傅飞岚主编：《遗迹崇拜与圣者崇拜》，允晨丛刊第81辑，台湾允晨文化实业股份公司2000年版），张广保的《吕洞宾的传道活动及其社会影响》（张广保：《唐宋内丹道教》第4章，上海文化出版社2001年版），尹志华的《吕洞宾生平事迹考》（《中国道教》2007年第4期），李裴的《从文本中的吕洞宾形象看唐末五代道教的审美追求》《宗教学研究》2007年第4期等。

---

① （后晋）刘昫：《旧唐书》，中华书局1975年版，第4313页。
② 陈垣：《道家金石略》，文物出版社1988年版，第170页。
③ 尹志华：《吕洞宾生平事迹考》，《中国道教》2007年第4期。

(一) 吕洞宾的主要事迹

吕洞宾生于唐"贞元十四年（798）"①。北宋初杨亿《谈苑》载："张洎家居，忽外有一隐士通谒，乃洞宾名姓，洎倒屣见之。洞宾自言吕渭之后，渭四子，温、恭、俭、让。让终海州刺史，洞宾系出海州房。让所任官，《唐书》不载。"②北宋末叶梦得《岩下放言》卷中亦说："世传神仙吕洞宾名岩，洞宾其字也。唐吕渭之后。"《真一金丹诀》说："经数举，不第其名。"《能改斋漫录》卷十八说："唐末累举进士不第。"南宋陈葆光《三洞群仙录》卷五引《丹诀》说："吕洞宾举进士，两至礼部皆不利。"钟离权以黄粱梦点化吕洞宾，尽授内丹妙诀。内丹术得到钟、吕的大力倡导之后，在道教中成为最重要的修炼方法。宋元以来的道教诸派，无一不以内丹修炼为旨归。吕洞宾道成之后，发宏大誓愿，以度尽众生为己任。吕洞宾信仰之所以在宋以后盛行于世，正是由于其显迹世间，慈心接物、传道度人的活动所致。北宋初年张齐贤《洛阳缙绅旧闻记》卷三谓"时人皆知吕洞宾为神仙"，不知吕洞宾作为神仙的名声早在五代宋初就已在民间广为流传。

吕洞宾著述甚多，主要有《破迷正道歌》《灵宝篇》《百问篇》《指玄篇》《肘后三成篇》《直指大丹歌》《敲爻歌》《吕祖金刚经注》《吕祖道德经笺注》等。关于记载他事迹的文献亦很多，主要有《吕祖全书》三十二卷，《宋书·陈抟传》《雅言系述·吕洞宾传》、岳州石刻《吕洞宾自传》等，《正统道藏》《续道藏》《道藏辑要》等均收录吕洞宾著本和事纪。③

吕洞宾济世度人事迹主要有六个方面，即度人为仙，救治疾病，扶助贫人，惩戒恶人，倡导人伦，施行教化。④但其在山东的事迹，只有少量

---

① 《历世真仙体道通鉴》说"贞元十一年丙子（796）四月十四日生"。元刘志玄《金莲正宗仙源像传》亦谓生于"唐德宗贞元丙子（796）"。元苗善时《纯阳帝君神化妙通纪》则说生于"贞元十四年（798）四月十四日巳时"。而元秦志安《金莲正宗记》则谓生于"唐德宗兴元十四年丙子"。此一记载显然有误。唐德宗兴元年号只使用了一年，兴元十四年疑为贞元十四年；但贞元十四年的干支纪年为戊寅，而非丙子。在上述几种说法中，"贞元十四年"说得到了道教中人的普遍认同。明《万历续道藏》所收《吕祖志》、清乾隆年间刊刻《吕祖全书》均采用了"贞元十四年"说。

② 江少虞：《宋朝事实类苑》卷四十三。

③ 周永慎：《历代真仙高道传》，中国社会科学出版社2003年版，第102—103页。

④ 尹志华：《吕洞宾生平事迹考》，《中国道教》2007年第4期。

记载。有传说"度化兖州侯妓":

> 以邸以舍客,吕祖诡服求授馆,早出暮归,归必大醉,逾月不偿一金。侯召啜茶,吕祖曰:"吾见钟离先生,谓汝可以语道。"侯不省,以酒饮之,吕祖索饮不已,侯滋不悦,祖乃伸臂示之,金钏隐然,解其一令市酒,侯利其金,曰:"饮毕寝此乎?"曰:"可。"即登榻,鼻齁齁。至夜分,侯迫榻前,吕祖以手拒之,侯亟去。迟明失祖所在,视其身,则手所拒处,吕字彻肌肤,侯感悟曰:"此吕仙也,得非宿世一念之差,遂至于此,今其来度我乎?"即短发布服,寻吕祖,不知所终。①

吕洞宾诗词以劝人修道居多,在《岱史》卷十五中有载。如五言绝句《书王母池》云:"昔日曾游此,如今九十春。红尘多少客,谁是识予人。"七言绝句《再书王母池》云:"昔年留字识曾来,事满华夷遍九垓。无赖蛟虬知我字,故留踪迹不沉埋。"② 王母池东有一石洞,传吕洞宾修道于此,故有吕祖洞之称。吕洞宾济世度人的事迹反映了广大民众的善良愿望,吕洞宾则成为山东民众心目中最感亲近的神仙形象。

(二)吕洞宾"性命双修"思想

吕洞宾"性命双修"思想在山东影响深远。五代时期,由于道士所炼金丹多含毒物,久服必伤,死者亦多,加之不良道徒为迎合人们追道成仙的心理多有坑蒙拐骗者。人们在追求成仙得道的理想和生死存亡的现实之间进行了理性的思索,故五代时,内丹道教兴起,一改既往注重饵食丹药、内养生法只是作为辅助之效以达长生成仙的修炼模式,更加注重人体内修炼的内丹道兴盛起来。而吕洞宾的性命双修思想,重新整合了以前的"丹""道"思想,梳理了"修性"与"修命"的内在逻辑,建立了行之有效的修"内丹"功法,对后代的内丹道派影响深远,此后的内丹道派无不称受其影响,注重内丹修炼的全真教吕洞宾及其先师汉钟离被奉为祖师。

---

① (清)刘体恕汇辑:《吕洞宾全集》,华夏出版社2009年版,第40页。
② 汤贵仁、刘慧:《泰山文献集成》(第2卷),泰山出版社2005年版,第138页。

1. "外丹"与"内丹"的关系

吕洞宾继承了汉钟离的内丹思想,强调"内丹"的修炼才是成仙的真理,"外丹"之术皆为旁门左道。《破迷正道歌》中将"餐松并服饵""忘形习定息""呼吸想丹田""息气为先天""口鼻为玄牝""思心为方寸""积精为铅汞""执神气为子母""开顶为炼养""缩龟并炼乳"等此类外丹、服食、导引、房中之术皆称为"邪门小法功"。以此为修道养命之法,终究难免"引得邪风肚里鸣",于身心无补,长奉此道,其结果"九载三年误了人""到头终久做阴灵"。"若言此理神仙",终究"天地虚无上下空",将修仙之道引入歧途。由此,钟吕将外丹之道定性为"三千六百旁门法,不识狂邪尽惧人"。故内丹才为修道成仙之根本功法,习修内道功法才可"瑞气彩云遮五体,鸾鹤对舞面前迎,王女双双持紫诏,名曰方号唤真人。金光罩体人难视,节制仪威左右行,仙鹤接引朝元去,白日飞升谒上京"①。

2. "性""命"双修的思想

吕祖《黄鹤赋》中提出"方期性命之双修"②的说法。吕祖《敲爻歌》中更强调:

> 只修性,不修命,此是修行第一病。只修祖性不修丹,万劫阴灵难入圣,达命宗,迷祖性,恰似鉴容无宝镜,寿同天地一愚夫,权握家财无主柄。性命双修玄又玄,海底洪波驾法船,生擒活捉蛟龙首,始知匠手不虚传。③

上文强调了"性命双修"在修道中的重要性。傅金铨明确解注:

> 性无命不立,命无性不全。始也以性而修命,终焉以命而全性。始彻终,只是完全此性命二字,必要双修,不可单行。祖不云乎?只修性,不修命,恰似乌金饰顽磬;只修命,不修性,恰似鉴容无宝

---

① 《道藏》(第4册),文物出版社、上海书店、天津古籍出版社1988年版,第917—918页。
② (清)刘体恕汇辑:《吕洞宾全集》,华夏出版社2009年版,第72页。
③ 同上书,第83页。

镜。又曰：只修性，不修命，此是修行第一病。只修祖性不修丹，万劫阴灵难入圣。萧了真曰："性命双修是的传，冥冥杳杳又玄玄"。世人只解孤修静坐，不悟双修妙理，离了阴阳，背却造化，断无成就。①

> 人之生，自父母交会，而二气相合，即精血为胎胞，②虽云精血聚结，实自虚无化灵。③ 夫形不自生，生形者气，气不自生，生气者道。④

修命指修炼人的身体，人乃父母二气化形所生，不可自弃。气更是道的化生，更要自尊。修道毕竟是人从肉体的人得道成仙的过程。人的肉体的存在是修道、得道、成仙的前提，肉体不存，人亦不在，修道即没有载体，道自不可为。

"修性"指提升人的心性、思想、秉性、性格、精神等内在精神品质。人不光是肉体的存在，更是内化在人身上的精神品格。人如无性，人只是皮囊，仅为行尸走肉，与禽兽无异，更不能得道成仙。正是因为人有悟性，所以人才可以悟道。如果不爱惜身体，终究会走向死亡。但如果没有灵性，不能悟道，即使再生，来世也只能为人，无法成仙。在生死转世之间，永无解脱。因此，"性"与"命"的修炼在人的修道过程中同样重要，而且缺一不可。只修"命"，人就只是人，缺乏神仙的境界。只修"性"，假若英年早逝，性自无所依。因此，性命双修，肉体与精神相辅相成，形神合一，方可长生。

3. 性命双修的基本原则

在修道上，吕洞宾提出了修道应该遵循的基本原则，即要顺"天道"，逆"人道"，了解和秉承修道规律。道教把宇宙看作一种先天存在的客观必然，恒久流动，遵循自身的规律，生生不息。而人体也有五脏六腑、七经八脉，血液、气息在人体川流不息。以此角度看，人体就是小宇

---

① （清）傅金铨：《纯阳祖师"五篇"注》，黄信阳编《修道养生真诀》，北京师范大学出版社1993年版，第123页。
② （清）刘体恕汇辑：《吕洞宾全集》，华夏出版社2009年版，第521页。
③ 同上书，第246页。
④ 同上书，第247页。

宙。天有天道，人亦自有人道。"人法地，地法天，天法道，道法自然"①，顺应自然规律，不可改变，不可强求，唯有顺应。因此，人修道，理应顺应天道，追求自然内在的变换规律，自可与天地同在，与天道合一。但是人有幼、少、青、壮、中、老，生命毕竟是短暂的，终究会走向终结。要想修道，必先养命。而要养命就必先逆向考察人的生长过程，寻找人生长命所需的成长要素。同时，人成长的过程逐渐走向贪欲和复杂，有违天道自然的基本要求，造成了人道和天道的偏差。故吕洞宾强调修道要顺应天道，逆人道，追求简约、本我、自然。所以，吕洞宾修道遵循的基本原则就是"顺为凡，逆为仙"，务求"还者，乾所失而复得之物；返者，我已去而复来之真"的境界。②

他还根据天道与人道的差别，提出了从人到仙所经历的五种境界，即所谓鬼仙、人仙、地仙、神仙、天仙五种仙境。修道之人，若始终不能悟道，而又追求速成，其结果，"形如槁木，心若死灰，神识内守，一志不散。定中以出阴神，乃清灵之鬼，非纯阳之仙"③，是"鬼仙"；修道之人，虽不能悟大道，但能终生坚守求道之心，偶得道之一二法术，也能"形质且固，八邪之疫不能为害，多安少病，乃曰人仙"④；修道之人，虽不能得大道，但修法术也有小成，可以长生不老，是"地仙"；修道之人，达地仙之境界，但厌居人世，"用功不已，关节相连，抽铅添汞而金精炼顶。玉液还丹，炼形成气而五气朝元，三阳聚顶。功满忘形，胎仙自化。阴尽阳纯，身外有身。脱质升仙，超凡入圣。谢绝尘俗以返三山，乃曰神仙"⑤；修道之人，达地仙境界，后传道于人间，教化众人，"道上有功，而人间有行，功行满足，受天书以返洞天，是曰天仙"⑥。

五仙之中，鬼仙非仙，非修道之人所求，天仙又因其境界太高难以奢望，所以人仙、地仙、神仙才是修道之人可求之境界。不仅仙分等级，而

---

① （魏）王弼注，楼宇烈校经：《老子道德经注校释》，中华书局 2008 年版，第 64 页。
② （清）傅金铨：《纯阳祖师"五篇"注》，见黄信阳编《修道养生真诀》，北京师范大学出版社 1993 年版，第 127 页。
③ 沈志刚：《钟吕传道集注译·灵宝毕法注译》，中国社会科学出版社 2004 年版，第 8 页。
④ 同上书，第 9 页。
⑤ 同上书，第 12 页。
⑥ 同上书，第 14 页。

且每一个仙级又有大中小三成之三分："人之仙其等有三，太上引年益寿，其次安而引年，其下安而无疾，皆小乘也。地之仙其等有三，太上极阳轻身，腾举自如；其次炼形久视，至于千岁；其下引年益寿，皆中乘也。神之仙其等有三，太上超凡入圣，而归三岛；其次炼神合道，出入自然；其下炼形成气，亘古长存，皆大乘也。"①

五仙三成，共同构成了钟吕丹道的神仙信仰体系。因此，不同的人，应根据自身的情况选择修炼的方法。"上德以道全其形，斯纯乾之未破；下德以术延其命，乃撅坎之已成。"② "以道全形者，无为之事；以术延命者，有为之事。上德之人，先天之气未失，纯阳之体，守中抱一，即可全其本来之真形。中下之人，先天之气已伤，阳为阴陷，必须窃阴阳，夺造化，先固命基，从有为而入无为，方能成真。"③ 还进一步针对修炼强调说："修人道，奉道者难得少年，少年修持，根元完固，凡事易为见功，止于千日而可大成也。奉道者又难得中年，中年修持，先补之完备，次下手进功，始也返老还童，后即入圣超凡也。"④ 强调修道一定要早，越年少，根基越好，得道越早。

虽然在《钟吕传道集》中这些思想多以汉钟离的言辞表达出来，但是作为具有严谨师承关系的钟吕二人的思想又如何能截然区分开来。同时，内丹的修炼一定要有师承，因为内丹功法不像外丹可以书面记载，多靠聪明天资顿悟，即使有口诀不能顿悟亦无可用。因此，内丹功法多为师徒间的口口相传，注重师徒间心有灵犀，心神领悟。"道本无隐，而心传极秘，非秘也，非心授心受，不能授受也。"⑤ 所以，有好的老师的引领在内丹修炼中至关重要。吕洞宾曾言："此个事，世间稀，不是等闲人得知，宿世若无仙骨分，容易如何得遇之。" "此要诀，要师传，不得真师

---

① 《道藏》（第20册），文物出版社、上海书店、天津古籍出版社1988年版，第824页。
② （清）傅金铨：《纯阳祖师"五篇"注》，见黄信阳编《修道养生真诀》，北京师范大学出版社1993年版，第122页。
③ （清）刘一明：《道书十二种》，羽者、余耳点校，书目文献出版社1996年版，第482页。
④ 沈志刚：《钟吕传道集注译·灵宝毕法注译》，中国社会科学出版社2004年版，第33—34页。
⑤ 杜琮、张超中：《黄庭经注译·太乙金华经宗旨注译》，中国社会科学出版社2004年版，第134页。

枉徒然"①。

4. 修炼"性""命"的功法

肉身是人的载体，所以要先"修命"，而"修命"就是指要修炼人的"精气神"。《鼎器歌》载"鼎器本是男女身，大药原来精气神"②。内丹道派将外丹的丹鼎之论移入人体之内，"以人体先天精、气、神为药物（原料），以人体为丹房，丹田为炉鼎，意念呼吸为火候"③，炼制人体内的无形丹药，已达外丹之强身健体、修身延命、得道成仙之功效。

吕洞宾将"精气神"视为人身所具有的三种超于动物的基本因素，称"人为万物之灵，三才具我身。我身何所宝，宝曰精、气、神"，并强调了三者在修身养性中的重要作用，"炼形保身，息气养神，句淡理朴，得悟能宏"④。如能将与生俱来的精气神三宝长保不失，自可颐养天年、长生不老。如果不加爱护、失之不惜，"失此三宝，则失其生，堕诸恶劫，展转循环，靡所止住"⑤。

因此，三者的养护至关重要。养精，要先养气，精由气摄，"气一外驰，精遂泄泄"⑥。养气，必先戒贪欲。"清虚澹静，毋故作为"⑦，"若趋情欲，火逐炁分，落于客气，质感而朦。转旅多多，迷失本宗。莫能御之，溺于缘境。"后要静心。"欲化其精，先守其性，欲调乎气，先虚其心。"⑧ 贪戒心定，遵循"孟子浩然，至大至刚"的方法，并"循路不息，运化自然"，按照此法，"气得而养"⑨。气息养定之后，"应而无为，觉而勿随，故以虚极静笃，气转神回"⑩。同时，心定则心安，心安则不为外物所惑。心定心无外物则精归，"存神之功，贵绝思虑，内无所出，

---

① （清）刘体恕汇辑：《吕洞宾全集》，华夏出版社 2009 年版，第 85—89 页。
② 同上书，第 87 页。
③ 霍克功：《道教性命之学——内丹》，《中国宗教》2006 年第 12 期。
④ （清）刘体恕汇辑：《吕洞宾全集》，华夏出版社 2009 年版，第 230 页。
⑤ 同上书，第 283 页。
⑥ 同上书，第 280 页。
⑦ 同上。
⑧ 同上书，第 230 页。
⑨ 同上书，第 247 页。
⑩ 同上书，第 230 页。

外无所入"①"抱元养朴,忘物含虚,窈冥之中,真精自归"。②精、气、神具备之后,"精驭于气,气驭于神,神合其虚,三才乃能"③,命得以养。养命还须注意功法,才能事半功倍。

《灵宝毕法》记载了修养功法:小乘为延年益寿法,共有四门——匹配阴阳法、聚散水火法、交媾龙虎法、烧炼丹药法;中乘为长生不老之法,共有三门——肘后飞金晶法、玉液还丹法、金液还丹法;大乘为超凡入圣之法,共有三门——朝元法、内观法、超脱法。

修性,指修炼人的心性、思想、秉性、性格、精神等,也即提高人的精神境界。因为内丹道派多是口口相传之诀,讲求口传心授、心灵顿悟,所以修性即修心。"然所修炼,固必除情,尤须治心……除七情以治此一心,纯一心以养其大丹。"④"凡欲养神,必先养气,若欲养气,必在忘言,若能忘言,不若绝虑,既能绝虑,皆在于心。心者,道之用,主宰一身,莫大乎此。"⑤要修心,要先定心,定心才可以神存,"定心栖神,神所以存,心定神彰,神彰物冥"⑥。定心之后,心不乱动,便要静心,静后才能心安。"嗟彼红尘中,尽溺利与名,不知性保命,妄谈死与生,弗究生杀机,枉将性命穷。"⑦欲修心,还要寡欲,更要戒酒、色、财、气之欲。"财又我不贪,气又我不竞。酒又何曾饮,色欲已罢尽……官中不系名,私下凭信行。遇有不轻狂,如无守本分。"⑧还要去念,去除杂念。心才能平静。"无念方能静,静中气自平,气平息乃住,息住自归根,归根见本性,见性始为真。"⑨还要忘情,去除人世间的七情六欲,才能清静。"不容情,常清静,心中皎洁如明镜。镜心寂灭若空虚,始得临炉无弊病。"⑩还要清心,心无外物,祛除外物之惑。"因物萦情,情迷意纵。

---

① (清)刘体恕汇辑:《吕洞宾全集》,华夏出版社2009年版,第280页。
② 同上书,第230页。
③ 同上书,第231页。
④ 同上书,第285页。
⑤ 同上书,第240页。
⑥ 同上书,第243页。
⑦ 同上书,第228页。
⑧ 《道藏》(第23册),文物出版社、上海书店、天津古籍出版社1988年版,第689页。
⑨ (清)刘体恕汇辑:《吕洞宾全集》,华夏出版社2009年版,第75页。
⑩ 同上书,第88页。

心不能清，神不能守，流浪生死，漂泊性命。"① 心无外物，则无外物可以撼动内心的静寂。

修性，还要合道，即修心修性，修炼精神，方能心有灵犀，炼心悟道，参悟万物致无物，从有为致无为，达自然之道。修心则神全，神凝则性现，虚心则命固，可致养气保命，达物人我皆忘的境界，悟道而进入不可言传只可心悟的真境。"外忘其身，内忘其心。""虚生明，空生慧，清静合太虚。"② 修心、修性二者不可偏废，还要注意二者的互动，要"性命"双修。"大道以虚无为体，以隐现为用，故须不住于有，不住于无，而气机流通。吾辈功法，惟当以太一为本，金华为末，则本末相资。"③ 太一即为道，金华即为修道之功法。道之无为，功法有形。因此，我们追求的是修性之道，而非养命之功法，道本功末。但有为之功法养命乃修性悟无为之道的前提，二者不可偏废。"性命之道，始终修养先天虚无真一之气而已，别无他物……以术延命……以道全形。"④ 性命双修是从后天返先天，从有为到无为的过程。"至于无始，不可言性，亦不为命，非性非命。"⑤ 元始之初，无性无命，性命混一部分。降生之后，先天的元始分为后天的性与命，内丹的修炼就是通过修炼后天的命与性，从而得道，返回先天。而吕洞宾又主张"无为修身，有为气化，化而返元，归之于空"⑥，以无为之道入手悟道修身养性，以有为之道集气养命，养命以化精气神，得道以返虚无，以虚合大道。因此，修养性命之道，"始而有为……终而无为"⑦。性命双修离不开"取坎填离"之术。

吕祖《百字碑》云："气回丹自结，壶中配坎离。"坎为水，离为火。在人身之中，肾主水、心主火，离、坎二卦为心、肾的代号。取坎

---

① （清）刘体恕汇辑：《吕洞宾全集》，华夏出版社2009年版，第241页。
② 苏华仁：《老子〈道德经〉养生之道》，山西科学技术出版社2009年版，第95—96页。
③ 杜琮、张超中：《黄庭经注译·太乙金华经宗旨注译》，中国社会科学出版社2004年版，第133—134页。
④ （清）刘一明：《道书十二种》，羽者、余耳点校，书目文献出版社1996年版，第481页。
⑤ （清）刘体恕汇辑：《吕洞宾全集》，华夏出版社2009年版，第285页。
⑥ 苏华仁：《老子〈道德经〉养生之道》，山西科学技术出版社2009年版，第116页。
⑦ （清）刘一明：《道书十二种》，羽者、余耳点校，书目文献出版社1996年版，第481页。

填离术指心液下降、肾气上升，称为"还精补脑"或"抽铅添汞"之术，实则通过调整体内阴阳、水火，调动气的运行，改变人的精神状态，改善大脑的功能。性命双修的过程也就是以命功修身以达成性功从而超越身心，成就身外真身。若命坚固心虚无，领悟语言之外的大道，则真性返回本来，所有的劫运都不存在，身心安定精气强固则修命。心定了神气全，神全自然精气固，则丹道可成。心静则神反于虚，返于虚性则神虚无静笃。所以一切源于心的因素，若心安身定，则命强性真，自领悟大道，返回真我，五道则气回，气回则丹结，自可在附于"有形之凡心"的魄消失之后，永保"天心之魂"，从而肉身可腐但魄可永存，即可元神出窍，不附肉体而存在，"回视故躯，亦不见有。所见之者，乃如粪堆，又如枯木"①，从而得道成仙。性命双修不仅仅是个人的修道功业，更要用于芸芸众生。吕祖讲："人道未了，仙道难全，欲修真道，人道合仙……欲学仙道长生，先修人道为务。"② 从人到仙的过程，不仅仅是个人修道的过程，更是通过修道广结善缘、广积善德、广修善业、普度众生的过程，以"阴德伏鬼，阳德伏人，二德既备，道果堪成"③。这是修性与修命在今世的结合，是修道之人"道"之高超的表现。

第六节　隋唐五代时期的山东道教
　　　　　　　庙宇、碑刻、造像

　　经过魏晋南北朝、隋唐以及五代十国的发展，山东的道教宫观殿阁以及道教碑刻、造像等遍布各地。比较突出的有泰岳神府——岱庙、王母池、崂山太清宫、崂山通真宫、丹崖山蓬莱阁、东明庄子观。其中，蓬莱阁建筑群在隋唐时期就已经具备了一定的规模。同时，隋唐时期山东境内出现了众多的摩崖石刻和石窟造像，如泰山双束碑，唐太一，真武二像碑，唐祀封禅颂碑，唐神宝寺碑，隋唐峄县马君碑，《纪泰山铭》摩崖石

---

①　沈志刚：《钟吕传道集注译·灵宝毕法注译》，中国社会科学出版社2004年版，第204页。
②　（清）刘体恕汇辑：《吕洞宾全集》，华夏出版社2009年版，第220页。
③　同上书，第235页。

刻，唐崂山石刻，石窟造像等。比较有代表性的道教造像包括：元始天尊造像、太一天尊造像、老君造像、素像造像等，反映了隋唐时期山东地域道教的辉煌与兴盛。

一　宫观庙宇

在道教形成之初，泰山除岱庙外还建造了王母池道庵，崂山除太清宫外还创立了通真宫，建筑可谓极其有限，而且孤单寂寞地渡过了自三国至五代前后长达七百余年的岁月。随着道教的发展，至隋唐五代时期，泰山、崂山、昆嵛山道教宫观快速增长，如胶东昆嵛山地区"寺观林立，洞庵毗连"，孕育了全真道形成的文化因素，成为道教嵛山派重要的发祥地。山东其他地区，如蓬莱、沂源、济南等，也都兴造了不少的道教殿宇。以道教宫殿为主的蓬莱阁建筑群也在隋唐时期具备了一定规模。

清顾炎武《金石文字记》卷三《岱岳观造像记》云："泰山之东南麓王母池有唐岱岳观，今存小殿三楹，土人称为老君堂。此前有碑二，高八尺许，上施石盖，合而束之。其字每面做四五层，每层文一首或两首，皆唐时建醮造像之记。"① 由此可知，唐时已建有"岱庙"。泰山为五岳之尊，其主庙岱庙也就自然不同寻常，形制完全仿效帝王宫城。据明万历间成书的《岱史》卷九《灵宇记》记载：泰山宫观"大都肇构于隋唐宋元年间，今其存者不及十半，然亦倾颓甚矣。唯岳巅诸宫观，当世严奉不废，乃绝无翼室以居黄冠，黄冠固甚贫，率散处麓下觅食。则神明香火之为何，即居首安所借也"②。隋唐时期山东的道教建筑当首推泰山岱庙。

（一）泰岳神府——岱庙

唐朝时，泰山庙已规模宏大，颇显王者之气。唐高宗李治、玄宗李隆基在泰山举行的封禅大典都是在岱庙举行的。故岱庙的创建、扩修始终同历代帝王的封禅活动紧密地联系在一起。岱庙的历史堪称古远悠久。庙中碑文说它"秦即作畤""汉亦起宫"。唐开元十三年（725）曾增修。

---

① 《景印文渊阁四库全书》（第683册），（台湾）商务印书馆1986年版，第748页。
② 《道藏》（第35册），文物出版社、上海书店、天津古籍出版社1988年版，第724页。

（二）王母池

王母池，古名群玉庵，唐代称瑶池，又名虬在湾，位于泰山岱宗坊北，与虎山隔谷相望，主祀女仙之宗西王母。唐朝杜光庭的《墉城集仙录》杂糅诸记为王母作传时，说王母为西华至妙之气所化生，并无生年月日之说。① 泰山王母池称瑶池的说法见于唐双束碑，唐人题名有拜瑶池之话。② "虬在湾"名之来历，有史书记载："中有潜虬化龙去，因名虬在湾。"因传说西天王母曾在此仙居，后人为其行宫立庙，故亦称"王母池"。据三国时曹植《仙人篇》有"东过王母庐"，据此推断，此地已有早期建筑。③ 王母池的始建时间当不晚于三国，只不过当时规模不大。

唐朝时，由于李唐王朝最高统治者认李耳为祖，大肆宣扬道教，因此作为道家"女仙"的王母名声大震。此后，泰山王母池道观扩建，且初具规模。④

王母池建筑群东南面有"吕祖洞"，又称"金母洞"，唐代称"发生洞"，洞口朝西。唐朝李商隐诗曰："瑶池阿母绮窗开，黄竹歌声动地哀。八骏日行三万里，穆王何事不重来。"⑤

（三）崂山太清宫

太清宫亦称下清宫，俗称下宫，是崂山九宫八观七十二座名庵中历史悠久、规模最大的一座道院。它位于崂山东南角，三面环山，一面临海，夏无酷暑，冬无严寒，四季花木葱茏，素有"北国小江南"之称。据《太清宫志》记载，太清宫始建于西汉武帝时。建元元年（前140），为江西瑞州高乐人张廉夫所创建。⑥ 当时筑茅庵一所，供奉三宫大帝神位，名为三官庙。建元三年（前138），又筑庙宇供奉三清神像，名下太清宫。唐天祐元年（904），河南蓝羲人李哲玄东游崂山，久住太清宫，又扩建殿房，供奉三皇神像，名曰三皇庵。同光二年（924），道人刘若拙自四川来崂山太清宫，在宫旁自修一庵，供奉老子神像。太清宫自

---

① 山东省地方史志编纂委员会：《山东省志·少数民族志·宗教志》，山东人民出版社1998年版，第453—454页。
② 刘秀池：《泰山大全》，山东友谊出版社1995年版，第2009页。
③ 崔秀国、吉爱琴：《泰岱史迹》，山东友谊出版社1987年版，第82页。
④ 刘秀池：《泰山大全》，山东友谊出版社1995年版，第2009页。
⑤ 《全唐诗》（全25册），中华书局1960年版，第6182页。
⑥ 青岛市人民政府宗教事务局编：《崂山太清宫志》1987年版，第1页。

东向西共分三个独立院落，每个院落都有独立的围墙。单开山门。东南院是三宫殿，殿内塑有"天官""地官""水官"等神像。出三宫殿西边门，进中间的院落便是三清殿，殿内塑有"道德天尊""元始天尊""灵宝天尊"的神像。殿门东侧外，有一棵植于唐代的榆树，人称"唐榆"，因它枝干弯曲像龙头，故又名"龙头榆"。西侧台阶下，有一清泉，名叫"神水泉"。泉是一个用石条砌成的长方形水池，清澈见底，甘美清冽，大涝不溢，大旱不涸，三清殿之西，便是三皇殿，殿内塑有"伏羲""神农""轩辕大帝"的神像，殿门上有以老子《道德经》两句楹联："天下有道，行马走以粪；天下无道，戎马生于郊。"殿前院内古柏成林，内有一棵古柏伟岸苍劲，直插高天。传说是太清宫创始人张廉夫手植，人称"汉柏"。有一棵碗口粗的凌霄寄生在汉柏树上，盘绕而上，直达十六米高的树梢。每年春季，粉红色的凌霄花开满树冠，汉柏的苍翠，凌霄的艳丽，融为一体，还有一棵五倍子树，扎根寄生在汉柏树上，三树一体，是崂山的奇观之一。

（四）崂山通真宫

通真宫位于青岛市惜福镇传家埠村南一公里处，始建于东汉末年，初名"童公祠"据《后汉书·童恢传》载，童恢，字汉宗，琅琊幕（今山东省莒县东北）人，才干非凡，廉政无私，关心百姓疾苦，在其县任职期间，"耕织种收，皆有条章，一境清净，牢狱连年无囚"。汉时，崂山一带地广人稀，山林茂密，常有山民受狼虫之害，童恢派人捕获猛虎两只，斥曰："天生万物，唯人为贵，虎狼当食六畜，而残暴于人，王法杀人者死，伤人者论法，汝是杀人者，当垂首服罪，自知非者，当号呼称冤。"二虎畏童恢之威严，一虎垂首闭目，状似服罪，一虎吼啸跳跃，如同喊冤，童恢遂杀前者而释后者。隋唐时期童公祠主祀童恢，并保留塑像及壁画。[1]

（五）丹崖山蓬莱阁

蓬莱阁位于蓬莱市北滨海的丹崖山巅，殿阁凌空，云烟缭绕，素称"仙境"。是由三清殿、吕祖殿、天后宫、龙王宫、弥陀寺和蓬莱主阁等组成的一组古建筑群。丹崖山上，有东、中、西三座山门。进东山门，穿白云宫，即三清殿。前殿两侧有门神两尊，正殿塑原始天尊、灵宝天尊、

---

[1] 赵浦根、朱亦：《山东寺庙塔窟》，齐鲁书社2002年版，第17—18页。

道德天尊神像。据传丹崖山上的香火始于秦汉时期。三清殿东侧有六祖殿。中间山门石额上刻"显灵"二字,进内为天后宫,分前殿、正殿和寝殿三部分。宫前有戏台一座相对。前殿内两侧塑有高大守门神将,殿后门外两侧嵌有"福""寿"二字巨碑,为五代著名道人陈抟所书。正殿前有古槐,老干虬枝,绿荫如盖,传为唐槐。正殿祀海神娘娘坐像,两侧各立神像四尊。后殿为天后寝室。西山门内为龙王宫,原建于唐朝。①

(六) 东明庄子观

东明县城东北菜园集乡有一庄寨村,该村北依黄河,南临占之濮水,左望钓台,右傍漆园,在村北黄河大堤前,兀然耸立着一处道观,即庄子观。庄子,名周,战国时宋国蒙(一说在今河南省商丘东北,一说在今山东省曹县东南)人,著名思想家和文学家,与老子并称"老庄",为道家学派创始人之一。庄周曾做蒙地漆园吏,楚威王闻其贤,厚币礼聘,许以为相,他坚决拒绝。其妻死,箕踞鼓盆而歌,极示其旷达。庄周后隐居著书于南华,卒后亦葬于此。此地唐初为离狐,天宝元年(742)改为南华。并诏号《庄子》为《南华真经》,遂亦称《南华经》,原五十二篇,今存三十三篇,为道家经典之一。②

(七) 其他道观

由于隋唐帝王对道教的重视,隋唐皇帝曾诏令在山东境内修建了大量道观。根据史料记载,隋唐帝王诏令在山东设置的其他道观如下:

表4—3　　隋唐帝王诏令在山东设置的其他道观统计表③

序号	年号	诏令内容	备注
1	开皇三年(583)	于畿内造观36所	杜光庭《历代崇道记》
2	开皇年间(581—600)	两京诸州各置玄元皇帝庙	《雍录》卷十引《礼阁释义》

---

① 山东省地方史志编纂委员会:《山东省志·少数民族志·宗教志》,山东人民出版社1998年版,第474—475页。

② 赵浦根、朱亦:《山东寺庙塔窟》,齐鲁书社2002年版,第189—190页。

③ 王洪军:《隋唐时期道教在齐鲁地区的发展》,载山东师范大学齐鲁文化研究中心编《齐鲁文化研究总第3辑》,山东文艺出版社2005年版,第135页。

续表

序号	年号	诏令内容	备注
3	武德九年（626）	京城观2所，诸州留1所	《旧唐书》卷一《高祖本纪》
4	乾封元年（662）	兖州3所，诸州置1观	《旧唐书》卷五《高祖本纪下》
5	弘道元年（683）	诸州置道观上州3所、中州2所、下州1所	《全唐文》卷九四四杜光庭《释老君圣唐册号》
6	开元年间（713—741）	令诸道置开元观，五岳置真君庙	杜光庭《历代崇道记》
7	天宝五载（746）	诸道置真符观，太白山造灵符管，十道大郡造玉芝观	李斌城《唐代文化》中《唐代道教建筑》

二 摩崖石刻、碑刻及石窟造像

隋唐时期是山东经济文化的繁荣时期，也是山东道教的繁荣时期，这一时期山东境内出现了少量的摩崖石刻和石窟造像，这些造像和石刻是了解隋唐山东道教的一面镜子，具有很高的研究价值。

（一）泰山双束碑

双束碑全称《岱岳观造像记碑》，因碑身双束并立，又称鸳鸯碑（见图4—1）。碑首为九脊歇山顶状，雕刻极为精细，有部分饰件遗失，碑座为长方形。双束碑身高2.36米，宽0.5米，碑身三面环刻，书体均为楷书。该碑内容为唐高宗显庆六年（661）至德宗贞元十四年（798）六帝一后在泰山斋醮造像活动的记录。撰文和书写者虽不是名家，但造型独具特色，而且有着深刻的政治寓意。其造型是按照则天武后的旨意来设计的，也是武则天权力欲望的一种体现。双碑石嵌入同一碑座和碑首之中，碑座代表地，碑首代表天，双碑代表高宗李治和武后则天，寓意二人共同治理天下。双束碑环刻唐记事诗文二十六则，其中二十则为唐六帝一后斋醮造像之事。在这二十则记事中，有八首与武则天直接相关。而在这八首中，除最早的一首是她和高宗共为外，其余七首均系武则天改唐为周称帝之后的十五年间所为。一朝帝王如此频繁地在泰山行道家之事史上不多见。双束碑称得上是一部唐代泰山尊崇道教的史书。由此也可以看出，泰山道教在唐朝有极高的地位。

图 4—1　泰山双束碑

(二) 唐太一、真武二像碑

唐天宝六年（747），泰山有造太一、真武二像碑，碑文内容如下：

  使朝请大夫行内谒者监上柱国□□□，敬造太一天尊（缺数字）泰水之阳，汶水之北，中有（缺）应南（缺）蒿里（缺）是（缺）大（缺）上（缺）故（缺）圆（缺）证四（缺），上升□□气□存致果于无（缺）合家并同霑此福（缺）。
  天宝六载岁次丁亥四月景午朔□日景午建立。①

(三) 唐祀封禅颂碑

唐开元十四年（726），泰山还立有祀封禅颂碑，有"封禅者帝王受天命告成功之为也"等有关封禅的记载：

---

① 孟昭水：《岱览校点集注》（上），泰山出版社 2007 年版，第 404 页。

皇帝六叶，开元神武皇帝再受命，致太平，乃封岱宗、禅社首，凿石纪号。天文焕发，儒臣志美。立碣祠坛曰：厥初生人，倘有君臣，其道茫昧，其风朴略，因时而欻起，兴运而纷落，泯泯没没无闻焉。尔后代圣人取法象，立名位，衣裳以等之，甲兵以怛之，于是礼乐出而书记存矣。反其源致敬乎天地，报其本致美乎鬼神，则封禅者帝王受天命告成功之为也。……①

（四）唐神宝寺碑

神宝寺碑全称《大唐齐州神宝寺之碣》，刻于唐开元二十四年（736），原立于长清县小寺村神宝寺故址，于1965年移岱庙，1983年陈列于历代碑刻陈列室。该碑圆首方座，通高2.82米，碑身高2.56米，宽1.31米，侧宽0.285米，篆额"大唐齐州神宝寺之碣"②。

（五）隋唐峄县马君碑

隋唐时，山东峄县立有马君碑。马君葬于城东北二里古郳城昌虑，属峄地。又隋唐时昌虑隶鄫州，马君又为承县令，固此碑当属峄地。③

（六）《纪泰山铭》摩崖石刻

《纪泰山铭》是盛唐皇帝玄宗李隆基开元十四年（726）东封泰山时利用自然崖壁刻石御笔亲书的著名摩崖石刻，位于泰安市泰山玉皇顶南80米岱顶大观峰，削壁为碑刻成（见图4—2）。有碑文24行，每行51字，现存1008字，是中国帝王摩崖刻石中的杰作。摩崖高13.2米，宽5.3米。碑文均为隶书，只有"御撰御书"4字和末行年月日为正书。摩崖书法端严浑厚、遒劲婉润，在书法艺术、雕刻技艺、帝王封禅史等方面都具有较高的艺术、历史文化价值。碑文记述了唐玄宗封禅祭祀的始末。

---

① 孟昭水：《岱览校点集注》（上），泰山出版社2007年版，第440页。
② 刘慧：《泰山岱庙考》，齐鲁书社2003年版，第170—171页。
③ 陈玉中、李响、杨衡善：《峄县志点注》（第4分册），枣庄出版管理办公室，1986年，第1029页。

第四章　隋唐五代时期的山东道教　323

图 4—2　《纪泰山铭》摩崖石刻

（七）唐崂山石刻

在崂山明道观西南涧水之东柴场附近有一巨石，石上有线刻菩萨像，字为"敕孙昙采仙药山房"。在采药山房刻石之西，另有一巨石，石之东侧刻有一篇文字，因年久风化，字迹多已漫漶不能辨认。至清代尚可辨识若干：

> 大唐天宝二年三月初六日□□孙昙远行□□□至□□□元□□□□□□□□□□□□山海于□□见仙药□□□因□为□使□山房郡□□□之以俟来命。①

这篇石刻是崂山历史最为久远的成篇刻石，也是研究崂山历史的重要史料。另外，在明道观之南 0.5 公里许，有一棋盘石，上镌"敕采仙药

---

① 青岛市史志办公室：《崂山志》，五洲传播出版社 2002 年版，第 194 页。

孙昙遣祭山海求仙石"13字。关于孙昙其人无稽考查，但史料中有唐代王旻崂山采药的记载。这说明，崂山在唐朝时被视为道教仙山。

（八）石窟造像

中国的凿窟之风是随着佛教东传兴起的。道教最初是吸取佛教的思想、模仿佛教建筑道观、塑造神像的。起初，道教造像艺术比较讲究外形。《抱朴子内篇》说："欲修其道，当先暗诵所当致见诸神姓名位号，识其衣冠。不尔，则卒至而忘神，或能惊惧则害人也。为之。率欲得静漠幽闲林麓之中，外形不经目，外声不入耳，其道必成也。"①《抱朴子内篇》对老君状貌作了刻画："老君真形者，思之，姓李名聃，字伯阳，身长九尺，黄色，鸟喙，隆鼻，秀眉长五寸，耳长七寸，额有三理上下彻，足有八卦，以神龟为床，金楼玉堂，白银为阶，五色云为衣，重叠之冠"②，还说"但谛念老君真形，老君真形见"③。但《老子想尔注》认为"道至尊，微而隐，无状貌形象也。但可以从其诫，不可见知也"④。这种思想对道教造像的出现产生了一定的影响。自寇谦之以天师佐治后，释道源流杂糅，无论释道，造像者祇知求福，道教所造之像，记文皆为释氏之词。《金石萃编》中有关于北魏张相对造像题记云："延昌二年（513）岁在癸巳三月乙卯朔廿九癸朱，相为眷属造天尊一区，愿大小□从心。"⑤

《姜纂造老君像铭》记载：大齐天统元年（565）太岁乙酉九月庚辰朔八日丁亥，界官姜纂为亡息元略敬造石像一躯也体现了这一趋势，其碑文记曰：

> 夫灵晖西没，至理东迁，图尽神明，像穷变现，道遥业峻，因籍报远。清信士姜元略，志隆邦国，仁越州间，衡巷仰风，乡邑誉望，早洞玄源，风达空旨。而石灭电焰，徊忽纵化，松摧落岫，兰凋夏霜，宝散暗泉，玉碎黄壤，父纂情慕东门，心凭宝富，特为亡略敬造先君像壹躯，左右二侍。圣相真容，妙绝婆娑，雕檀刻削，波斯惴

---

① （晋）葛洪：《抱朴子》，上海古籍出版社1990年版，第116页。
② 同上。
③ 同上。
④ 饶宗颐：《老子想尔注校证》，上海古籍出版社1991年版，第17页。
⑤ （清）王昶：《金石萃编》（第1册），北京中国书店1985年版，第10页。

奇；镌金镂石，优填渐巧。神光照烂，遍满阎浮，香气氤氲，充塞世界，业盛飞行，事符踊出。从此胜因，追资亡略，直登净境，独步虚空，逍遥天服，飞出六尘，遨游慧休，长超八难。弹指则遍侍十方，合掌则历奉众圣。过去尊卑，见存眷属，亡生净乡，现获妙果，当来龙华，愿升初唱。皇家庆隆，泽洽边地，三途楚毒，俱辞苦海，六道四生，感蒙胜福，壹切有形，同成正觉。①

道教造像最迟至南北朝时，已经开始大量出现。据《隋书》卷三十五《经籍志四》载：自北魏太武帝尊奉道教以来，"每帝即位，必受符箓，以为故事，刻天尊及诸仙之像，而供奉焉"②。《周书》卷七《宣帝》亦载：大象元年（579），"初复佛像及天尊像。至是，帝与二像俱南面而坐，大陈杂戏，令京城士民纵观"③。隋朝时，有道观处皆有道教像，如嘉州开元观，"后周所创，本名弘明观，隋大业中，方制大殿，于殿西头塑飞天神王像，坐高二丈余，坐二鬼之上"④。隋朝时期的山东莱阳坚昭礼造像，记云："开皇十一年（591）岁次辛亥正月甲申朔十五日戊戌，首民坚昭礼为先亡七世父母、身所生父母、祖□□，妻夏侯父母、阿顾果僧妃、叔阿仆、妻夏侯。"⑤ 至唐朝时，道教造像大盛，这与统治者的提倡有关。唐初，太宗为茅山道士王远知造太平观，"又于内殿奉为文德皇后造元始天尊像一躯，二真人夹侍"⑥；礼部尚书虞世南去世，唐太宗曾为其"造天尊像一区"⑦；天宝三年（744）四月，"敕两京，天下州郡取官物铸金铜天尊及佛各一躯，送开元观、开元寺"⑧。由此可知，隋唐时期是山东道教石窟造像艺术的繁荣时期，并且山东的道教造像大都是统治阶层做斋醮法事时所造，民间百姓所造稀少，显示了道教的贵族化。

---

① 毕沅：《中州金石记》，中华书局1985年版，第20—21页。
② （唐）魏征：《隋书》，中华书局1973年版，第1094页。
③ （唐）令狐德棻：《周书》，中华书局1971年版，第121页。
④ （宋）张君房：《云笈七签》，李永晟点校，中华书局2003年版，第2621页。
⑤ （清）严可均：《全上古三代秦汉三国六朝文》，中华书局1958年版，第4192页。
⑥ 《道藏》（第5册），文物出版社、上海书店、天津古籍出版社1988年版，第641页。
⑦ （后晋）刘昫：《旧唐书》，中华书局1975年版，第2571页。
⑧ 同上书，第218页。

1. 唐朝山东地区的道教造像

由于唐统治者对道教的尊崇，皇帝经常派人到泰山做斋醮法事并造道教神像，祈求国泰民安。下表统计了唐朝时山东地区的道教造像情况：

表 4—4　　　　　　　　唐朝山东地区道教造像统计表①

时间	造像题记	地点
显庆六年（661）	造素像一躯，二真人夹侍	泰山
仪凤三年（678）	造壁画元始天尊	泰山
天授二年（691）	敬造石元始天尊像一铺，并贰真人夹侍	泰山
万岁通天二年（697）	敬造石天尊像壹躯，并贰真人夹侍	泰山
圣历元年（698）	敬造等身老君像壹躯，并贰真人夹侍	泰山
长安元年（701）	敬造东方玉宝皇上天尊像一铺，并二真人仙童玉女等夹侍	泰山
长安四年（704）	以本命镇彩物奉为皇帝敬造石□□皇上天尊一铺十事并壁画天尊一铺二十二事	泰山
神龙元年（705）	敬造万福天尊像一铺	泰山
景龙二年（708）	奉用本命纹缯及余镇彩，敬造镇国□□□□	泰山
景龙三年（709）	夹纻像一铺十一事二圣。本命镇彩修造	泰山
开元十九年（731）	建立真君	泰山

隋唐时期，山东道教造像主要分为天尊造像、老君造像、素像等，具体情况如下：

天尊。天尊造像包括元始天尊、东方玉宝天尊、太一天尊、镇国天尊等，太一天尊和元始天尊为天尊造像的代表。元始天尊，被称为道教的最高神和最高人格神，主宰万物，显示了道教神秘的宗教观。据《隋书》记载："道经者，云有元始天尊，生于太元之先，禀自然之气，冲虚凝远，莫知其极。所以说天地沦坏，劫数终尽，略与佛经同。以为天尊之体，常存不灭。每至天地初开，或在玉京之上，或在穷桑之野，授以密道，谓之开劫度人。然其开劫，非一度矣，故有延康、赤明、龙汉、开

---

① （清）王昶辑：《金石萃编》，卷五十三《岱岳观碑》，中国书店 1985 年版。

皇，是其年号，其间相去经四十一亿万载。"① 又说元始天尊"所度皆诸天仙上品。有太上老君、太上丈人、天真皇人、五方天帝及诸仙官，转共承受，世人莫之豫也。所说之经，亦禀元一之气，自然而有，非所造为，亦与天尊，常在不灭。天地不坏，则蕴而莫传，劫运若开，其文自见。凡八字，尽道体之奥，谓之天书。字方一丈，八角垂芒，光辉照耀，惊心眩目，虽诸天仙，不能省视"②。这种常在不灭的经书虽神仙亦不能省视，更勿论凡夫俗子了，道经被神化到无以复加的程度，元始天尊也被抬高到无与伦比的地位，连"太上老君"也仅是其所传的一个弟子。这样以元始天尊为最高，太上老君等其他神仙为次的道教神仙系统成为隋唐道教发展的一项重要内容。

2. 山东地区元始天尊造像

山东地区现有史料记载的隋唐时期元始天尊造像共四处，如下表所示：

表 4—5　　　　　　　　山东地区元始天尊造像统计表

时间	造像者	造像题记	所在地	资料来源
开皇十一年（591）	首民□昭礼	造天尊像	莱阳	《金石萃编》卷三十八
仪凤三年（678）	大洞三景法师叶法善等	敬造壁画元始天尊	泰山	《金石萃编》卷五十三
天授二年（691）	金台观主马元真、宦官杨君尚等	敬造石元始天尊像一铺，并二真人夹侍	泰山	《金石萃编》卷五十三
万岁通天二年（697）	东明观道士孙文俊	敬造石天尊像壹躯，并贰真人夹侍	泰山	《金石萃编》卷五十三

3. 山东地区太一天尊造像

太一天尊虽不及元始天尊，但亦有很高的地位，居于五帝之上。所谓五帝，即青帝、白帝、赤帝、黑帝、黄帝。青帝，护魂；白帝，侍魄；赤帝，养气；黑帝，通血；黄帝，中主，万神无越。李少微注说："此明五老帝君各受赤书符命，在天则主领五方神仙；在地则主领五岳神鬼；在人

---

① （唐）魏征：《隋书》，中华书局1973年版，第1091页。
② 同上书，第1091—1092页。

则主领'五藏'精神,各有所主,故无错越,告命次第……"① 太一天尊在汉代已被奉为尊神。据《史记·封禅书》载:"亳人谬忌奏祠太一方,曰:'天神贵者太一,太一佐曰五帝。古者天子以春秋祭太一东南郊……'于是天子令太祝立其祠长安东南郊,常奉祠如忌方。其后人有上书,言'古者天子三年壹用太牢祠神三一:天一、地一、太一'。"② 这种思想在灵宝派的《灵宝无量度人上品妙经》中得到发展。《灵宝无量度人上品妙经》卷一说:"太一司命,桃康合延,执符把箓,保命生根,上游上清,出入华房,八冥之内,细微之中;下镇人身,泥丸绛宫,中理五炁,混合百神,十转回灵,万炁齐仙。"③ 在《元始无量度人上品妙经四注》卷三看来,"太一总领群司,为众神之王"④。"上镇三清""下镇人身""中理五炁",不仅可以卫教万神,而且掌握着民众的命根,大至八冥之内,细至毫芥之中,无不归属之。太一天尊造像在山东有一处。

表4—6　　　　山东地区太一天尊造像统计表

时间	造像者	造像	所在地	资料来源
天宝六年（747）	大夫行内谒者监上柱国□□□	太一天尊	泰水之阳，汶水之北	孟昭水：《岱览校点集注》（上），泰山出版社2007年版，第404页

唐朝时山东地区天尊造像名目繁多，虽然主要有元始天尊造像、太一尊造像，但各地对道教神祇名称的称呼也不太规范，各派对其称呼也不相同。

4. 山东地区的老君造像

老君。老子又称太上老君，亦称道德天尊。《初学记·卷二十三》引《高上老子内传》云："太上老君，姓李氏，名耳，字伯阳。"⑤ 太上老

---

① 《元始无量度人上品妙经》，《道藏》第2册，第220页。
② （汉）司马迁：《史记》，中华书局1982年版，第1386页。
③ 《道藏》（第1册），文物出版社、上海书店、天津古籍出版社1988年版，第5页。
④ 《道藏》（第2册），文物出版社、上海书店、天津古籍出版社1988年版，第229页。
⑤ （唐）徐坚：《初学记》，中华书局1962年版，第547页。

君、元始天尊和灵宝天尊被称为"三清尊神"。他们代表了道教的三大派别，即以元始天尊为代表的上清派、以灵宝天尊为代表的灵宝派及以太上老君为代表的天师道。

道教以每年的夏历二月十五为老君圣诞日。太上老君造像在山东现搜集到三处。1983年9月，于山东博兴县崇德村北发现了一尊老子的铜造像，通高13.6厘米。头戴道冠、长须、穿对襟道袍，盘腿而坐，后有圆形莲花头光及身形背光。刻有"开皇十一年（591）十月"的字样。其余两处老君造像如下表所列。

表4—7　　　　　　　　山东地区老君造像统计表

时间	造像者	造像题记	所在地	资料来源
圣历元年（698）	桓道彦	敬造等身老君像壹躯，并贰真人夹侍	泰山	《金石萃编》卷五十三
开元十九年（731）	张游雾等	建真君	泰山	《金石萃编》卷五十三

造老子像不仅与老子的地位有关，还与唐朝统治者的崇道政策有关，唐朝皇帝视老子为其祖先，并不断给老子加封号，造老君像供奉先祖、祈福禳灾也是顺理成章的事。

5. 山东地区的素像造像

《老子》云："见素抱朴。"① 《淮南子·本经训》载："其事素而不饰。"道教的素像造像表现了道教强调自然本质的特点。隋唐时期山东地区的素像造像如下表所示：

表4—8　　　　　　　　山东地区素像造像统计表

时间	造像者	造像题记	所在地	资料来源
显庆六年（661）	东岳先生郭行真等	造素像并两真人夹侍	泰山	《金石萃编》卷五十三
景龙三年（709）	龙兴观主杜太素等	夹纻像一铺	泰山	《金石萃编》卷五十三

---

① 素：质朴，本质的。段玉裁《说文解字注》曰："素，白致缯也。缯之白而细者也。致者今之緻字，汉人作注不作緻，近人改为緻。又于系部增緻篆，皆非也。郑注襍记曰：'素，生帛也。然则生帛曰素，对涷缯曰練而言，以其色白也。故为凡白之偁。以白受采也。故凡物之质曰素。如□下一曰素也是也，以质未有文也，故曰素食，曰素王。'伐檀毛传曰：'素，空也。'"

综上所述，在隋唐时期的山东，天尊、老君、素像等道教造像都有分布，虽然数量有限，但相比隋唐以前的朝代则更为全面，更加突出老子的神圣地位。

第七节　隋唐五代时期山东道教的斋醮与道术

唐朝帝王对斋和醮的信奉，促进了山东地域，特别是以泰山、崂山为代表的道教斋醮科仪的发展和完善。唐朝时的道教斋醮科仪，大则为国祝禧、祈晴祷雨，小则安宅镇土、祈福祝寿。斋醮科仪最常见的由设坛、上供、燃灯、烧香、升坛、礼神、存念冥想、高功宣卫灵咒、鸣鼓、发炉、降神、迎驾、奏乐、献茶、散花、步虚、赞颂、宣词、复炉、唱礼、祝神、送神等仪节组成。并对以泰山、崂山道教为代表的山东道教的发展产生了重要影响。唐代道教外服丹药和内炼形神等长生术对山东道教也产生了重要影响，并渗透于山东道教的各种符箓咒术之中。同时，以炼丹术中的外丹术、内丹术为代表的道教养生术，深深影响了李白等文人雅士，使道教的各种斋醮科仪逐渐融汇于唐代诗歌、散文等道教文学艺术之中，使之成为山东道教思想、文化的重要内容之一。

一　山东道教的斋醮仪式

斋和醮是道教的两种仪式，由于二者在内容和程序上相互联结、密不可分，故斋、醮往往连称。具体说来，斋是指整洁身心口、调和心性的仪节，而醮则是指上章祈求等一系列具体的祭祷礼仪。道教对斋的作用极为重视。张君房《云笈七签》卷三十七《说杂斋法》云："学道不修斋戒，徒劳山林矣。"[①] 斋分为设供斋、节食斋和心斋三种。设供斋可以"积德解愆"[②]，节食斋可以"和神保寿"[③]，心斋可以"疏瀹其心，除嗜欲也；

---

① （宋）张君房：《云笈七签》，李永晟点校，中华书局2003年版，第816页。
② 同上书，第817页。
③ 同上。

澡雪精神，去秽累也；掊击其智，绝思虑也"①。通过修炼心斋，一个人可以断绝自己的贪欲、摆脱尘世的秽累、抛开思虑，从而专心于道，实现与道合一的至乐境界。

唐朝帝王对于斋醮的信奉，促进了山东道教斋醮科仪的发展。隋唐帝王不但迷醉于炼丹服药以求长生不老，而且也崇信于道教斋醮的祈福禳灾、符咒幻术，其中以唐玄宗为最。据《旧唐书·礼仪志四》载：玄宗"于大同殿立真仙之像，每中夜夙兴，焚香顶礼。天下名山，令道士、中官合炼醮祭，相继于路。投龙奠玉，造精舍，采药饵，真诀仙踪，兹于岁月"②。唐肃宗李亨颇有其父玄宗崇道之风，"谒九宫神，殷勤于祠祷"③。由于帝王对斋醮祈禳的热衷，当时还出现了像太常博士、侍御史王玙这样的"专以祀事希倖"④的人。王玙凭借着他祭祀祈禳的高超本领，在肃宗时位居将相。唐代宗李豫时的李国祯也是因此而得到重用的。据《旧唐书》载："道士李国祯以道术见，因奏皇室仙系，宜修崇灵迹，请于昭应县南三十里山顶置天华上宫露台、大地婆父、三皇、道君、太古天皇、中古伏羲娲皇等祠堂，并置扫洒宫户一百户。又于县之东义扶谷故湫置龙堂，并许之。"⑤根据《大唐六典》卷四《尚书礼部》的记载，唐朝时在三元（一月十五上元、七月十五中元、十月十五下元）日，天下道观要修金箓、明真等斋；凡国忌日，也要在两京选道观两所，其他州各选道观一所，集合道士、僧侣等进行斋戒。唐朝时的道教斋醮科仪，大则为国祝禧、祈晴祷雨，小则安宅镇土、祈福祝寿。尽管斋醮的类别不同、各地区的民俗有异，但斋醮科仪却大体一致。从而使唐朝山东道教斋醮科仪逐渐发展完善。

斋醮仪式进行时，一般都配有音乐，即道乐。从音乐的角度着眼，斋醮仪式实际上是按照科仪要求进行的一场宗教表演：有赞美诸神诸仙的颂歌，有表现神仙应召而来的飘拂飞翔之声，有表现镇煞驱魔的庄严威武的曲调，有表现众神抵达或功成庆祝的喜庆欢乐之声，有表现引上仙界的缥缈恬静的旋律。道教音乐的形式有声乐和器乐两大部分。声乐部分主要有

---

① （宋）张君房：《云笈七签》，李永晟点校，中华书局2003年版，第817页。
② （后晋）刘昫：《旧唐书》，中华书局1975年版，第934页。
③ 同上书，第3618页。
④ 同上书，第3617页。
⑤ 同上书，第3618页。

独唱、齐唱、念白等形式，独唱一般由高功、都讲担任，其体裁主要有颂、赞、偈、步虚等，是道教音乐的核心部分，以宣诚诵咒，通过对神灵的赞美表白愿望，感动众神，达到做法事的目的。器乐部分以钟、磬、鼓、木鱼、云锣为主，并配有吹管、弹拨、拉弦乐器，一般是在法事的开头、过门、队形变化及唱曲的伴奏时使用。在法事中，声乐和器乐配合谐和、灵活统一，为整个法事增色。道教音乐的来源是多方面的，其中一部分具有宫廷特色，一部分具有民间、地方特色。宫廷音乐吸取了许多民间曲调，包括一部分佛教音乐和西域音乐，各地、各教派用的经韵差异很大。如道乐《长欢》《升朝阳》《金华洞真》等都是由佛教音乐转化而来。

由于在举行斋醮科仪的过程中，还同时有赞颂辞章和祭祀音乐，诵唱和乐器伴奏均由道士担任，这促进了山东道教音乐的发展。李白与浙江道士吴筠到崂山旅居时，共创一支曲子名《清平调》，此曲即太清宫等内山庙一直沿用至今的《步虚》殿坛经韵曲牌。同时，李白与吴筠又把江南道家用的十方大型经韵曲牌《三涂五苦颂》传给崂山各庙。① 唐时，崂山道教的经曲内容已很丰富。

泰山乃五岳之尊，又是著名的道教圣地，加以历代帝王封禅祭祀活动，使泰山音乐内容和形式丰富多彩。泰山道教活动中心历代在岱庙（东岳庙）。道乐除用于庙内诵经、赞礼等法事活动外，也参与泰山上的山会。②

二 山东道教的道术

道教与其他宗教不同，它不是要求人们轻视人生，放弃今世，去追求死后的"天堂"，而是以贵生、乐生、长生不死、得道成仙作为本教最核心的信仰，所以，对于生命的保护和延长以及渴望永生，向来是道教最为关心和探索最多的课题。历史上道教徒为实现这种追求，对人的生命表现了最大的关注，并为此作了不懈的努力和奋斗。他们认为，"光阴易逝、人生难得，人的寿命并不完全由天决定，只要虔诚修炼就可以做到延寿、

---

① 山东省地方史志编纂委员会：《山东省志·少数民族志·宗教志》，山东人民出版社1998年版，第480页。

② 同上书，第485页。

成仙"。① 隋唐时，道教盛行，道教外服丹药和内炼形神等长生术都有了很大的发展。譬如炼形、胎息（气功）、服食（炼丹）、炼黄白术、方药、符咒、斋醮等，亦有兼行医卜、星相及巫术。服食、丹药、炼形多流行于上层社会的人物中，因为他们饱食终日，有着追求长生的强烈欲望。民间所信奉的则多为斋醮、符咒、治病、捉鬼、追魂等迷信活动，这是由于人们在现实生活中普遍碰到生、老、病、死诸问题，通过道术迷信的手段获得消灾除魔的效果。②

（一）符箓咒术

"符"是道士书写的一种笔画屈曲、似字非字的图形，又称"符图""神符"等。根据道教的说法，符是道士从天神那里得来的，获得的方式有两种：一是天神将符在天空以云彩显现出来，道士描录下来以传世；一是天神直接传授给某一位被其看中的道士。魏晋南北朝以来，符图之术更加兴盛。如葛洪为金丹派道士，但也非常重视符图，认为把丹书符字钉于门户或梁柱上，可以避邪，佩符入山，可以辟虎狼。魏晋南北朝以后，道教流行"三山符箓"，即龙虎山传天师符箓、阁皂山传灵宝符箓、茅山传上清符箓。

根据道教传说，天师道的符箓传授始于张陵，后经寇谦之、陆修静等人的不断整编，符箓日趋繁多和系统化。到了唐代，已形成完整的符箓道派传承经戒法箓的制度和方法。为了增加箓文的神秘性、宗教灵验，法师们把箓说成是太上神道的灵文、九天众神的法言。因此，箓文的绘制采用象征云霞烟雾的篆体，排列众多天仙神祀名号，道士做法事时，要熟背箓文内容，依靠驱使箓文中的功吏官属，达到做法事的效用。

（二）炼丹术

隋唐时期的炼丹术有"内丹术"和"外丹术"之分。山东各地的炼丹术发展较快。如司马承祯曾传道于山东，《古今图书集成·博物汇编·神异典》卷二十二《东岳泰山之神部纪事》载："司马承祯有服饵之术。明皇登封泰山，回问承祯：'五岳何神主之?'对曰：'岳者，山之巨镇，能出云雨，潜诸神仙，国之望者为之。然山林神也，亦有仙官主之。'于

---

① 梁鸣飞：《中国隋唐五代宗教史》，人民出版社1994年版，第137页。
② 徐连达：《唐朝文化史》，复旦大学出版社2003年版，第402页。

是诏五岳于山顶别置仙官庙,自承祯始也。"① "服饵之术"包含道教内外丹之术。

1. 外丹术

历史上封建皇帝大多相信服用金丹可以长生不老。随着道教的逐渐成熟以及隋唐皇室的优道政策,道教外丹术在隋唐发展到了最为兴盛的历史时期。尤其是唐朝,帝王对炼丹服食之术更为迷恋,服饵金丹一时竟成为全国性的风气,炼丹术非常兴盛。

隋炀帝"以天下承平日久,士马全盛,慨然慕秦皇、汉武之事"②,任用道士炼造金丹,憧憬长生不老之术。《资治通鉴》载:"初,嵩高道士潘诞自言三百岁,为帝合炼金丹。帝为之作嵩阳观,华屋数百间,以童男童女各一百二十人充给使,位视三品;常役数千人,所费巨万。"③ 唐高宗笃信长生有术,"令广征诸方道术之士,合炼黄白"④。唐中宗则大加宠用"有奇术""可致仙方"⑤ 的方士郑普思。唐玄宗迷恋长生不老,并命地方官采药进贡,广炼金丹。据《旧唐书·礼仪志》载:"玄宗御极多年,尚长生轻举之术……令道士、中官合炼醮祭,相继于路。"⑥ 玄宗曾派孙昙到崂山炼制丹药。姜抚、王旻等人也曾得到玄宗许可到崂山采炼仙药。唐玄宗后期沉迷于烧炼金丹和各种道术中,将朝政大事完全抛到脑后。安史之乱平息之后,他退居深宫,旧习不改,仍然"为金灶,煮炼石英"⑦。炼制的丹药,玄宗不但自己服食,而且还经常赏赐给臣下。垂暮之年的唐玄宗仍念念不忘炼丹,可算是到了至死不悟的境地。唐宪宗"服饵过当,暴成狂躁之疾,以至弃代"⑧。另外,中唐时期的穆宗、敬宗,晚唐时期的武宗、宣宗,都热衷于道教金丹服饵之事,为了让炼丹术士炼制金丹,对金丹术士大加封赏,名气大的封为翰林,甚至官至公卿,即使一般的道士也受到皇帝重视。金丹术士由于皇帝宠信,在当时享有很

---

① 《古今图书集成》,中华书局、巴蜀书社 1986 年版,第 60019 页。
② (唐) 魏征:《隋书》,中华书局 1973 年版,第 94 页。
③ (宋) 司马光:《资治通鉴》,中华书局 1956 年版,第 5658 页。
④ (后晋) 刘昫:《旧唐书》,中华书局 1975 年版,第 5107 页。
⑤ 同上书,第 5040 页。
⑥ 同上书,第 934 页。
⑦ (清) 董诰:《全唐文》,中华书局 1983 年版,第 411 页。
⑧ (后晋) 刘昫:《旧唐书》,中华书局 1975 年版,第 3642 页。

高的社会地位。

除皇帝外，社会上层中的达官显贵以及士大夫，对金丹也有着浓厚的兴趣。和唐代著名文学家韩愈有过往来的官僚，如工部尚书归登、殿中御史李虚中、刑部尚书李逊、逊弟刑部侍郎建、金吾将军李道古皆因服饵中毒致死。① 许多文人学士也深受丹药之害。初唐四杰之一的王勃，常常游道观、交道士，他在《游山庙序》云："吾之有生二十载矣。雅厌城阙，酷嗜江海。常学仙经，博涉道记。"② 著名诗人李白，从青少年时期即熏染道风，成年后漫游名山，求仙学道。在其仕途失意后，乐于学道，热衷于炼丹、受箓，向往神仙般的生活。他在诗歌《下途归石门旧居》中写道："余尝学道穷冥筌，梦中往往游仙山。"③ 白居易也曾广交金丹道士。由此我们可以看出，唐朝时道教外丹术的兴旺及其社会影响之广泛。

唐代被誉为道教外丹术的黄金时代。无论是外丹理论还是炼丹实践，在中国道教史上都留下了色彩浓重的一笔。对于道教外丹术，人们在总结以往实践经验的基础上，积极进行理论方面的探索，使唐代的道教外丹术在理论建构上取得了重大进展。

（1）自然还丹之说。《云笈七签》曰："有上仙自然之还丹，生太阳背阴向阳之山。丹砂皆生南方，不生北方之地。自然还丹，自流汞抱金公而孕也。有丹砂处皆有铅及银。四千三百二十年丹成。"④ 即是说，金丹是由于大自然的因素而自然成丹。

（2）临炉炼丹用火直符之说。炼丹术士炼丹时特别注意对丹炉中火候的控制，认为火候掌控适度才能炼成仙丹。《通幽诀》云："日月四时直符循环，一如车脚，转运阴阳，成数造化，载运万物，故在律纪。"⑤ 炼丹术士把炉中之火比作天地阴阳之变化，认为炉中火候之变化必须符合阴阳之变化，还丹自然成功。

（3）药物配合相类之说。唐代的炼丹术士认为，只有相类的物质之间发生联系和作用才能炼成金丹，金丹配方必须符合阴阳和合之说。"或

---

① 梁鸣飞：《中国隋唐五代宗教史》，人民出版社1994年版，第144页。
② （清）董诰：《全唐文》，中华书局1983年版，第1845页。
③ 《全唐诗》（全25册），中华书局1960年版，第1842页。
④ （宋）张君房：《云笈七签》，李永晟点校，中华书局2003年版，第1463页。
⑤ 《道藏》（第19册），文物出版社、上海书店、天津古籍出版社1988年版，第153页。

阳药阴伏，或阴药阳制，明达气候如人呼吸，皆有节度。"①

唐代炼丹术著作《太古土兑经》中详细论述了多种药物的相互作用和反应："夫铅与雄（黄）同舍，化（石）受于金之类雌（黄），雄（黄）类硇砂，雄不得硇砂相和而其色不行。夫铅者金之主，雄者石之主，故铅能变金石。夫欲变金石，不得雄，铅终不妙也……夫雌亦能变伏五金八石，类于密水见母。夫硫黄伏得本色不移，亦能变伏染金石类，入磁石作汁。汞类石亭脂，砒类石脑，立凝不飞，碌酘醇酒，铅类桑柴之灰，锡类蜜佗僧，曾青类于代赭。"②

唐代，外丹流派可分为金砂派、铅汞派和硫汞派。金砂派炼丹最重视黄金和丹砂。他们认为，"金之性坚，煮之不烂，埋之不腐，烧之不焦，所以能生人"③。丹砂"烧之愈久，变化愈妙，黄金入火，百炼不消，埋之，毕天不朽。服此二物，炼人身体，故能令人不老不死"④。金砂派的代表主要有孙思邈、孟诜。铅汞派以铅和汞为原料炼丹。他们认为"铅汞者本是七宝之良媒，五金之筋髓，解则百事俱通，迷则百途并塞"⑤。"即知大丹之妙，唯铅汞二物为至药也，非用四黄八石。"⑥ "一切万物之内，唯有铅汞可造还丹，余皆非法。"⑦ 硫汞派，唐朝逐渐兴起，以硫和汞为原料炼丹。他们认为"硫黄是太阳之精，水银是太阴之精，一阴一阳合为天地"⑧，二者合炼乃是"大药之祖，金丹之宗"⑨。硫汞派的代表主要有陈少徽等。尽管各派内部多有歧见，但各派间的相互交流、相互影响，推动了唐代外丹术的蓬勃发展。唐代的炼丹术士经过大量炼丹实践，认识到了某些物质的分解和化合现象，总结出了一些规律性的东西，客观上促进了化学、药物学的发展。

唐代的道教外丹术与以往朝代的外丹术不同：第一，炼丹所用的药物原料更加广泛。以孙思邈等人为代表的金砂派，注重博采众长，丹方用药

---

① （宋）张君房：《云笈七签》，李永晟点校，中华书局2003年版，第387页。
② 《道藏》（第19册），文物出版社、上海书店、天津古籍出版社1988年版，第394页。
③ 同上书，第5页。
④ （晋）葛洪：《抱朴子》，上海古籍出版社1990年版，第22、23页。
⑤ 《道藏》（第19册），文物出版社、上海书店、天津古籍出版社1988年版，第156页。
⑥ （宋）张君房：《云笈七签》（全5册），李永晟点校，中华书局2003年版，第1450页。
⑦ 《道藏》（第19册），文物出版社、上海书店、天津古籍出版社1988年版，第221页。
⑧ 同上书，第313页。
⑨ 同上书，第44页。

颇多。唐代《石药尔雅》一书中收集的炼丹术士常用的药物就有一百五十种以上。由于炼丹术士们使用的药物颇多，所以发现了不少新的药物以及药物的新药性，并在此基础上总结出一些药物间定性反应的规律性。炼丹士把硝石与三黄（硫、雄、雌黄）等作为炼丹原料烧炼金丹时，常发生爆炸现象。这是黑色火药发明的先声。唐代炼丹术丹经中记述着硫黄、硝末、木炭配制火药的方法，这是世界上关于火药配方的最早记载。同时，唐代对各种药物在丹砂中所占的比例计算得更精确。如孙思邈一派合成丹砂用"水银一斤，石硫黄四两"。陈少徽一派改用"汞一斤、石硫黄三两"。汞的原子量为 200.59，硫的原子量为 32.06，硫化汞中汞硫比例的理论值为 $100:16.0$。①

人们服食金丹不但没有实现长生不老的愿望，反而致使服食金丹之人死亡，很多术士也因为烧炼金丹导致身体残疾。道教外丹术面临着严重的信任危机。后来，它逐渐被人们怀疑和遗弃。唐末以后外丹术趋于衰落，内丹术兴起并不断发展壮大。山东道教也逐渐由外丹烧炼变为内丹修炼。

2. 内丹术

所谓内丹，是以身体为"炉鼎"，以体内蕴含的精、气、神为药物，经过一定步骤，使精、气、神在体内凝聚不散成"大丹"的养生术。这与道教中制炼金丹、期冀服后成仙的外丹术完全不同。养生术源于古代黄老养生学说，古代养生家们希望通过自身精神形体的锻炼调养，以达到身心健旺、延年益寿的目的。他们认为，人体内的精、气、神，是维持生命存活的要素，人有衰、老、病、死，皆因精、气、神亏损枯竭，因此欲求长生者必重精、气、神的保养，以锻炼精神形体。古代炼养术很多，包括胎息行气、存神守一、房中固精以及辟谷、导引、沐浴、按摩、日常饮食起居禁忌等。②

内丹术渊源于古代各种行气功法。内丹家把精、气、神称为三味药，把人体的上、中、下三个穴位称为三丹田。下丹田（在脐下一寸三分处）称为炉，卦象为坤。中丹田（名黄庭宫，在心窝处）和上丹田（名泥丸宫，在两眉间）称为鼎，卦象为乾。一般说来，修炼过程分为

---

① 梁鸣飞：《中国隋唐五代宗教史》，人民出版社1994年版，第142—143页。
② 王卡：《中国道教基础知识》，宗教文化出版社1999年版，第44页。

筑基、炼精化气、炼气化神、炼神还虚四个阶段。筑基是基本功，其目的是祛病、填亏、补虚，达到精全、气全、神全；炼精化气又称初关，目的是使精、气互化互凝，结成先天之气，称为大药；炼气化神又称中关，目的是炼去大药的阴质，使之成为纯阳；炼神还虚称为上关，此时神气合一，金丹已就，这一阶段的主要目的是沐浴温养，以达到虚寂无为。①

最早将内丹纳入丹术轨道的是汉代的魏伯阳。在《周易参同契》中，魏伯阳以黄老哲学作指导，以《易》象数为方法，将金丹与内丹的方术统一起来，使内丹也成为丹术的一种。不过，当时魏伯阳还没有提出内丹的概念，这个概念是在隋朝出现的。②《道藏源流考》云："至隋代，有青霞子苏玄朗。《罗浮山志》曰：'隋开皇中，来居罗浮'。'乃著《旨道篇》示之。自此道徒始知内丹矣'。盖自此始有内丹之称。而葛洪之金丹，乃称外丹。内丹书籍，行文隐秘，疑亦始自青霞子。龙虎元旨曰：'东岳董师元于唐德宗贞元五年，受之罗浮山隐士青霞子。'则青霞子又似为唐代人。"③

隋唐时，道教内丹术不断发展，并出现了大量专门论述摄生养性理论及功法的著作。隋唐时期对山东内丹术贡献较大的术士有吴筠、司马承祯、李哲玄、陈抟等人。李哲玄最初入道的罗浮山是隋唐时期内丹派学说的重要发源地之一，他在罗浮山修道多年，得内丹术之玄妙，后将内丹术传到了崂山。李哲玄阅读并传扬的《黄庭经》是道教养生修仙专著，被后来的内丹家奉为内丹要籍，还被茅山上清派奉为基本经典。④ 司马承祯虽然是河南籍道士，但其对道教内丹术做出了重要贡献，对山东道教乃至中国道教内丹术的发展产生了一定影响，其主要贡献在于服水疗法、服食五牙法和导引术。

（1）服水疗法。"服水在道教中通常指服饮香水、咒水、符水、井华水等。香水指供奉过天尊的水，或放有香灰的水。井华水指清晨最先汲取的井泉水，用瓢上下搅数十次后饮用，中医认为这种井华水性味甘平无

---

① 高寿仙：《中国宗教礼俗——传统中国人的信仰系统及其实态》，天津人民出版社1992年版，第147—148页。
② 梁鸣飞：《中国隋唐五代宗教史》，人民出版社1994年版，第145页。
③ 陈国符：《道藏源流考》，中华书局1963年版，第438页。
④ 任颖卮：《崂山道教史》，中央编译出版社2009年版，第23页。

毒，有安神、镇心、清热、助阴等作用。咒水指行过咒术的水。符水有两种：一种指符或箓文烧成灰后，用清水冲合，待澄淀后饮用；一种指把符箓纸放在白水或加中药的水中煮沸饮用。服符水法中，因不同需要，符画箓文都不相同。同时，服符水前所用的咒语也不尽相同。如常用的服六甲阴阳符水，方法是：每至月建满日，烧香，丹书纸符。左手持盛水器，右手持符，可用井华水或泉水，多少随意。三叩齿，三琢齿，背诵咒语，最后烧符，把符灰纳水中饮用。"① 至于每次饮用多少、何时饮用等问题，司马承祯在其《服水绝谷法》曰："饮之多少任意，以饱为度。此旦一服后，饥即取水祝服之，亦无论早晚，日三服，便不饥。初服水数十日，瘦极，头眩足弱，过此渐佳。若兼服药物，则不至虚憔也。不欲多言笑，举动忘精费气，此为所忌耳。"② 可见，在服水绝谷中兼服药物为好。司马承祯云："水者元气之津，潜阳之润也。有形之类，莫不资焉。故水为气母，水洁则气清；气为形本，气和则形泰。虽身之荣卫，自有内液，而腹之脏腑，亦假外滋，即可以通腹胃，益津气，又可以导符灵，跃祝术。"③ 司马承祯认为水是气之津液，为有形之气精。它潜含阳气而滋润万物，一切有形之物没有不依赖水的。因此，水是元气之母体，水洁净则元气清朗；元气又是有形之物的根本。水清、元气足，两气调和，则身体健康。

（2）服食五牙法。司马承祯的《服气精义论》曰："东方青色，入通于肝，开窍于目，在形为脉；南方赤色，入通于心，开窍于舌，为形为血；中央黄色，入通于脾，开窍于口，在形为肉；西方白色，入通于肺，开窍于鼻，在形为皮；北方黑色，入通于肾，开窍于二阴，在形为骨。"④ 说明了在修炼养生中要把方位与自身器官相联系。服食五牙法就是把方位与口腔运动相结合的一种修炼养生法。"服食五牙法又称鼓漱法，是在清晨四五点钟，道士分别面向五个不同方位，平坐，双手握固，闭目，上下左右分别叩齿三遍，用舌头在口腔及上下左右牙齿表面上搅动，这样刺激口腔唾液的分布。唾液满口了，随时深入呼吸，就分数次吞咽口中唾

---

① 王卡：《中国道教基础知识》，宗教文化出版社1999年版，第139—140页。
② 《道藏》（第4册），文物出版社、上海书店、天津古籍出版社1988年版，第956页。
③ 同上书，第954页。
④ 《道藏》（第18册），文物出版社、上海书店、天津古籍出版社1988年版，第448页。

液。"① 服食五牙法在道教修炼中是很重要的。司马承祯在《五牙论》中云："夫形之所全者，本于脏腑也。神之所安者，质于精气也。虽禀形于五神，已具其象，而体衰气耗，乃致凋败，故须纳云牙而漱液，吸霞景以孕灵。荣卫保其贞和，容貌驻其朽谢，加以久习成妙，积感通神，与五老而齐升，并九真而列位。"② 司马承祯认为服食五牙可以治疗疾病，并说明了服食中需注意的问题。其《服真五牙法》曰："凡服五牙之气者，皆宜思入其藏，使其液宣通，各依所主，既可以周流形体，亦可以攻疗疾病。令服青牙者，思气入肝中，见青气氤氲，青液融融，分明良久，乃见足大敦之气修服而至，会于脉中，流散诸脉，上通于目。然次服诸方，仍宜以丑后澡漱冠服，入别室焚香，坐向其方，静虑澄心注想，而为之。"③

（3）导引术。司马承祯对导引的目的和功效作了详尽的介绍。"肢体关节本资于动，用经脉荣卫实理于宣通。今既闲居，乃无运役事，须导引以致和畅。户枢不蠹，其义信然。"他创编了一整套关于导引术的操作方法。"凡导引当以丑后卯前天气清和日为之。先解发，散梳四际，上达顶三百六十五过。散发于后，或宽作髻亦得。烧香，面向东平坐，握固闭目思神，叩齿三百六十过，乃纵体平气，依次为之。先闭气，以两手五指交叉，反掌向前，极引臂拒托之，良久，即举手反掌向上极臂。即低左手，力举右肘，令左肘臂按着后项，左手向下力牵之仍压向左，开右腋努胁为之。低右举左亦如之，即低手钩项，举两肘，偃胸，仰头向后，令头与手前后竞力为之，即低手钩项，摆肘绞身，向左向右，即放手两膝上，微吐气通息。又从初为之三度。"④

道教内丹术的繁荣，也深深影响到了李白等文人雅士。李白的《冬夜于随州紫阳先生餐霞楼送烟子元演隐仙城山序》云："历行天下，周求名山，入神农之故乡，得胡公之精术。胡公身揭日月，心飞蓬莱。"⑤ 胡公，即胡紫阳，深谙内丹仙术，李白得到的"精术"即为道教的内丹术。其诗《与元丹丘方城寺谈玄作》生动地描写了他修炼内丹的感受：

---

① 王卡：《中国道教基础知识》，宗教文化出版社1999年版，第141页。
② 《道藏》（第18册），文物出版社、上海书店、天津古籍出版社1988年版，第447页。
③ 同上书，第448页。
④ （宋）张君房：《云笈七签》，李永晟点校，中华书局2003年版，第1257—1259页。
⑤ （唐）李白：《李太白全集》，（清）王琦注，中华书局1977年版，第1293页。

茫茫大梦中，惟我独先觉。腾转风火来，假合作容貌。灭除昏疑尽，领略入精要。澄虑观此身，因得通寂照。朗悟前后际，始知金仙妙。幸逢禅居人，酌玉坐相召。彼我俱若丧，云山岂殊调。清风生虚空，明月见谈笑。怡然青莲宫，永愿恣游眺。①

第八节　山东道教对民间信仰和文学艺术等的影响

　　隋唐五代时期山东道教对民间信仰、文学艺术、传统节日等产生了这样或那样的影响。道教对山东民间信仰的影响表现在"八仙"、"吕祖"、"门神"、福神、碧霞元君、龙王、瘟神、灶君、太岁、厕神、东岳大帝、城隍、"三清尊神"等的祭奉和信仰上。道教对山东文学艺术也产生了诸多影响，比如受秦汉以来燕齐方士的影响，把蓬莱山看成神仙居处。咏神仙、叹生死成了唐代李白、白居易等诗人诗歌艺术的一大主题。道教思想也深深影响到了山东的山水画、书法等创作，如唐代以李思训为代表的青绿山水和以吴道子为代表的淡彩（水墨）山水等。隋唐时期山东出现了在全国都颇有影响的一些碑刻，如《曹植庙碑》《青州默曹残碑》《祎墓志》等，为我们展示了南北大融合后新的书法风貌。道教对山东传统节日，如"三元节"产生这样那样影响，是道教"三官"信仰在中国民俗节日文化中的反映。"三元节"充分体现了道教文化对中国传统民俗产生的深远影响。

一　道教与山东民间信仰

　　民间信仰是指广大民众自发地对具有超自然力的精神体的信奉与尊重。它属于非官方的文化习俗，与民间的生活习俗、生产劳动密不可分。从内容上来看，中国民间信仰是一种俗神信仰，是民众对流行在中国民众间的神鬼、祖先的信仰，是一种非宗教信仰。这种信仰在中国历史悠久，而且更具有地域文化特色，即这种信仰的一个典型特征，就是对传统信仰和各种宗教的神灵反复进行筛选、组合成一个杂乱的神灵信仰体系。无论各路神灵的出身来历，只要灵，香火就旺。因此，中国民间信仰呈现出功

---

① 《全唐诗》，中华书局1960年版，第1852页。

利化和多元化的鲜明特点。同时由于中国地域广大，民族众多，各地区、民族的文明进程不同，再加上生活环境、生产条件、社会文化存在着较大的差异，因此，各地区、各民族的民间信仰习俗呈现出地域性特点。山东属于汉民族地区，道教在汉民族地区的影响较广，并深深扎根于民间信仰之中。

唐人《博异志》《集异记》《独异志》《宣室志》《酉阳杂俎》载，隋唐五代时期的山东涌现出了不少道术高深之士，其中如王远知、徐则、"八仙"、李哲玄等都颇负盛名。他们因肝胆忠义、慈悲济苦而深受老百姓的喜爱。经过民间传诵，后来，他们逐渐成为老百姓顶礼膜拜的对象，被老百姓视为"神仙"，烧香祷告，逐渐演化成一种民间信仰。现今，他们大多被当作"民间俗神"供奉在宫庙里，老百姓烧香祷告，祈求他们能保佑一方平安。唐朝大将秦叔宝后来也被民间视为门神供奉。

（一）"八仙"

"八仙"一般是指铁拐李、汉钟离、蓝采和、张果老、何仙姑、吕洞宾、韩湘子、曹国舅这八位神仙人物。在传说中，八仙各有不同的法器，铁拐李有铁杖，汉钟离有鼓，张果老有纸叠驴，吕洞宾有长剑及箫管，何仙姑有竹罩，韩湘子有花篮，曹国舅有玉圭，蓝采和有大拍板。他们随身所携带的法器各有妙用。[1] 唐代已有《八仙传》和《八仙图》。[2] 八仙过海的故事就是说他们使用各自的法器大显神通。与今山东蓬莱有关。

吕洞宾的传说在山东颇具有影响力。据传，吕洞宾好方外游，常身佩宝剑，云游四海，东至岱山（今山东泰山）、蓬莱仙岛等地，南登鄂州黄鹤、岳阳楼等胜迹。如道经（功课经）所云"探玄得道，蓬莱仙路，意切独持，慈悲济苦"；"宝剑光辉，扫人间之妖怪，四生六道，有感必孚，黄鹤楼头留胜迹，玉清殿内炼丹砂"。又自己作诗曰："朝游南越暮苍梧，袖里青蛇胆气粗；三入岳阳人不识，高吟飞过洞庭湖。"洞宾或隐或显，世莫能测，到处积功累行，慈悲济苦，好为民间抱不平，因而深受民间百姓赞誉。羽化后在民间影响尤深，道教奉为神仙，成为"八仙"中传闻最广、故事最多的一位。[3]

---

[1] 杨美华：《中华上下五千年历史趣话》，西苑出版社2009年版，第179页。
[2] 文史知识编辑部：《中国文学史百题（下）》，中华书局1990年版，第882页。
[3] 周永慎：《历代真仙高道传》，中国社会科学出版社2003年版，第103页。

（二）秦叔宝、尉迟敬德——"门神"

秦叔宝（？—638），齐州历城人（今山东济南人），唐太宗时期大将，凌烟阁二十四功臣之一，被人们誉为"山东好汉"，后逐渐神化为门神，成为民间普遍崇拜的神祇。济南五龙潭有其故居，至今仍留有"唐左武卫大将军护国公秦叔宝故宅"的石碑。① 尉迟敬德在胶东剿平王世充余部后，于武德乙酉年（625）奉旨在崂山修建了东华宫。② 据传，泾河龙王与一个算命先生打赌，触犯天条，玉帝将其问斩，命魏征监斩。龙王向唐太宗求情，太宗应允。临近监斩之时，太宗与魏征下棋对弈，想以此拖住魏征。魏征看出太宗心思，假借打盹之机，魂灵升天，按时监斩了泾河龙王。龙王抱怨太宗食言，日夜在皇宫门外呼号讨命，太宗不堪其扰，命大将尉迟恭、秦叔宝分持钢鞭、铁锏守护在宫门外，方得平安。日久，太宗不忍二将辛劳守护，遂命画师将二人真容做成画像，分贴门之左右，代行守护之责。后人将此俗相沿而下，尉、秦二人也就成为门神。③

（三）福神

福神，较门神、财神影响小。传说福神为唐人阳城。据《新唐书·隐逸》记载："阳城字亢宗，定州北平人，徙陕州夏县，世为官族……出为道州刺史……州产侏儒，岁贡诸朝。城哀其生离，无所进。帝使求之，城奏曰：'州民尽短，若以贡，不知何者可贡。'自是罢。州人感之，以'阳'名子。"④ 从记载看，阳城很有人道主义的精神，敢于抵制以侏儒为贡的惯例，为一方百姓造福。故选他为福神也是实至名归。

（四）碧霞元君

碧霞元君是道教尊奉的女神，又叫泰山娘娘、泰山圣母、泰山奶奶，道教尊为"天仙玉女碧霞元君"。元君之名由来已久，唐朝诗人刘禹锡《送东岳张炼师》中有"久事元君住翠微"的诗句。民间信奉泰山娘娘为东岳大帝之女，认为她能福佑众生，特别保护妇女儿童，有求必应。传说农历四月十八是碧霞元君的生日，到了那一天，人们便纷纷前往碧霞元君祠烧香祈子，求福禳灾。关于碧霞元君的来历，说法不一。传说秦始皇封

---

① 沈泓：《门上春秋：民间年画中的门神护佑》，中国工人出版社2007年版，第103、109、110页。
② 朱越利：《中国道教宫观文化》，宗教文化出版社1996年版，第94页。
③ 沈丽华、邵一飞：《广东神源初探》，大众文艺出版社2007年版，第182页。
④ （宋）欧阳修、宋祁：《新唐书》，中华书局1975年版，第5569—5572页。

泰山时有神州姥姥出现，后为元君。①

（五）龙王

龙是古人幻想出来的动物，在古代传说中有重要地位，后来成为祥瑞的象征，与龟、鳞、凤共为"四大灵物"。在传说中，龙往往具有降雨的神性，汉代祈雨常用土龙。龙又能化身为天子和伟人，所以又是古代帝王的象征。佛教传入中国后，佛经中有八大龙王、十大龙王之称，诸龙王负责兴云布雨。道教也称其有诸天龙王、四海龙王、五方龙王。主司治水与丰歉，无论江河湖海、渊潭塘井，有水处便有龙。唐朝以来，帝王封龙神为王，龙王信仰开始普遍。②

（六）瘟神

瘟神是中国古代神话传说中主司瘟疫之神，又称疫神、瘟鬼、疫鬼。《三教源流搜神大全》载："隋开皇十一年（591），有五力士现于凌空，身披五色袍，名曰五瘟，即春瘟张元伯、夏瘟刘元达、秋瘟赵公明、冬瘟钟仕贵、中瘟史文业。是岁大瘟，病死者甚众。帝乃立祠，诏封五力士为将军。隋唐时，皆于五月初五祭之。后传称匡阜真人游至此祠，收伏五瘟神为部将。"③ 至今，遇有灾害，山东各地仍有祭祀瘟神的习俗。

（七）灶君

灶君是中国古代神话传说中主管饮食之神，亦称灶王。《庄子·外篇·达生》云："灶神，其状如美女，着赤衣，名髻也。"④《礼记·月令第六》已有"祀灶"的记载。灶神的由来，众说不一。《风俗通义·祀典》称，"颛顼氏有子名黎，为祝融，祀以为灶神"⑤。西汉刘安《淮南

---

① 据明朝王之纲《玉女传》曰："泰山玉女者，天仙神女也。黄帝时始见，汉明帝时再见焉。按玉女，考李谔《瑶池记》云：'黄帝尝建岱岳观，遣女七云冠羽衣焚修，以迎西昆真人'，玉女盖七女中之一其修而得道者。《玉女卷》曰：'汉明帝时，西牛国孙宁府奉符县善士石守道妻金氏，中元七年甲子四月十八日子时生女名玉叶，貌端而性颖。三岁解人论，七岁辄闻法，尝礼西王母，十四岁忽感母教，欲入山。得曹仙长指入天空山黄花洞修焉。天空盖泰山，洞即石屋处也。三年丹就，元精发而光显，遂依于泰山焉。泰山以此有玉女神，山顶故有池名玉女池，旁为玉女石像。'"

② 李伯涛：《泰山民俗》，山东画报出版社1996年版，第322页。

③ 《绘图三教源流搜神大全（外二种）》，上海古籍出版社1990年版，第157页。

④ 郭庆藩：《庄子集释》，中华书局1961年版，第652页。

⑤ 应劭：《风俗通义》，上海古籍出版社1995年版，第57页。

子》卷十三《氾论训》则称"炎帝于火,死而为灶"。关于灶神姓名,亦不一。《后汉书》卷三十二《阴识传》载:"灶神名禅,字子郭。"唐朝人段成式《酉阳杂俎》载:"灶神名隗,又姓张名单,又名壤子。"① 郑玄《驳五经异义》称灶君"姓苏,名吉利;妇姓王,名抟颊"②。世传灶神的形象亦不一。《后汉书》卷三十二《阴识传》载:"衣黄衣,夜披发从灶中出。"③ 据郑玄《驳五经异义》称,灶神是老妇。祭灶的时间,历代亦有变化。据《五经异义·灶神》载,先秦为孟夏祀灶。据《后汉书》卷三十二《阴识传》载,汉朝为腊日祭灶,并祀以黄羊。晋时于腊月二十四日祭灶。梁朝人宗懔的《荆楚岁时记》载,梁时十二月八日为腊日,以豚酒祭灶。④ 唐朝以后,腊月二十三或二十四日祭灶,已成习俗。⑤ 民间盛传,祭灶神可除凶恶、降吉祥。至今,山东各地仍保留着每年腊月二十三祭灶君的习俗。

（八）太岁

太岁,源于古代的天体崇拜,但它并不是具体的星体或象征某种天象,而与岁星有关,是人们为记时方便想象出来的。与动土兴造、嫁娶、迁徙的禁忌有关。⑥ 唐人段成式的《酉阳杂俎·续集》中就记载了山东即墨人冲撞太岁招病的故事:"百姓王丰兄弟三人,丰不信方位所忌,尝于太岁上掘坑,见一肉块,大如斗,蠕蠕而动,遂填。其肉遂填而出,丰惧弃之。经宿,长塞于庭,丰兄弟奴婢数日内悉暴卒,唯一女存焉。"⑦ 从此,再也无人敢在太岁头上动土。此神后来渐被人格化。

（九）厕神

厕神,亦称紫姑神。紫姑是唐朝人,姓何名媚,字丽卿,山东莱阳人。武则天时,山西寿阳刺史李景害死了何媚的丈夫,霸占她为妾。李景之妻阴险刻毒,见何氏美艳惊人,又妒又恨,于正月十五元宵节时,趁何媚解手,把她害死厕中。天帝可怜她,封为厕神。后来,受到妇女们的崇

---

① （唐）段成式：《酉阳杂俎》,方南生点校,中华书局1981年版,第128页。
② 郑玄：《驳五经异义》,商务印书馆1936年版,第20页。
③ （唐）范晔：《后汉书》,（唐）李贤注,中华书局1965年版,第1133页。
④ （梁）宗懔：《荆楚岁时记》,宋金龙校注,山西人民出版社1987年版,第64—68页。
⑤ 张铁男：《宗教知识小百科》,长春出版社1991年版,第151页。
⑥ 李伯涛：《泰山民俗》,山东画报出版社1996年版,第327页。
⑦ （唐）段成式：《酉阳杂俎》,方南生点校,中华书局1981年版,第214页。

拜，于元宵之夜在厕中祭之，以纸或布做成紫姑神偶像，并念词祈祷。泰安城乡旧时习俗，于元宵之夜在厕所挂灯烧纸祭祀，以求厕神保佑。①

（十）东岳大帝

东岳泰山乃五岳之首，"《道经》曰：岱泰山乃天帝之孙，群灵之府，主世界、人民、官职、生死、贵贱等事。"②《绘图三教源流搜神大全》亦说："泰山者，乃群山之祖，五岳之宗，天帝之孙，神灵之府也。"③秦汉以前，古人即认为泰山"峻极于天"，是人神相通之地，所以帝王登基，都必须到泰山祭告天帝保佑其政权昌隆长久，尊泰山之神为东岳大帝。④周垂拱二年（686），武则天曾封泰山为"神岳天中王"；万岁通天元年（696），武则天又尊封泰山为"天齐君"；唐开元十三年（725），唐玄宗加封泰山为"天齐王"。⑤《五岳记》："东岳泰山岳神天齐王，领仙官仙女九万人。"⑥隋唐时，东岳信仰已很普遍。

（十一）城隍

城隍是中国古代神话传说中之城市守护神。《周易·上经》泰卦十一云："城复于隍。"古代建国，范土为城，依城凿池曰隍。城隍之名，即源于此。按《礼记集解》记载："天子大蜡八，水庸居第八"。⑦又据清赵翼《陔余丛考》卷三十五载："水则隍也，庸则城也。"⑧今之城隍，盖即古之水庸。祭祀城隍，历史悠久。六朝时，即修神庙，祭祀城隍。《隋书》卷二十三载有梁武陵王纪烹牛祭城隍神之事。⑨至唐朝，各州郡皆有城隍庙，凡祈雨、求晴、禳灾大都祭祀城隍。隋唐时，山东建有不少城隍庙，如唐朝平阴建城隍庙等。⑩

（十二）三清尊神

隋唐是道教的繁盛时期，尤其是在唐代，皇帝尊祖老子，封老子为

---

① 李伯涛：《泰山民俗》，山东画报出版社1996年版，第326页。
② 汤贵仁、刘慧主编：《泰山文献集成》（第10卷），泰山出版社2005年版，第338页。
③ 《绘图三教源流搜神大全（外二种）》，上海古籍出版社1990年版，第46页。
④ 张兴发：《道教神仙信仰》，中国社会科学出版社2001年版，第58页。
⑤ 《绘图三教源流搜神大全（外二种）》，上海古籍出版社1990年版，第46页。
⑥ 《古今图书集成》，中华书局、巴蜀书社1986年版，第60026页。
⑦ （梁）孙希旦：《礼记集解》，中华书局1989年版，第694页。
⑧ （清）赵翼：《陔余丛考》，中华书局1963年版，第772页。
⑨ （唐）魏征、令狐德棻：《隋书》，中华书局1973年版，第658页。
⑩ 张铁男：《宗教知识小百科》，长春出版社1991年版，第152—153页。

"玄元皇帝""圣祖大道玄元皇帝"、"大圣祖高上大道金阙玄元天皇大帝",圣祖庙和老子庙遍及天下。确立了三清最高神的地位,并编定了道教神仙谱系。清人俞樾的《茶香室丛钞》卷十四《三清》条有关于三清的记载:"唐杨钜《翰林学士院旧规》道门青词例云:谨稽首上启虚无自然元始天尊、太上道君、太上老君三清众圣。"① 与此同时,三清之后神仙为:玉皇、紫微大天帝、北斗九星君、三官、五帝、九府四司诸君、六十甲子本命星君、玄中大法师、三天大法师等。② 三清尊神中元始天尊象征混沌,为阴阳初判的第一个大世纪,因此以阳生阴降、昼短夜长的冬至日为其诞辰;灵宝天尊象征混沌始清,为阴阳开始分明的第二个大世纪,因此以阴生阳消、夜短昼长的夏至日为其诞辰;道德天尊,即老子,历史上实有其人,但却无从知晓他的生年月日。后世根据唐末杜光庭《道德真经广圣义》之说,将老子诞辰定为二月十五日。③ 隋唐时,三清尊神信仰在山东影响较大。唐开元年间,烟台曾建有三清殿。至今在山东民间仍有供奉三清尊神的习俗。

二 道教与山东诗文

隋唐时期,由于道教的兴盛,围绕着泰山、峄山、崂山、蒙山等山东道教圣地,产生了不少与道教直接或间接有关的诗歌与散文篇章。

(一) 泰山道教诗文

这一时期,作为道教圣地的泰山诗文数量很多,引人注目。就作者而言,不仅有贵为天子的唐太宗李世民、玄宗李隆基等,而且有文学史上的伟大诗人李白、杜甫,以及其他一些重要诗人,如卢照邻、刘禹锡、李德裕、吕嵒等。他们歌咏、赞美泰山的诗文往往和道教有关,大都表现出崇拜泰山、热爱自然、信仰神仙等思想倾向。

唐太宗李世民(599—649)一生企图封禅泰山,每议每停,其最大的特点是"自律""节俭",提出有德无德不必借助于封禅典礼,最终未封禅。其有关泰山封禅的撰文,表达了其对封禅的态度。

---

① (清)俞樾:《茶香室丛钞》,中华书局1995年版,第303页。
② 张兴发:《道教神仙信仰》,中国社会科学出版社2001年版,第58页。
③ 山东省地方史志编纂委员会:《山东省志·少数民族志·宗教志》,山东人民出版社1998年版,第453页。

> 太宗曰：议者以封禅为大典，如朕本心，但使天下太平，家给人足，虽阙封禅之礼，亦可比德尧、舜；若百姓不足，夷狄内侵，纵修封禅之仪，亦何异于桀、纣？昔秦始皇自谓德洽天下，自称皇帝，登封岱宗，奢侈自矜；汉文帝竟不登封，而躬行俭约，刑措不用。今皆称始皇为暴虐之主，汉文为有德之君。以此而言，无暇封禅。《礼》云"至敬不坛"，扫地而祭足表至诚，何必远登高山，封数尺之土也。①

唐玄宗，名李隆基，亦称明皇，在位四十四年。唐玄宗于开元十三年（725）率百官、贵戚及外邦客使，东至泰山举行封禅大典，封泰山神为天齐王。摩崖石碑《纪泰山铭》于开元十四年（726）九月唐玄宗封禅泰山后刻在岱顶大观峰崖壁上，碑文为李隆基所撰，记述了封禅告祭之始末，申明封禅的目的是为苍生祈福，铭赞高祖、太宗、高宗等先皇之功绩，表明自己宝行三德（慈、俭、谦）之诺言。其中最后两句"道在观正，名非从欲"，表明了其为政的态度。

> ……
> 维天生人，立君以理。维君受命，奉天为子，代去不留，人来无已。德凉者灭，道高斯起。赫赫高祖，明明太宗，爰革隋政，奄有万邦。罄天张宇，尽地开封，武称有截，文表时邕。高宗稽古，德施周溥，茫茫九夷，削平一鼓。礼备封禅，功齐舜禹。岩岩岱宗，卫我神主。中宗绍运，旧邦惟新。睿宗继明，天下归仁。恭已南面，氤氲化醇。告成之礼，留诸后人。缅余小子，重基五圣，匪功伐高，匪德矜盛，钦若祀典，丕承永命，至诚动天，福我万姓。古封泰山，七十二君，或禅奕奕，或禅云云，其迹不见，其名可闻。祗遹文祖，光昭旧勋。方士虚诞，儒书龌龊，佚后求仙，诬神检玉。秦灾风雨，汉污编录，德未合天，或承之辱。道在观政，名非从欲。铭心绝岩，播告群岳。②

李隆基于开元十三年（725）东封泰山，十一月到达泰山，正是冬

---

① （后晋）刘昫：《旧唐书》，中华书局1975年版，第881—882页。
② 李正明、戴有奎主编：《泰山石刻大全》，齐鲁社2006年版，第38页。

季，天降瑞雪。他的《登封喜雪》是歌咏泰山瑞雪的一首五言诗，为唐代泰山诗文的重要作品之一。诗云："日观卜先征，时巡顺物情。风行未备礼，云密遽飘英。委树寒花发，萦空落絮轻。朝如玉已会，庭似月犹明。既睹肤先合，还欣尺有盈。登封何以报，因此谢成功。"① 大意为：此次东封之行，到达泰山日观峰，是顺应民心而封泰山；山顶云层密布，雪花在空中飘舞着，像棉絮一样轻轻落地，落到树上如同寒天开放的花朵；山上行宫院落内，白玉般晶莹的雪堆积起来，映照着庭院，像月亮一样明；先看着雪积了四寸，又欣喜地看到雪下了满尺；自己来封泰山何以报答上天呢？就以这场瑞雪作谢此行成功吧！

卢照邻（634？—683），唐幽州范阳（今北京大兴）人，字升之。他与王勃、杨炯、骆宾王同称"初唐四杰"。初为邓王府典签，调新都尉，后因疾去官，隐居具茨山下。有《幽忧子集》。唐高宗于乾封元年（666）东封泰山，事毕，在泰山大酺相庆。卢照邻《登封大酺歌》写此次天子赐群臣宴享的盛况："日观仙云随凤辇，天门瑞雪照龙衣。繁弦绮席方终夜，妙舞清歌欢未归。"② 意为：泰山日观峰上的仙云随着皇帝的车驾流转，天门上的瑞雪照耀着皇帝的龙衣；优美的音乐彻夜演奏，盛大的宴席通宵欢饮，歌舞队伍欢乐未归。从诗中可见这次泰山封禅活动的盛况。

李白（701—762），字太白，号青莲居士。人们称其为"诗仙"，这与其仙道信仰是有重要关系的。其诗有云："我本楚狂人，凤歌笑孔丘"③；"董龙更是何鸡狗，一生傲岸苦不谐，恩疏媒劳志多乖。严陵高揖汉天子，何必长剑挂颐事玉阶。达亦不足贵，穷亦不足悲"④。这种对现实世界的激愤同道教对他自由浪漫人格的影响也不无关系。天宝初年，李白游历齐鲁，游览泰山，写下了著名的《泰山吟六首》。这些诗歌不但反映了李白深受道教思想影响的事实，而且还是泰山道教诗文中的珍品。诗歌如下：

其一："四月上泰山，石平御道开。六龙过万壑，涧谷随萦回。马迹绕碧峰，于今满青苔。飞流洒绝巘，水急松声哀。北眺崿嶂奇，倾崖向东

---

① 《全唐诗》（全25册），中华书局1960年版，第36页。
② 同上书，第532页。
③ 同上书，第1773页。
④ 同上书，第1821页。

摧。洞门闭石扇，地底兴云雷。登山望蓬瀛，想象金银台。天门一长啸，万里清风来。玉女四五人，飘飘下九垓。含笑引素手，遗我流霞杯。稽首再拜之，自愧非仙才。旷然小宇宙，弃世何悠哉。"

其二："清晓骑白鹿，直上天门山。山际逢羽人，方瞳好容颜。扪萝欲就语，却掩青云关。遗我鸟迹书，飘然落岩间。其字乃上古，读之了不闲。感此三叹息，从师方未还。"

其三："平明登日观，举手开云关。精神四飞扬，如出天地间。黄河从西来，窈窕入远山。凭崖览八极，目尽长空闲。偶然值青童，绿发双云鬟。笑我晚学仙，蹉跎凋朱颜。踌躇忽不见，浩荡难追攀。"

其四："清斋三千日，裂素写道经。吟诵有所得，众神卫我形。云行信长风，飒若羽翼生。攀崖上日观，伏槛窥东溟。海色动远山，天鸡已先鸣。银台出倒景，白浪翻长鲸。安得不死药，高飞向蓬瀛。"

其五："日观东北倾，两崖夹双石。海水落眼前，天光摇空碧。千峰争攒聚，万壑绝凌历。缅彼鹤上仙，去无云中迹。长松入云汉，远望不盈尺。山花异人间，五月雪中白。终当遇安期，于此炼玉液。"

其六："朝饮王母池，暝投天门关。独抱绿绮琴，夜行青山间。山明月露白，夜静松风歇。仙人游碧峰，处处笙歌发。寂静娱清辉，玉真连翠微。想象鸾凤舞，飘飖龙虎衣。扪天摘匏瓜，恍惚不忆归。举手弄清浅，误攀织女机。明晨坐相失，但见五云飞。"①

这六首诗歌以写景抒情为主，浪漫绮丽。它们的大意，在此因文繁不述。我们主要指出，这六首诗歌在艺术上有一个共同的突出特点，就是频密出现与道教有关的意象。例如，第一首中"蓬瀛""玉女"，第二首中"白鹿""羽人"，第三首中"青童"，第四首中"道经""众神""不死药""蓬瀛"，第五首中"鹤上仙""安期""玉液"，第六首中"仙人""鸾凤舞""龙虎衣"，等等，都与道教的神仙信仰有直接而密切的关系。这些意象同诗歌的景物描写相结合，产生了较为浓厚的道教氛围与色彩，表达了诗人遗弃世事、学道成仙的强烈愿望。

伟大诗人杜甫也有歌咏泰山的名篇佳作。杜甫（712—770），字子美，京兆杜陵（今陕西西安南）人。开元年间，杜甫举进士不第，遂漫游齐赵间，过历下，登泰山，留下了脍炙人口的《望岳》诗："岱宗夫如

---

① 《全唐诗》（全25册），中华书局1960年版，第1823—1824页。

何,齐鲁青未了。造化钟神秀,阴阳割昏晓。荡胸生层云,决眥入归鸟。会当凌绝顶,一览众山小。"① 这首诗歌虽然与道教无直接关系,但我们从中可以感受到杜甫对泰山这座道教名山的敬仰与崇拜之情。

刘禹锡(772—842),字梦得,洛阳人,贞元九年(793)登进士第。《送东岳张炼师》是刘禹锡作的一首和泰山道教人物直接相关的送别诗。诗云:"东岳真人张炼师,高情雅淡世间稀。堪为列女书青简,久事元君住翠微。金缕机中抛锦字,玉清坛上着霓衣。云衢不要吹箫伴,只拟乘鸾独自归。"② 道教称修真得道的人为真人,道士德高思精者为炼师。张炼师是在泰山玉女祠修行的一位女道士,供奉泰山老母碧霞元君。诗歌称颂张炼师"高情雅淡",是世间少有的高道真人,堪可居于列女史传中。诗人用了东晋窦滔妻苏惠织回文锦以寄相思的典故,意指张炼师曾有过类似苏氏的身世经历,但后来脱离凡俗,成为居玉清、着霓衣的真人。诗歌最后引《列仙传》萧史弄玉的典故。《列仙传》载,萧史善吹箫,能以箫作鸾凤之音;秦穆公的女儿弄玉也善吹箫,穆公将弄玉嫁给萧史,并筑凤台给他们居住;数年后,萧史乘龙,弄玉乘凤,升天而去。作者借用这个典故,悬想张炼师从长安回程时,不要吹箫伴侣,只沿着云路,乘着鸾鸟,独自回到泰山。

李德裕(787—850),字文饶,赵郡赞皇(今河北赞皇)人,曾两度为相。其《泰山石》诗云:"鸡鸣日观望,远与扶桑对。沧海似镕金,众山如点黛。遥知碧峰首,独立烟岚内。此石依五松,苍苍几千载。"③ 这是一首写泰山石的五言律诗。泰山石又称望海石,在日观峰北。诗歌通过描写在望海石观赏日出景色,表现了泰山的雄伟与高大,反映了诗人对泰山的无限崇拜之情。

吕洞宾为民间传说中的八仙之一,是中国道教史上的重要人物。泰山王母池东有传为其当年炼丹处的吕祖洞,洞可容纳十余人,内有吕祖石像,洞上为飞虹岭。王母池曾刻吕洞宾(吕嵒)题诗两首。《岱史》卷八载:"吕公于绍圣、政和间,题诗二首于王母池,即此。其遗刻在今府署

---

① 《全唐诗》(全25册),中华书局1960年版,第2253页。
② 同上书,第4052页。
③ 同上书,第5411页。

南关帝庙壁。"① 关帝庙今已无存，诗刻亦不知下落。《书王母池》诗云："昔日曾游此，如今九十春。红尘多少客，谁是识予人？"② 诗歌表达了诗人身为仙人而不被世人所识的感慨。《再书王母池》诗云："昔年题字识曾来，事满华夷遍九垓。无赖蛟虬识我字，故留踪迹不沉埋。"③ 这首诗的内容承续第一首诗歌，大意说狡猾的蛟虬认识"我"吕嵒的字，向"我"原题的《书王母池》顶礼膜拜，因此化龙飞升，从而留下这处踪迹，以使后人得知"我"的仙人身份。这两首诗歌宣传道教神仙信仰，属于道徒的辅教之诗。

（二）山东其他道教名山的诗文

隋唐时期，不仅泰山，山东其他道教名山如峄山、崂山、蒙山等也经常为文人墨客所光顾，留下了不少诗篇。

李阳冰、李白都曾在峄山留有诗作。李阳冰，生卒年不详，字少温，唐赵郡（今河北赵县）人，李白从叔，官至将作监。其《插花石题壁》云："横峄之美石作澜；竖峄之妙伴云舞。峨峨峄山，钟秀发祥；曰古邾国，苗裔其昌。神州仙境洞天奥；绝妙顽岩舞龙凤。"④ 其中，"神州仙境洞天奥"反映了峄山作为当时一处道教名山的事实。李白游览峄山后，所作《琴赞》云："峄阳孤桐，石耸天骨。根老冰泉，叶苦霜月。斫为绿绮，微声桀发。秋风入松，万古奇绝。"⑤ 赞美了这处道教名山景色的雄伟奇绝。

唐真人李哲玄，由罗浮山到崂山太清宫，吟诗十二首：

> 抛家一去不还乡，走入玄门学老庄。大道金丹如炼就，十州三岛任翱翔。
>
> 百岁光阴一梦中，红尘世事多樊笼。金丹大道为真宝，富贵荣华总是空。
>
> 渡海乘舟到劳山，为修真道出尘寰。有人问我修行路，漏露天机不敢言。

---

① 《岱史》清康熙三十八年（1699），卷八。
② 《岱史》清康熙三十八年（1699），卷十五。
③ 《岱史》清康熙三十八年（1699），卷十五"右诗刻石木州会真宫内相传洞宾手笔也"。
④ 田振铎、刘玉平、秦显耀编：《峄山新志》，济宁市新闻出版局，第125—126页。
⑤ （唐）李白：《李太白全集》，上海书店1988年版，第649—650页。

前临大海浪声喧，阴阳造化在其间。是真名山仙福地，此处洞府别有天。

身入玄门不计年，早眠晚起兴悠然。闲来无事山头看，映日海涛上接天。

喜得清闲看仙经，道祖之言炯日星。可叹世人名利重，百年瞬息一流萤。

儒者玄门是一家，同修大道理无差。学成一贯游仙界，万古长春度岁华。

阎罗地域要认真，阴魄应当随骨身。上士修炼只为此，轮回六道让谁人。

道成九祖尽超天，胜似坟前化纸钱。慧眼睁开明此理，感人不信有神仙。

五分昼夜看丹经，忘食忘寝辟性灵。道书阅过千万卷，来来往往细叮咛。

灵关一透悟真玄，万卷仙经尽豁然。行远登高卑迩入，功夫到了必周全。

大道不知虚此生，当年庄子一殇彭，盍观至圣教人语，朝闻夕死是证明。①

蒙山也是求仙访道之士的隐修之所。至隋唐朝时，蒙山道教已久负盛名，吸引了众多道士和文人雅士前来寻道访友。唐天宝四年（745）秋，李白和杜甫结伴来蒙山寻道访友，杜甫写下《与李十二白同寻范十隐居》诗：

李侯有佳句，往往似阴铿。余亦东蒙客，怜君如弟兄。醉眠秋共被，携手日同行。更想幽期处，还寻北郭生。入门高兴发，侍立小童清。落景闻寒杵，屯云对古城。向来吟橘颂，谁欲讨莼羹？不愿论簪笏，悠悠沧海情。②

该诗记述了李白、杜甫拜访蒙山隐士范十以及三人一起欢饮的情景，

---

① 青岛市人民政府宗教事务局编：《崂山太清宫志》，1987年印，第49—50页。
② 《全唐诗》（全25册），中华书局1960年版，第2394页。

表现了李、杜二人之间兄弟般的情谊。

杜甫还拜访过曾在蒙山修行的道人元丹邱。大约作于天宝十一载（752）的《玄都坛歌寄元逸人》诗中，杜甫曾忆及此事。诗云：

> 故人昔隐东蒙峰，已佩含景苍精龙。故人今居子午谷，独在阴崖结茅屋。屋前太古玄都坛，青石漠漠松风寒。子规夜啼山竹裂，王母书下云旗翻。知君此计成长往，芝草琅玕日应长。铁锁高垂不可攀，致身福地何萧爽。①

诗歌主要写杜甫到终南山玄都坛拜访故人元丹邱（元逸人）的情形。前两句追忆此前两人在蒙山的交往，称赞元丹邱在蒙山修道时就已得仙道之要领，达到了极高的境界；后面十句赞美了元丹邱在终南山的高洁修行。

唐代诗人萧颖士对蒙山的仙家氛围也大加赞赏。萧颖士（717—768），字茂挺，兰陵（今山东苍山县）人。他曾游览蒙山，写了一首五言古体诗《蒙山作》，诗云：

> 东蒙镇海沂，合杳余百里。清秋净氛霭，崖崿隐天起。于役劳往还，息徒暂攀跻。将穷绝迹处，偶得冥心理。云气杂虹霓，松声乱风水。微明绿林际，杳窕丹洞里。仙鸟时可闻，羽人邈难视。此焉多深邃，贤达昔所止。子尚捐俗纷，季随躅退轨。蕴真道弥旷，怀古情未已。白鹿凡几游，黄精复奚似！顾予尚牵缠，家业重书史。少学务从师，壮年贵趋仕。方驰桂林誉，未暇桃源美。岁暮期再寻，幽哉羡门子。②

在诗人笔下，蒙山彩云缭绕，松涛阵阵，仙鸟和鸣，一派仙山美景。诗人为蒙山美景与仙道氛围所感染，产生了隐居修行的愿望，但为重视书史的家风所牵，因而愿望难以实现，只能期待日后再来游览。

唐朝的高适、吴筠也有关于歌咏蒙山的诗篇。高适《送郭处士往莱

---

① 《全唐诗》（全25册），中华书局1960年版，第2253—2254页。
② 同上书，第1597页。

芜兼寄苟山人》诗云:"君为东蒙客,往来东蒙畔。云卧临峄阳,山行穷日观。少年词赋皆可听,秀眉白面风清泠。身上未曾染名利,口中犹未知膻腥。今日还山意无极,岂辞世路多相识。归见莱芜九十翁,为论别后长相忆。"① 这首诗歌表明了当时蒙山道教之兴盛。

长白山位于山东邹平南,因山中云气常白而得名。古属长山县,所以又称长山。唐代时该山有道徒修行于此。韩翃《送齐山人归长白山》诗云:"旧事仙人白兔公,掉头归去又乘风。柴门流水依然在,一路寒山万木中。"② 诗中所说白兔公传为仙人彭祖的弟子。诗歌写诗人送别供奉白兔公的齐山人,悬想齐山人乘风而行,一路历尽千山万水,返回长白山"柴门流水"的质朴自然生活中去。这首诗歌寄托了诗人对当时长白山道风道景的情感。

三 道教与山东传统节日

隋唐时期由于道教的兴盛,逐渐形成了与道教信仰、神灵崇拜、祖师诞辰、斋醮庆典等有关的传统节日,并在山东民间渐渐流传开来,比较有代表性的包括三元节、五腊日、三清圣诞、王母圣诞、东岳圣诞等。

(一) 三元节

三元节,又称三元日。三元指天、地、水三官,是五斗米道初创时期信奉的主要神灵。道教三官信仰源于原始的自然崇拜,即天、地、水诸神的崇拜。后来,天神逐渐成为统治阶级用于解释"君权神授"的统治工具。再加上我国古代以农业立国,天、地、水神的地位逐渐上升。道教产生后,民间信仰与道教信仰糅合起来,天、地、水三神人格化。魏晋南北朝时期出现了"三官手书"之说,民间认为天、地、水能主宰人间福祸,也能主宰鬼神升转,权力很大。后来,道教又把三官与三元结合起来,把三官称为三元,形成了三元节。至隋唐逐渐形成了三元节。

上元节、中元节、下元节统称道教"三元节"。"三元节"是道教"三官"信仰在中国民俗节日文化中的反映。道教徒宣扬"正月十五日天官,为上元;七月十五日地官,为中元;十月十五日水官,为下元"③。

---

① 《全唐诗》(全25册),中华书局1960年版,第2221—2222页。
② 同上书,第2759页。
③ (唐)李隆基:《大唐六典》,李林普注,三秦出版社1991年版,第102页。

天官赐福，地官赦罪，水官解厄。① "三元节"充分体现了道教文化对中国传统民俗产生的深远影响。如至今在山东曲阜、邹城、泗水等地方称正月十五为"过小年"有祈"天官赐福"等习俗。

道教在唐朝极受推崇，因此唐朝对"三元节"也很重视。为了抬高自己的门第，唐朝李氏皇室视道教始祖老子李耳为先祖，统治者常借助国家政令使民间道教信仰更为深刻地影响民众生活。道教"三元节"习俗在唐朝也因政治影响而广为传播。

唐统治者下令，每到"三元节"停宰杀渔猎。如开元二十二年（734）十月，玄宗敕曰："自今以后，两都及天下诸州，每年正月七月十月元日，起十三至十五，兼宜禁断。"② 开元二十七年（739），玄宗又下诏宣示，要求各地的开元观和开元寺，"千秋节及三元行道设斋"③。唐玄宗利用政治威势推崇道教，无疑推进了山东道教信仰的民俗化进程。

上元节就是元宵节，又名正月十五、元夕节、灯节。上元节是一个宗教性节日，所祭祀神祇很多，并且在这个节日中既有道教风俗又有佛教影响，同时也是儒家祭祀天的吉日良辰，文化活动异常丰富，有观灯、造灯、驱傩、吃元宵、求子等，非常热闹。上元观灯是唐代非常盛行的一项节日民俗，该风俗也同样受到道教徒的重视。上元节道观除了要做一些法事活动外，也要燃灯以示庆贺。如今在山东曲阜、邹城、泗水交界的尼山仍有传统的夫子洞庙会，费县玉皇庙在元宵节举办"送驾"仪式，滕州元宵节还保留有"打灯"的风俗等。④

唐李郢《紫极宫上元斋次呈诸道流》诗曰："碧简朝天章奏频，清宫仿佛降灵真。五龙金角向星斗，三洞玉音愁鬼神。风拂乱灯山磬□，露沾仙杏石坛春。明朝醮罢羽客散，尘土满城空世人。"⑤ 另羊士谔⑥《上元日紫极宫门观州民燃灯张乐》诗曰："山郭通衢隘，瑶坛紫府深。灯花助

---

① 《道藏》（第34册），文物出版社、上海书店、天津古籍出版社1988年版，第735页。
② （清）董诰：《全唐文》，中华书局1983年版，第386页。
③ （宋）王溥：《唐会要》，中华书局1955年版，第879页。
④ 山东省地方史编纂委员会编：《山东省志·民俗志》，山东人民出版社1996年版，第366页。
⑤ 《全唐诗》（全25册），中华书局1960年版，第6851页。
⑥ 羊士谔，泰山人。登贞元元年进士弟。元和初拜监察御史。坐诬李吉甫。出为资卅刺史。诗一卷。

春意,舞绶织欢心。闲似淮阳卧,恭闻乐职吟。唯将圣明化,聊以达飞沈。"① 这两首诗都描写了上元夜紫极宫燃灯的美丽情景。上元节是一个古老的节日,它可能源于远古人类在过节时以火把驱邪,因此这个节日最早祭祀太一神。秦始皇嬴政,因避讳,又称正月十五为端月十五。该日为满月,即"望"日,象征团圆、美满,认为正月十五是最吉利的日子,可进行祭天,祈求丰年。正月十五是新年后第一个月圆之夜,所以祭典就更为隆重,张灯结彩,通宵达旦。《史记·乐书》载:"汉家常以正月上辛祠太一甘泉,以昏时夜祀,到明而终。"② 由于祭祀仪式是夜里进行的,自然是打着火把,后来演变为元宵节。道教敬奉三官大帝,正月十五是道教天官大帝的诞辰日,主祭天官大帝,所以道教元宵节为上元节。山东民间年画中的"天官赐福"就是人们对天官大帝信仰的艺术体现。③

农历七月十五日是道教中元节,民间称为"鬼节"。道教认为农历七月十五是地官诞辰,地官为中元一品赦罪之官,总主五帝五岳诸神仙鬼魂。中元节地官赦罪之辰,是地狱之门开启之日,因此人们必须虔诚祭祀。《大唐六典》卷四曰:三元斋"皆法身自忏愆罪焉"④。每年的七月十五祭祖、祀鬼节俗正是道教"地官"赦罪信仰的民俗演化。唐王朝的一系列崇道措施,使早已存在民间的道教中元节达到鼎盛。唐朝诗人李商隐的《中元作》诗描写了当时中元节的情景:"绛节飘飘宫国来,中元朝拜上清回。羊权须得金条脱,温峤终虚玉镜台。会省惊眠闻雨过,不知迷路为花开。有娀未抵瀛洲远,青雀如何鸩鸟媒。"⑤ 这都说明了唐朝时中元节在各地的兴盛。中元节祭祖的习俗至今还在山东较为普遍,一般都是在午后带着祭品上坟祭祖。而祭祖的祭品尤为丰盛,有竹子做的盂兰盆、纸做的衣帽和素食等。⑥

农历十月十五日,道教又称"下元节",是道教"三元"节之一。《大唐六典》曰:十月十五日,水官大帝诞辰为下元。下元节是纪念水官

---

① 《全唐诗》(全25册),中华书局1960年版,第3702—3703页。
② (汉)司马迁:《史记》,中华书局1982年版,第1178页。
③ 马福贞:《中国传统文化专题研究》,线装书局2009年版,第131—132页。
④ (唐)李隆基:《大唐六典》,李林普注,三秦出版社1991年版,第102页。
⑤ 《全唐诗》(全25册),中华书局1960年版,第6188页。
⑥ 山东省地方史编纂委员会编:《山东省志·民俗志》,山东人民出版社1996年版,第393页。

大帝诞辰的节日。水官大帝的主要职责是管理水域，为人间解厄赐福。从民俗资料中看，我国各地都有在下元节祭祀水官大帝、过下元节的风俗。唐时期，道教地位很高，三元节尤其隆重。例如下元节不能杀生，不能判极刑等。开元二十二年（734）十月，玄宗敕曰："今月十四、十五日是下元斋日，都内人应有屠宰令。……停宰杀渔猎等兼肉食。自今以后，两都及天下诸州，每年正月、七月、十月元日，起十三至十五，兼宜禁断。"① 说明当时下元节的禁忌十分严格，甚至影响到当时社会的政治、法律和经济生活。民间在下元节还有一项重要的活动，即祭祀炉神老君诞辰。金属制作匠人、矿工等视下元节为自己的节日。所谓金属制作匠人，包括金匠、银匠、铜匠、铁匠、锡匠、补锅匠等，他们都视老君为本行业的祖师爷和保护神。这种行业信仰一说源于道教信仰，老君为道教始祖，道教尤善炼丹术，而金属制作匠人工作离不开炉子，匠人们在追溯始祖和保护神时，又有高攀心理，就把老君视为祖师爷。一说源于道教传播和《西游记》故事中老君用八卦炉烧炼齐天大圣孙悟空的故事。② 由于隋唐帝王对道教的尊崇及一系列道教政策的颁布实施，山东地区下元节习俗受到很大的影响，有的习俗传承至今。

（二）五腊日

腊，原是中国古代传统的祭祖礼，秦汉以后祭祖和祭百神的腊礼合为一，故称腊为岁终祭众神之名。道教根据古代"腊日"祭先祖、百神之制，创五腊日。分别称之为"天腊""地腊""道德腊""民岁腊""王侯腊"，时间分别为正月初一、五月初五、七月初七、十月初一、十二月初八。五腊日记载于南北朝时期《赤松子章历》卷二："王长谓赵升真人曰：'子知五腊日乎。'赵升真人曰：'吾于鹤鸣洞侍右，闻先师与郁华真人论之：五腊日者，五行旬尽新旧交接，恩赦求真，降注生气，添神请算之良日也。此日五帝朝会玄都，统御人间地府五岳四渎三万六千阴阳，校定生人延益之良日也。学道修真求生之士，此日可斋戒沐浴，朝真行道。今故明传妙旨，可勤行之'。"③ 至隋唐时期基本形成了道教的重要节日，并在民间流传开了。比如阴历十二月初八，民间有煮果粥祀神、聚食及馈

---

① （清）董诰：《全唐文》，中华书局1983年版，第386页。
② 马福贞：《中国传统文化专题研究》，线装书局2009年版，第136—137页。
③ 《道藏》（第11册），文物出版社、上海书店、天津古籍出版社1988年版，第187页。

送亲邻的风俗。家家煮果粥，皆预日拣簸米豆，用百果雕作人物。三更煮粥成，祀家堂、门灶、陇亩，阖家聚食，馈送亲邻，为腊八粥。流传至今的腊八节在山东各地除了有吃腊八粥的习俗以外，还有其地方特色。如德州腊八粥的枣是"早"，栗是"力"，就是早下力气，争取来年五谷丰登。邹城把腊八作为济贫的日子。滕州、莱阳、招远等地有腊八打扫房院的习俗，民间传说这天神仙离位，鬼神不忌。微山湖中的渔民，因腊八前后有大风，所有船只靠岸敬风神，祈求平安。①

（三）三清圣诞

唐代以来道教宫观建筑的中心是"三清殿"，供奉元始天尊、灵宝天尊、道德天尊三位尊神，一般称之为"三清"或"三清尊神"。"三清"一词始于南朝宋、齐年间，在唐武宗时（841—846）的道教神灵排列，先为元始天尊、太上大道玉晨君、太上老君（即三清尊神），其后列有"玉清大有天宝君"、"上清妙玄灵宝君"，"太清太极神宝君三宝尊神"。玉清元始天尊的诞辰在冬至，上清灵宝天尊的诞辰在夏至，太清道德天尊太上老君的诞辰在阴历二月十五。三清的诞辰自然就成为道教徒的重要节日。三清神仙系统后发展成包括太清仙境九仙：上仙、高仙、大仙、玄仙、天仙、真仙、神仙、灵仙、至仙，上清真境九真，玉境圣境九圣的神仙系统，真、圣之号亦以上、高、大、玄、天、真、神、灵、至为次第。隋唐时期，在山东各地的道观中一般都同时供奉三清神像。原祀王母池西畔的老君堂、岱顶凤凰山老君堂，皆为唐代所建，并有每年阴历二月十五祭祀老子的传统。其他建有三清殿的道观每逢三清圣诞日也有举行斋醮法事活动的习俗。

（四）王母圣诞

相传农历三月初三为西王母诞辰，这一天，西王母大开蟠桃盛会，宴请前来为她祝寿的诸仙。道教每年于此日举行盛会，以示纪念，俗称蟠桃会。在山东泰安王母池、万仙楼、金母殿、岱阴玉函山都供奉有西王母。据《泰山志》记载：王母池庙古称群玉庵，唐代称瑶池，也称王母庙，位于泰山南麓红门宫东南。创建年代无考，三国时已有建筑，魏曹植

---

① 山东省地方史编纂委员会编：《山东省志·民俗志》，山东人民出版社1996年版，第403—404页。

《仙人篇》有"东过王母庐，俯观五岳间"句，历代重修。① 唐代双束碑《岱岳观》中《魏成信等醮告题》记载："大唐大历七年太岁壬子正月癸末朔廿三日乙巳，奉敕于岱岳观修金录斋醮及与瑶池投告事毕，故题记。"② 诗人李白也有"朝饮王母池"的诗句。泰山王母池以王母为标志，以水为符号，王母池主祀王母娘娘，与王母神话、仙话融合在一起。王母池以春季三月初三蟠桃会为主，王母池在九月初八、九月初十等日香火冷清，而九月九香火旺盛，进香者人流如潮，因之冠以"庙会"之称。③

（五）东岳圣诞

东岳大帝指泰山神，对泰山神的祭祀和崇拜自上古三代就有。汉魏以后，道教沿袭古制，奉祀东岳大帝。唐代武则天垂拱二年（686）七月初一，封东岳为神岳天中王。武则天万岁通天元年（696）四月初一日，尊为天齐君。玄宗开元十三年（725）加封天齐王。历代对泰山神像均十分重视，开皇十四年（594），隋文帝杨坚诏令立石像于岱庙。唐代更为玉像。三月二十八东岳大帝的神诞之日，供奉东岳大帝的宫观都要举行祝寿庆典，以大型斋醮仪礼为道教徒祈寿延命。亲属亡故以后，也要到东岳大帝前行黄箓超度功德，祈祷亡魂早日升天。在山东祭祀东岳大帝泰山神的活动主要在岱庙举行。

总之，隋唐时期是山东道教发展的繁荣时期，由于隋唐两朝的崇道政策，隋文帝、炀帝信奉道教，重用道士，至唐高祖、太宗推崇道教，抑制佛教。唐睿宗至哀帝大兴道教，推行斋醮祈禳等，使道教在隋唐时期得到了稳定的发展，并对山东道教产生了重要的影响。具体表现为斋醮祭祀兴盛，道教宫观建设得到扩大，泰山、崂山道士增多和对道教典籍进行了整理。唐玄宗积极开展对道经的收集、整理，编纂成《道藏》一书，影响深远。至唐玄宗开元中，有道书3744卷（或5700卷）。至代宗大历年间，道书增至7000卷。隋唐山东道教宫观庙宇、摩崖石刻、碑刻及石窟造像古迹随处可见，斋醮科仪与道教方术盛极一时，影响到道教文学艺术的创作，并对山东民间信仰、文学艺术、传统节日等产生了诸多影响。隋唐时期的山东道教名山，如泰山、崂山、沂山、蒙山等空前繁荣，道教名流，

---

① 山东省地方史编纂委员会编：《山东省志·泰山志》，中华书局1993年版，第271页。
② （清）王昶辑：《金石萃编》，中国书店1985年版，卷五十三、唐十三。
③ 任双霞：《泰山王母池的神圣表达》，硕士学位论文，山东大学，2007年，第47、55页。

如王远知、潘师正、由吾道荣、徐则、王希夷，以及李白等文人在山东的传道、寻道活动等则成为隋唐时期山东道教发展繁荣的一个重要标志，使道教在唐代达到了鼎盛。但至唐末五代十国时期，山东道教呈现出衰落的局面。但以钟离权、吕洞宾为代表的钟吕派在山东有着广泛的影响，并成为宋元内丹术的开创者。

山东道教大事记（上）

时间（年）	年（帝）号	事略
前571—前545	周灵王时	苌弘，最早的方士，通阴阳之学，明鬼神之事
前378—前324	春秋战国	燕齐海滨方士信奉海中有蓬莱、方丈、瀛洲三神山及仙人和不死之药，齐威王、齐宣王和燕昭王使人入海求之
前356—前320	齐威王时	海外仙山的仙话传说在燕齐广泛流传，掀起了中国历史上第一次求仙热潮
前374—前357	齐桓公时	创建古代最早的学术活动和政治咨询中心——稷下学宫，后复盛于齐宣王时
前311—前297	齐威王、齐宣王时	方仙道发展演变为具有代表性的方术
前219	秦始皇二十八年	秦始皇东行郡县，到达峄山，丞相李斯刻石撰文，歌功颂德
前218	秦始皇二十九年	秦始皇二次东巡，到达山东之罘、琅邪，祠神求仙
前210	秦始皇三十七年	秦始皇三次东巡，至云梦，望祀虞舜于九疑山。浮江下，观籍柯，渡海渚。过丹阳，至钱唐，后又登会稽，沿海北上至荣成山、之罘。在返回途中，于平原津（今山东平原县）病，行至沙丘死

续表

时间（年）	年（帝）号	事略
前140	汉武帝建元元年	江西瑞州高乐人张廉夫创建茅庵一所，供奉三宫大帝神位
前138	汉武帝建元三年	崂山筑庙宇供奉三清神像
前110	汉武帝元封元年	汉武帝第一次来到山东沿海
前109	汉武帝元封二年	汉武帝经河南缑氏巡游至东莱，遣方士求神怪，采芝药以千数
前106	汉武帝元封五年	汉武帝至琅邪
前104	汉武帝太初元年	汉武帝东行考察到海上求神仙的方士，未见有所应验
前102	汉武帝太初三年	汉武帝东巡海上，考神仙之属，然均无所验；始建沂山东镇庙，有祠堂三楹，道舍二楹，山门一，无守庙道人
前99	汉武帝天汉二年	汉武帝行幸东海。
前94	汉武帝太始三年	汉武帝行幸东海，获赤雁，作《赤雁之歌》。幸琅邪，登之罘
前93	汉武帝太始四年	汉武帝幸不其（今崂山西北），祠神人于交门宫
前89	汉武帝征和四年	汉武帝行幸东莱，临大海
前89	汉武帝征和四年	汉武帝到泰山举行封禅典礼，在明堂祭祀，禅石闾。夏六月，还幸甘泉
前48—33	元帝时	宫崇随干（于）吉于曲阳泉上，遇天仙，授吉青缣朱字《太平经》十部。吉行之得道，以付嵩
前33—前7	汉成帝时	齐地方士甘忠可诈造《天官历·包元太平经》十二卷

续表

时间（年）	年（帝）号	事略
25—56	光武帝时	山西道人纪冉寓东镇泰山祠，数年后徙仰天
115	汉顺帝时	于吉在曲阳泉水上所得神书百七十卷，皆白素、朱介、青首、朱目，号《太平青领书》
126—144	汉顺帝时	张陵在四川大邑鹤鸣山创立五斗米道
183	灵帝光和六年	巨鹿张角奉事黄、老，以妖术教授，号太平道
184	灵帝中平元年	张角黄巾起义开始，至建安二十四年（220）"洛阳鸣鼓"流向不明为止，经历20余年
188	灵帝中平五年	青、徐黄巾复起，天下响应，京师震动，建安十二年（207）被曹操平定，持续时间达20年之久
191	献帝初平二年	青州黄巾寇太山，太山太守应劭击破之
192	献帝初平三年	青州黄巾众百万入兖州，杀任城相郑遂，转入东平
197	献帝建安二年	张绣袭败曹军，黄巾军（后称青州兵）抢劫其他曹军，太祖宽之
196—220	献帝建安年间	陕西羽士张丹诚来青州传教，在东镇沂山设坛，宣说五斗米教
219	献帝建安二十四年	曹操平定汉中，五斗米道首领张鲁率吏民内徙，迁其民于关陇
221	魏文帝黄初二年	六月，初祀五岳四渎，咸秩群祀
240—249	曹魏正始年间	何晏、王弼等人自称继承老庄，开创魏晋玄学，后人称之为"正始玄学"

续表

时间（年）	年（帝）号	事略
311	晋怀帝永嘉五年	在峄山玉皇洞前建玉皇大殿
372	晋简文帝咸安二年	彭城道士卢悚率徒众三百，诈称海西公还，由京口至建康，突入殿庭，夺掠府库甲兵，震动朝野
376—396	晋孝武帝太元年间	五斗米道首领孙泰发起了一场大规模的群众暴动
383	晋孝武帝太元八年	寇谦之开始修习道教，先随"仙人"成兴公入华山修炼，继隐嵩山，修道七载，声名渐著，北魏太平真君九年（448）死
403	南燕建平四年	山东泰山莱芜谷人王始以道教幻术在家乡聚众数千人，宣布起事，自称"太平皇帝"，年号"太平"，置署公卿百官
404	晋安帝元兴三年	京畿纷乱，许黄民奉经入剡
412	晋安帝义熙八年	名僧法显学法取经归国时，在崂山和青州等地居留期间，把从印度带回的佛教赞偈梵呗经曲传给了崂山许多庙观
415	北魏明元帝拓跋嗣神瑞二年	寇谦之假称太上老君降授其"天师"之位和《云中音诵新科之诫》二十卷，令他宣扬新科
423	北魏明元帝拓跋嗣泰常八年	寇谦之假称老君玄孙、牧土上师李谱文降临，授其《录图真经》凡六十余卷，提出无极至尊为道教最高神
424	北魏太武帝拓跋焘始光元年	寇谦之献道书于太武帝，倡道教改革；魏文朗造佛道像，这是明确纪年的道教造像

续表

时间（年）	年（帝）号	事略
432—435	北魏太武帝拓跋焘延和初年	寇谦之亲临山东青州凡山、东镇沂山传教
440	北魏太武帝拓跋焘太平真君初年	寇谦之在莱州大基山设道场，建起昊天大帝庙，名曰昊天观，又称掖山祠
446	北魏太武帝拓跋焘太平真君七年	太武帝下诏兴道灭佛，信奉五斗米道成为时尚
450	北魏太武帝拓跋焘太平真君十一年	崔浩被杀，新天师道逐渐走向衰落
510	北魏宣武帝元恪永平三年	司州大中正郑道昭出任光州刺史兼平东将军
512	宣武帝元恪延昌元年	司州大中正郑道昭在大基山道士谷依东、西、南、北、中虚设"青烟寺""白云堂""朱阳台""玄灵宫""中明坛"五坛为修炼之处
555	北齐文宣帝天保六年	齐主"以佛、道二教不同，欲去其一"，于是"集二家论难于前，遂敕道士皆剃发为沙门；有不从者，杀四人，乃奉命。于是齐境皆无道士"
569	北周武帝天和四年	武帝在道士张宾、卫元嵩的劝说下，又令佛道二教开展辩论，一较高下
573	北周武帝建德二年	武帝召集群臣、沙门、道士辩论三教先后，结果以儒教为先，道教次之，佛教最后

续表

时间（年）	年（帝）号	事略
574	北周武帝建德三年	北周武帝宇文邕敕废佛道二教，拆庙毁观，经像系毁，罢沙门、道士，并令还俗，史称"建德法难"； 北周武帝宇文邕下令建设通道观于田谷之左，命严达、王延、苏道标、程法明、周化生、王真微、史道乐、于长文（于章）、张法成、伏道崇等十名楼观道道士入观为学士，特令王延校理三洞经图藏于观内
579	北周静帝大象元年	杨坚任命道士张宾制定历法
589	隋文帝开皇九年	六月，朝野都希望文帝登封泰山； 七月，文帝下诏"言及封禅，宜即禁绝"； 十一月，定州刺史豆卢通等上表请封禅，不许
594	隋文帝开皇十四年	晋王杨广率百官上表固请封禅泰山，文帝令牛弘、辛彦之等人草创封禅礼仪； 隋文帝诏东镇沂山，并就山立祠
595	隋文帝开皇十五年	隋文帝来泰山行祭天之礼，但并未行封禅之礼
600	隋文帝开皇二十年	隋文帝下令保护道家经像，"敢有毁坏偷盗佛及天尊像，岳镇海渎神形者，以不道论。沙门坏佛像，道士坏天尊者，以恶逆论"
603	隋文帝仁寿三年	在峄山八卦石后建元帝殿
611	隋炀帝大业七年	张须陀代祀沂山
625	唐高祖武德八年	唐王朝右府大将军尉迟恭敕建崂山东华宫，将唐宫廷音乐引入

续表

时间（年）	年（帝）号	事略
636	唐太宗贞观十年	太宗诏封沂山为"东安公"，沂山神始有正式封号
637	唐太宗贞观十一年	唐太宗修老君庙于亳州，给二十户享祀
643	唐太宗贞观十七年	龙骧将军金杰壮烈殉国，建大王庙以祭祀金杰
661	唐太宗显庆六年	高宗派道士郭行真到泰山建醮造像，在泰山岱岳庙立双束碑，令道士刘道合先行太山祈祯
663	唐高宗龙朔三年	在峄山小楼沟头建娘娘庙
665	唐高宗麟德二年	十二月，高宗命有司祭泰山
666	唐高宗乾封元年	高宗命于泰山岱岳观祭祀老子；一月，高宗偕武则天到泰山祭祀昊天上帝；四月，高宗车驾至自泰山，先谒太庙而后入；高宗诏令兖州界建紫云、仙鹤、万岁三处道教宫观，诏令"天下诸州置观、寺一所"，"诏立登封、降禅、朝觐之碑，各于坛所。又诏名封祀坛为舞鹤台，介丘坛为万岁台，降禅坛为景云台"
678	唐高宗仪凤三年	高宗敕令道士于泰山斋醮
683	唐高宗永淳二年	高宗令天下诸州置道士观
684	唐中宗嗣圣元年	尹思贞代祀沂山东镇庙
690—705	武周朝	济宁峄山爆发佛、道之争，5000余僧徒攻打峄山，峄山仙人棚、万寿宫道长率千余道士迎战

续表

时间（年）	年（帝）号	事略
691	武周天授二年	中岳嵩山金台观主马元贞等在东岳泰山举行章醮投龙，作功德十二日夜，并奉敕在岱岳观造元始天尊的石像
692	武周天授三年	马元贞再奉敕往五岳四渎投龙
697	武周通天二年	武则天诏令道士到泰山行道斋醮
698	武周圣历元年	大弘道观主桓道彦，奉敕于东岳设金箓宝斋河图大醮七昼夜，两度投龙，仪式有加
701	武周久视二年	武则天诏令道士到泰山行道斋醮 金台观主赵敬，奉敕于泰山岱岳观灵坛修金箓宝斋三昼夜，又设五岳一百二十槃醮礼，奉金龙玉璧投山
704	武周长安四年	大弘道观威仪师邢虚应等，奉敕于东岳岱岳观建金篆大斋四十九天，行道设醮，奏表投龙荐璧； 武则天遣使重修东镇沂山祠
705	唐中宗神龙元年	三月，大宏道观法师阮孝波，道士刘思礼，品官杨嘉福、李立本等，奉敕于岱岳观建金筴宝斋四十九人九日九夜行道，并设醮投龙
708	唐中宗景龙二年	六月，皇帝敬凭太清观道士杨太希，于名山斫烧香供养
709	唐中宗景龙三年	令虢州龙兴观主杜太素、蒲州丹崖观监斋吕皓仙、京景龙观大德曹正一三人，于泰山岱岳观建金篆大醮

续表

时间（年）	年（帝）号	事略
722	唐玄宗开元十年	峄山建白云庵、皇经阁
725	唐玄宗开元十三年	唐玄宗东封泰山时，封泰山神为天齐王，"礼秩加三公一等"
727	唐玄宗开元十五年	唐玄宗敕五岳各置真君祠一所，其形象制度，皆令承帧推按道经，创意为之
731	唐玄宗开元十九年	唐玄宗召令两京及天下诸州各置太公尚父庙、五岳各置老君庙； 唐玄宗派遣道士于太岳修斋三日三夜
742	唐玄宗天宝元年	修建沂山东镇庙。
742—756	唐玄宗天宝年间	山东临朐道主规德与儒家往来频繁，引起沙门嫉妒，道教受到佛教排挤； 玄宗派员沂山祭祀，太子率更令嗣道王炼祭沂山东安公
744	唐玄宗天宝三年	李白到齐州（今山东历城）紫极宫请道士高如贵授道箓，成了道门一位真正的道士，作《访道安陵遇盖还为余造真箓临别留赠》和《奉饯高尊师如贵道士传道箓毕归北海》
745	唐玄宗天宝四年	李白和杜甫结伴来蒙山寻道访友
751	唐玄宗天宝十年	唐玄宗加封沂山"东安公"
757	唐肃宗至德二年	邓景山代祀东镇庙
778	唐德宗贞元四年	在峄山玉皇行宫右三十米建观音堂
779	唐代宗大历十四年	唐代宗派遣道士、官员来泰山行道斋醮
780	唐代宗大历十五年	唐代宗派遣道士、官员来泰山行道斋醮； 张炼师曾陪京都大臣朝拜岱岳

续表

时间（年）	年（帝）号	事略
834—840	唐文宗开成年间	东镇沂山发生道、佛之争，泰山祠道士被驱逐出祠
904	唐昭宗天祐元年	河南蓝羲人李哲玄东游崂山，久住太清宫，又扩建殿房，供奉三皇神像，名曰三皇庵
924	唐庄宗同光二年	道人刘若拙自四川来崂山太清宫，在宫旁自修一庵，供奉老子神像

山东道教人物表（上）

姓名	生卒年	籍贯	修炼地、主祠	（谥、封）号
梓慎	前570—前540	鲁国	不详	无
甘公（甘德）	战国时	齐（今山东）	燕齐（今山东河北一带）	无
邹衍	战国末	齐（今山东）	不详	无
安期生	前246—前206	琅琊阜乡（山东胶南西南）	泰山仙人山蓬莱山	无
徐福（市）	秦始皇时	山东徐乡（今山东黄县）	不详	无
淳于意	前205—前150	临淄（今山东淄博）	不详	无
乐子长	秦汉时	齐（今山东）	海登劳盛山	无
娄敬（刘敬）	西汉初	齐国卢（今山东长清）	不详	草衣洞真子
梁石君	西汉初	齐（今山东）	不详	东郭先生

续表

姓名	生卒年	籍贯	修炼地、主祠	（谥、封）号
东方朔	前145—前93	平原厌次（今山东省惠民县）	不详	无
公玉带	西汉武帝时	济南历城	不详	无
公孙卿	西汉武帝时	齐（今山东）	滋液山（今山东泰安县东南）	无
李少君	西汉武帝时	齐国临淄（今山东淄博临淄）	不详	无
李少翁	西汉武帝时	齐（今山东）	不详	文成将军
巫炎	西汉武帝时	北海郡（今山东省益都、寿光、昌乐、潍坊、昌邑、高密一带）	不详	无
钩翼夫人	西汉武帝时	齐（今山东）	不详	无
泰山老父	西汉武帝时	不详	泰山	无
栾大	西汉武帝时	胶东（今山东平度东南）	不详	五利将军
稷邱君	西汉武帝时	不详	泰山	无
丁广世	西汉成帝时	容丘（今山东青州）	不详	无
甘忠可	西汉末	齐（今山东）	不详	无

续表

姓名	生卒年	籍贯	修炼地、主祠	（谥、封）号
鹿皮公	西汉	淄川（今山东淄博）	岑山（今江西上饶）	无
公沙穆	约91—约156	北海胶东（今山东平度）	东莱山（今山东平度大泽山）	无
宫崇（宫嵩）	东汉舜帝时	琅邪（今山东胶南琅邪台西北）	不详	无
马鸣（明）生	？—180	齐国临淄（今山东淄博临淄）	泰山石室	无
王远	东汉桓帝时	东海（今山东临沂）	不详	无
葛玄	164—244	山东琅琊（今山东临沂）	阁皂山	太极左仙公
单飏	东汉灵帝时	山阳湖陆（今山东鱼台东）	不详	无
诸葛诞	？—258	琅邪阳都（今山东沂南）	不详	无
于（干）吉	东汉献帝年间	琅琊（今山东胶南）	不详	无
张丹诚	东汉献帝年间	陕西	沂山朝阳洞	无
蓟子训	东汉献帝时	齐临淄（今山东淄博）	泰山	无
豫邕	东汉	济南（今山东章丘西北）	不详	无
王昌安	汉魏时	山东莱州	东莱山（今莱州大基山）	无

续表

姓名	生卒年	籍贯	修炼地、主祠	（谥、封）号
郗俭	汉魏时	阳城（今山西阳城）	峄山南华观东华阳楼	无
魏华存	251—334	任城（今山东济宁市）	不详	紫虚元君南岳魏夫人
鲍靓	260—？	东海（今山东郯城）琅邪（今山东临沂）	不详	无
王廙	276—322	琅邪临沂（今山东临沂）	不详	部鬼将军
孙秀	？—301	山东琅琊（今山东临沂）	不详	无
步熊	？—306	阳平发干（今山东冠县）	不详	无
王偲（偬）	西晋末	山东莱州	东莱山（今莱州大基山）光月祠	东莱圣母
孙泰	西晋末	琅邪（今山东临沂）	钱塘	无
张忠	西晋末	中山（今河北省定州市）	泰山	东岳道人
李弘	东晋成帝时	贝丘（今山东省临清市）	不详	无
寇谦之	365—448	冯翊万年（今陕西临潼）	青州凡山、沂山、莱州大基山	无
何承天	370—447	东海郯（今山东郯城）	不详	无

续表

姓名	生卒年	籍贯	修炼地、主祠	（谥、封）号
王始	？－403	泰山莱芜谷	不详	无
孙恩	？－402	琅琊（今山东胶南琅琊台西北）	会稽、吴郡	无
崔浩	381—450	清河郡武城（今山东德州武城县附近）	不详	无
王道翼	北魏献文帝时	东莱（今山东龙口）	韩信山（今山东莱州崮山）	无
周弘正	496—574	汝南安城（今山东省枣庄市税郭镇）	不详	无
成公兴	北魏	胶东（今山东平度东南）	嵩山	无
王知远	528—653	琅琊（今山东胶南）	山东临朐紫云观、润州茅山（今江苏镇江）	升玄子
由吾道荣	北齐	琅琊（今山东胶南）	泰山	无
秦叔宝	571—638	齐州历城（今山东济南）	不详	门神
徐则	隋朝	东海郯（今山东郯城）	天台（今浙江省天台）、临沂苍山玉虚宫	无
尉迟敬德	585—658	朔州鄯阳（今山西朔城区）	崂山东华宫	门神

续表

姓名	生卒年	籍贯	修炼地、主祠	（谥、封）号
田虚应	隋唐人	齐国（今属山东）	天台山	无
刘玄通	唐初	不详	临朐紫云观	无
王希夷	631—726	徐州滕县（今山东滕州）	泰安徂徕山、嵩山	无
吕才	660—665	博州清平（今山东聊城）	不详	无
孙昙	唐玄宗时	不详	崂山	无
姜抚	唐玄宗时	宋州（今安徽）	崂山	冲和先生
规德	唐玄宗间	不详	临朐清玄观	无
焦静真	唐玄宗时	蜀（四川）	泰山、嵩山、峨眉	无
崔玄亮	766—833	山东磁州（今山东淄博）	不详	无
吕洞宾	796—？	郓州（今山东东平）	泰山	纯阳子
谭紫霄	823—972	北海（今山东潍坊）	玉笥山	金门羽客

续表

姓名	生卒年	籍贯	修炼地、主祠	（谥、封）号
李哲玄	847—959	河南道陈留县（今河南省兰考县）	罗浮山、崂山	后周广顺三年（953）敕封为"道化普济真人"
李元技	唐代	山东泗水南天花桥	黄山西峪、兹山	无
张炼师	唐代	不详	岱顶玉女祠	东岳真人